LE DÉCROCHAGE INDUSTRIEL

DES MÊMES AUTEURS

Ouvrages d'Élie Cohen

Changer de modèle (avec Philippe Aghion et Gilbert Cette), Odile Jacob, 2014.
Penser la crise, Fayard, 2010.
Le Nouvel Age du capitalisme, Fayard, 2005.
L'Ordre économique mondial, Fayard, 2001.
La Tentation hexagonale, Fayard, 1996.
Le Colbertisme « high tech », Hachette, 1992.
L'État brancardier, Calmann-Lévy, 1989.
Les Grandes Manœuvres industrielles (avec Michel Bauer), Belfond, 1985.
Qui gouverne les groupes industriels ? (avec Michel Bauer), Seuil, 1981.

Ouvrages de Pierre-André Buigues

Les Stratégies d'internationalisation des entreprises. Menaces et Opportunités (avec Denis Lacoste), De Boeck, 2011.
Industrial Policy in Europe, Japan and the USA. Amounts, Mechanisms and Effectiveness (avec Khalid Sekkat), Palgrave, Macmillan, 2009.
The Economics of Antitrust and Regulation in Telecommunication : Perspectives for the New European Regulatory Framework (dir., avec Patrick Rey), Edward Elgar, 2004.
Competitiveness and the Value of Intangible Assets (dir., avec Alexis Jacquemin et Jean-François. Marchipont), Edward Elgar, 2000.
Economic Evaluation of the Internal Market (dir., avec Jordi Gual et André Sapir), European Economy, 1996.
European policies of Competition, Trade and Industry; Conflicts and complementarities (dir., avec Alexis Jacquemin et André Sapir), Edward Elgar, 1995.
Market Services and European Integration ; the challenges for the 90's (dir., avec André Sapir et Jordi Gual), European Economy, Bruxelles, 1994.
L'Impact sectoriel du marché intérieur sur l'industrie (avec Fabienne Ilzkovitz et Jean-François Lebrun), Economica, 1991.
Prospective et Compétitivité, McGraw Hill, Paris, 1986.
Scénario pour le solaire, Edisud, 1983.
Le Management de l'énergie, Masson, Paris, 1981.

Élie Cohen Pierre-André Buigues

LE DÉCROCHAGE INDUSTRIEL

Fayard

Couverture : atelier Didier Thimonier

ISBN : 978-2-213-68188-7

Introduction

Le retour de la question industrielle

Longtemps, l'inexorable déclin industriel français n'a guère suscité de réactions politiques organisées.

Certes, après chaque nouvel épisode de la longue crise industrielle qui frappe la France depuis 1974, le gouvernement en place inventait un nouveau dispositif d'aide, une nouvelle institution, de nouvelles règles ; parallèlement, le maquis administratif devenait plus impénétrable, les grandes entreprises se retiraient à bas bruit en investissant à l'étranger et les PME tant célébrées disparaissaient à flux continu.

Certes, de temps à autre, à l'occasion d'une OPA sauvage, de la perte d'un grand contrat ou de rumeurs sur la défaillance d'un champion national, une brève éruption de patriotisme industriel intervenait, suivie de proclamations sonores sur l'impérative priorité à donner à l'industrie. Mais, la tension sitôt dissipée, l'irrésistible mouvement de désindustrialisation se poursuivait dans l'indifférence politique générale.

Il a fallu la conjonction de l'approfondissement de la crise de l'euro, qui rendait moins tolérable le déficit de la balance commerciale, et de l'arrivée de la gauche au pouvoir, au moment où les travailleurs de Florange, d'Aulnay, de Saint-Jean-de-Maurienne ou d'Amiens luttaient pour la survie de leurs emplois et de leurs usines, pour qu'un nouveau discours soit tenu sur la question productive et que l'action structurelle s'impose dans l'agenda gouvernemental. Un industriel, ancien commis de l'État, Louis Gallois, mandaté par le nouveau pouvoir, avait entre-temps rédigé un rapport sur la compétitivité, qui eut le mérite de rappeler l'évidence du déclin industriel national et de faire taire, un instant, les amateurs de débats spécieux sur la réalité de ce fait.

Aujourd'hui, l'objectif de réindustrialisation a suscité un étonnant consensus national ; un ministère du « Redressement productif » a réinventé les pratiques de l'État brancardier, célébré le génie industriel national, a entendu bouter l'étranger hors de France ; à nouveau l'État a élargi sa boîte à outils, rendant encore plus illisible le dispositif public d'intervention.

Cet objectif est aussi porté par Bruxelles qui, dans sa communication sur la politique industrielle en 2012, affirme que « l'Europe doit endiguer le déclin du rôle de l'industrie pour faire face au XXIe siècle ». La Commission fixe même l'objectif d'augmenter la part de l'industrie dans le PIB européen de 16 % à 20 % en 2020[1].

Pourtant, l'énigme de la désindustrialisation française, plus forte qu'ailleurs en Europe, subsiste. Pourquoi un pays *a priori* doté de tous les atouts d'une grande nation industrielle s'est-il si rapidement effondré ? La tradition industrielle et technique d'une pionnière dans l'automobile et l'aéronautique, la qualité des institutions, des infrastructures,

---

1. Commission européenne, « A Stronger European Industry for Growth and Economic Recovery », COM (2012)582, 10 octobre 2012.

du capital humain, l'abondance de l'épargne, la présence de grands groupes industriels diversifiés à base nationale... tout militait pour que la France reste une grande nation industrielle. Et pourtant la France industrielle n'a cessé de glisser, si bien que sa production industrielle stagne depuis vingt ans[1].

Pourquoi un pays qui depuis un siècle et demi est obsédé par la puissance industrielle allemande et qui n'a cessé depuis 1945 de vouloir rattraper l'Allemagne s'est-il laissé distancer à ce point ?

Pourquoi un pays qui après la Seconde Guerre mondiale a été capable d'inventer la planification indicative, les grands programmes colbertistes, la constitution de champions nationaux devenus champions mondiaux, paraît comme pétrifié depuis vingt ans, incapable de réagir au déclin accéléré de son industrie ?

L'objet de ce livre est de rendre compte de cette étrange défaite, et de suggérer quelques pistes pour la nécessaire reconstruction. Parler d'industrie, ce n'est pas céder à une vision nostalgique et régressive ; l'industrie dont on parle ici est faite de technologies, de services, d'intelligence dans les réseaux et aussi de production manufacturière.

De quel déclin parle-t-on ?

Dans un domaine envahi par les querelles politiques et où les débats académiques paraissent détachés des évolutions observées, il est nécessaire d'avancer un diagnostic fondé sur des données incontestables, une analyse soumise à l'épreuve des modèles explicatifs alternatifs, des recommandations évaluées à l'aune des expériences étrangères.

Le caractère massif, continu et apparemment irréversible de la désindustrialisation tient en trois chiffres. L'indice de la

1. Entre juin 1994 et juin 2014, l'indice de production industrielle a stagné à 98 (base 100 en 2010). Cette stagnation ne signifie ni que la production industrielle a cessé de croître puisque, entre 1974 et 2012, elle a crû en euros 2005 de près de 50 % (688 millions d'euros contre 423), ni que le poids dans le PIB du secteur manufacturier est resté le même : il a en fait fortement baissé, passant de 22,6 à 10 %.

production industrielle stagne depuis vingt ans. Entre 1980 et 2008, la France a perdu 2 millions d'emplois manufacturiers (-38 %) et sa part de marché à l'exportation a fondu de 40 %. L'effondrement industriel français semble donc avéré, il n'en pose pas moins trois questions : le phénomène est-il réel, est-il grave, est-il général ?

L'industrie décline dans les statistiques, moins dans notre imaginaire et notre environnement, d'où la question soulevée par certains sur la réalité même de la désindustrialisation. Par ailleurs, si le poids de l'industrie dans le PIB recule, pourquoi faut-il y voir un problème ? Après tout, l'agriculture a décliné sans que personne estime qu'il faille lancer une « reconquête » agricole. Enfin, la désindustrialisation et les délocalisations sont considérées par les économistes comme des indices de développement, une illustration de la division internationale du travail. Avant d'essayer de comprendre les racines du déclin industriel français, encore faut-il prouver la réalité et la gravité de la question.

La tertiarisation de l'industrie, le développement des services aux entreprises, la croissance de l'économie immatérielle, ne font pas de la désindustrialisation une chimère ou un artefact statistique. La perte de la compétence manufacturière ne relève pas de la simple division internationale du travail car elle peut entamer le potentiel d'innovation.

Une spécialisation progressive dans les services à la personne, qui pèse sur les revenus, et un déficit régulier de la balance courante dans le cadre de la zone euro sont des indices supplémentaires du caractère structurant de la question industrielle.

Traiter de la désindustrialisation, c'est aborder quatre problèmes majeurs. D'abord, celui de la spécialisation : y a-t-il un intérêt intrinsèque à promouvoir les activités industrielles ? Puis celui de l'équilibre de la balance courante : faut-il s'affliger des déficits de balance courante provoqués par les déficits commerciaux ? Ne sont-ils pas le reflet mécanique des politiques macroéconomiques menées ? Ensuite, celui des délocalisations : faut-il les considérer comme un signe de faible compétitivité ou un processus économique normal d'extension des chaînes de valeur ? Enfin, celui de la tertiarisation : si la nouvelle industrie mêle indissolublement briques technologiques, activité manufacturière, services et innovation, si la frontière s'efface entre industrie et services, si la logique des écosystèmes s'impose par rapport à celle des secteurs, pourquoi mettre encore l'accent sur la catégorie économique et statistique d'« industrie » ?

Une fois rétablie la légitimité de la question industrielle, il reste à comprendre pourquoi la France est la grande perdante de l'industrie européenne depuis 1990. Comment expliquer cette désindustrialisation alors que la France disposait au départ de tant d'atouts en capital humain, en équipements, en entreprises multinationales ? Comment comprendre que ce pays qui a sans cesse raffiné ses dispositifs d'intervention publique ait assisté, impuissant, à l'effondrement de son appareil industriel ? Comment expliquer que le coarchitecte de la zone euro en vienne aujourd'hui à incriminer la monnaie unique pour excuser sa débâcle industrielle ?

D'où l'ambition première de ce livre : établir un diagnostic raisonné sur la crise industrielle française en combinant approches comparative, sectorielle et longitudinale. Dans un univers saturé de données et d'explications, nous avons pris le parti de l'enquête.

Quelles politiques ont mobilisé les pays européens qui ont réussi à maintenir ou à accroître leur potentiel industriel ? C'est l'approche comparative. Quatre pays sont comparés terme à terme avec la France. Le premier, le Royaume-Uni, réputé pour son libéralisme et sa désindustrialisation précoce, a paradoxalement mieux su préserver son industrie. L'Italie, ensuite, apparemment accablée par un État inefficace et une faiblesse insigne de ses grandes entreprises, se révèle deuxième puissance industrielle européenne avec une spécialisation marquée dans les machines et les équipements. Le troisième, la Suède, était au début des années 1990 affligé des mêmes contraintes que la France ; pourtant, son rebond a été exemplaire : quels en ont été les ingrédients ? Enfin l'Allemagne, source de passions françaises contradictoires, livre des enseignements contrastés sur les ressorts de la domination industrielle.

Comment ont évolué les secteurs emblématiques de la spécialisation française ? C'est l'approche sectorielle. Quatre secteurs sont considérés ici, pour l'orientation high-tech et colbertiste prise par la France après guerre (les télécommunications), pour la contribution décisive au commerce extérieur (l'aéronautique), pour l'érosion accélérée et récente d'un point fort industriel (l'automobile), enfin pour la difficulté à négocier la montée en gamme dans un domaine où la France a longtemps exercé sa domination en Europe (l'agroalimentaire).

Quels ont été les facteurs déterminants macro, micro et institutionnels de la désindustrialisation de la France depuis 1945 ? C'est l'approche longitudinale. Sur la base de cette enquête et en combinant les approches, il devient possible d'expliquer ce qui s'est réellement passé et, dès lors, de trancher entre les explications disponibles en distinguant ce qu'il y a de complémentaire ou de contradictoire dans chacune d'elles.

Chronique d'une débâcle

Il est frappant d'observer à quel point la peur du déclin industriel est une obsession française. L'industrie en France ne relève pas des seuls attributs économiques d'une nation, source de prospérité pour la population ; c'est une composante essentielle de l'autonomie stratégique du pays, pour ne pas parler de sa grandeur. Il n'est que plus étonnant de constater l'impuissance des gouvernants face à la débâcle industrielle des vingt dernières années.

Après la guerre de 1914-1918 avec le plan Clémentel, comme après la Seconde Guerre mondiale, la question industrielle est au cœur des débats sur la modernisation du pays. À la Libération, une modalité particulière de la reconstruction a été mise en œuvre par l'État, dont les trois composantes furent le Plan, la finance administrée et les entreprises publiques. Cette stratégie de rattrapage dans le cadre d'une économie en voie d'ouverture progressive fait merveille et la France aligne entre 1954 et 1974 les plus beaux taux de croissance. Le modèle d'économie mixte fonctionne à plein rendement, permettant un rattrapage rapide, une formidable création de richesses et l'expansion d'une société solidaire.

Avec la fin des Trente Glorieuses et les chocs des années 1970, la question industrielle se pose à nouveau. La France subit le choc de la première désindustrialisation entre 1979 et 1984. Sa stratégie est essentiellement défensive puisque, d'une part, elle étend l'État protecteur pour amortir le choc de la crise et, d'autre part, elle met en œuvre une politique d'aide aux « canards boiteux ». Le débat sur les origines du décrochage français connaît une nouvelle faveur, l'émergence du Japon comme superpuissance manufacturière au début des années 1980 est mise en cause. En incriminant les avantages indus que procuraient au Japon une politique volontariste de conquête des marchés extérieurs et une politique de fermeture réglementaire, financière et commerciale du marché intérieur – le tout orchestré par le MITI[1] –, la France entend organiser la défense de son industrie au niveau européen, de même qu'elle entend promouvoir les industries de pointe grâce à des programmes coopératifs européens.

Avec la création en Europe du marché unique, la question industrielle disparaît du paysage politique. La France, engagée dans la libéralisation de ses marchés dans le cadre de l'Union européenne et du GATT-OMC, abandonne son modèle colbertiste au profit d'une politique européenne censée à la fois démanteler les barrières intra-européennes et instaurer un environnement compétitif favorable aux firmes européennes. Si la question productive quitte le devant de la scène, la France n'en subit pas moins une érosion continue de ses positions, protégeant ses entreprises en difficulté par des accords de restriction volontaire d'exportations (comme l'accord euro-japonais dans l'automobile) et promouvant sans grand succès ses industries de pointe.

Avec l'institution de l'euro, la décennie prodigieuse de croissance des États-Unis et l'effondrement japonais, la question

1. Ministère de l'Industrie et du Commerce extérieur japonais.

industrielle fait un retour marqué en réponse aux premiers effets des délocalisations et de la montée en puissance de la Chine. À Bruxelles, un intérêt nouveau se manifeste ; il tient au fait que les politiques d'environnement compétitif ne suffisent pas à infléchir la spécialisation européenne vers les technologies, les métiers et les services de la société de l'information.

Plus près de nous, à la faveur des ruptures provoquées par l'éclatement des bulles d'actifs (Enron, internet, *subprimes*) et la crise de la zone euro, la question industrielle s'installe au cœur du débat politique. La difficulté est exceptionnelle pour les pays comme la France, en déficit de balance courante, car ils ne peuvent attendre les bénéfices de long terme d'une nouvelle stratégie de spécialisation et leur situation budgétaire leur interdit de financer les politiques de compétitivité nécessaires.

La question industrielle constitue donc le fil rouge de l'histoire économique française du XXe siècle : rivalité allemande, rattrapage américain, acceptation du marché commun européen, réponse au défi japonais, réorganisation productive avec le marché unique et l'euro, adaptation à la poussée des émergents, réponse à la grande crise actuelle.

Le constat établi, les analyses comparative, sectorielle et historique ayant livré leurs enseignements sur le décrochage français, il devient possible de s'interroger sur les voies et les moyens d'une réindustrialisation dans un cadre européen qui offre des opportunités, mais qui contraint aussi l'action. On montrera alors qu'une action industrielle au XXIe siècle passe autant par les politiques macroéconomiques et structurelles que par les actions sectorielles ou microéconomiques, et plus encore par la cohérence des politiques menées. La sortie de crise comme le projet de réindustrialisation passent donc par le changement d'un modèle de développement et d'intervention publique devenu inadapté et par le choix d'une nouvelle spécialisation et d'un nouveau dispositif institutionnel.

Première partie

La désindustrialisation en France

Chapitre 1

Désindustrialisation : réalité ou chimère statistique ?

Qu'est-ce que l'industrie ? La question peut surprendre, pourtant la réponse, aujourd'hui, ne va pas de soi. Le secteur se métamorphose, s'hybride, et les instruments statistiques peinent à suivre le rythme de ces mutations. Tantôt ce sont les produits industriels qui comportent une part croissante de services (biens numériques), tantôt ce sont les stratégies d'externalisation d'activités d'entretien, de logistique, voire de recherche, qui vident « artificiellement » les statistiques de l'industrie au profit des « services aux entreprises ». Tantôt ce sont les exportations de produits industriels dont la part manufacturière décroît au profit des services attachés.

Tous ces exemples indiquent que la porosité entre tertiaire et secondaire, cette « tertiarisation » de l'industrie, croît et éclaire d'un jour nouveau la question de la désindustrialisation.

L'analyse économique traditionnelle suppose que l'économie est constituée de secteurs que l'on peut clairement distinguer : d'un côté les secteurs de services, de l'autre l'industrie manufacturière. Or, les entreprises industrielles utilisent et vendent de plus en plus de services. En réalité, leur production est de plus en plus complexe et diversifiée, au point que la frontière entre services et industrie est aujourd'hui plus difficile à cerner. La distinction introduite par les classifications des activités des offices statistiques correspond de moins en moins à la vie économique réelle.

1. La tertiarisation de l'industrie : une donnée

Quatre arguments sont habituellement avancés pour contester la réalité du déclin industriel et pour ne voir dans les indicateurs utilisés que de purs artefacts statistiques ou des indices de la tertiarisation de l'industrie.

Le premier tient à *l'effet mécanique des gains de productivité du secteur industriel, notamment par rapport au secteur des services.* La baisse des prix des biens industriels par rapport aux prix des services entraîne un déclin de l'industrie en valeur, mais non en volume. L'industrie est en effet la source de gains de productivité bien plus élevés que ceux des services, ce qui explique que, généralement, les prix des produits manufacturés (télévision, ordinateur, téléphonie mobile, automobile) augmentent bien plus faiblement que les prix des services, du plombier au restaurateur, du coiffeur au réparateur automobile. Le prix de certains produits industriels peut même baisser, comme dans le cas des produits électroniques de loisirs. À production équivalente, la part relative de l'industrie dans le PIB va donc diminuer. Ce déclin, loin d'être un phénomène inquiétant, serait au contraire un signe de vitalité de l'activité et de sa capacité à incorporer le progrès technique.

Le deuxième argument tient à *la réorganisation des processus de production et des chaînes de valeur*, et à l'importance des services aux entreprises comme source de compétitivité pour l'industrie. La décision d'externaliser une activité anciennement prise en charge par l'entreprise industrielle aboutit à une décrue des effectifs de l'industrie au profit du secteur des services aux entreprises. Pour se développer, les entreprises industrielles confient une part grandissante de leur activité à des fournisseurs de services extérieurs : les technologies de l'information, les télécommunications, les services bancaires, la logistique, mais aussi la recherche et développement, le marketing, la vente. Aux États-Unis, on estime à 4,8 millions les emplois dans le secteur des services qui dépendent de l'activité dans l'industrie manufacturière[1]. D'après une étude européenne[2], la part des services achetés par les entreprises industrielles représenterait près de 16 % de leur production (Union européenne à quinze), et cette part serait en augmentation. La structure de la consommation de ce type de services par l'industrie a évolué ces dernières années. La part des services aux entreprises et des services financiers achetés par les entreprises industrielles croîtrait alors que la part des services de transport et de commercialisation achetés par l'industrie diminuerait.

Certains économistes se plaisent ainsi à additionner les effectifs des deux secteurs pour conclure que la problématique de la désindustrialisation est illégitime. La tertiarisation de l'économie serait un phénomène structurel, l'industrie elle-même comportant de plus en plus de tâches et d'emplois de services. De manière croissante, les entreprises industrielles fournissent à leurs clients des services associés. Ce sont des services liés à la vente, par exemple l'installation et la formation pour des machines, des ser-

1. McKinsey Global Institute, « Manufacturing the Future : The Next Area of Global Growth and Innovation », novembre 2012.

2. European Policy Brief, « The Impact of Service Sector Innovation and Internationalisation on Growth and Productivity », septembre 2011.

vices de financement, par exemple dans l'achat de véhicules automobiles, et bien entendu tous les services liés à l'après-vente, la maintenance et la réparation. Le Centre d'études prospectives et d'informations internationales (CEPII[1]) a montré, à partir des données de bilan des entreprises françaises, que 83 % des entreprises industrielles ont une activité de production de services pour autrui et que près du tiers produisent plus de services que de biens. Dans un rapport sur l'industrie, Bruegel[2] a estimé que, à l'intérieur des entreprises industrielles, près de 40 % des emplois industriels relevaient plutôt d'une activité de services (gestionnaires, vendeurs, personnels administratifs, etc.). Le poids des employés de l'industrie occupant des activités relevant des services serait d'autant plus élevé que le secteur manufacturier est plus sophistiqué, et serait donc plus important en Allemagne et dans les pays scandinaves que dans les pays du sud de l'Europe. En outre, des entreprises industrielles dans l'informatique, par exemple Apple, peuvent à la fois être présentes sur les marchés comme fournisseurs d'ordinateurs (activité industrielle), mais aussi comme vendeurs de logiciels ou d'applications. Que les services industriels restent au sein de l'entreprise industrielle ou soient externalisés dans une entreprise de services ne devrait donc pas être surinterprété et nourrir un discours de déploration.

Le troisième argument avancé pour contester la réalité du déclin industriel tient aux effets de la régulation sociale et des à-coups des marchés qui conduisent *les entreprises industrielles à recourir massivement à l'intérim.* Or cette activité est classée parmi les services. Ainsi, les à-coups de la conjoncture industrielle sont masqués par ce recours à l'intérim et, à l'inverse, la tendance structurelle à ne recruter en emplois directs que le socle du salariat industriel masque l'ampleur réelle des phénomènes à l'œuvre dans l'industrie. La baisse

1. La Lettre du CEPII, « Vers une industrie… moins industrielle ? », n° 314, février 2014.

2. Bruegel, « Manufacturing Europe's Future », octobre 2013.

de l'emploi industriel ne correspondrait pas à la réalité économique d'une vraie diminution de ce type d'emploi, mais à un simple artefact.

Le quatrième argument part d'un constat, la prospérité des multinationales françaises du CAC 40 et leur surreprésentation dans les classements internationaux, pour mettre en cause *les métriques classiques du commerce extérieur*. Pour les tenants de cette thèse, si l'on additionne les exportations faites à partir du territoire français et l'activité des filiales à l'étranger des groupes français, alors la performance française, loin d'être inquiétante, devient éclatante. L'argument peut paraître étrange, car l'activité de ces groupes à l'étranger est retracée dans les comptes nationaux à travers les tâches effectuées en France pour ces filiales et à travers les bénéfices rapatriés. Il l'est surtout parce que le déficit de balance courante – une dette à l'égard de l'extérieur – est réel et qu'il faut bien le financer.

Les interactions industrie-services sont donc multiples. De la même façon que la demande en produits manufacturés génère une demande de services, le développement des services, en particulier les services à forte valeur ajoutée, engendre une demande de biens industriels manufacturés. D'après l'étude de McKinsey déjà citée, en 2010, chaque dollar de produit industriel utilisait 19 cents de consommation de services tandis que chaque dollar de services utilisait 7 cents de consommation intermédiaire de produits industriels.

2. Tertiarisation et performance industrielle

Sur la base de ces constats qui tous conduisent à relativiser l'importance du phénomène de désindustrialisation, des vues contradictoires s'expriment tant sur le rôle respectif de l'industrie et des services, sur leur degré d'imbrication, sur leur complémentarité, que sur la désindustrialisation inéluctable et l'essor des services à forte valeur ajoutée dans les pays développés.

Pour le CEPII, derrière la désindustrialisation rapide, il y a une évolution structurelle de l'économie : « Au-delà d'un basculement de la production et des emplois depuis les secteurs industriels vers les secteurs de services, les activités des entreprises deviennent plus complexes et plus diversifiées, et tendent à effacer progressivement la frontière entre industrie et services[1]. » Il n'y aurait donc pas de désindustrialisation réelle, mais une imbrication de plus en plus grande entre industrie et services.

Pour les schumpétériens, ce qui est fondamental n'est pas le déclin de l'industrie en soi, mais le déclin du potentiel d'innovation. Dans la mondialisation, celui qui capture la valeur, c'est celui qui innove, pas celui qui produit. Chacun sait que l'essentiel de la valeur ajoutée d'un iPhone est produit là où on l'a inventé, pas là où on l'a fabriqué. La conception, le design et les logiciels, développés en Californie, sont infiniment plus créateurs de valeur que la fabrication du téléphone en Chine.

Dans quelle mesure les pays industrialisés peuvent-ils accepter une désindustrialisation en développant des services à forte valeur ajoutée et leur potentiel d'innovation ? La production industrielle est-elle absolument nécessaire à leur développement ou peut-on s'en passer ? Des analyses empiriques permettent d'apporter des éléments de réponse. Peut-on réussir à l'exportation de services à forte valeur ajoutée sans un secteur industriel compétitif ? On peut en douter, au regard des études réalisées sur les entreprises exportatrices de services.

Si les activités de production de biens industriels manufacturés et de services sont largement imbriquées, il en va de même pour les exportations. De nombreuses entreprises qui exportent des biens exportent en même temps des services qui y sont associés. Une étude de l'INSEE sur les entre-

1. La Lettre du CEPII, art. cité.

prises françaises dans le commerce international de services[1] montre qu'un quart des exportations de services en valeur est réalisé par des entreprises industrielles. Or, les exportations de services de ces grands groupes industriels ont une importance particulière, car elles portent à 95 % sur des services à haute valeur ajoutée : les études et le conseil (services juridiques, comptables, architecture...), la recherche et le développement (R&D), le marketing, la publicité en large majorité et les frais de gestion (facturation par les « sièges sociaux »).

Les entreprises de services exportent très souvent seulement des services et sont généralement de petite taille. Les entreprises de l'industrie qui exportent des services sont de deux à cinq fois plus grandes que les entreprises de services qui exportent des services. Les exemples de grandes entreprises industrielles vendant des services ne manquent pas. Une entreprise du secteur de l'automobile va, par exemple, vendre à l'étranger des licences. 58 % des exportateurs de services exportent vers un seul pays, alors que seulement 42 % des entreprises exportant des biens le font. Les services exportés par les entreprises industrielles ont donc le potentiel pour être exportés vers un plus grand nombre de destinations. Les entreprises qui exportent des services sont dix fois moins nombreuses que celles qui exportent des biens !

Alors que les explications traditionnelles de la réussite à l'exportation des produits industriels mettent surtout en avant les coûts relatifs, la qualité et le contenu technologique des produits, l'étude européenne déjà citée souligne l'importance de certains services qui jouent un rôle déterminant pour la qualité perçue par le consommateur. Le succès à l'exportation de produits industriels dépend de plus en plus d'un bon marketing des produits, d'un système de

1. Guillaume Gaulier, Emmanuel Milet et Daniel Mirza, « Les firmes françaises dans le commerce international de services », *Économie et Statistique*, n° 435-436, 2010.

transport rapide et efficace, d'un bon réseau de distribution et d'un bon service après-vente.

La compétitivité du secteur industriel dépend ainsi de plus en plus de la compétitivité des services utilisés. D'après Eurostat, les services aux entreprises (le conseil juridique, comptable, fiscal, technologique, la publicité et le marketing, les services informatiques ou les activités de normalisation ou de test) représentent environ 20 % de l'emploi total dans les services et constituent le cœur des activités à forte valeur ajoutée des services et de l'économie fondée sur la connaissance[1]. Ce secteur, en 2006, employait 3,97 millions de personnes au Royaume-Uni, 3,86 millions en Allemagne et seulement 2,89 millions en France.

La tendance à la sous-traitance contribue à la croissance des services aux entreprises. Les services informatiques et les services juridiques, comptables et de gestion représenteraient à eux seuls près des deux tiers de la valeur ajoutée des services aux entreprises.

Les données pour 2005 montrent que ce secteur se caractérise en France par un taux de marge brute extrêmement faible et un coût moyen par personne employée particulièrement élevé, ce qui va peser lourdement sur la compétitivité des entreprises industrielles françaises.

Le coût moyen par personne employée dans les services aux entreprises était en France de 27 % au-dessus de l'Allemagne. Contrairement à un discours souvent tenu en France, ce ne sont pas seulement les coûts salariaux dans les services à faible valeur ajoutée qui sont sensiblement moins élevés en Allemagne, mais aussi dans les services à forte valeur ajoutée.

Or, les entreprises françaises sous-traitent de plus en plus à l'extérieur ces services et elles répercutent les coûts élevés qui leur sont facturés, d'où une moindre compétitivité à l'export. Ces services aux entreprises ont d'ailleurs une marge faible malgré leurs coûts élevés.

1. Eurostat, « Main Features of EU 27 Business Services », 101/2008.

Les données de 2013 du coût horaire de la main-d'œuvre confirment que les services en France coûtent cher, sachant que les services dans leur ensemble comprennent en majorité des services à la personne à faible valeur ajoutée (hôtellerie et restauration).

Tableau 1 : Le secteur des services aux entreprises en 2005 (coût moyen et taux de marge) et coût moyen dans l'ensemble des services en 2013

	Coût moyen par personne employée en milliers d'euros	Taux de marge brute (en %)	Coût horaire de la main-d'œuvre services en 2013
Suède	53,0	8,4	42,8
France	**48,1**	**9,7**	**34,8**
Belgique	45,4	13,0	41,2
Finlande	44,8	12,9	30,2
Danemark	42,0	14,7	40,8
Autriche	41,9	14,3	30,2
Royaume-Uni	40,2	27,1	20,6
Allemagne	38,0	19,5	29,0
Italie	32,4	26,1	28,2
Pays-Bas	30,3	11,2	n.d.
Espagne	26,6	18,9	20,1

Source : Eurostat, « Main Features of EU 27 Business Services », 2008 et coût de la main-d'œuvre mars 2014.

Un quart des exportations de services en valeur est réalisé par des entreprises industrielles et ce sont des services à haute valeur ajoutée. L'exportation de services vers des destinations nombreuses et diversifiées passe par un secteur industriel fort et compétitif ; les exportations de services par des entreprises de services sont, au contraire, le fait d'entreprises plus petites et moins diversifiées géographiquement.

On peut donc difficilement imaginer qu'un pays en désindustrialisation accélérée puisse compenser la baisse de ses exportations de biens industriels par les exportations de services à forte valeur ajoutée.

3. De l'artefact statistique à la matérialité de la désindustrialisation

Les critiques de l'outil statistique qui masque l'éclatement des chaînes de valeur, la globalisation des firmes ou les variations de la politique de ressources humaines n'emportent pas la conviction. Pas plus que l'idée d'une compensation par les services des faiblesses à l'export des produits industriels français. Poser la question de la désindustrialisation est donc légitime.

La tertiarisation de l'industrie non seulement n'est pas propre à la France, mais devrait être plus faible compte tenu de sa spécialisation dans l'entrée ou le milieu de gamme. C'est parce qu'elle n'invalide pas le diagnostic de désindustrialisation, quels que soient les reclassements statistiques opérés, qu'il convient d'évaluer correctement la sous-performance française.

La thèse des artefacts statistiques trouve rapidement ses limites quand la question à traiter est clairement posée.

S'il s'agit d'établir, en sociologue, que le monde ouvrier n'a pas disparu, il est alors légitime de mettre au jour la croissance des tâches industrielles dans les mondes du commerce, de la logistique et des services. Dans cette perspective, qui n'est pas la nôtre, on peut soutenir que le monde ouvrier se déplace de la manufacture aux usines de services, de la logistique, de la grande distribution ou des fonctions supports des grands ensembles de bureaux.

Si, à l'inverse, on veut montrer que l'industrie moderne mêle de manière inextricable des activités manufacturières, technologiques et de services, alors certes les nomenclatures statistiques traditionnelles trouvent rapidement leurs limites. Mais, on le constatera à la lecture de ce livre, les données statistiques sont mises en perspective pour saisir l'évolution de l'ensemble des chaînes de valeur, voire des écosystèmes industriels.

Si le relativisme statistique vise à mettre en cause la réalité du déclin industriel accéléré de la France par rapport aux autres pays développés, alors la démarche est vaine, car contredite par les données.

Même en relativisant la thèse du biais statistique, ce déclin des dix dernières années doit être étayé, notamment par rapport aux pays voisins de l'Union européenne. Là aussi, les outils statistiques de référence n'ont pas été conçus pour la France et, quand bien même la France présenterait des spécificités que les données comparatives établies par Eurostat ou l'OCDE ne prendraient pas en compte, l'évolution constatée sur dix ans *à outils constants* montre des évolutions défavorables à la France. Les mêmes outils, même partiellement biaisés, n'altèrent pas une tendance observée sur dix ans. En 2010, la France est le pays le plus désindustrialisé en Europe. Quand le président Sarkozy déclarait, le 5 février 2009 : « Le Royaume-Uni n'a plus d'industrie à la différence de la France. Parce que l'Angleterre, il y a vingt-cinq ans, a fait le choix des services, et notamment des services financiers », il se trompait. En réalité, c'est l'inverse : le Royaume-Uni est plus industrialisé que la France.

Tableau 2 : Le secteur industriel manufacturier[1] (hors construction, mais avec l'énergie) dans le PIB en 2010 et en 2000

	Poids en % PIB		Différence	Indice production en volume, moyenne premier trimestre 2014
	2010	2000	2010/2000	2010 = 100
1 Irlande	26,3	34,3	-8,0	101,3
2 Allemagne	23,7	25,1	-1,4	110,4
3 Finlande	22,3	28,4	-6,1	93,5
4 Autriche	22,3	23,3	-1,0	110,5
5 Suède	21,1	24,5	-3,4	93,5
6 Italie	19,4	23,4	-4,0	92,9
7 Pays-Bas	18,4	19,3	-0,9	103,6
8 Danemark	17,8	21,3	-3,5	112,0
9 Portugal	17,0	20,4	-3,4	97,0
10 Belgique	16,6	22,1	-5,5	106,0
11 Royaume-Uni	15,7	22,0	-6,3	101,8
12 Espagne	15,6	20,9	-5,3	92,1
13 Grèce	13,8	13,9	+0,1	85,9
14 France	**12,6**	**17,8**	**-5,2**	**100,0**

Source : Eurostat, Gross Value added Industry including Energy (% of all branches) et indice de la production industrielle en volume pour le premier trimestre 2014, estimation pour Belgique, Grèce, Espagne et Pays-Bas.

1. Le secteur industriel manufacturier comprend un vaste champ d'activités très diverses qui utilise des techniques de production très différentes. Dans certains secteurs, la majorité de la valeur ajoutée industrielle est produite par des PME, comme le textile, l'habillement, la chaussure, les meubles ou l'agroalimentaire ; dans d'autres secteurs, au contraire, les économies d'échelle importantes conduisent à des structures industrielles où dominent les très larges entreprises, comme la pharmacie, l'automobile, les équipements électriques, les ordinateurs, la chimie ou l'aéronautique.

L'industrie française pèse bien moins dans le PIB national que dans tous les autres pays européens. En 2010, la moyenne de la zone euro s'établit à 18,6 %, 6 points de pourcentage au-dessus de la France. L'industrie italienne, britannique, et même celle des pays du Sud, Grèce, Portugal ou Espagne, pèsent d'un poids supérieur à l'industrie française dans le PIB. Cette situation n'est pas récente : déjà en 2000, la France était bien moins industrialisée que les autres pays européens, en dehors de la Grèce.

D'autres sources confirment cette dégradation dramatique de l'industrie française. Au niveau mondial, McKinsey[1] a classé les pays selon le poids de leur secteur industriel manufacturier. En 1980, l'industrie française occupait le cinquième rang mondial, en 1990 le sixième, en 2000 le septième, en 2010 le huitième. Tous les dix ans, l'industrie française se voit dépassée par un nouveau pays. L'industrie italienne occupait le sixième rang mondial derrière la France en 1980 et elle occupe le cinquième rang mondial trente ans plus tard. L'industrie allemande occupe le troisième rang mondial depuis 1990 et seule la Chine lui est passée devant en 2010.

Entre 2000 et 2010, le poids de l'industrie dans le PIB français a baissé de 5,2 points. La France est un des pays de l'Union européenne à avoir connu la plus forte baisse avec le Royaume-Uni, la Finlande, la Belgique et l'Espagne. Bien entendu, tous les pays européens connaissent une baisse du poids de l'industrie, propre aux pays développés, mais l'Allemagne, l'Autriche, les Pays-Bas, pays fortement industrialisés, ont bien mieux résisté au processus de désindustrialisation.

Entre 2010 et le premier trimestre 2014, la production industrielle française a stagné quand elle augmentait de plus de 10 % en Allemagne, au Danemark et en Autriche. On assiste à un déclin accéléré des pays les moins industrialisés en proportion du PIB, et la France fait partie de ce groupe. Fait marquant, l'Italie, pays très industrialisé avant la crise

1. McKinsey Global Institute, « Manufacturing the Future : The Next Area of Global Growth and Innovation », novembre 2012.

et qui était dans une dynamique de rattrapage et de dépassement de la France, a davantage souffert de la crise.

Dans un travail approfondi sur les sources de la désindustrialisation française, Lilas Demmou parvient au même constat et tente de quantifier l'impact relatif des différents facteurs explicatifs[1]. Ainsi, s'agissant des stratégies d'externalisation qui dégonflent les statistiques d'emploi industriel et gonflent symétriquement les emplois de services aux entreprises, elle estime que ce transfert explique 25 % des pertes d'emplois industriels sur la période 1980-2007. Elle considère par ailleurs que 30 % des pertes d'emplois observées « seraient imputables à la déformation de la structure de la demande qui a accompagné les gains de productivité réalisés dans l'économie ». Enfin, ajoute cet auteur, « la concurrence étrangère semble également avoir contribué à la baisse de l'emploi industriel en France » à hauteur de près de 45 %.

En admettant même qu'il existe un biais statistique qui jouerait en défaveur de la France quand on mesure le poids de l'industrie, soit que les entreprises industrielles françaises aient décidé d'externaliser davantage certaines de leurs activités (entretien, transport, informatique, etc.), soit qu'elles aient fait plus appel à l'intérim, ce qui diminuerait artificiellement le poids de l'industrie française par rapport à ses homologues européennes, il est un domaine où ce type de biais ne joue pas, un domaine où la contestation des indicateurs statistiques ne peut expliquer le déclin industriel français. Le commerce des biens bénéficie d'un système statistique performant et ancien. Or, que nous disent les évolutions du poids des exportations de biens en pourcentage du PIB ?

Les statistiques sur le commerce international confirment ce recul. La France est le seul grand pays européen où le poids des exportations de biens dans le PIB est faible et où il a diminué entre 2000 et 2014. En France[2], le poids des exportations de biens est, en 2014, très inférieur à ce

1. Lilas Demmou, « La désindustrialisation en France », documents de travail de la DGTPE, numéro 2010/01, février 2010.

2. Les petits pays européens sont largement ouverts aux échanges extérieurs, étant donné la taille limitée de leur économie, et le poids des exportations de biens (produits industriels, énergétiques et matières premières) dans leur PIB est alors

qu'il est en Allemagne (40,5 % contre 21,3 %), en Italie (25,4 %) et même en Espagne (24,1 %). Le Royaume-Uni est le seul grand pays où le poids des exportations de biens est comparable à ce qu'il est en France.

Tableau 3 : Poids des exportations de biens en % du PIB en 2014

	Total exportations	Exportations vers l'Union européenne	Exportations hors de l'Union européenne
1. Belgique	92,7	64,1	28,6
2. Pays-Bas	83,3	62,5	20,8
4. Irlande	51,7	29,4	22,3
5. Autriche	42,5	29,6	12,9
6. Allemagne	40,5	23,0	17,5
8. Danemark	33,3	20,7	12,8
7. Suède	29,9	17,3	12,6
10. Portugal	29,5	20,3	9,2
9. Finlande	28,6	15,8	12,8
11. Italie	25,4	13,6	11,8
12. Espagne	24,1	15,1	9,0
13. France	**21,3**	**12,6**	**8,7**
14. Royaume-Uni	21,3	9,3	12,0

Source : Commission européenne, DG ECFIN Ameco, Export of Goods, intra-EU and extra-EU.

Seuls deux pays, la Finlande (qui a été fortement affectée par les mauvaises performances de Nokia) et l'Irlande (où le poids des multinationales étrangères dans les exportations

naturellement élevé (Belgique, Pays-Bas, Grèce, Irlande, Autriche). Il faut donc comparer la France avec les seuls autres grands pays européens.

est très élevé et dont un certain nombre ont quitté le pays avec la crise), voient le poids de leurs exportations baisser davantage que la France.

La dégradation des performances françaises dans les exportations de biens est surtout manifeste pour les exportations vers les marchés de l'Union européenne, et en particulier les pays de la zone euro. Les exportateurs français n'ont pas su tirer bénéfice de la croissance de la demande dans les marchés extra-européens autant que leurs voisins.

Cette débâcle touche surtout le commerce international des produits industriels manufacturés. Le grand malade en France est bien l'industrie manufacturière.

En 2012, la France a importé 45,6 milliards d'euros de plus qu'elle n'a exporté en produits industriels manufacturés. Si l'on prend le solde commercial en tenant compte de la facture énergétique, le déficit commercial atteint 67,2 milliards d'euros en 2012. La France a le plus gros déficit commercial en produits industriels après le Royaume-Uni en 2012. La dernière année où le solde français est positif est 2003 (excédent de 6 milliards d'euros).

La France et le Royaume-Uni sont les pays dont le solde s'est le plus dégradé sur la période 2000-2010. À l'opposé, les pays du Sud, en crise, l'Italie, l'Espagne ou le Portugal, améliorent sensiblement leur solde commercial entre 2008 et 2012.

Plusieurs pays ont un excédent au-dessus de 5 % du PIB en produits manufacturés (Irlande, Pays-Bas, Allemagne, Belgique, Italie) et entre 3 et 5 % du PIB (les trois pays nordiques). L'Italie a maintenu tout au long de la période 2004-2012 un excédent commercial notable, que la crise ne semble pas avoir affecté.

La France est le pays qui connaît le déficit le plus élevé pour les produits industriels manufacturés sur l'intra-européen. En 2012, le pays enregistrait un déficit de 85,9 milliards d'euros sur l'intra-européen et un excédent de 40,3 milliards d'euros sur l'extra-européen. La perte de compétitivité de l'industrie française se manifeste donc avant tout vis-à-vis des pays membres de l'Union européenne. Le taux de change élevé de l'euro, souvent évoqué pour expliquer le déficit français, ne semble pas jouer un rôle déterminant dans la perte de compétitivité de l'industrie française puisque notre déficit est majoritairement européen, et en particulier avec les pays de la zone euro. En 2012, l'Allemagne réalise un excédent aussi bien sur l'intra-européen (83,6 milliards d'euros) que sur l'extra-européen (211,5 milliards d'euros). Même l'Italie enregistre un excédent sur l'intra-européen (19,3 milliards d'euros), contre 73,3 milliards d'euros d'excédent sur l'extra-européen[1].

Tableau 4 : Balance commerciale en produits industriels manufacturés 2000-2012 en milliards d'euros (en % du PIB en 2012)

Pays	2012	En % PIB	2008	2004	2000
1 Allemagne	295,2	11,2	251,2	188,3	101,6
2 Italie	92,6	5,9	61,3	37,6	36,7
3 Pays-Bas	70,2	11,7	46,9	29,6	14,5
4 Irlande	46,2	28,3	31,9	34,1	23,7
5 Belgique	38,7	10,3	28,9	26,2	19,1
6 Suède	18,7	4,6	17,1	21,6	21,7
7 Espagne	10,9	1,0	-51,7	-44,1	-28,2
8 Finlande	9,7	5,0	14,1	13,0	18,4
9 Danemark	1,4	3,0	-1,3	2,6	2,2
10 Portugal	5,0	0,1	-15,3	-9,9	-11,8
11 Autriche	6,5	2,1	10,2	6,0	0,2
12 Grèce	-7,7	-3,9	-32,4	25,6	-20,1
13 France	**-45,6**	**-2,2**	**-31,9**	**-1,9**	**0,1**
14 Royaume-Uni	-136,6	-7,2	-100,7	-89,9	-59,0

Source : Eurostat, Trade Statistics, NACE C, rev. 2.

1. Source : Eurostat, Trade Statistics, NACE C, Rev. 2.

Plusieurs pays européens en crise ont fortement amélioré leur balance commerciale en produits manufacturés entre 2008 et 2012, à la suite des politiques d'austérité mises en place. En France, on a assisté à une hausse (et non une baisse) des importations et à une stagnation des exportations entre 2008 et 2012, d'où une dégradation du solde commercial, contrairement à ces pays.

Une dernière objection est à lever : la piètre performance française s'expliquerait par le poids des grands groupes dans le système industriel.

Il est vrai que la France est surreprésentée parmi les grands groupes mondiaux (Top 500 établi par *Fortune*) par rapport à son poids économique, mais cela justifie-t-il que l'on additionne la production roumaine de Renault à la production nationale pour évaluer le poids réel de l'industrie automobile française ? Cette position est inconsistante à de nombreux égards. D'une part, les données du commerce extérieur sont fondées sur un critère de territorialité ; il n'y a donc pas de sens à inventer un commerce extérieur de la France-Roumanie ou de la France-Chine. Un déficit de balance courante reste un déficit, quel que soit le poids des multinationales à base française. D'autre part, les redevances de brevets, les *management fees*, les dividendes sont retracés dans d'autres postes de la balance des paiements, et nous aurons l'occasion de revenir sur l'évolution de ces postes quand il s'agira d'affiner le diagnostic.

Ensuite, la tendance qui consiste à produire sur les lieux de consommation au lieu d'exporter à partir de la France est souvent un choix contraint pour des raisons de compétitivité. L'investissement direct est souvent un impératif, et pas un simple arbitrage entre exportation et investissement à l'étranger.

Enfin et surtout, les multinationales françaises sont de moins en moins des groupes industriels multinationaux et de plus en plus des groupes de services, de luxe ou d'agroalimentaire.

Au total, la réalité du décrochage industriel français ne doit pas grand-chose aux artefacts statistiques, car il peut être démontré à partir d'indicateurs statistiques différents, aussi bien au niveau du poids économique de l'activité industrielle dans le PIB que de son commerce extérieur. Ainsi, la tendance à nier le phénomène, au nom de règles statistiques prenant mal en compte les spécificités françaises, ou le degré de tertiarisation de l'activité industrielle, ou l'importance relative des grandes firmes, ne tient pas.

L'argument de l'artefact statistique écarté ne prouve rien d'autre que la réalité de la tendance observée ; il ne dit rien sur le sens de la dégradation et sur la gravité d'une évolution nettement plus marquée en France que dans les autres pays européens. En d'autres termes, la désindustrialisation relative de la France constitue-t-elle ou non un problème qui appelle des réponses de politique économique ?

Chapitre 2

Est-ce grave ? Désindustrialisation, délocalisations et développement

Et si la désindustrialisation et les délocalisations étaient des phénomènes « normaux » dans les économies développées ? C'est ce que tendent à penser les économistes, à l'inverse de l'opinion commune. Quant aux macroéconomistes, prenant le contre-pied des économistes industriels, ils voient dans l'excédent ou le déficit de la balance courante l'exacte contrepartie de l'excès ou de l'insuffisance de l'épargne.

Faut-il pour autant disqualifier toute stratégie de réindustrialisation ?

Pour Lionel Fontagné[1], l'acquis de la théorie économique comme l'expérience historique permettent d'établir que plus un pays se développe, plus sa consommation se diversifie

1. Lionel Fontagné et Jean-Hervé Lorenzi, « Désindustrialisation, délocalisations », 2005, La Documentation française.

et se sophistique, moins il produit et consomme de biens industriels. Désindustrialisation et délocalisation sont les deux manifestations de la division internationale du travail et de la diversification des consommations observée dans les pays développés. La désindustrialisation est normale, car c'est une loi de l'évolution économique : plus un pays s'enrichit, moins il consomme de biens industriels et plus il consomme de services, plus il abandonne les tâches routinières pour conserver les tâches sophistiquées de création, conception, développement, mais aussi de marketing et de commercialisation. On pourrait assister pour les pays développés à une transition progressive vers une économie sans usines, à l'exemple d'Apple, qui concentre la recherche et l'innovation aux États-Unis, mais n'y a plus d'usines.

Pour Jagdish Bhagwati[1], seul un curieux fétichisme manufacturier conduit les essayistes et les politiques à déplorer le déclin industriel et à proclamer l'urgence de politiques industrielles. Ce qui compte à ses yeux, c'est la dynamique économique d'un côté et la montée en gamme dans les produits exportables de l'autre. C'est ainsi qu'il prône un radical agnosticisme sur le type de spécialisation et qu'il insiste sur la réalité de la nouvelle division internationale du travail. Il n'y a pas de hiérarchie entre la production de chips (frites) et de chips (composants électroniques). La percée de l'Inde dans les services informatiques, pour ne prendre que cet exemple, ne signifie en rien une perte de compétences ou de marchés pour les États-Unis, mais plus simplement un fractionnement de la chaîne de valeur, avec une montée en gamme des États-Unis (édition de progiciels, architecture de systèmes...) d'un côté, et de l'autre une baisse de coûts massive dans l'infogérance grâce aux performances de l'Inde dans cette tâche.

Pour Charles Wyplosz[2], tout le débat sur le rôle de l'industrie dans la compétitivité d'une nation est déplacé. D'abord parce que, reprenant la thèse ancienne de Paul Krugman, il rappelle que la notion n'a pas de sens pour un pays. L'objectif

1. Jagdish Bhagwati, *In Defense of Globalization*, Oxford University Press, 2007.
2. Charles Wyplosz, « La compétitivité est aussi un business ! », *Telos*, janvier 2013.

d'un pays ne peut être de maximiser sa part de marché (thèse mercantiliste) ou son taux de marge (il n'en a pas, à la différence d'une entreprise). L'obsession française du différentiel de compétitivité avec l'Allemagne est tout aussi déplacée. Pour Wyplosz, la corrélation est à peu près parfaite entre croissance du PIB des émergents et croissance de leurs parts de marché, les phénomènes inverses s'observant pour les pays développés, à l'exception de l'Allemagne (une nation mercantiliste). L'agenda industriel masque donc deux phénomènes. D'une part, l'incapacité des États à comprendre les facteurs qui handicapent la croissance, et notamment les rigidités observées sur les marchés du travail, des biens et des capitaux. Et, d'autre part, la demande de protection d'industriels locaux quand ils perdent pied face à la concurrence internationale.

Pour Augustin Landier et David Thesmar[1], le phénomène de désindustrialisation ne serait pas grave, mais naturel. L'industrie perd du terrain dans tous les pays développés. On aurait même une corrélation entre le poids de l'industrie et le niveau de richesse : plus un pays a un haut niveau de vie, *moins le poids de l'industrie serait élevé.* La mondialisation n'aurait fait qu'accélérer un processus naturel, même si elle a joué un rôle important dans le déclin industriel européen. La baisse de l'industrie se ferait à la faveur du déplacement de l'avantage comparatif vers les pays émergents et les usines suivraient leurs nouveaux clients, comme l'industrie automobile en Chine. Ce phénomène de désindustrialisation toucherait ainsi la France, comme l'ensemble des économies développées.

Pour Patrick Artus et Marie-Paule Virard[2], le poids de l'industrie diminuera inéluctablement dans les pays développés, car le capital migre vers les pays émergents, qui se caractérisent d'abord par des coûts de production sensiblement plus faibles, ensuite par une forte progression de la demande domestique et, enfin, par des progrès de productivité importants grâce au rattrapage technologique. Les industries

1. Augustin Landier et David Thesmar, *Dix idées qui coulent la France*, Flammarion, 2013.
2. Patrick Artus et Marie-Paule Virard, *La France sans ses usines*, Fayard, 2008.

les plus touchées seraient d'abord celles où les coûts de la main-d'œuvre sont élevés, comme le textile, l'habillement, la chaussure, puis des secteurs de moyenne technologie, comme l'automobile, et même les secteurs de haute technologie, comme les ordinateurs ou les téléphones mobiles.

Ces discours, même étayés par de rigoureux arguments, ne convainquent guère, tant ils mêlent raisonnements abstraits, prescriptions normatives et ignorance des réalités révélées par la crise. Personne ne trouverait à objecter à un scénario vertueux de développement dans lequel les tâches manufacturières routinières seraient abandonnées au profit de services technologiques à fort contenu en propriété intellectuelle et de services aux entreprises à haute valeur ajoutée.

Mais que se passe-t-il quand la perte de substance industrielle est comblée par des gains d'activité dans les services à la personne qui n'exigent pas de qualification particulière ? Depuis 1980, avec le déclin industriel, les services sont la source principale de l'emploi, mais les métiers qui cherchent surtout à recruter sont les services à la personne, les cuisiniers, les serveurs de restaurant, les aides-soignants, et moins souvent les ingénieurs[1]. En d'autres termes, si les emplois perdus se concentrent dans la mécanique de précision et si les emplois gagnés le sont parmi les plagistes, alors il n'est pas sûr que l'économie dans son ensemble y gagne. En 2013, comme le souligne Pôle Emploi, « les métiers les plus recherchés sont, pour la plupart, à faible qualification ».

Au-delà de l'évolution de la structure en emplois de l'activité économique, la désindustrialisation peut avoir de graves conséquences quand le faible poids de l'industrie fait naître un déficit de balance des biens que l'exportation de services ne parvient pas à combler.

Là encore, personne ne serait troublé par une substitution entre services exportés et biens manufacturés exportés, mais que se passe-t-il quand le déficit de la balance des biens est trop important et que cet écart entre la consommation et la production d'un pays le conduit à s'endetter ?

1. Pôle Emploi, enquête « Besoin en main-d'œuvre », 2013.

1. Désindustrialisation et commerce extérieur

L'Espagne a connu tour à tour des déficits abyssaux de sa balance courante avant la crise des dettes souveraines, puis, dans la période récente, une élimination particulièrement rapide de ces déficits. Avant la crise, le déficit de marchandises n'était pas compensé par les excédents de services et, en sortie de crise, il s'est rapidement contracté. Le cas espagnol a suscité deux types de réactions.

Pour les uns, c'est une spécialisation dans les services à la personne et dans la filière BTP d'un côté, et une faiblesse caractéristique dans la production industrielle de l'autre, qui ont induit les déficits de balance courante et nourri les déséquilibres globaux au sein de la zone euro. La supervision européenne aurait failli dans ce cas puisqu'elle se serait uniquement attachée à l'équilibre des finances publiques et à l'évolution de l'endettement public, au mépris de la dégradation des fondamentaux de la compétitivité et de la spécialisation économique. La solution, au regard de ce diagnostic, passait nécessairement par un choc d'offre, une entreprise de réindustrialisation afin de retrouver un équilibre de balance courante plus satisfaisant.

Pour les autres, un déficit de balance courante traduit un excès de la demande intérieure sur la production intérieure, et donc une insuffisance de l'épargne domestique. De fait, l'observation économique révèle la surchauffe de la consommation et de l'investissement immobilier, nourris par une politique de crédit facile qui a stimulé l'importation cependant que les coûts domestiques s'envolaient. Le déficit de balance courante traduisait cet état de fait : une demande abondante, excédant la production domestique, générait un déficit financé par une importation d'épargne en provenance des pays excédentaires de la zone euro.

Les lectures contradictoires de la macro- et de la microéconomie ne sont que les deux faces d'une même réalité : la montée des importations de biens et la faiblesse relative des exportations traduisent bien un problème de compétitivité et une augmentation des dettes privées, même si l'élément générateur est un excès de demande domestique. La sortie de crise espagnole passe certes par une contraction de la demande domestique, mais aussi par une amélioration de la compétitivité, elle-même induite par une dévaluation fiscale.

La relation entre désindustrialisation et commerce extérieur est donc centrale pour comprendre tant l'évolution des dynamiques de spécialisation que les équilibres macroéconomiques.

La France est en déficit dans ses échanges extérieurs depuis dix ans. En 2004, elle a connu pour la dernière fois une balance courante positive et celle-ci s'est ensuite dégradée année après année, pour finir douzième sur quatorze en 2013.

Cinq pays européens sur quatorze ont une balance courante positive depuis 2007 et la hiérarchie ne change pas significativement. On y retrouve deux pays nordiques, Suède et Danemark (mais pas la Finlande, qui a un déficit courant), l'Allemagne, l'Autriche et les Pays-Bas. L'Italie, l'Espagne, le Portugal et la Grèce connaissent une balance courante négative jusqu'en 2012 et les chiffres positifs observés en 2013 s'expliquent par les politiques de rigueur (baisse des importations et de la demande intérieure).

Les échanges extérieurs de biens et de services déterminent, dans une large mesure, la situation de la balance courante[1]. La balance commerciale en produits énergétiques, pétrole ou gaz, est très déficitaire pour la plupart des pays développés. Pour les pays européens qui doivent importer des produits énergétiques, dont le prix augmente fortement, il est absolument essentiel d'exporter des produits industriels manufacturés ou de dégager des excédents dans leurs échanges de services avec l'extérieur.

1. Un pays avec une balance courante négative dépense davantage dans ses transactions avec l'étranger qu'il ne gagne, et se trouve en situation de débiteur net à l'égard du reste du monde. Les pays ayant un déficit extérieur doivent emprunter ces montants aux pays en excédent pour financer l'écart entre leur consommation et leur production. Leur endettement augmente et, sur longue période, ces pays sont donc fragilisés.

Compter sur les services pour rééquilibrer ses échanges extérieurs est difficile, car la part des services dans le commerce international reste minoritaire[1].

Tableau 1 : Balance courante et balance des biens et des services en 2013 (en % du PIB du pays)

	Balance courante	Balance biens	Balance services
1 Pays-Bas	10,4	8,4	2,3
2 Allemagne	7,5	6,7	-0,5
3 Danemark	7,3	2,7	3,2
4 Irlande	6,6	19,6	3,7
5 Suède	6,2	2,0	3,2
6 Autriche	2,7	-1,2	4,9
7 Italie	1,0	2,4	0,2
8 Espagne	0,8	-1,1	4,0
9 Grèce	0,7	-9,5	9,3
10 Portugal	0,5	-4,3	6,0
11 Finlande	-1,1	0,1	0,2
12 France	**-1,3**	**-3,0**	**1,8**
13 Belgique	-1,6	-1,8	2,0
14 Royaume-Uni	-4,4	-6,6	4,7

Source : Eurostat, Balance of Payment Statistics, 2014.

Certains pays du sud de l'Europe bénéficient d'une balance des services positive grâce à l'importance du tou-

1. Les services représentent autour de 20 % du commerce mondial et, même si les exportations de certains services gagnent en importance dans le commerce international, le poids des services dans le commerce international est plus ou moins stable depuis quinze ans.

risme. De nombreux Allemands (dont la balance commerciale en produits manufacturés est très largement excédentaire) vont passer leurs vacances dans les pays du sud de l'Europe et contribuent ainsi positivement au solde commercial de la balance des services de ces pays et à leur développement économique. C'est, par exemple, le cas de l'Espagne, du Portugal ou de la Grèce, qui présentent un solde commercial positif de la balance des services grâce à l'importance du tourisme (+4 % du PIB d'excédent de la balance des services en 2013 en Espagne, +6 % pour le Portugal et +9 % pour la Grèce).

Un pays comme le Royaume-Uni dispose aussi d'un surplus de la balance des services de 4,7 % du PIB en 2013, du fait de l'importance des services financiers, Londres étant la grande place financière européenne. Cet excédent ne suffit pas à compenser le déficit britannique pour les échanges de biens (-4,4 % du PIB en 2013).

D'autres pays, comme la Suède, ont aussi un excédent élevé dans les services. Ils ont gagné des parts de marché dans les services aux entreprises grâce à la puissance de leur industrie, très présente dans les marchés étrangers, et leur balance des services est excédentaire (3,2 % du PIB en 2013), ce qui renforce encore l'excédent de leur balance des biens.

La France a une balance positive pour les services (+1,8 % du PIB grâce au tourisme) et un déficit de sa balance des biens plus important (-3,0 % du PIB en 2013). La dégradation des performances extérieures pour les biens de la France, ces dernières années, peut-elle être compensée au moins en partie par des gains dans les services ?

Comme le montre le rapport de Lionel Fontagné et Guillaume Gaulier[1], la dégradation de la position de la France dans les services est aussi frappante que dans le commerce extérieur des biens. Cette dégradation concerne tous les services, en particulier les services aux entreprises,

1. Lionel Fontagné et Guillaume Gaulier, « Performances à l'exportation de la France et de l'Allemagne », Rapport du Conseil d'analyse économique, 2008.

l'exception étant les recettes du tourisme, secteur dans lequel la France se classe troisième, après l'Espagne et les États-Unis.

2. Désindustrialisation, multinationalisation et attractivité

La balance courante ne retrace pas seulement les échanges de biens et de services, mais aussi les flux de revenus d'investissements directs, de portefeuilles et de transferts. Pour certains, tel l'ancien ministre Bruno Durieux, un pays comme la France, qui dispose de grands groupes multinationaux qui produisent, investissent et exportent à partir de leurs filiales étrangères, n'est pas strictement comparable à un pays moins richement doté en grands groupes et qui exporte à partir de sa base nationale. Cette objection pose trois problèmes. Le premier, théorique, est d'expliquer pourquoi il est difficile de compenser des déficits de biens et services par des flux nets de revenus d'investissements. Le deuxième, factuel, est de savoir si la balance des revenus compense ou non la balance des biens et services. Le troisième, plus analytique, est de comprendre pourquoi les groupes français préfèrent investir hors de France.

Les filiales à l'étranger de groupes français internationalisés, hors secteur bancaire, ont réalisé en 2010 un chiffre d'affaires cumulé de près de 1 078 milliards d'euros et employaient près de 4,7 millions de salariés. Ces filiales réalisent 51,9 % du chiffre d'affaires global consolidé et emploient 52,6 % des effectifs. Les secteurs de l'industrie représentent plus de la moitié du chiffre d'affaires consolidé de ces filiales. Cette gigantesque activité à l'étranger, qui génère en 2010 un excédent de 38,5 milliards, ne parvient pas à combler le déficit de la balance des marchandises (-53,5 milliards). Pis encore, l'excédent de revenus compense à peine le solde des transferts courants (38,5 milliards d'euros contre 31,8). Enfin, la balance des revenus est peu réactive à la différence de la balance des biens : en 2012, le solde négatif de la balance des biens est à 70,6 milliards d'euros contre un solde positif de la balance des revenus de 29,7 milliards.

Ainsi, la thèse de la correction des déséquilibres globaux sur les marchés des biens et services par les revenus nés des flux directs d'investissements à l'étranger ne tient pas. Barry Eichengreen[1] a en effet expliqué dans un éditorial récent que les déséquilibres globaux américains, notamment vis-à-vis de la Chine, qui n'avaient cessé de se creuser et qui étaient à la source de la crise financière de 2007-2013, ont disparu. Le déficit américain de biens et services, qui était de 5,8 % en 2006, est tombé à 2,7 % aujourd'hui et est compensé par les produits des investissements à l'étranger (royalties, revenus, dividendes...).

Le cas américain illustre la maturité et la qualité du portefeuille d'investissements directs à l'étranger des firmes américaines, ainsi que la réactivité de ces investissements et placements à la conjoncture économique. Le cas français, beaucoup moins probant, montre que la France est encore dans une phase d'investissement dans les pays étrangers, ce qui explique sans doute que les rentrées financières en France soient relativement moindres. Par ailleurs, s'agissant de soldes de revenus d'investissements et de transferts, la question des flux sortants de capitaux est aussi importante que celle des flux entrants. La question des stratégies des multinationales à base française se double donc d'une question d'attractivité du territoire national pour les investissements étrangers en France. Enfin, les États-Unis ont de longue date optimisé leurs flux financiers en s'endettant dans de bonnes conditions pour combler leurs déficits et en exportant leurs capitaux à des fins de valorisation de leurs technologies et de leurs produits. La France, même si elle est un exportateur net de capitaux, n'est pas dans cette situation.

1. *In* Project Syndicate, « A Requiem for Global Imbalances », 13 janvier 2014.

Exportateur net de capitaux pour un montant cumulé de 643 milliards d'euros entre 1999 et 2012, la France peut-elle inverser le courant si l'attractivité du territoire national compense l'appétit d'investissement à l'étranger des entreprises françaises ?

D'après le dernier rapport de la CNUCED, les IDE se seraient effondrés de 77 % en France en 2013 par rapport à 2012 (5,7 milliards de dollars) quand ils augmentaient de 398 % en Allemagne, mais ces chiffres sont contestés par de nombreux experts[1].

Le stock d'IDE dans les grands pays européens (source CNUCED), qui est un chiffre moins sujet à des fluctuations annuelles fortes, classe en 2012 la France devant l'Allemagne (39,5 % de son PIB correspondant à des IDE réalisés par des entreprises étrangères en France, contre 21,1 % dans le cas de l'Allemagne). Le niveau du stock d'IDE reste donc élevé en France, même s'il a sensiblement baissé (il atteignait 49,1 % du PIB en 2006). La France est le seul grand pays de l'Union européenne où l'on enregistre une forte baisse du stock d'IDE au cours de la décennie 2000. Depuis 2006, il y aurait donc bien déclin de l'attractivité du site France pour les entreprises étrangères.

---

1. Les investissements directs étrangers (IDE) sont l'indicateur largement le plus utilisé pour mesurer l'attractivité d'un pays (*via* le montant des investissements constitués par l'achat, la création ou le contrôle d'entreprises). Un pays est jugé d'autant plus attractif que les IDE entrants dans ce pays sont élevés, et inversement. Tous les ans, la Conférence des Nations unies pour le commerce et le développement (CNUCED) établit un classement des flux des IDE entre pays. Cependant, la mesure des IDE utilisée par la CNUCED pose des problèmes méthodologiques complexes. Les IDE des entreprises peuvent correspondre soit à des rachats d'entreprises étrangères, soit à des ouvertures d'usines à l'étranger, mais peuvent aussi être des opérations comptables entre les filiales d'un même groupe qui ne correspondent à aucune activité de production. Les chiffres de la CNUCED peuvent toutefois être une mesure de l'attractivité économique si l'on utilise seulement le niveau agrégé des stocks et non les flux annuels d'IDE, très fluctuants, et seulement pour de grands pays. Il faudrait être beaucoup plus prudent au niveau plus détaillé des secteurs ou des petits pays. Au niveau sectoriel ou pour un pays de taille moyenne, il suffit d'une grosse opération pour changer totalement l'évolution d'une année sur l'autre.

Tableau 2 : L'attractivité économique des grands pays européens mesurée par le stock d'IDE (en % du PIB) en 2012 et 2000

Pays	Stock IDE 2012	Stock IDE 2000	Année où le stock est maximal (en % PIB)
Royaume-Uni	54,4	31,4	2012 (54,4 %)
Espagne	47,0	26,9	2012 (47 %)
France	**39,5**	**29,5**	**2006 (49,1 %)**
Allemagne	21,1	14,4	2010 (21,7 %)
Italie	17,7	11,1	2012 (17,7 %)

Source : UNCTAD, WIR.

D'autres mesures confirment le déclin de l'attractivité de la France. Le baromètre d'Ernst & Young mesure l'attractivité des sites européens par une approche très différente de la CNUCED, d'une part en recensant le nombre d'implantations sur site en Europe et en France[1], d'autre part en analysant la perception des grands décideurs (212 dirigeants d'entreprise dans 25 pays différents). En 2012, ce baromètre montre que l'Europe a attiré 3 797 projets d'implantation internationale, en recul de 2,8 % par rapport à 2011, mais au-dessus du niveau d'avant-crise (3 712 en 2007). Ces implantations ou extensions ont créé 170 434 nouveaux emplois en 2012, soit 8 % de plus que l'année précédente (mais 471 projets d'implantation en France en 2012, en diminution de 13 % par rapport à 2011). Les deux principaux concurrents, jugés plus flexibles et plus compétitifs, le Royaume-Uni (697 projets) et l'Allemagne (624), sont loin devant. Si la France

1. Ernst & Young, « European Investment Monitor 2013 ».

se classe troisième par le nombre de projets, elle n'est que cinquième derrière la Russie et la Pologne en nombre d'emplois créés (10 542 contre 30 311 au Royaume-Uni, par exemple).

L'attractivité du site France est encore moins marquée dans l'industrie. Dans ce secteur, les emplois créés par les entreprises étrangères placent la France seulement en treizième position en 2012 et leur nombre est en forte baisse (-54 % entre 2011 et 2012).

Les chiffres de l'Agence française pour les investissements internationaux (AFII) montrent eux aussi un déclin des investissements étrangers en France. L'AFII a recensé 693 décisions d'implantation d'origine étrangère en 2012 en France, contre 698 en 2011 et 782 en 2010 (le nombre d'emplois associés à des décisions d'investissement étranger atteignait son maximum en 2006[1]).

L'Observatoire de l'investissement (Trendeo) confirme ce déclin de l'activité industrielle en France puisqu'il a compté, en 2012, 229 suppressions de capacités (dont 64 fermetures de sites), soit plus de 12 771 suppressions d'emplois pour les activités de production industrielle.

Le constat est donc général et, quelles que soient les sources utilisées, l'attractivité du site France est en déclin, contrairement aux autres grands pays européens. Si le stock d'investissements étrangers en France reste important, son attractivité pour les investissements nouveaux baisse depuis le milieu des années 2000.

3. Désindustrialisation et endettement

Ainsi, la désindustrialisation peut avoir de graves conséquences, car, en étant à la source d'un déficit de la balance

1. AFII, Bilan des investissements étrangers créateurs d'emploi en France.

courante, elle conduit à une augmentation de l'endettement des acteurs économiques nationaux[1].

Tableau 3 : Balance courante, 2000-2012, et dette des administrations publiques (en % du PIB du pays)

	Balance courante			Dette publique	Évolution dette
	2012	2007	2000	2012	2012-2000
1 Pays-Bas	7,7	8,4	6,4	71,3	+17,5
2 Suède	6,5	8,6	4,6	38,0	-15,6
3 Allemagne	7,0	7,5	-1,8	81,0	+20,8
4 Danemark	6,0	1,4	1,4	45,4	-7,0
5 Irlande	4,4	-5,5	-0,4	117,4	+80,4
6 Autriche	1,8	4,0	-0,7	74,4	+8,2
7 Belgique	-0,2	3,9	4,2	101,1	-6,7
8 Italie	-0,4	-1,3	-0,2	127,0	+18,4
9 Espagne	-1,2	-10,0	-4,0	86,0	+26,6
10 Finlande	-1,4	4,2	7,6	53,8	+10,0
11 France	**-2,1**	**-1,4**	**1,2**	**90,6**	**+33,1**
12 Portugal	-2,2	-10,2	-10,7	124,1	+73,4
13 Roy-Uni	-3,8	-2,3	-2,9	89,1	+48,6
14 Grèce	-4,6	-17,6	-12,0	157,2	+52,8

Source : Commission européenne, annexe statistique, in *Economie européenne* (printemps 2014), Eurostat pour la balance courante et AMECO pour la dette.

1. Un solde extérieur négatif implique globalement qu'un pays consomme plus qu'il ne produit, et cela va se traduire par un endettement accru, soit de l'État (cas de la France), soit des banques ou des particuliers (en Espagne avec la bulle de l'immobilier). Toutefois, si les dettes des banques ou des particuliers sont trop élevées et ne peuvent pas être remboursées, cela se traduira par une prise en charge par l'État, et donc une augmentation de la dette publique.

Si l'on met en parallèle la situation excédentaire ou déficitaire de la balance courante des pays européens et l'évolution de leur dette publique, on constate, comme nous l'enseigne la théorie économique, que :

• Certains pays dont la balance courante a été excédentaire ont connu une réduction importante de la dette publique, comme la Suède, la Belgique et le Danemark. L'Autriche et la Finlande (dont la balance a été fortement excédentaire jusqu'à la crise de 2008) ont enregistré une augmentation modérée de l'endettement (moins de 10 points de PIB en douze ans) malgré l'intensité de la crise.

• Les pays dont la balance courante a été fortement négative entre 2000 et 2007 ont connu une explosion de leur endettement, plus de 45 points de PIB en douze ans. C'est le cas de la Grèce (+52,8), du Portugal (+73,4), de l'Irlande (+80,4) et du Royaume-Uni (+48,6).

• Certains pays, comme l'Italie et la France, ont limité leurs déficits de balance courante avec un endettement qui a augmenté, mais sensiblement moins que les pays du Sud et le Royaume-Uni. Cependant, la France a enregistré une hausse de son endettement bien plus forte que l'Italie entre 2000 et 2012 (33,1 points contre seulement 18,4). Malgré sa bonne performance de balance courante, l'Allemagne a connu une augmentation significative de sa dette publique (+20,8 points de PIB), mais on devrait assister à une baisse de l'endettement public dans les prochaines années, l'Allemagne ayant un excédent budgétaire et un objectif de baisse de l'endettement public.

La désindustrialisation peut avoir des conséquences encore plus graves pour les pays de la zone euro. Ces pays, s'ils ont des déficits extérieurs, devront les faire disparaître sans pouvoir faire appel à la dévaluation, la zone euro étant une union monétaire sans transferts entre les pays. Si elle était constituée comme un État-nation, les pays de la zone en déficit chronique pourraient bénéficier des transferts de l'Europe, comme c'est le cas entre l'Île-de-France et la Corse. Ces déficits de la balance courante conduisent à une hausse continue des dettes extérieures, d'où la perte de solvabilité extérieure progressive des pays en déficit. Pour faire disparaître le déficit extérieur, un pays de la zone euro doit soit diminuer ses importations, soit accroître ses exportations ; et, pour restaurer l'équilibre du commerce extérieur, la solution passe souvent par la dévaluation intérieure, c'est-à-dire une baisse des salaires et de la demande intérieure.

Entre 2008 et 2012, de nombreux pays du Sud en crise ont ainsi amélioré leur balance courante en mettant en place des politiques d'austérité. Certains l'ont fait de façon spectaculaire : le Portugal, l'Espagne, l'Italie et même la Grèce. En Espagne et dans une moindre mesure en Italie, le redressement de la balance extérieure s'explique d'abord par la forte chute de la demande intérieure résultant des politiques d'austérité et de baisse des revenus qui a freiné les importations. L'amélioration des coûts salariaux a aussi permis d'augmenter les exportations.

Les efforts faits par ces pays sont-ils temporaires et la situation de la balance courante devrait-elle se dégrader en cas de reprise de la demande intérieure ? Certaines études[1] montrent que, même si la demande intérieure retrouvait son rythme d'avant crise en Espagne et en Italie, la balance extérieure de ces pays ne se détériorerait que modérément.

Les pays européens ayant une industrie forte et une balance courante positive sont généralement ceux ayant le PIB par tête[2] le plus élevé. Depuis la crise de 2008, leur PIB par tête a augmenté par rapport à la moyenne européenne (Autriche, Suède, Pays-Bas, Danemark, Allemagne et Belgique). À l'inverse, les pays les moins industrialisés et dont la balance extérieure est déficitaire, comme la Grèce, le Portugal et la France dans la zone euro et le Royaume-Uni hors zone euro, ont un PIB par tête plus bas par rapport à la

1. Natixis, Flash économie, « Quels pays de la zone euro sont compétitifs, quels pays ne le sont pas », février 2012, et « Balance des paiements de la zone euro : où en sont les (dés)équilibres courants », avril 2013.

2. Le PIB par tête mesure le niveau de la production économique réalisée à l'intérieur d'un pays donné par habitant. C'est donc aussi une mesure du niveau de vie et on la corrige en introduisant la parité de pouvoir d'achat pour tenir compte des différents taux de change et des différences de prix des biens et services entre pays.

moyenne européenne et en baisse sur la période 2000-2013. L'écart de PIB par tête entre la France et l'Allemagne par rapport à la moyenne communautaire a pratiquement doublé entre 2000 et 2013.

Dans ses différents travaux, Pierre-Noël Giraud insiste sur cette dimension de paupérisation relative des pays désindustrialisés par rapport notamment aux pays à fort potentiel exportateur et dotés de surcroît d'une spécialisation dans le moyen et haut de gamme. Son analyse part de la distinction entre emplois nomades (ceux qui vivent au rythme de la mondialisation des échanges) et emplois sédentaires dont la dynamique est intra-nationale. « Dans un territoire, plus les nomades sont nombreux et se vendent cher sur le marché international, plus ils consomment de biens et de services sédentaires, à la fois comme intrants de leurs productions de nomades, et comme consommateurs. Des nomades riches et nombreux entraînent donc des sédentaires dans leur sillage [...] le ratio de la valeur ajoutée par emploi nomade divisé par le ratio de la valeur ajoutée par emploi sédentaire est un indicateur essentiel[1]. »

Le redressement de la balance extérieure entre 2008 et 2012 est passé, dans un premier temps, par une forte diminution de la demande intérieure des pays en crise, en particulier en Irlande, en Espagne et au Portugal, entre 2008 et 2013, ce qui s'est traduit par une baisse de la richesse par habitant et par une augmentation du taux de chômage.

On a donc assisté à une divergence croissante, accentuée par la crise, entre certains pays industrialisés du nord de l'Europe, qui dégagent d'importants excédents de leur balance des paiements et qui ont vu leur PIB fortement augmenter depuis 2000 (Allemagne, Autriche, Suède), et certains pays du sud de l'Europe. Généralement, les pays dont le PIB par habitant est le plus haut sont aussi ceux dont le taux d'emploi[2] est le plus élevé, et la France se situe plutôt

1. Communication au colloque de l'École de Paris du 3 juin 2013 sur le thème « Les ressorts d'une renaissance industrielle de la France », http://www.ecole.org.

2. Le taux d'emploi reflète la capacité d'une économie à utiliser ses ressources main-d'œuvre. L'OCDE estime que le taux d'emploi est une mesure plus pertinente que le taux de chômage pour évaluer la situation de l'emploi dans un pays.

en bas de tableau, neuvième sur quatorze pays pour le PIB par tête et huitième pour le taux d'emploi.

Tableau 4 : PIB par tête, en parité de pouvoir d'achat indice 100 pour l'Union européenne à quinze et taux d'emploi en 2013

	2013	2007	2000	Taux d'emploi
1 Autriche	119,2	110,8	114,3	75,6 %
2 Irlande	117,7	130,8	114,1	63,7 %
3 Suède	116,7	111,9	110,5	79,4 %
4 Pays-Bas	115,9	118,4	116,3	77,2 %
5 Danemark	115,7	109,7	114,0	75,4 %
6 Allemagne	113,6	103,4	101,9	76,7 %
7 Belgique	110,1	103,7	109,4	67,2 %
8 Finlande	103,9	105,1	101,5	74,0 %
9 France	**99,6**	**96,4**	**99,8**	**69,4 %**
10 Royaume-Uni	96,9	105,5	104,2	74,2 %
11 Italie	90,4	93,2	101,8	61,0 %
12 Espagne	87,1	93,7	84,3	59,3 %
13 Portugal	69,4	70,4	70,4	66,5 %
14 Grèce	67,5	80,9	72,1	55,3 %

Source : Commission européenne, DG ECFIN Ameco et Eurostat pour le taux d'emploi, calculé en divisant le nombre de personnes occupées de 20 à 64 ans par la population totale.

4. Désindustrialisation et évidement du cœur manufacturier

La désindustrialisation peut avoir de graves conséquences, car l'industrie manufacturière est au cœur du processus d'innovation et de R&D. Quant aux délocalisations, passé certains seuils, elles peuvent contribuer à l'évidement des écosystèmes productifs nationaux. C'est la thèse, remarquablement documentée, que développent Suzanne Berger et son équipe du MIT dans *Making in America*[1]. Son raisonnement se déploie en trois temps. Certes, l'effondrement du communisme, l'ouverture aux investissements étrangers des pays émergents et la volonté des multinationales des pays développés de trouver de nouvelles sources de profit ont entraîné dans un premier temps la formation de pays ateliers, qui ont su attirer les activités intenses en travail et donc sensibles à son coût. Mais l'impact sur les processus de production de l'externalisation de maillons entiers de la chaîne de valeur va bien au-delà de la détérioration de la balance courante. En effet, externaliser la production, c'est d'une certaine manière exporter les savoir-faire, c'est rompre l'échange entre les laboratoires et la production, c'est entrer dans une logique progressive de démantèlement d'un écosystème productif, car les aller-retour entre laboratoire et usine sont décisifs dans les processus d'innovation incrémentale.

Le deuxième péril du processus de délocalisation-désindustrialisation est justement l'appauvrissement de l'écosystème industriel territorial, fait des interactions entre fournisseurs et donneurs d'ordre, entre laboratoires et usines, et même entre start-up et tissu industriel. Ainsi, quand une start-up met au point une nouvelle méthode de stockage d'énergie et qu'elle cherche à la fabriquer, lorsqu'elle se rend compte que les fournisseurs de composants sont en Asie, que les manufactures nationales sont rares et coûteuses, la tentation est grande de fabriquer directement en Asie.

1. Suzanne Berger (dir.), *Making in America*, MIT Press, 2013.

À son tour, ce processus de délocalisation par commodité de fabrication de produits innovants dans des pays comme la Chine accélère le processus d'imitation des produits innovants et la perte rapide de l'avantage initial.

Au total, c'est tout le modèle du *fabless fab* ou des *core competences* qui se trouve mis en cause. L'idée que l'entreprise avancée des pays développés peut se redéployer sur l'amont de la filière (innovation, conception et design de produits) et sur l'aval (commerce, marketing, fonctions financières), et laisser se vider son cœur manufacturier, est une illusion coupable. La perte de la compétence manufacturière affaiblit de proche en proche le cœur manufacturier des grandes firmes, leur écosystème de fournisseurs PME, leur capacité innovatrice et, à terme, l'entreprise elle-même, rattrapée et dépassée par les élèves sous-traitants.

5. Désindustrialisation et innovation

Si l'analyse de Suzanne Berger est valide, alors on devrait assister à un affaiblissement de la capacité innovatrice des pays en voie de désindustrialisation. Qu'en est-il ?

L'industrie a une croissance de la productivité bien plus forte que les services. Les pays désindustrialisés connaissent une croissance de la productivité plus faible que les autres et sont marginalisés comme source d'innovation. L'industrie représente plus de 80 % de la R&D totale des entreprises (source McKinsey[1]) dans les pays développés. Elle est la source des innovations majeures, d'une part au niveau des produits eux-mêmes, du téléphone mobile aux tablettes informatiques, de l'automobile électrique aux centrales nucléaires, et d'autre part au niveau du processus de production, de la robotisation aux équipements intelligents.

1. McKinsey Global Institute, « Manufacturing the Future : The Next Area of Global Growth and Innovation », novembre 2012.

Accepter le déclin industriel de la France, c'est donc accepter que le pays soit progressivement marginalisé comme source d'innovations technologiques et de laboratoires de recherche. De plus, les innovations technologiques développées dans le secteur manufacturier vont très largement contribuer à l'accroissement de la productivité dans d'autres secteurs, que ce soit l'agriculture grâce à des machines agricoles plus efficaces, ou les services aux entreprises avec le développement de nouvelles technologies de l'information.

L'industrie contribue deux fois plus à la croissance de la productivité globale d'une économie que ne le suggère son poids dans l'emploi total, qui est faible en Europe. Plus le poids de l'industrie dans le PIB est élevé, plus la croissance de la productivité de l'économie sera forte. Une étude de Bruegel sur l'industrie manufacturière[1] montre que dans les pays européens très industrialisés, comme la Suède, la Finlande ou l'Irlande, le taux de croissance annuel moyen de la productivité dans l'industrie est de 6 % supérieur à celui des services, et en Allemagne ce taux est trois fois supérieur à celui constaté dans les services.

En 2010, pour l'Europe à vingt-sept, le ratio des dépenses en R&D par rapport au PIB était de 2 %, bien au-dessous de l'objectif de 3 % de la stratégie de Lisbonne. Parmi les États membres de l'Union européenne, seuls la Finlande, la Suède et le Danemark dépassent le seuil de 3 %. L'Allemagne et l'Autriche sont proches de ce seuil. Les pays en tête du classement pour les dépenses en R&D (pays nordiques, Allemagne et Autriche) sont aussi les seuls pays européens qui ont vu leur base de production industrielle se renforcer.

L'intensité en R&D de la France la place juste après ce premier groupe de pays, un peu au-dessus de la Belgique et des Pays-Bas. Cependant, le taux de croissance annuelle moyen des dépenses en R&D sur la période 2000-2010 est en France particulièrement faible avec 0,8 % par an, beaucoup moins que l'Allemagne, l'Autriche, le Danemark et la Finlande, c'est-à-dire des pays qui avaient déjà des intensi-

1. Bruegel, « Manufacturing Europe's Future », octobre 2013.

tés en R&D supérieures. La France a même eu une croissance de la R&D inférieure à celle des pays du Sud, comme l'Italie, l'Espagne ou le Portugal, pourtant en situation de rattrapage par rapport aux pays du Nord. Avec la crise, entre 2007 et 2010, la croissance des budgets en R&D de la France la place encore en bas de tableau, malgré le dispositif particulièrement avantageux sur le plan fiscal mis en place, comme le crédit impôt recherche (CIR).

Tableau 5 : Dépenses R&D (% PIB) en 2010, 2007 et 2000

	Intensité R&D 2010 en % du PIB	Part des entreprises dans le total	Intensité R&D 2007 en % du PIB	Intensité R&D 2000 en % du PIB
1 Finlande	3,9	71,0 %	3,5	3,4
2 Suède	3,4	68,4 %	3,4	n.d.
3 Danemark	3,0	68,0 %	2,6	2,2
4 Allemagne	2,8	67,3 %	2,5	2,5
5 Autriche	2,8	68,4 %	2,5	1,9
6 France	**2,2**	**61,9 %**	**2,1**	**2,2**
7 Belgique	2,1	67,1 %	1,9	2,0
8 Pays-Bas	1,9	47,2 %	1,8	1,9
9 Royaume-Uni	1,8	62,5 %	1,8	1,8
10 Irlande	1,7	67,9 %	1,3	1,1
11 Portugal	1,6	50,0 %	1,2	0,7
12 Espagne	1,4	51,7 %	1,3	0,9
13 Italie	1,3	55,3 %	1,2	1,0
14 Grèce	0,7	28,6 %	n.d.	0,6 %

Source : Eurostat, Sciences, Technology and Innovation in Europe, 2012 et 2007.

Même les grands groupes français sont distancés par les allemands et les britanniques en matière de R&D. Sur les 1 500 plus gros investisseurs en R&D au niveau mondial, en 2011, 405 sont européens, 108 allemands, 81 britanniques, 58 français, 26 suédois, 24 néerlandais, 22 italiens. Sur les dix plus gros investisseurs en R&D européens, il y a quatre allemands (VW, Daimler, Siemens, Bosch et BMW), deux britanniques dans la pharmacie et la biotechnologie (Glaxo SmithKline et Astra Zeneca), un suédois (Ericsson), un finlandais (Nokia) et un seul français (Sanofi)[1]. De plus, ces champions français investissent moins en R&D que la moyenne des entreprises européennes.

Pour l'Europe, en moyenne, le secteur des entreprises représente 61,2 % du montant total des dépenses en R&D ; l'éducation supérieure (24,2 %) et le secteur gouvernemental (13,3 %) suivent. Les pays faisant le plus d'efforts en R&D sont aussi ceux où les entreprises sont à l'origine de plus des deux tiers des dépenses en R&D totales du pays, respectant l'objectif de la stratégie de Lisbonne : les pays nordiques, Danemark, Finlande, Suède, Allemagne et Autriche. Dans les pays du Sud, les dépenses des entreprises restent très en retrait dans le total des dépenses en R&D. En France, en Espagne et en Grèce, le secteur gouvernemental pèse d'un poids important dans le financement des dépenses totales en R&D.

Les pays où les entreprises financent la part la plus élevée de la R&D totale sont aussi ceux qui déposent le plus de brevets, signe d'une forte capacité à innover : plus de 80 % du total des brevets soumis à l'EPO (European Patent Office) ont été déposés par des entreprises.

Si l'on mesure la performance de l'effort en R&D par le nombre de brevets par million d'habitants, la Suède est en tête avec 308 brevets, suivie par l'Allemagne, le Danemark, l'Autriche, la Finlande, les Pays-Bas et la Belgique.

---

1. Tableau de bord sur les investissements en R&D industrielle, Commission européenne, 2011.

Tableau 6 : Brevets, en nombre, par million d'habitants, 2004 et 2010

	Par million d'habitants en 2010	Par million d'habitants en 2004	Classement Tableau de bord innovation
1 Suède	308	245	1
2 Allemagne	267	279	3
3 Danemark	244	202	2
4 Finlande	216	262	4
5 Pays-Bas	195	224	5
6 Autriche	189	177	9
7 **France**	**135**	**133**	**10**
8 Belgique	130	145	6
9 Irlande	79	66	8
10 Royaume-Uni	77	93	7
11 Italie	74	79	11
12 Espagne	32	29	12
13 Portugal	10	3	13
14 Grèce	7	6	14

Source : Eurostat, Patent applications to the European Patent Office, et Commission européenne, « Tableau de bord innovation », 2014.

Au niveau européen, l'augmentation du nombre de brevets déposés est en moyenne de 1 % par an, entre 2004 et 2009. La France a fait moins (0,8 %), alors que de nombreux pays du sud de l'Europe, comme l'Espagne et même la Grèce et le Portugal, ont connu une croissance annuelle du nombre des brevets déposés plus forte que la France et sont donc engagés dans un processus de rattrapage technologique.

Quel est le lien entre le nombre de brevets déposés et le potentiel d'innovation d'un pays ? La Commission européenne présente annuellement un tableau de bord de l'innovation[1] qui classe les performances des pays membres. Généralement, il y a une forte corrélation entre deux classements, dépôt de brevets et degré d'innovation. La France fait exception. Elle est classée sixième pour les dépenses en R&D, septième pour le dépôt des brevets et dixième dans le tableau de bord de l'innovation. Les pays les plus innovants présentent un certain nombre de points communs : atouts du système national de R&D, rôle prépondérant des entreprises dans les efforts de R&D, innovation, importance de l'enseignement supérieur, lien solide entre l'université et l'industrie.

Les dépenses de R&D sont plus élevées en France qu'au Royaume-Uni, comme le nombre de brevets déposés, mais le Royaume-Uni est classé devant la France comme pays innovant, bénéficiant d'un environnement institutionnel qui favorise la prise de risque.

Une enquête communautaire sur l'innovation[2] a interrogé les entreprises sur leurs activités d'innovation. La France se classe dixième avec seulement 53,5 % des entreprises ayant des activités innovantes en pourcentage du total des entreprises, contre 79,3 % en Allemagne et 56,3 % en Italie.

La France a certes des chercheurs de qualité, un système de recherche ouvert, des financements et des aides publiques à la R&D abondants, un niveau satisfaisant de publications, mais les investissements en R&D des entreprises sont stagnants, les collaborations université/entreprises insuffisantes et les entrepreneurs-innovateurs dans la haute technologie trop peu nombreux.

1. Commission européenne, « Tableau de bord de l'innovation », 2013.
2. Eurostat, septième enquête communautaire sur l'innovation, janvier 2013.

6. Désindustrialisation, salaires et emploi

L'industrie a une plus forte productivité que les services et elle peut donc offrir à ses employés des salaires supérieurs en moyenne à ceux des secteurs de services. Dans l'Union européenne à quinze, le salaire dans l'industrie était, en 2008, supérieur de 8,2 % à celui des services marchands[1]. C'est dans les pays les plus industrialisés que cet écart est le plus important : en Allemagne, un employé dans l'industrie gagne 24,5 % de plus que dans les services ; en Autriche, 17,9 % de plus ; en Finlande, 15,9 % de plus.

En France, le coût de la main-d'œuvre dans l'industrie est à peine supérieur à celui des services (3,4 %) et, dans les pays comme la Grèce ou le Portugal, les salaires dans les services sont plus élevés que dans l'industrie.

Comme le souligne le rapport de Bruegel sur l'industrie[2], cet écart de salaire entre l'industrie et les services s'est même fortement accentué ces dernières années dans les pays développés avec la montée du secteur des hautes technologies, ce qui conduit à une augmentation relative d'autant plus marquée des salaires que les pays sont industrialisés.

Une part importante de l'emploi dans les services est peu qualifiée et porte sur les services aux personnes, la distribution, le nettoyage, des secteurs qui se caractérisent généralement par des rémunérations faibles. Avec le vieillissement de la population dans les pays développés, la demande de services aux personnes âgées connaît d'ailleurs une forte croissance. Certes, ces emplois ont l'avantage de ne pas pouvoir être délocalisés et ne sont donc pas affectés par la concurrence des pays émergents, mais globalement l'écart de rémunération entre l'industrie manufacturière et les services marchands devrait donc plutôt tendre à s'accroître. C'est du reste déjà le cas dans plusieurs pays européens, comme l'Allemagne.

1. Eurostat, enquête sur le coût horaire de la main-d'œuvre.
2. Bruegel, « Manufacturing Europe's Future », octobre 2013.

Bien entendu, il existe dans les services à fort contenu en savoir des emplois extrêmement bien rémunérés, bien plus que la moyenne des emplois dans l'industrie manufacturière, par exemple dans les services aux entreprises, dans les services financiers, informatiques, de télécommunication, de transport aérien. Le Royaume-Uni est le pays leader en Europe dans le secteur des services à forte intensité en savoir, quand l'Allemagne domine celui des entreprises industrielles dans la haute technologie. À un même niveau d'éducation, les rémunérations sont à peu près comparables dans l'industrie manufacturière et dans les services, sauf dans les services financiers où ils sont très élevés. Mais il serait illusoire de penser que seuls les services à forte intensité en savoir constituent l'avenir de l'emploi d'un pays comme la France. Par le nombre, les emplois de services peu qualifiés sont en général largement majoritaires.

7. Désindustrialisation et développement du high-tech

Les secteurs de haute technologie[1] ne connaissent pas la crise, ont une forte croissance et offrent les emplois ayant une importante valeur ajoutée et des salaires élevés : un pays industrialisé qui est pris dans la spirale de la désindustrialisation ne peut donc bénéficier de cet apport. En dépit de

1. La production industrielle manufacturière est regroupée en quatre niveaux selon la sophistication technologique des produits. Ces groupements technologiques sont définis sur la base de l'intensité en recherche et développement de l'activité industrielle : la *haute technologie* comprend la pharmacie, l'aéronautique, l'informatique, les produits électroniques et optiques ; la *moyenne/haute technologie* comprend la chimie, les équipements électriques, les machines, les véhicules à moteur, les équipements de transport en dehors du naval et de l'aéronautique, les instruments médicaux et dentaires, les armes et munitions ; la *moyenne/basse technologie* comprend les produits pétroliers, les plastiques et caoutchouc, les métaux à l'exclusion des machines, les bateaux, l'installation des machines et leur préparation, les appareils de reproduction média ; la *faible technologie* comprend l'alimentaire, les boissons, le tabac, le textile, l'habillement, les produits en cuir, les produits en bois, le papier, les meubles, l'impression et les autres produits manufacturés à l'exception des instruments médicaux et dentaires.

la crise économique et financière de 2008, la production industrielle dans le secteur de haute technologie s'est accrue de 26 % entre le premier trimestre de 2005 et le troisième trimestre de 2012, alors que la production industrielle totale est en 2012 à peu près au niveau de 2005[1]. Ces secteurs technologiques sont aussi fortement exportateurs avec des niveaux de productivité et des taux d'investissement élevés.

Les pays ayant une spécialisation marquée dans le secteur de haute technologie ont donc un avantage important, car ils disposent d'un fort potentiel de croissance économique, d'exportation et d'emplois qualifiés, même s'ils représentent un poids limité dans l'emploi total. En 2010, 34 millions de personnes travaillaient dans l'industrie manufacturière en Europe et seulement 2,3 millions dans la haute technologie, soit 6,8 % de l'emploi industriel (Eurostat). L'industrie française de haute technologie occupe un poids comparable à la moyenne européenne dans l'emploi total, bien loin du Danemark (55 % de plus que la moyenne européenne), de la Finlande (72 % de plus) ou de l'Allemagne (36 % de plus). La part de l'emploi industriel dans la haute technologie est, en revanche, particulièrement faible en Italie, en Espagne ou au Portugal.

Disposer d'une main-d'œuvre qualifiée constitue un atout pour le développement des industries de haute technologie. La spécialisation d'un pays dans les hautes technologies s'accompagne d'une plus forte qualification de la main-d'œuvre. La qualification de la main-d'œuvre est particulièrement élevée dans les pays nordiques, avec 68 % de personnes qualifiées dans la population active en Suède, 67,1 % en Finlande et 65 % en Allemagne, alors que cet indicateur est de 54,5 % en Espagne et de 59,7 % en Italie. La France (63,3 %), le Royaume-Uni (62,2 %) et les Pays-Bas (62,5 %) occupent une position intermédiaire[2].

Les secteurs à haut contenu technologique (aéronautique, pharmacie, biotechnologies, machines-outils sophis-

1. Eurostat, « High Technology and Medium-high Technology Industries, Main Drivers of EU's Industrial Growth », 2013.
2. Eurostat, « Labour Market and Labour Force Statistics », 2013.

tiquées...) sont aussi des secteurs aux rémunérations plus élevées. Les salaires dans l'industrie pharmaceutique sont 2,6 fois plus élevés que dans le textile et 2,4 fois plus élevés que dans l'agroalimentaire[1]. Réduire les charges sociales pour les seuls bas salaires dans l'industrie n'a donc pas de sens économique, car l'avenir de l'Europe dans l'industrie est dans les hautes technologies à salaire élevé.

Dans les années à venir, la concurrence sera rude pour attirer les ingénieurs et les professionnels les plus qualifiés dont tous auront besoin pour le développement des secteurs à haute technologie. Ainsi, l'industrie allemande attire de plus en plus d'ingénieurs des pays du sud de l'Europe et la plupart des experts estiment qu'il y aura bientôt une pénurie d'ingénieurs en Europe.

Conclusion

Personne ne sonnerait le tocsin de la désindustrialisation si la stratégie du *fabless fab*, c'est-à-dire d'une industrie sans usines, avait été une réussite. L'expérience enseigne à l'inverse qu'un pays qui perd toute sa compétence manufacturière finit par être entravé dans sa recherche technologique, car l'interaction industrie-recherche est décisive pour l'innovation industrielle.

Dire que le déficit commercial disparaît quand le déficit public disparaît, c'est une autre façon de dire que la consommation financée à crédit (par le déficit public) est une entrave pour le développement d'une offre compétitive (par la restauration des marges). Dire que la priorité absolue est de restaurer les conditions de la croissance, c'est d'une certaine manière dire qu'un pays victime de ces inerties ne peut pas faire naître et prospérer des entreprises compétitives.

1. Eurostat, « Key Indicators, Manufacturing, NACE section C », 2013.

La France a une bonne performance globale en matière de recherche si l'on juge en termes d'*input*, si l'on regarde le montant des dépenses en R&D, le nombre de doctorants et de chercheurs. En revanche, en matière d'*output*, c'est nettement moins bien ! Il y a un taux de transformation de recherches en brevets et en innovation, des innovations en entreprises, des entreprises en emplois créés, qui est très médiocre.

L'industrie est une activité structurante ; les services aux entreprises font partie de ce développement. L'industrie se dématérialise chaque jour davantage. Il y a 95 % d'activité immatérielle dans un composant électronique, qui est pourtant un produit industriel. La vraie recette du succès, c'est la combinaison de recherche intensive, de développement, d'innovation, de création, de marques, autant d'éléments immatériels qui font la vraie valeur de l'activité industrielle matérielle. Il n'y a pas de développement autonome de services à forte valeur ajoutée sur fond de désindustrialisation intégrale.

Même si l'industrie continue à croître en volume, le poids du secteur industriel dans le PIB des pays développés diminuera probablement au profit des services, et l'objectif fixé par la Commission d'une réindustrialisation apparaît très ambitieux. Il serait illusoire de penser que l'industrie pourra contribuer à réduire le chômage en Europe[1]. Cependant, le maintien d'un secteur industriel compétitif y est absolument essentiel. L'emploi industriel baissera pour l'emploi non qualifié, mais il y aura une augmentation relative du poids des emplois à forte valeur ajoutée et à rémunération élevée, et les pays les plus industrialisés, les plus spécialisés dans la haute technologie, connaîtront non seulement une plus forte croissance, mais aussi des salaires plus élevés et en progression.

Il faut donc s'inquiéter de la perte de substance industrielle d'un pays comme la France.

1. Globalement, on estime aux États-Unis que la baisse de l'emploi industriel s'explique avant tout par la croissance de la productivité dans l'industrie, près des deux tiers des pertes d'emplois, alors que le commerce international et l'externalisation n'expliqueraient que 20 % des pertes d'emplois de l'industrie (McKinsey, 2012).

Chapitre 3

Désindustrialisation : les coupables habituels

Pourquoi l'industrie décline-t-elle ? Parce qu'elle suivrait le sens de l'Histoire, entend-on parfois. Nos sociétés agricoles sont progressivement devenues industrielles, nos paysans se transformant en ouvriers à mesure que les usines réclamaient leur force de travail. Du textile à l'aéronautique en passant par la pharmacie ou la chimie, les industries manufacturières ont permis une croissance spectaculaire de la prospérité grâce aux gains de productivité. Puis leur poids a décru, laissant se développer un vigoureux secteur tertiaire. Désormais, ce sont les entreprises de services qui embauchent. Le déclin industriel serait donc aussi inévitable que celui de l'emploi agricole[1]. Depuis 2008, le

1. C'est Colin Clark qui le premier a formulé cette théorie évolutionniste qui voit les activités émerger, puis décliner relativement en fonction de la phase du développement économique.

poids de l'industrie manufacturière dans l'économie mondiale recule. Les raisons de cette désindustrialisation mondiale sont classiques : « la hausse du revenu par tête dans les pays émergents et le vieillissement démographique qui déforment la demande au profit des services ; des goulots d'étranglement qui limitent la production industrielle des pays émergents[1] ».

Des facteurs structurels expliquent la réduction de la part relative de l'industrie manufacturière dans les pays développés par rapport aux services. Seule l'industrie américaine, parmi les pays développés, disposerait à l'heure actuelle de nombreux avantages concurrentiels pour croître et prendre des parts de marché à ses concurrents, selon le Boston Consulting Group[2]. Le BCG estime que la réindustrialisation américaine permettrait de créer de 2,5 à 5 millions d'emplois d'ici à 2020, dans l'industrie mais aussi dans les services liés comme l'informatique, la logistique et la distribution.

Les principaux avantages comparatifs de l'industrie manufacturière américaine seraient le coût du travail par rapport à la productivité des ouvriers, un marché du travail beaucoup plus flexible et, surtout, le faible coût de l'énergie grâce aux gaz de schiste. Depuis 2005, le prix de gros du gaz naturel a baissé de moitié, un avantage compétitif considérable pour les industries pétrochimiques, la sidérurgie ou le papier, fortement consommatrices d'électricité. Les industriels français paient en 2013 leur électricité 60 % plus cher que les Américains. Cependant, pour prometteuses que soient les projections du rapport du BCG, elles ne se sont pas matérialisées dans les statistiques de l'emploi aux États-Unis. En 2013, la plupart des créations d'emplois viennent de la distribution et du secteur de l'hôtellerie-restauration,

1. Natixis, Patrick Artus, « La désindustrialisation du monde : ses causes et ses effets », *Flash. Problèmes structurels*, 9 avril 2014.

2. Boston Consulting Group, « The US as One of the Developed World's Lowest-Cost Manufacturers, Behind the American Export Surge », 2013.

deux secteurs qui offrent des emplois peu qualifiés et mal payés.

S'il y a désindustrialisation à travers l'emploi, cela ne veut pas dire que la valeur ajoutée produite par l'industrie diminue. Comme le soulignaient Sarah Guillou et Lionel Nesta[1] de l'OFCE, entre 1980 et 2008, la France a perdu presque 2 millions d'emplois manufacturiers, soit une réduction relative de 38 %. La part de la valeur ajoutée manufacturière dans le PIB est passée de 19,2 % en 1980 à 14,7 % en 2008, soit une baisse de 23 %. Sur la même période, entre 1980 et 2008, la valeur ajoutée manufacturière en volume a augmenté de 36 %. L'industrie manufacturière a connu et continue de connaître une croissance de productivité du travail tout à fait remarquable.

La source principale d'emplois nouveaux est donc, pour nos économies développées, le secteur des services, mais ces emplois constituent un ensemble très hétéroclite où dominent des emplois mal payés et à faible productivité. Dani Rodrik a bien décrit les conséquences de ce processus de création d'emplois dans les services : « Au sommet, les secteurs de la finance, de l'assurance et des services aux entreprises ont collectivement un niveau de productivité proche de celui du secteur manufacturier. Ces secteurs ont créé de nouveaux emplois, mais pas en si grand nombre, et cela avant que la crise financière n'éclate en 2008. Le gros de la création de nouveaux emplois s'est déroulé dans les "services personnels et sociaux", là où l'on retrouve justement les emplois les moins productifs. Une telle migration des emplois vers le bas de l'échelle de la productivité a retranché 0,3 point de pourcentage de la croissance de la productivité américaine, et ce, à chaque année depuis 1990 – représentant *grosso modo* un sixième des gains de productivité réalisés au cours de cette période. La proportion grandissante de main-d'œuvre de faible productivité a également

1. Sarah Guillou et Lionel Nesta, « La réindustrialisation ou le retour de l'âge du "faire" », OFCE, 23 juillet 2012.

contribué à l'aggravation des inégalités dans la société américaine[1]. »

La désindustrialisation est aussi préoccupante à cause du rôle central de l'industrie dans l'équilibre des échanges extérieurs et dans la croissance économique.

On peut avoir un secteur industriel limité en termes d'emplois, mais produire des biens à haute valeur ajoutée et ayant un contenu en R&D élevé avec un potentiel fort d'exportation. Une augmentation des exportations ne crée pas forcément d'emplois directs, si les biens exportés sont produits par des procédés innovants et automatisés, mais ces exportations génèrent du pouvoir d'achat, des emplois domestiques à haute valeur ajoutée, et peuvent permettre de dégager un excédent de balance courante.

La question est de savoir si la tendance à la désindustrialisation est un phénomène général ou si elle est plus sévère en France qu'ailleurs. Si l'on prend en compte le seul emploi industriel manufacturier, alors la baisse est à peu près générale dans tous les pays développés, même si elle est plus prononcée en France ; mais, si l'on considère les échanges extérieurs, alors le cas français est dramatique avec une dégradation forte et durable de la balance commerciale.

Si la désindustrialisation et la dégradation des échanges extérieurs en biens industriels ont des conséquences économiques graves, et si la France a été plus que les autres pays européens affectée par ces phénomènes, encore faut-il en comprendre les raisons. Pourquoi ce pays, doté au départ d'atouts pour être une grande nation industrielle, s'est-il effondré en quinze ans ? Cinq types d'arguments sont généralement avancés pour expliquer la désindustrialisation accélérée de la France :

– Le dérapage des coûts salariaux avec la mise en place des trente-cinq heures, la rigidité à la baisse des coûts en France plus qu'ailleurs en Europe du fait de la protection de

1. Dani Rodrik, « The Manufacturing Imperative », Project Syndicate, août 2011.

ceux qui ont un contrat de type CDI par rapport aux autres travailleurs. C'est la thèse de la compétitivité coût.

– L'incapacité des entreprises françaises à monter en gamme, à améliorer la qualité ou le contenu en innovation de leurs produits quand les marchés s'ouvraient aux pays émergents et que l'arme de la dévaluation disparaissait. C'est la thèse de la compétitivité hors coût.

– Le faible nombre d'exportateurs et d'entreprises de taille intermédiaire, les fameuses ETI[1], nos PME n'arrivant pas à grandir suffisamment pour attaquer les marchés étrangers. C'est la thèse de la structure industrielle inadaptée.

– La marginalisation de l'industrie française par rapport au processus d'intégration européen et la mise en place de la monnaie unique, qui a favorisé la concentration de l'industrie européenne dans certains pays aux dépens de la localisation sur le territoire français. C'est la thèse des effets nocifs de la monnaie unique et, pour certains, de la surévaluation de l'euro sur la spécialisation.

– La politique macroéconomique menée avec constance depuis le premier choc pétrolier qui, par obsession du risque de ralentissement économique, a continuellement stimulé la demande, au besoin en la finançant par le déficit et la dette, créant ainsi un débouché pour la production domestique et les importations. C'est la thèse d'une politique macroéconomique orientée vers la demande.

L'évocation de ces explications, auxquelles on pourrait ajouter le désarmement commercial unilatéral, le mépris culturel pour les tâches manuelles, la préférence pour les services, le démantèlement de notre appareil d'intervention, la spécialisation inadaptée de notre système productif, n'a qu'une vertu à ce stade : illustrer la confusion des esprits et l'incapacité des analystes à converger vers un diagnostic par-

1. Cette catégorie regroupe d'une part toutes les entreprises qui emploient entre 250 et 5 000 employés, et d'autre part celles dont le chiffre d'affaires annuel ne dépasse pas 1 500 millions d'euros (ou dont le total de bilan est inférieur à 2 000 millions d'euros).

tagé sur le caractère structurel et spécifique à la France des mouvements de désindustrialisation.

Passons en revue les thèses avancées pour voir dans quelle mesure elles peuvent expliquer le déclin français.

1. La compétitivité coût

Le débat sur la compétitivité coût en France prend un tour souvent passionné ; aussi n'est-il pas inutile d'entrer dans les détails. Dans les comptes de résultats des entreprises, on distingue quatre catégories de coûts : les consommations intermédiaires (et en particulier les coûts de l'énergie), les coûts salariaux complets, les coûts des services consommés par l'entreprise, la fiscalité pesant sur le cycle productif. On peut ainsi lire les stratégies différentes de firmes en matière d'externalisation et d'organisation de la chaîne de valeur dans les comptes de l'entreprise. Quant à la valeur ajoutée de l'entreprise, elle se partage entre revenus du travail, du capital et de l'État.

Le problème de la compétitivité coût a été souvent appréhendé sous l'angle des coûts salariaux, mais ces évolutions doivent être corrigées par les évolutions de la productivité. La question est de savoir si les coûts salariaux augmentent plus vite que la productivité, le rapport des deux définissant les coûts salariaux unitaires. La confusion dans les débats naît de la comparaison entre coûts salariaux dans l'ensemble de l'économie ou dans les seuls secteurs industriels, de la comparaison de coûts salariaux unitaires, c'est-à-dire correction faite de la productivité, ou de coûts salariaux non retraités, et enfin de coûts salariaux unitaires de pays ayant des indices de spécialisation par gamme de produits très différents. C'est à lever ces confusions que nous allons nous attacher à présent.

a. *Coûts salariaux pour l'ensemble de l'économie*

Généralement, les coûts sont analysés pour l'ensemble de l'économie, y compris les activités non marchandes, c'est-à-dire l'administration publique, la santé, l'éducation et les autres formes de services à la personne. En revanche, les services marchands (télécommunications, services financiers, services aux entreprises) sont un facteur de coût important dans l'industrie manufacturière et, si leur coût augmente fortement, ils peuvent détériorer la compétitivité des exportations. Les entreprises industrielles doivent répercuter ces augmentations de coût des services marchands domestiques dans le prix final des biens exportés ou baisser leurs marges.

Qu'en est-il de l'évolution des coûts français par rapport aux autres pays européens[1] ?

En 2013, pour l'ensemble de l'économie (en dehors de l'agriculture et de l'administration publique), le coût horaire français de la main-d'œuvre était de 34,3 euros, le plus élevé après la Suède (40,1) et le Danemark (38,4), mais au-dessus de l'Allemagne (31,3). Les pays du sud de l'Europe et le Royaume-Uni avaient un niveau de coût horaire bien inférieur à la France en 2013 : 21,1 euros en Espagne, 20,9 au Royaume-Uni et 28,1 en Italie.

Parmi les pays à coût élevé se trouvent des pays fortement industrialisés comme les pays nordiques, l'Allemagne, et des pays désindustrialisés comme la France.

Cependant, c'est l'évolution relative des coûts salariaux par rapport à la productivité d'un pays (coûts salariaux unitaires) qui constitue une mesure plus fine de la compétitivité coût. Si les coûts augmentent fortement par rapport aux concurrents, mais que la productivité augmente encore davantage, la compétitivité peut s'améliorer. L'évolution des coûts unitaires réels de la main-d'œuvre chez les principaux exportateurs de la zone euro résulte donc à la fois de l'évo-

1. Eurostat, « Coûts de la main-d'œuvre dans l'Union européenne à 27 », mars 2014.

lution de la rémunération réelle par salarié et de sa productivité.

Les évolutions de productivité sont à peu près comparables en France et en Allemagne : c'est donc la modération salariale allemande qui explique sa meilleure performance en matière de coût salarial unitaire. Dans le cas de la France, on constate une stagnation relative des coûts unitaires réels de main-d'œuvre depuis 2009, car les augmentations de rémunération suivent à peu près celles de la productivité.

En Allemagne, à partir de la crise de 2008, les coûts unitaires de la main-d'œuvre augmentent de nouveau sous la pression d'une augmentation des rémunérations réelles, alors qu'ils diminuent en Espagne et dans un certain nombre de pays du Sud, du fait de la hausse du chômage et de la baisse des rémunérations réelles qui s'est ensuivie.

Le niveau et l'évolution des coûts salariaux pour l'industrie sont plus représentatifs des évolutions de la compétitivité coût, car ils ne prennent en compte qu'un secteur qui se trouve en concurrence directe sur les marchés internationaux, contrairement aux coûts macroéconomiques qui prennent en compte les services non marchands.

b. *Les coûts dans l'industrie*

Le coût du travail des entreprises françaises dans l'industrie est élevé (cinquième après le Danemark, la Belgique, la Suède et l'Allemagne). De plus, entre 2000 et 2008, il a augmenté plus vite que dans les autres pays européens, en dehors de la Grèce et du Portugal. Si les comparaisons en niveau sont directes entre pays de la zone euro, avec les pays européens hors zone euro (Danemark, Suède et Royaume-Uni), il faut tenir compte des évolutions de taux de change.

Tableau 1 : Coût horaire du travail dans l'industrie manufacturière. Dernière colonne : coût annuel moyen en milliers d'euros

	Coût horaire 2008	Croissance coût entre 2000 et 2008	Estim. 2014, 1er trimestre	Coût moyen par employé milliers € 2010
1 Belgique	36,7	+28,8 %	43,1	56,4
2 Danemark	35,0	+35,1 %	39,1	59,0
3 Suède	34,5	+21,9 %	44,6	54,6
4 Allemagne	33,4	+17,2 %	37,3	47,8
5 France	**33,2**	**+38,3 %**	**37,3**	**48,8**
6 Pays-Bas	30,3	+25,7 %	37,8	49,7
7 Finlande	30,1	+36,8 %	34,9	46,1
8 Autriche	30,0	+23,5 %	34,3	48,6
9 Irlande	28,1	+62,4 %	30,4	49,4
10 Italie	24,0	+31,1 %	27,9	38,1
11 Royaume-Uni	21,5	-8,5 %	23,1	35,3
12 Espagne	20,3	+34,4 %	22,7	35,8
13 Grèce	15,8	+49,0 %	13,4	28,0
14 Portugal	9,9	+43,5 %	9,9	16,7

Source : Eurostat, enquêtes quadriennales du coût de la main-d'œuvre (entreprises de 10 employés et plus). Pour 2014, 1er trimestre, estimation Coe-Rexecode. Pour 2010, dernière colonne, données en milliers d'euros par tête à partir d'Eurostat, Key Indicators, Manufacturing, 2013.

En 2008, dernière année pour laquelle on dispose des données de l'enquête quadriennale d'Eurostat, le coût horaire du travail dans l'industrie manufacturière s'établissait en France à 33,20 euros, contre seulement 27,80 euros pour la zone euro. Les coûts de l'industrie manufacturière française restent donc les plus élevés. Les estimations de Coe-Rexecode[1] pour le premier trimestre de 2014 placent toujours la France dans le groupe des pays à coûts élevés, malgré la volonté affichée par les pouvoirs publics d'améliorer la compétitivité de l'industrie et les nouveaux dispositifs mis en place.

Comment s'expliquent ces coûts élevés qui ont affecté négativement la compétitivité française ?

En premier lieu, *par le poids des charges sociales patronales.* La France a le niveau le plus élevé en Europe (à vingt-sept) : 32,4 %, contre seulement 21,8 % en Allemagne et même 15,3 % au Royaume-Uni. Un abaissement des charges patronales au niveau de l'Allemagne ramènerait le coût horaire du travail dans l'industrie manufacturière française aux environs du coût italien.

En deuxième lieu, *par la croissance des salaires réels qui, en France, a été constamment plus forte que dans la zone euro.* Sur la période 2000-2008, l'augmentation du coût horaire du travail dans l'industrie manufacturière est de 38,3 % en France contre 26,3 % dans la zone euro. C'est beaucoup plus que l'Allemagne, la Suède, l'Autriche, les Pays-Bas ou la Belgique. Seuls deux pays, la Grèce et le Portugal, ont connu une hausse supérieure des rémunérations, suivie par une forte baisse entre 2008 et 2012. Entre 2008 et la mi-2013, l'augmentation de coûts en France suit celle de l'industrie manufacturière allemande.

En troisième lieu, *par les évolutions du salaire minimum.* Le SMIC français est un des plus élevés dans l'Union européenne des quinze (hors pays de l'Est) ; il représente 60 % du salaire médian[2], le rapport le plus élevé observé dans l'Union européenne. L'écart entre le SMIC et le salaire médian s'est constamment réduit ces dix dernières années en France et

1. Coe-Rexecode, « Les coûts de la main-d'œuvre dans l'Union européenne au 1er trimestre 2014 ».

2. Salaire médian : la moitié des salariés de la population gagne moins, l'autre moitié gagne plus.

les augmentations du SMIC ont une influence déterminante sur les augmentations générales des salaires.

En quatrième lieu, les comparaisons internationales de niveau de coûts salariaux sont aussi influencées par *la nature de la spécialisation industrielle*, qui joue un rôle déterminant dans le niveau et dans l'évolution des coûts salariaux unitaires de l'industrie. Un pays européen spécialisé dans le textile, l'habillement ou la chaussure ne connaîtra pas des niveaux de coûts horaires comparables à ceux d'un pays européen spécialisé dans les hautes technologies. Sans surprise, les salaires sont plus élevés dans ce secteur et la croissance de la productivité y est bien plus rapide. Les différences de spécialisation industrielle peuvent donc expliquer une partie des écarts de coût entre les pays du sud et du nord de l'Europe.

Enfin, la France fait aussi partie des pays européens à *coût élevé dans les services marchands*, qui sont une composante importante du coût de l'industrie manufacturière. Les services marchands représentent plus de 25 % du coût de production dans le secteur manufacturier. Une augmentation des salaires de 10 % dans le secteur des services entraînerait une hausse des coûts dans l'industrie manufacturière de 3,9 %[1]. En 2013, avec un coût horaire dans les services marchands de 34,80 euros, la France se situe bien au-dessus de la moyenne pour la zone euro (27,70 euros), seulement devancée par la Suède, la Belgique et le Danemark. À l'opposé, l'Allemagne bénéficie d'un coût du travail bien moins élevé pour les services marchands (29 euros en 2013), ce qui constitue un avantage concurrentiel important pour l'industrie manufacturière. En France, le coût horaire de la main-d'œuvre dans l'industrie manufacturière est à peine plus élevé que celui observé dans les services marchands (écart de 5,5 %), alors qu'en Allemagne il est plus élevé d'environ 25 %. L'augmentation des coûts salariaux unitaires très élevés en France ces dix dernières années dans le secteur des services a eu des répercussions très négatives sur la compétitivité coût de l'industrie française par rapport à l'industrie allemande.

1. Bruegel, « Manufacturing Europe's Future », octobre 2013.

Des coûts élevés ne sont pas forcément un handicap, du point de vue de la compétitivité, si les pays concernés ont un niveau de productivité élevé.

c. *La productivité dans l'industrie*

La productivité dans l'industrie, souvent définie comme la « productivité apparente du travail », est mesurée par la valeur ajoutée par personne employée. Comme le soulignent Gilbert Cette, Michel Fouquin et Hans-Werner Sinn[1], un certain nombre de facteurs expliquent les différences de niveau et d'évolution de la productivité : la qualité des infrastructures publiques, l'éducation, le nombre d'heures travaillées, le taux d'emploi ou le développement des technologies de l'information.

Les différences de productivité dans l'industrie entre pays rejoignent celles constatées entre les niveaux de coût. En tête, on trouve les pays nordiques, la Belgique, les Pays-Bas, et en queue de liste les pays du sud de l'Europe. En 2010, la productivité apparente du travail dans l'industrie était en moyenne en Europe de 52 800 euros par personne employée, mais elle était inférieure à 35 000 euros dans le textile, l'habillement, les produits en cuir ou la production de meubles alors qu'elle était de 158 000 euros dans la pharmacie, de 95 000 euros dans la chimie et de 86 000 euros dans les boissons (Eurostat)[2]. Le très haut niveau de la productivité de l'Irlande s'explique largement par sa forte spécialisation dans la pharmacie. Le Danemark ou la Suède ont connu une croissance de la productivité bien plus élevée que les autres pays européens, performance liée en partie aux dépenses en R&D et à un puissant développement des technologies d'information.

1. Gilbert Cette, Michel Fouquin et Hans-Werner Sinn, « Divergences in Productivity Between Europe and the USA : Measuring and Explaining Productivity Gaps Between Developed Countries », Edward Elgar, 2008.
2. Eurostat, « Sectorial Analysis of Manufacturing », 2013.

Tableau 2 : Productivité apparente du travail dans l'industrie manufacturière par employé en 2010 et 2006 en milliers d'euros par tête. Évolution moyenne annuelle en pourcentage de la productivité par heure travaillée[1]

	Productivité 2010	Productivité 2006	Évolution Eurostat 2010/2006	VA/personne BLS, en 2011 2002 = 100
1 Irlande	179,0	161,3	+11,0 %	n.d.
2 Belgique	89,3	83,3	+7,2 %	114,1
3 Danemark	89,0	65,9	+35,1 %	121,3
4 Pays-Bas	82,6	77,2	+7,0 %	130,6
5 Suède	77,4	67,4	+14,8 %	153,2
6 Autriche	75,5	71,6	+5,4 %	n.d.
7 Finlande	71,5	81,7	– 12,5 %	126,7
8 Royaume-Uni	66,1	69,4	– 0,5 %	137,9
9 Allemagne	65,8	64,6	+1,9 %	120,0
10 France	**62,5**	**58,9**	**+6,1 %**	**125,4**
11 Espagne	52,7	51,1	+3,1 %	126,1
12 Italie	51,4	47,8	+7,5 %	101,2
13 Grèce	42,2	39,6	+6,6 %	n.d.
14 Portugal	25,8	22,6	+14,2 %	n.d.

Source : En niveau de productivité en milliers d'euros et en évolution : Eurostat, « Manufacturing Statistics », 2013. Dernière colonne : BLS, Bureau of Labor Statistics, Washington, 2013.

1. Ce tableau porte sur la seule industrie manufacturière. Les comparaisons internationales posent là aussi problème. Il est déjà clair que les pays de la zone euro et les pays européens hors zone euro ne peuvent pas être comparés, étant donné les évolutions de taux de change ; la définition statistique du champ couvert par l'industrie manufacturière peut aussi évoluer dans le temps, par exemple avec l'introduction de la NACE 2 (nomenclature de activités économiques d'Eurostat) en 2008, et les statistiques du Bureau of Labor Statistics (Washington), de l'OCDE ou d'Eurostat conduisent à des différences liées à des divergences dans les méthodologies.

Globalement, l'industrie manufacturière française a une productivité de la main-d'œuvre insuffisante par rapport à son coût du travail. Les pays ayant des coûts horaires dans l'industrie élevés sont généralement aussi les pays dont la productivité du travail dans l'industrie est très élevée (Belgique, Danemark, Suède). Seules les industries italienne, espagnole, grecque ou portugaise ont une productivité de la main-d'œuvre inférieure à celle de l'industrie française, mais la nature de leur spécialisation industrielle explique leur faible productivité.

Le niveau de productivité s'explique aussi *par la taille des entreprises* et, à l'intérieur d'un même secteur, plus grande est l'entreprise, plus importante est en général sa productivité, du fait des économies d'échelle. Les pays ayant une structure de production où dominent les petites entreprises auront globalement une productivité inférieure. La taille des entreprises dépend aussi du secteur considéré. Dans les secteurs comme la pharmacie, la chimie, l'automobile ou l'aéronautique, les entreprises de plus de 250 employés produisent plus de 80 % de la valeur ajoutée, alors que, pour la moyenne de l'industrie manufacturière, les entreprises de plus de 250 employés produisent environ 55 % de la valeur ajoutée. À l'opposé, dans certains secteurs comme l'agroalimentaire ou l'habillement, les PME dominent.

Dans une même industrie, dans des pays différents, l'incorporation des technologies les plus efficaces peut améliorer fortement la croissance de la productivité. Le manque d'investissement des entreprises en nouveaux équipements et le défaut d'innovation dans le processus de production peuvent aussi expliquer un faible niveau de productivité du travail. L'investissement en robots de l'industrie dans le processus de production d'un secteur, par exemple la construction automobile, peut conduire à une augmentation de la productivité et permet d'expliquer les différences entre pays, selon le taux d'investissement et le degré d'automatisation.

d. *L'investissement des entreprises*

L'accumulation du capital productif (achats de machines, d'équipements ou de construction d'usines) améliore la productivité des entreprises et la croissance à long terme. La désindustrialisation française serait-elle le résultat du manque d'investissement productif dans l'industrie ?

Dans le cas des entreprises non financières[1], on dispose pour tous les pays européens du taux d'investissement ; mais, pour le secteur industriel manufacturé, les données harmonisées (Eurostat) ne sont pas disponibles pour tous les pays, dont la France. Les comparaisons du seul niveau du taux d'investissement entre pays européens font apparaître des différences importantes, du simple au double entre l'Autriche et les Pays-Bas, mais certaines de ces différences peuvent s'expliquer par le type de spécialisation (industrie, secteurs à haute technologie, services plus ou moins intensifs en investissement ou secteur public).

Certains pays se caractérisent par des taux d'investissement élevés à la fois de leurs entreprises non financières et de leurs entreprises dans le secteur industriel manufacturé (Belgique, Italie, Espagne, Autriche). À l'opposé, des pays comme le Royaume-Uni, l'Allemagne ou la Finlande se caractérisent par la faiblesse de leur taux d'investissement tant de leurs entreprises non financières que de leurs entreprises industrielles.

En France, l'investissement des sociétés non financières devrait être faible, car elles ont un taux de profit bien inférieur à celui de leurs concurrentes européennes. Or, il est à peine inférieur à la moyenne de la zone euro, plus élevé qu'en Allemagne, aux Pays-Bas et au Royaume-Uni.

---

1. Les entreprises non financières produisent des biens et des services non financiers marchands. Elles composent la plus grande partie du système productif et comprennent les entreprises du secteur industriel et des services marchands. Le taux d'investissement est le rapport des investissements de ces entreprises en immeubles et machines (désignés sous le terme d'actifs fixes) à la valeur ajoutée créée par ces entreprises dans le cycle de production.

Tableau 3 : Taux d'investissement des entreprises non financières (SNF) en 2012 et taux d'investissement dans l'industrie manufacturière en 2010

Pays	Taux d'investissement des sociétés non financières 2012 (en %)	Taux d'investissement dans l'industrie manufacturière 2010 (en %)
Autriche	28,4	11,4
Espagne	24,1	13,6
Belgique	21,7	15,7
Suède	20,7	10,7
Portugal	20,4	-
Italie	20,3	15,0
Danemark	20,0	11,4
France	**19,4**	-
Finlande	19,0	9,5
Allemagne	17,1	10,7
Pays-Bas	14,8	10,4
Royaume-Uni	14,6	8,3

Source : Eurostat.

De plus, la France est le seul pays où le taux d'investissement a augmenté depuis le début des années 2000, malgré la crise de 2008, alors que sa croissance économique plus faible que celle des pays du nord de l'Europe aurait dû conduire les entreprises à limiter leur taux d'investissement.

Comment expliquer ce paradoxe français et le fait que les entreprises allemandes qui gagnent des parts de marché à l'exportation, et dont les entreprises ont un taux de rentabilité supérieur, ont un taux d'investissement inférieur à celui de leurs homologues françaises ?

Plusieurs facteurs pourraient justifier un taux d'investissement plus élevé en Allemagne que dans les autres pays européens.

En premier lieu, comme le souligne un rapport de DIW[1], la forte spécialisation industrielle de l'Allemagne. Or, même dans le secteur industriel, le taux d'investissement de l'Allemagne est sensiblement inférieur à celui de l'Espagne, de l'Italie, de l'Autriche ou de la Belgique.

En deuxième lieu, la spécialisation de l'Allemagne sur des secteurs intensifs en R&D et en technologie devrait renforcer ces besoins d'investissement par rapport à d'autres pays européens industrialisés, mais spécialisés dans des secteurs moins intensifs en R&D, comme l'Italie. Or, dans l'industrie manufacturière, le taux d'investissement italien est de 15 % contre seulement 10,7 % pour l'Allemagne.

Enfin, la mise en œuvre de la transition énergétique en Allemagne (avec l'abandon du nucléaire et le passage aux énergies renouvelables) implique des investissements considérables tant au niveau de la production que des réseaux de transport d'électricité.

En réalité, les comparaisons des taux d'investissement au niveau global ne sont pas forcément pertinentes. Le taux d'investissement global comprend en effet des investissements de nature tout à fait différente. Dans la construction, ils dépendent largement des prix de la construction, qui varient entre pays – contrairement aux prix des machines et équipements, tels les robots de matériel ou le matériel informatique.

En comparant taux d'investissement en construction d'une part et en machines d'autre part, on constate que la France surinvestit en construction et sous-investit en équipements alors que l'Allemagne sous-investit en construc-

1. DIW, « Investment for More Growth », *Economic Bulletin*, 8, 2013.

tion (DIW, 2013), comme le souligne le rapport de la Commission européenne sur l'Allemagne[1].

En 2012, le taux d'investissement en construction était en France largement supérieur à la moyenne pour la zone euro, un peu au-dessus de 11 % en France contre un peu moins de 9 % en Allemagne, à peu près comme en Italie. Cet écart de plus de 2 points de PIB entre la France et l'Allemagne peut, à lui seul, relativiser le sous-investissement allemand par rapport à la France. Les prix de l'immobilier particulièrement élevés en France pourraient expliquer en partie cette situation.

En 2000, les investissements dans la construction étaient comparables en France et en Allemagne ; la réunification avait alors un impact considérable sur l'économie allemande. Ils ont ensuite fortement baissé en Allemagne vers le milieu des années 2000, en particulier les bâtiments industriels, pour se stabiliser ensuite, alors qu'ils sont restés à un niveau très élevé en France sur toute la période.

Contrairement aux investissements en construction, qui concernent tous les secteurs et notamment les services, les investissements en machines et équipements sont essentiellement le fait d'un nombre limité de branches d'activité, en particulier l'industrie manufacturière. Celle-ci représente, à elle seule, plus du quart du total des investissements en machines et équipements.

En 2012, le taux d'investissement en équipements et en machines représentait environ 7,5 % du PIB en Italie, un peu moins en Allemagne (7,3 %) et seulement quelque 5,5 % en France (étude DIW, 2013). On retrouve un écart de 2 points de PIB entre la France et l'Allemagne, mais ici à l'avantage de l'Allemagne, et l'industrie italienne continue d'investir fortement en équipements.

La moindre productivité de l'industrie française s'expliquerait ainsi par la faible pénétration de technologies,

1. European Economy, « Macroeconomic Imbalance, Germany, 2014 », n° 174, mars 2014.

machines et robots permettant d'améliorer l'efficacité de la production industrielle : 19 533 robots industriels achetés en Allemagne en 2011, 5 091 en Italie, 3 091 en Espagne et seulement 3 058 en France ! De plus, on observe une augmentation de près de 50 % en dix ans du nombre des robots achetés en Allemagne contre une stagnation en France[1].

Bien entendu, le faible niveau des investissements en équipements en France peut s'expliquer aussi par le faible poids de l'industrie française par rapport à l'allemande et à l'italienne.

Un autre paramètre entre en ligne de compte : l'efficacité des investissements. Elle se mesure à partir de la croissance générée par un même volume d'investissements. Pour évaluer l'efficacité des investissements, on utilise un ratio ICOR qui mesure le taux moyen d'investissements par rapport à la croissance du PIB. Sur la période 2001-2010, les quatre pays en tête du classement en matière d'efficacité de l'investissement sont le Royaume-Uni, les États-Unis, la Suède et l'Allemagne. La France est classée seulement huitième.

Finalement, comme le constate l'INSEE[2], en France, « le renouvellement est devenu la première motivation pour investir, devant l'introduction de nouveaux produits, alors que c'était l'inverse en 2000 ». Le renouvellement, comme facteur explicatif des investissements des entreprises industrielles, a augmenté régulièrement depuis 2000 (+12 points) ; l'investissement expliqué par l'introduction de nouveaux produits a diminué, lui, régulièrement de 2000 à 2008 (-6 points), pour se stabiliser après.

Patrick Artus[3] s'est interrogé sur l'évolution de la productivité globale des facteurs dans les pays développés et a constaté que celle-ci stagne dans certains pays comme l'Allemagne et l'Espagne, et recule en France et au Royaume-Uni.

---

1. SYMOP, Syndicat des machines et technologies de production.
2. INSEE, « Enquête sur les investissements dans l'industrie », 2013.
3. Patrick Artus (Natixis), « Tout est clair quand on regarde la productivité globale des facteurs », 2 octobre 2013 et « Productivité globale des facteurs : y a-t-il vraiment recul ou bien sous-estime-t-on la destruction de capital due à la crise ? », 23 mai 2013.

Ce constat conduit à être généralement pessimiste, encore plus pour un pays comme la France dont la faible croissance de la productivité globale des facteurs pourrait s'expliquer par une baisse de l'efficacité de la R&D et de la hausse de l'intensité capitalistique.

La dégradation du niveau de gamme de la production industrielle française depuis le début des années 2000 pourrait s'expliquer par le recul de cette productivité globale des facteurs, c'est-à-dire l'incapacité des entreprises françaises à rendre plus efficace le processus de production, à moderniser l'appareil de production ou à développer de nouveaux produits.

La faible rentabilité des entreprises industrielles françaises pourrait expliquer, au moins en partie, le manque d'ambition de leurs investissements en machines nouvelles, en robots, et d'investissements pour l'introduction de nouveaux produits.

e. *La rentabilité dans l'industrie*

La France est le pays où la marge brute d'exploitation de l'industrie manufacturière est la plus faible, deux fois plus faible que celle de la Suède, du Danemark, de l'Autriche et près de trois fois plus faible que celle du Royaume-Uni. Cette situation s'explique par un coût moyen de personnel sensiblement plus élevé que celui des autres pays et par une productivité relativement basse qui font de l'industrie française la moins rentable de l'Union européenne.

Si l'on prend un autre indicateur de rentabilité qui porte sur l'ensemble des sociétés non financières, et donc pas seulement sur l'industrie manufacturière, on obtient des résultats comparables. La Commission européenne confirme, dans le bilan approfondi concernant la France[1], qu'en 2011 la part de l'excédent brut d'exploitation dans la valeur ajoutée brute pour les sociétés non financières est la plus faible de la

1. Document de travail des services de la Commission, « Bilan approfondi concernant la France sur la prévention et la correction des déséquilibres macroéconomiques », mai 2013.

zone euro. Elle souligne qu'en France, « c'est dans le secteur de l'industrie que la chute [de la rentabilité] a été la plus importante. Entre 2000 et 2011, l'excédent brut d'exploitation des entreprises du secteur manufacturier s'est réduit de manière alarmante, de 34,6 % (en proportion de la valeur ajoutée). La crise semble de plus avoir aggravé la situation ».

Tableau 4 : La rentabilité dans l'industrie manufacturière et dans les sociétés non financières. Productivité et coût par personne employée en 2010

Pays	Marge brute d'exploitation dans l'industrie (%)	Rapport de la productivité/ pers. au coût moyen/pers. dans l'industrie	Part des profits des sociétés non financières
1 Irlande	22,3	362,1	51,2
2 Grèce	14,9	150,6	n.d.
3 Royaume-Uni	14,3	187,3	32,4
4 Autriche	11,0	155,4	41,0
5 Danemark	10,7	150,8	31,2
6 Suède	10,4	141,8	33,1
7 Pays-Bas	9,2	166,1	38,6
8 Portugal	9,0	153,9	34,2
9 Italie	8,7	134,8	41,5
10 Espagne	8,4	147,3	38,6
11 Belgique	8,2	158,3	37,7
12 Finlande	8,0	155,0	39,7
13 Allemagne	7,6	137,9	41,3
14 France	**5,5**	**127,9**	**30,2**

Source : Eurostat Key Indicators, Manufacturing – NACE section C, mai 2013 (Grèce, 2009) et Direction générale des affaires économiques et financières de la Commission européenne pour la part des profits des sociétés financières.

L'industrie française a réduit ses marges, afin de stabiliser ses prix à l'exportation, par rapport aux entreprises concurrentes sur les marchés mondiaux. Les entreprises allemandes bénéficiaient d'une forte modération salariale et de bas coûts salariaux dans les services, et les entreprises italiennes d'un coût du travail dans l'industrie particulièrement faible. Or, ces trois pays partagent une même monnaie.

À un niveau de qualité donné pour leurs produits industriels, les entreprises françaises ne sont pas à même d'imposer un prix qui pourrait améliorer leurs marges.

Le niveau de rentabilité dépend non seulement des conditions de coût et de productivité, mais aussi de la capacité des entreprises à imposer leur prix en fonction de la qualité ou du contenu en innovation de leurs produits. En Europe, les taux de marge brute varient de 23,2 % pour la pharmacie à 2,9 % pour le raffinage, soit un rapport qui va presque de 1 à 10.

Le faible taux de marge du raffinage et de la cokéfaction s'explique par la nature très intensive en capital de cette industrie et le chiffre d'affaires élevé de cette activité de transformation. La métallurgie et l'automobile sont dans une situation comparable avec des taux de marge brute assez faibles, largement inférieurs à la moyenne de l'industrie, pratiquement un tiers de moins. À l'opposé, des secteurs comme la pharmacie ou les boissons ont des taux de marge bien plus élevés que la moyenne. Certains secteurs de l'industrie française auraient-ils une rentabilité meilleure ou comparable à celle de leurs partenaires européens ? Quels sont ces secteurs ?

Tableau 5 : Comparaison des taux de marge brute entre les secteurs industriels français et la moyenne européenne.

(Les secteurs sont classés selon l'écart avec la moyenne européenne ; la pharmacie est le secteur qui a en France la plus faible marge par rapport à la moyenne européenne)

	Différence taux de marge	Taux de marge UE 27	Taux de marge France	Avantage comparatif
Pharmacie, N21	-12,1	23,2	11,1	+0,04
Informatique, électronique, N26	-6,9	9,2	2,3	-0,20
Imprimerie, enr., N18	-6,4	10,4	4,0	0,20
Automobile, N29	-4,4	6,2	1,8	-0,06
Produits métalliques, N25	-4,4	10,4	6,0	-0,15
Habillement, N14	-4,2	7,7	3,5	-0,38
Textiles, N13	-4,2	8,5	4,3	-0,15
Équipements électriques, N27	-3,9	9,3	5,4	-0,06
Meubles, N31	-3,7	7,9	4,2	-0,51
Moyenne industrie	-3,5	9,0	5,5	
Caoutchouc, plastiques, N22	-3,5	9,7	6,2	-0,12
Chimie, N20	-3,4	10,3	6,9	0,02
Produits min. non métall., N23	-3,2	10,6	7,4	-0,17
Machines, équipements, N28	-3,1	9,5	6,4	-0,06
Boissons, N11	-2,8	15,0	12,2	+0,62
Alimentaires, N10	-2,4	8,3	5,9	-0,05
Autres mat. transp., N30	-1,5	7,4	5,9	0,25
Métallurgie, N24	-0,9	5,8	4,9	-0,08
Raffinage, N19	-0,5	2,9	2,4	-0,37
Cuir, chaussures, N15	+2,2	10,2	12,4	-0,10

Source : Eurostat, Manufacturing Statistics. Le code N donne le code NACE du secteur. L'indicateur d'avantage relatif est calculé comme le solde commercial relatif : rapport des exportations moins les importations sur la somme des deux facteurs. Plus il est élevé, plus la France est bien placée sur les marchés extérieurs. Les données proviennent du rapport compétitivité de la Commission pour 2011.

Certains secteurs industriels ont en France un taux de marge brute dont l'écart avec la moyenne européenne est sensiblement plus élevé que les 3,5 points qui correspondent à l'écart observé pour la moyenne de l'industrie française. Dans tous ces secteurs, la France fait face à un problème de concurrence étrangère plus marqué encore que pour l'ensemble de son industrie.

On y trouve des secteurs où le déficit commercial relatif est élevé et qui souffrent d'un désavantage comparatif, comme les meubles, l'habillement, le textile, des secteurs de faible contenu technologique. Les secteurs des produits métalliques et de l'automobile, où la France a perdu pied, sont dans une situation comparable : incapacité des entreprises françaises à résister à la concurrence étrangère – l'augmentation des coûts de production ne peut pas être répercutée dans les prix de vente.

On observe un écart de taux de marge avec la moyenne européenne également très élevé dans le secteur de l'informatique et de l'électronique. La concurrence vient ici de pays qui disposent d'un fort potentiel technologique. Les investissements en R&D français sont, dans ce cas, insuffisants.

Tous ces secteurs sont au cœur du déficit français de compétitivité. Les entreprises françaises doivent baisser leurs prix pour tenter de résister à la concurrence extérieure, ce qui explique leurs taux de marge particulièrement faibles.

Le cas de la pharmacie, où les prix sont largement réglementés, est différent. Face au déficit de la sécurité sociale, les pouvoirs publics français ont limité les hausses de prix sur le marché domestique, mais les entreprises présentes sur le marché national peuvent exporter. C'est ce qui explique cet apparent paradoxe d'un taux de marge faible, mais d'un excédent extérieur.

Des secteurs comme la chimie, les caoutchoucs, les produits minéraux non métalliques et, dans une certaine mesure, les machines et les équipements électriques ont un taux de marge qui correspond à peu près à la moyenne de l'industrie française. Ces secteurs constituent globalement une part importante de l'industrie manufacturière française et ils souffrent tous, à l'exception de la chimie, d'un désavantage comparatif proche de celui de l'industrie manufacturière française prise dans son ensemble.

Il existe aussi certains secteurs industriels où la France occupe de fortes positions, comme les boissons et l'aéronautique. Dans le cuir et la chaussure, les fortes positions de luxe avec LVMH expliquent aussi un taux de marge supérieur à la moyenne européenne. L'agroalimentaire français est aussi dans une situation relative moins défavorable que la moyenne de l'industrie, car il s'agit d'un secteur où la France dispose encore d'un avantage sur certains produits haut de gamme, fromages, produits laitiers ou du terroir, alors que l'industrie agroalimentaire de commodité perd pied face à la concurrence allemande.

Une rentabilité trop faible détourne de l'investissement industriel les entreprises, qui préfèrent investir dans d'autres secteurs d'activité. Une question reste posée : l'industrie française a-t-elle les moyens d'investir dans l'amélioration de la qualité ?

2. La compétitivité hors coût

La question de la compétitivité est plus complexe que la seule analyse des coûts : la qualité réelle ou perçue, la variété et le contenu en innovation jouent. La perte de compétitivité est-elle liée à des coûts trop élevés ou à des problèmes de qualité ou de contenu technologique ?

La réponse est importante, car elle détermine la direction de l'effort vers les coûts ou vers l'innovation et la montée en gamme. Mais les deux facteurs sont liés : un arbitrage coût-qualité est en permanence fait par le consommateur. Si le niveau de gamme des produits industriels et leur contenu technologique sont élevés, la sensibilité de la demande aux prix et donc aux coûts est plus faible et la concurrence des pays émergents à l'export est limitée. C'est le cas des voitures allemandes dans le haut de gamme ou des produits de luxe français (Vuitton). Un pays dont l'industrie est spécialisée dans la haute technologie ou dans le haut de gamme aura des coûts plus élevés qu'un pays dont l'industrie est spécialisée dans la faible technologie ou dans le bas de gamme, et il sera pourtant moins affecté par la concurrence des pays émergents.

Si le niveau de gamme des produits industriels et leur contenu technologique sont faibles, la sensibilité de la demande extérieure au prix est forte et la concurrence des pays émergents est considérable. Si l'on a une hausse du coût du travail sans une augmentation du niveau de gamme, on assiste généralement à des pertes de part de marché. En revanche, si le niveau de gamme, la qualité ou le contenu technologique des produits sont élevés, on dit que le pays dispose d'un avantage « hors prix », car le prix n'est pas la seule variable de décision de l'acheteur. La compétitivité hors prix est largement déterminée par la capacité d'innovation des entreprises, elle-même largement tributaire de leurs efforts en R&D, et par un environnement institutionnel favorable aux innovateurs. Or, sur ce plan, les différences en Europe sont fortes.

Lionel Fontagné *et al.* ont pu mesurer la spécialisation produit des exportations dans le haut de gamme ou dans le bas de gamme d'un certain nombre de pays et leur positionnement sur ces différentes gammes à partir d'une base de données portant sur 200 pays et 5 000 produits manufacturés[1].

---

1. Lionel Fontagné, Guillaume Gaulier et Soledad Zignago, « Specialization Across Varieties and North-South Competition », *Economic Policy*, 23(53), 2008. Les auteurs ont calculé les valeurs par unité pour les mêmes produits de façon à apprécier le prix relatif des variétés exportées. On peut mesurer le prix par unité de chaque produit exporté par deux pays différents vers la même destination : par exemple, le prix moyen d'un costume pour homme exporté par l'Italie et la France vers le Royaume-Uni, ou d'un véhicule automobile exporté par la France et l'Allemagne vers l'Espagne. Les auteurs ont pu construire un indice de spécialisation sur les exportations, disponible pour les exportations en dehors de l'Union européenne en trois catégories : haut de gamme, moyen de gamme, bas de gamme par rapport au total des exportations. Si l'indicateur est supérieur à 1, le pays est spécialisé sur le niveau de gamme considéré. S'il est inférieur à 1, le pays n'est pas spécialisé sur cette gamme de produits.

Certains pays européens (la Suède, l'Allemagne et l'Autriche) se sont spécialisés dans le haut de gamme et leurs produits exportés sont moins sensibles aux prix. En dehors du luxe et du vin, l'industrie française est plutôt positionnée sur le moyen de gamme. Le prix des produits industriels français est trop élevé par rapport à leur qualité et à leur niveau de gamme. Ils sont plus facilement substituables à l'exportation si leurs prix augmentent.

Tableau 6 : Indice de spécialisation des exportations hors de l'Union européenne (2004). BG = bas de gamme, MG = moyen de gamme, HG = haut de gamme

	Spécialisation HG	Spécialisation MG	Spécialisation BG
1 Irlande	1,54	0,44	0,60
2 Royaume-Uni	1,10	0,94	0,89
3 Suède	1,08	0,99	0,87
4 Allemagne	1,07	1,02	0,85
5 Autriche	1,07	0,91	0,97
6 Danemark	0,97	0,97	1,10
7 Portugal	0,96	1,06	1,03
8 Belgique	0,94	1,09	1,01
9 France	**0,94**	**1,08**	**1,02**
10 Pays-Bas	0,90	1,02	1,16
11 Italie	0,90	0,99	1,19
12 Finlande	0,89	1,18	1,02
13 Espagne	0,74	1,15	1,33
14 Grèce	0,69	1,13	1,44

Source : Lionel Fontagné, Guillaume Gaulier et Soledad Zignago, *Economic Policy*, 2008.

Ces analyses du positionnement sur les différentes gammes de produits industriels montrent d'abord le degré de concurrence féroce sur le bas de gamme, où la Chine a conquis des positions très fortes, sa part de marché sur le bas de gamme étant cinq fois plus élevée que sur le haut de gamme. Les pays européens ont ainsi perdu des parts de marché importantes sur le bas de gamme, mais ont continué à gagner des parts de marché sur le haut de gamme entre 1995 et 2004.

Les résultats obtenus montrent une spécialisation sur le haut de gamme pour cinq pays : l'Irlande (1,54), le Royaume-Uni (1,10), la Suède (1,08), l'Allemagne (1,07) et l'Autriche (1,07). La France comme la Belgique et la Finlande sont plutôt spécialisées sur les produits moyen de gamme. L'Espagne, la Grèce, l'Italie et les Pays-Bas sont spécialisés sur le bas de gamme.

Cependant, sur la période 1995-2004, il y a eu à l'intérieur des pays européens une redistribution des spécialisations, certains pays ayant amélioré leur positionnement sur le haut de gamme, comme l'Italie et le Royaume-Uni, alors que la spécialisation de la France et de l'Allemagne sur le haut de gamme a plutôt baissé. Globalement, l'Europe perd surtout des parts de marché dans les produits bas de gamme, alors qu'elle reste très forte sur les produits haut de gamme.

Ce positionnement de la France sur des produits industriels plutôt moyen et bas de gamme est donc préoccupant, car l'industrie française a des coûts très élevés et son manque de spécialisation sur le haut de gamme la rend vulnérable à la concurrence des pays émergents.

Le Royaume-Uni, dont l'industrie décline sur la période 2000-2010 et dont l'effort en R&D n'a rien de remarquable, a un positionnement orienté plutôt vers le haut de gamme et l'Italie, dont l'industrie reste forte malgré un certain repli depuis 2008, est largement orientée vers le bas de gamme.

La spécialisation de certains pays sur le très haut de gamme est généralement portée par un nombre limité de spécialisations : c'est le cas notamment des « produits de luxe ». Certaines études[1] ont pris en compte un champ de définition multicritère en introduisant aussi les produits commercialisés par les entreprises du comité Colbert (qui regroupe les entreprises commercialisant les produits de luxe). Les produits haut de gamme constituent un secteur de niche puisqu'ils représentent seulement 0,5 % des exportations mondiales et que ce poids est resté stable sur la période 2000-2011. La France a vu sa part de marché dans le secteur du luxe se maintenir à 10 % entre 2000 et 2011, alors que ses parts de marché pour l'ensemble des biens sont passées de 4,8 % en 2000 à 3,4 % en 2011[2].

Les industries allemande (19,4 % de part de marché des exportations mondiales dans le haut de gamme en 2011), suisse (16,9 %), italienne (16,4 %), française (11,3 %) et britannique (4,1 %) occupent les premiers rangs des exportations mondiales dans le luxe, mais chacun de ces pays est très spécialisé sur des niches : la joaillerie et l'horlogerie pour la Suisse (87 % de ses exportations haut de gamme pour ces seuls produits), l'automobile pour l'Allemagne (80 %), la maroquinerie et l'habillement pour l'Italie (plus de 60 %), les vins et spiritueux ainsi que les parfums et cosmétiques pour la France, l'automobile pour le Royaume-Uni (Rolls-Royce et Jaguar). Les industries française et britannique sont plus diversifiées dans le luxe/haut de gamme. Le commerce mondial des produits très haut de gamme n'a pas vu l'émergence d'acteurs majeurs sur les dix dernières années. Il est intéressant de noter que la part de la Chine dans les exportations de ce type de produits sur la période 2000-2011 a même fortement diminué (spécialisation sur le textile haut de gamme, soie), ce qui montre bien la difficulté du positionnement de haut de gamme pour les pays émergents.

1. Trésor-Éco, « Les biens haut de gamme, un avantage comparatif européen ? », n° 118, septembre 2013.

2. Les produits haut de gamme sont définis pour environ 500 produits et, pour chacun d'eux, le haut de gamme est constitué par les 10 % dont le prix par unité est le plus élevé.

Une autre façon d'approcher la sensibilité des exportations au prix d'un pays est de calculer l'« élasticité prix » des exportations en volume. Si un pays exporte des produits peu sophistiqués, peu différenciés par rapport à ses concurrents, une faible augmentation de prix va détourner les clients étrangers, qui vont se reporter sur les produits exportés par un autre. Au contraire, si un pays exporte des produits sophistiqués ou de qualité, le volume de ses exportations sera moins sensible aux prix à l'exportation, comme c'est le cas des voitures allemandes haut de gamme. Une augmentation des prix à l'exportation de ces dernières a en effet peu d'impact sur leur volume d'exportation, ce qui n'est pas le cas pour les véhicules français moyen de gamme. Le tableau 7 donne les élasticités prix sur la période 2000-2013. Moins le coefficient est élevé, moins une augmentation du prix a d'impact sur le volume d'exportation.

On retrouve à peu près le classement gamme de produits exportés/pays du tableau précédent. La Suède, l'Allemagne et le Royaume-Uni ont une faible élasticité prix et sont présents sur le haut de gamme. À l'opposé, le volume des exportations des produits espagnols et surtout français est très sensible aux prix.

Les produits français exportés sont beaucoup plus sensibles aux prix que les produits italiens, allemands, britanniques ou suédois, ce qui prouve qu'ils sont facilement substituables par des produits importés d'autres destinations dès que leurs prix augmentent. Les produits italiens, qui sont pourtant plutôt spécialisés dans le bas de gamme, sont donc mieux positionnés que leurs équivalents français. Ce résultat peut paraître paradoxal, mais cela implique que, sur les créneaux où les entreprises italiennes sont positionnées, elles occupent des positions fortes et que leurs produits sont peu substituables.

Tableau 7 : Élasticité prix estimée des exportations en volume au taux de change effectif réel, période 2000-2013

	2000-2013
France	**0,8**
Espagne	0,7
Italie	0,6
Allemagne	0,4
Royaume-Uni	0,2
Suède	0,1

Source : Patrick Artus, Natixis, *Flash économie*, août 2013.

Le problème est que la France n'a pas les coûts de ses productions industrielles (elle doit délocaliser la production de ses Clio) et n'a pas les produits de ses coûts (elle vend des Clio et non des BMW). Compétitivité coût et compétitivité hors coût sont deux facettes du même phénomène, c'est-à-dire que les coûts sont trop élevés compte tenu du type de spécialisation. Patrick Artus[1] a calculé que le coût salarial unitaire dans l'industrie (avec le niveau de la gamme des produits français) devrait baisser de 30 % pour ramener les marges bénéficiaires de l'industrie et les parts de marché à l'exportation à un niveau normal.

3. La France : une économie duale

Une difficulté spécifique à la France est liée à la coexistence de grands groupes multinationaux (plus qu'en Allemagne) et

1. Patrick Artus (Natixis), « Coût du travail dans l'industrie : de combien devrait-il baisser en France, en Italie, en Espagne, en Allemagne ? », 27 janvier 2012.

d'un tissu industriel caractérisé par un très grand nombre de petites entreprises de moins de 10 employés et un nombre insuffisant de grosses PME.

L'exportation est toujours le fait d'une petite minorité, mais la France compte moins d'exportateurs que les autres grands pays européens. En France, environ 100 000 entreprises participent aux exportations de biens contre environ 350 000 en Allemagne, 200 000 en Italie, 100 000 en Espagne. Seul le Royaume-Uni, avec 80 000 exportateurs, se situe derrière la France[1].

Tableau 8 : Poids des 1 000 premières entreprises dans le total des exportations et stock d'investissements directs étrangers (IDE) hors du territoire national (en % du PIB)

Pays	Poids des 1 000 premiers exportateurs	Poids des stocks d'IDE sortant 2010	Nombre d'entreprises exportant
France	**74 %**	**59,2 %**	**100 000**
Espagne	70 %	47,0 %	100 000
Royaume-Uni	n.d.	71,8 %	80 000
Allemagne	50 %	44,3 %	350 000
Italie	54 %	23,8 %	200 000

Source : UNCTAD pour les IDE WIR, Trésor-Éco, mars 2009.

La concentration des exportations au sein d'un petit groupe de champions nationaux est impressionnante en France (Airbus, LVMH, Sanofi...). Les 1 000 premiers exportateurs représentent (en pourcentage du total des exports hors de l'Union européenne) 74 % pour la France, 70 % pour l'Espagne, 54 % pour l'Italie et seulement 50 % pour l'Allemagne.

1. Trésor-Éco, « L'appareil exportateur français : une réalité plurielle », n° 54, mars 2007.

Si l'on consolide les comptes des 1 000 premiers groupes français en intégrant les exportations de leurs filiales, la concentration est encore renforcée puisqu'ils réalisent plus de 80 % des exportations totales françaises en 2006 comme en 2000[1].

Tableau 9 : Importance des grands groupes dans le tissu économique en 2010

	Nombre d'entreprises dans Fortune 500	% des employés dans entreprises de plus de 250 personnes (classement entre parenthèses)
1 France	**31**	**43,8 % (6)**
2 Allemagne	29	51,7 % (1)
3 Royaume-Uni	26	42,2 % (9)
4 Pays-Bas	11	31,9 % (10)
5 Italie	8	23,3 % (12)
6 Espagne	8	27,7 % (11)
7 Belgique	3	43,4 % (7)
8 Suède	3	47,6 % (3)
9 Irlande	2	43,8 % (5)
10 Danemark	1	43,1 % (8)
11 Autriche	1	46,6 % (4)
12 Finlande	1	49,7 % (2)
13 Grèce	0	19,3 % (13)
14 Portugal	0	18,3 % (14)

Source : Fortune 500 Global. Eurostat.

La France et le Royaume-Uni ont des structures comparables. Le poids des 1 000 premiers exportateurs y est élevé,

1. Conseil d'analyse économique, « Performance à l'exportation de la France et de l'Allemagne », 2008.

le nombre d'entreprises exportant est limité, et pourtant le poids des entreprises de plus de 250 employés et des grosses PME y est plus faible qu'en Allemagne. Les grands groupes, qui pèsent d'un poids considérable dans l'économie de la France et du Royaume-Uni, ont privilégié l'investissement à l'étranger aux dépens de la production sur le sol national et de l'exportation à partir du marché domestique. Bien plus que les PME, même les plus grosses, les grands groupes ont les moyens d'investir lourdement hors du marché domestique, ce qui a un puissant impact. Le poids des investissements directs à l'étranger (IDE) dépasse 59 % du PIB dans ces deux pays, contre environ 45 % en Allemagne et en Espagne, et seulement 24 % en Italie.

Le modèle de l'Allemagne ou de l'Italie est avant tout caractérisé par l'importance dans le tissu industriel d'un grand nombre de PME exportant hors des frontières, qui sont moins tentées par la délocalisation à l'étranger de leur production et qui valorisent leurs avantages comparatifs. En Allemagne, les grosses PME jouent un rôle essentiel dans les exportations, et les petites PME en Italie. Grâce aux niches où les PME allemandes ou italiennes ont une expertise internationalement reconnue, leurs exportations ont une moindre sensibilité aux prix (plus grande différenciation de leur production).

Les micro-entreprises (moins de 10 employés) représentent plus de 16 % de l'emploi industriel total au Portugal, en France, en Espagne et en Italie. Cette forte proportion de micro-entreprises explique en partie le bas niveau des exportations françaises et la fragilité financière du tissu industriel. Inversement, la proportion des micro-entreprises est faible en Allemagne, en Autriche, au Royaume-Uni, au Danemark, en Finlande ou en Suède, ce qui est d'autant plus surprenant que plusieurs de ces pays ont un marché intérieur de taille modeste par rapport au marché français.

Tableau 10 : Les micro- et les petites entreprises dans la structure de l'industrie manufacturière en 2010. Nombre de personnes employées par classe de taille d'entreprises

Pays	Micro-entreprises (moins de 10 employés)	Petites entreprises (moins de 50 employés)
1 Grèce (2009)	45,7 %	16,8 %
2 Italie	24,6 %	30,8 %
3 Espagne	20,5 %	28,7 %
4 Portugal	20,1 %	31,9 %
5 France	**16,1 %**	**18,0 %**
6 Pays-Bas	15,6 %	22,4 %
7 Belgique	12,4 %	19,4 %
8 Suède	12,2 %	17,6 %
9 Finlande	10,4 %	17,2 %
10 Danemark	9,5 %	20,4 %
11 Autriche	9,4 %	17,9 %
12 Royaume-Uni	9,3 %	20,4 %
13 Allemagne	7,4 %	16,4 %
14 Irlande	6,1 %	19,7 %

Source : Eurostat Key Indicators, Manufacturing NACE C.

Les fameuses ETI, entreprises de taille intermédiaire (entre 250 et 5 000 salariés), seraient au nombre de 4 700 en France contre plus du double en Allemagne et en Grande-Bretagne. Ces ETI jouent un rôle essentiel dans le tissu industriel ; elles représentent 33 % de l'emploi industriel et du chiffre d'affaires à l'export en France. Leur faible nombre, recensé dans beaucoup de rapports, serait dû à des réglementations nombreuses et instables, à des charges fiscales et sociales trop lourdes, à un marché du travail trop rigide, et elles bénéficieraient moins que les PME et les grandes entreprises des aides publiques (après la prise en compte du crédit impôt recherche, l'impôt sur les sociétés des grands groupes s'établirait à 18 % et celui des ETI à 30 %[1]). Globalement, cette prédominance des petites entreprises en France implique une proportion d'entreprises exportatrices plus faible puisque les PME européennes exportent d'autant plus que la taille de l'entreprise est grande. 19 % des PME européennes ayant moins de 10 salariés exportent, contre 46 % des PME ayant un effectif supérieur à 50 salariés (Commission européenne). Les coûts nécessaires pour exporter (information sur les pays d'exportation visés, études de marché, démarches auprès des autorités locales) sont à peu près les mêmes pour une entreprise quelle que soit sa taille, et seules les plus productives – et donc les plus grandes – peuvent couvrir ces coûts. Comme ce taux de participation aux exportations est corrélé à la taille de l'entreprise, cette différence de structure va jouer en faveur de l'Allemagne et des pays où prédominent des entreprises de taille plus importante. Les entreprises françaises qui exportent sont ainsi 3,6 fois plus grandes que celles qui n'exportent pas, et aussi 3,4 fois plus productives[2].

4. La France, victime de la polarisation géographique industrielle au sein de l'Europe ?

La construction européenne et la monnaie unique ont-elles modifié la concentration géographique de l'industrie au sein du territoire européen aux dépens de la France ?

1. Rapport au Premier ministre, « Les entreprises de taille intermédiaire au cœur d'une nouvelle dynamique de croissance », 2009, La Documentation française.
2. Conseil d'analyse économique, « Performance à l'exportation de la France et de l'Allemagne », 2008.

Plusieurs économistes ont souligné les déséquilibres croissants des balances courantes entre les pays européens et ont soulevé la question des effets du processus d'intégration sur la localisation géographique de l'industrie. Avec l'achèvement du marché intérieur en 1992, l'objectif des pays membres de l'Union européenne était d'abaisser les coûts pour les entreprises et d'améliorer ainsi grandement leur compétitivité. Avec la monnaie unique, l'objectif était de libérer l'allocation du capital sur l'ensemble du territoire communautaire et d'optimiser la rentabilité des investissements.

Pour Paul Krugman[1], la mise en place d'une monnaie unique conduirait à une spécialisation des activités économiques selon les pays et selon les régions. Certains pays pourraient ainsi connaître une certaine désertification industrielle et d'autres voir l'industrie se concentrer sur leur sol. Si les coûts de transport baissent et si les barrières aux échanges frontalières sont supprimées entre les pays européens, les économies d'échelle jouent un rôle encore plus déterminant et entraînent des phénomènes d'agglomération. Au lieu de se localiser de manière homogène sur l'ensemble du territoire européen, l'industrie se concentre dans les régions les plus productives. À l'opposé, les régions les moins productives au départ se désindustrialisent[2].

L'Allemagne, qui dispose d'un marché national intérieur important et d'une longue tradition industrielle, serait alors le pays qui bénéficierait le plus de rendements d'échelle et concentrerait plus l'activité.

L'intégration européenne, avec l'ouverture des marchés et la monnaie unique, a augmenté considérablement la taille de la demande adressée aux entreprises. Ce processus aurait profité principalement aux plus puissantes d'entre elles et

1. Paul Krugman, *Geography and Trade*, Cambridge MIT Press, 1991 ; Paul Krugman et Anthony Venables, *Integration, Specialization and Adjustment*, CEPR, 1993.

2. Michel Aglietta reprend cette argumentation dans Michel Aglietta et Thomas Brand, *Un new deal pour l'Europe*, Odile Jacob, 2013.

aux pays qui disposaient au départ du marché le plus large et le plus compétitif, renforçant les avantages comparatifs des régions les plus industrielles. Comme la croissance de la productivité est bien plus élevée dans l'industrie que dans le reste de l'économie, si le processus d'intégration européen conduit effectivement à la concentration de l'industrie dans un nombre limité de pays, ces pays connaîtraient une croissance plus forte de leur productivité et donc de leur richesse économique.

La crise ne pourrait qu'accentuer ces évolutions. Les entreprises industrielles les moins efficaces, qui sont localisées dans les régions les moins industrielles, sont exclues du marché alors que la localisation des activités et des emplois industriels dans les régions bénéficiant d'avantages comparatifs industriels se renforce. Dans les pays désindustrialisés du Sud se développeraient des activités comme la construction ou le tourisme, avec des qualifications plus faibles et des salaires moins élevés, d'où une divergence croissante dans le niveau de vie entre des pays industrialisés riches du Nord et les pays pauvres du Sud qui peut conduire à une émigration de la main-d'œuvre qualifiée du sud de l'Europe vers le nord, aggravant encore cette divergence des niveaux de vie.

Le développement de l'industrie dans les différents pays européens soulève ainsi des questions de politique économique et de politique industrielle.

Plusieurs études ont essayé d'analyser dans quelle mesure le renforcement de l'industrie manufacturière en Allemagne, en particulier, s'explique par la mise en place de l'euro. Le rapport de Bruegel sur l'industrie[1] synthétise la plupart des études conduites sur les effets d'agglomération sur l'activité industrielle en Europe, mais ses résultats ne sont pas conclusifs. Marius Brülhart et Rolf Traeger[2] confirment une concentration progressive mais lente de l'industrie européenne, avec de nombreuses exceptions… Notamment, la

1. Bruegel, « Manufacturing Europe's Future », Blueprint 21, 2013.
2. Marius Brülhart et Rolf Traeger, « An Account of Geographic Concentration Patterns in Europe », *Regional Science and Urban Economics*, n° 35, 2005.

capacité des entreprises industrielles allemandes à intégrer dans leurs chaînes de valeur ajoutée les pays de l'Est européen a joué un rôle très important dans l'amélioration de leur compétitivité, mais cela n'est en rien lié à la mise en place de la monnaie unique. Comme le souligne le rapport de Bruegel, la France aurait dû être favorisée par l'intégration européenne puisqu'elle disposait d'avantages en termes de localisation, au centre de l'Europe, et d'un vaste marché domestique. Cela n'a pas été le cas.

Le marché unique, puis la monnaie unique ont-ils conduit à une désindustrialisation du Sud (Espagne, Italie, France, Grèce et Portugal) et à une concentration de l'industrie dans le Nord ? La réponse est loin d'être simple. Les évolutions sur la période 2000-2010 montrent trois phénomènes inattendus.

D'une part, on trouve bien des pays fortement affectés par la désindustrialisation dans le Nord. L'industrie finlandaise a vu son poids dans le PIB baisser de 6,1 points entre 2000 et 2010, la Belgique de 5,5 points, et même la Suède de 3,4 points ou le Danemark de 3,5 points, des chiffres proches de la baisse de l'industrie française (-5,2 points de PIB). Seules l'Allemagne et l'Autriche ont à peu près conservé leur potentiel industriel sur cette décennie (voir tableau 2 du chapitre 1).

D'autre part, certains pays du Sud ont mis en place des politiques d'austérité qui ont conduit à une forte amélioration de leurs coûts salariaux unitaires et à une certaine réallocation de capacités industrielles, comme le prouve le cas de l'automobile en Espagne où la production résiste mieux qu'en France et où des investissements de capacité sont prévus.

Enfin, si l'on examine plus précisément les évolutions des balances commerciales en produits industriels manufacturés entre 2000 et 2010, on constate en réalité un processus de spécialisation accrue.

On a assisté entre 2000 et 2010 à un renforcement des spécialisations dans les secteurs où les pays disposaient d'excédents au début des années 2000, même dans le cas où ces pays enregistrent un déclin industriel global. Les pays ayant une industrie puissante connaissent le même processus avec des excédents qui augmentent dans certains secteurs et des déficits qui s'accroissent là où ils existaient déjà.

5. L'industrie, victime des politiques macroéconomiques de soutien de la demande ?

En France, face aux chocs économiques successifs, des chocs pétroliers de 1974 et 1979 à la crise larvée de 2002 ou aiguë de 2008, les pouvoirs publics ont considéré, gouvernements de gauche comme de droite, que la réponse politique adéquate était un soutien à la demande. Au minimum, ils laissaient filer les déficits en faisant jouer les stabilisateurs automatiques et financer par la dette le maintien de la consommation. Au maximum, comme en 2008-2012, ils prenaient le parti de relancer l'activité par la dépense publique.

Pour Guillaume Gaulier[1], c'est l'évolution des demandes intérieures, et non des compétitivités, qui explique la différenciation interne à la zone euro entre Nord et Sud. Au Nord, un choc de demande négatif qui contribue à la modération salariale et qui n'oriente pas l'épargne domestique vers la demande interne défaillante. Au Sud, un choc de demande positif qui provoque une hausse des prix des secteurs non échangeables (services), une hausse des importations (déficit de balance courante) et une hausse de l'immobilier. Les déséquilibres de balance courante au cours de la décennie 2002-2012 s'expliqueraient davantage à partir du couple investissement/épargne que du couple compétitivité coût/hors coût.

La France, de ce point de vue, serait un pays du Sud. Une analyse rigoureuse des facteurs de dégradation de ses soldes extérieurs conduit à conclure au rôle des politiques de

1. Guillaume Gaulier, séminaire interne de la Banque de France, 29 janvier 2013.

soutien de la demande, et non à une dégradation des termes de l'offre, notamment depuis 2008.

Il n'y aurait rien à redire aux politiques contra-cycliques si elles étaient réellement contra-cycliques, mais nos gouvernants ont pratiqué une politique de soutien continu à la demande, convaincus que c'était le seul réel moteur de la croissance française. Une telle politique a conduit à fermer les yeux sur la dégradation rampante de la compétitivité des entreprises. Tant que la dévaluation permettait de remettre les compteurs à zéro au prix de l'appauvrissement relatif de la France, les entreprises restauraient leur compétitivité ; à partir du moment où cette arme a disparu à cause de la marche vers l'euro, la spirale des déficits extérieurs s'est enclenchée.

Depuis 1995, la compétitivité des entreprises françaises s'est dégradée à chaque choc économique, les pouvoirs publics s'étant attachés à mettre en place une politique en faveur des consommateurs et de la demande intérieure, une réponse de court terme qui a affaibli la production. Les mesures fiscales d'incitation à la consommation ou les coups de pouce au SMIC ont globalement conduit à favoriser le partage des revenus des entreprises au profit des salariés. Cela s'est traduit par une hausse des salaires réels, qui ont augmenté en France, en particulier depuis 2000, plus vite que la productivité, d'où une forte dégradation de la rentabilité des entreprises.

À l'opposé, l'Allemagne a mené une politique de l'offre, avec une évolution du partage des revenus qui s'est faite en faveur des entreprises (baisse des cotisations sociales sur le travail pour les entreprises et hausse de la fiscalité indirecte sur la consommation, la TVA). Cette politique s'est traduite par un recul du salaire réel, ce qui a, dans un premier temps, affaibli la demande des ménages. Mais, dans un deuxième temps, le redressement de la compétitivité des entreprises allemandes a favorisé une reprise de l'investissement et des capacités de production, comme cela a été le cas dans l'industrie automobile. Une fois rétablie la compétitivité des entreprises, les exportations sont fortement reparties à la hausse, permettant une amélioration de l'emploi, une baisse du chômage et, dans certains secteurs comme l'automobile, une hausse des salaires et des primes comme chez VW ou BMW.

La modération salariale intervenue en Allemagne depuis 2000 était d'autant plus acceptable par les ménages que les prix de l'immobilier allemands étaient stables ou même en légère baisse dans certaines régions. Au contraire, les prix de l'immobilier ont fortement augmenté en France, ce qui a contribué à soutenir les hausses de salaires. Pour Coe-Rexecode[1], toutefois, la montée des prix de l'immobilier ne serait qu'un facteur marginal de l'explication de la perte de compétitivité de la France, bien moins significatif que ne le sont les évolutions relatives de coûts salariaux du secteur industriel exportateur.

Au niveau macroéconomique, l'affaiblissement de la compétitivité française s'expliquerait par le fait que la consommation des ménages augmenterait plus rapidement que la production. On aurait donc importé de plus en plus. Ce décalage entre la croissance de la consommation des ménages en biens industriels et la production industrielle sur le sol français entraîne inexorablement une aggravation du déficit commercial. La croissance de la demande soutenue par les politiques gouvernementales, dépassant largement l'offre, a conduit la France à vivre de plus en plus à crédit.

Sans augmentation du crédit, et donc de l'endettement des ménages, des entreprises et des pouvoirs publics, il n'y aurait eu pratiquement aucune croissance en France. On a donc fabriqué de la croissance simplement en dopant l'économie par le crédit. Si l'on veut consommer plus que ses revenus, il faut s'endetter !

1. « Quel est l'impact des prix de l'immobilier sur la compétitivité en France et sur le comportement de dépense des ménages ? », 2013.

Conclusion

Pourquoi la France a-t-elle été, plus que les autres pays européens, affectée par la désindustrialisation et la dégradation des échanges extérieurs en biens industriels ? Après des années 1980 où la croissance de sa production industrielle suivait la moyenne européenne (1,6 % par an en moyenne), des années 1990 où elle dépassait même celle de l'Allemagne en pleine crise (1,2 % contre 0,9 %), la décennie 2000 est celle d'une nation industrielle qui s'est effondrée, tant au niveau de la production (-1,3 % contre 1,1 % en Allemagne) que des échanges extérieurs en produits industriels (un déficit de 45 milliards d'euros en France contre un excédent de 195 milliards en Allemagne).

Plusieurs explications ont été généralement avancées pour rendre compte de ce désastre industriel, mais aucune n'y parvient à elle seule.

L'industrie française a aujourd'hui une productivité de la main-d'œuvre insuffisante ; elle se situe au niveau des pays du sud de l'Europe avec des coûts qui sont, eux, au niveau des pays du Nord. Cette faible productivité s'explique largement par le fait que l'industrie française n'a pas su profiter du progrès technique pour investir et moderniser son appareil de production ou pour développer de nouveaux produits. Compétitivité coût et compétitivité hors coût sont liées. Les produits industriels français ont des coûts trop élevés, compte tenu de leur niveau de gamme, avec pour conséquence que la rentabilité des entreprises industrielles françaises est la plus basse en Europe. L'industrie française a été incapable d'améliorer la qualité ou d'introduire des produits nouveaux quand les marchés des pays émergents s'ouvraient et qu'ils nous concurrençaient sur le bas de gamme et les produits traditionnels.

D'autres facteurs structurels entrent en jeu, comme le faible nombre d'exportateurs et l'incapacité des PME à grandir suffisamment pour attaquer les marchés étrangers. La politique macroéconomique française a joué aussi un rôle dans la dégradation industrielle, car elle a continuellement stimulé la demande par le déficit et la dette alors que l'offre française se détériorait.

L'industrie française est d'autant plus fragile en 2014 que, après la crise de 2008, certains pays du Sud ont accru leurs exportations dans la douleur par la mise en place de politiques d'austérité, qui expliquent la baisse de leur niveau de vie, mais ont permis d'améliorer leurs échanges extérieurs et pourraient permettre à certains d'entre eux, à moyen terme, de sortir de la spirale de l'endettement. Les coûts salariaux unitaires ont nettement baissé en Espagne, Portugal, Grèce et Irlande depuis 2008, et la diminution de la demande intérieure a conduit à une réduction très sensible des importations. En Espagne et en Irlande, il y a une hausse de la compétitivité et les exportations ont beaucoup progressé, d'où un fort excédent de la balance commerciale en biens industriels en 2012. Il y a enfin, aujourd'hui, un risque de marginalisation de l'industrie française, car le processus d'intégration européen et la mise en place de la monnaie unique semblent favoriser la concentration de l'industrie dans certains pays, les plus compétitifs et ceux disposant de l'environnement économique, réglementaire et fiscal le plus avantageux.

Le constat de la désindustrialisation française est imparable, nulle excuse, nulle atténuation ne saurait être trouvée dans les failles statistiques, l'universalité du mouvement ou des causes exogènes qui nous auraient durement frappés. Pour progresser, il convient désormais d'établir un diagnostic différentiel : pourquoi avons-nous fait moins bien que nos voisins ? Pourquoi nos points forts sectoriels se sont-ils érodés ? Pourquoi notre industrialisme, revendiqué depuis un siècle, produit-il si peu de résultats ? Est-il temps de nous consoler ou de nous désoler en nous comparant à des pays avec lesquels nous partageons bien des caractéristiques ? Suède, Italie, Royaume-Uni et Allemagne nous serviront à présent de mesure.

Deuxième partie

Le diagnostic pays

Chapitre 4

Le modèle suédois de réindustrialisation et de compétitivité

Quel est le secret de la réussite suédoise ? Subissant les mêmes contraintes que la France, notamment des prélèvements obligatoires élevés (en 2012, ce taux atteignait 45 % du PIB en France et 44,4 % en Suède), elle parvient à financer un État providence généreux sans aggraver son endettement. Comme en France, le coût du travail est un des plus élevés en Europe. Le coût horaire de la main-d'œuvre dans l'industrie en Suède était au premier trimestre 2014, d'après Coe-Rexecode, supérieur de près de 20 % au coût en France et, contrairement au cas de l'Allemagne, le coût du travail est aussi très élevé dans les services marchands, qui constituent un facteur important pour la compétitivité des produits industriels. Enfin, la Suède voit sa monnaie s'apprécier face à l'euro, qui est déjà jugé surévalué en France, ce qui renchérit le prix des biens exportés.

En France, le discours dominant sur les raisons de la faible compétitivité de l'industrie pourrait donc s'appliquer tout à fait à la Suède : une charge fiscale écrasante, des coûts du travail très élevés et une monnaie surévaluée.

Or, malgré la crise, l'économie suédoise va bien. Avec un taux de croissance du PIB de 2,2 % entre 2001 et 2010, le double de la moyenne de la France sur la période, et une prévision de la Commission de 2,8 % en 2014, elle fait beaucoup mieux que les autres pays européens et les prévisions à moyen terme sont assez optimistes. Le PIB par tête en parité de pouvoir d'achat est bien au-dessus de la moyenne européenne fixée à 100 : 117,5 en Suède en 2014 contre seulement 98,9 en France. La dette publique a même diminué ces dernières années, passant de 53,9 % du PIB en 2000 à 41,6 % en 2014, quand la dette française passait de 57,5 % du PIB en 2000 à 95,6 % en 2014[1].

La Suède a en outre traversé des crises profondes, comparables à celle que vit la France aujourd'hui, et a su y faire face. En 1992-1993, le système bancaire suédois était en faillite après l'éclatement d'une bulle immobilière et financière. En 1993, le déficit budgétaire atteignait 12 % et la dette publique 80 % du PIB. L'image de la Suède à l'étranger, en particulier aux États-Unis, était déplorable, l'État-providence jugé coûteux, le marché du travail qualifié de rigide, un peu à l'image de la France aujourd'hui[2] !

Quels sont donc les secrets de la réussite spectaculaire d'un pays dont l'économie souffrait, sur le papier, de « problèmes structurels » encore plus marqués que la France ?

Pour les auteurs du rapport du World Economic Forum de 2011-2012[3] qui classe ce pays au troisième rang mondial de la compétitivité après la Suisse et Singapour, la qualité

1. Données tirées de l'annexe statistique, in *Économie européenne* (Commission européenne), printemps 2014.

2. Trésor-Éco, « Quelles leçons tirer aujourd'hui de la crise suédoise des années 1990 en Suède », n° 105, septembre 2013.

3. World Economic Forum, « The Global Competitiveness Report », 2011-2012.

de la croissance suédoise tient à sa capacité à développer et adopter les technologies les plus avancées. En fait, la Suède a réussi sa mutation industrielle, sa transition vers l'économie de la connaissance, tout en réformant son État.

En juillet 2014, l'agence Fitch confirmait la note AAA de la Suède, la meilleure note souveraine avec une perspective stable. L'agence de notation expliquait cette excellente notation de la Suède par une gouvernance solide, de forts indicateurs de développement humain, un revenu par habitant élevé et une expérience prouvée dans la mise en œuvre de politiques économiques saines. La France a perdu son triple A auprès de Fitch en juillet 2013.

Le secteur industriel manufacturier a été le moteur de la compétitivité suédoise grâce à des marchés à l'export très diversifiés, bien au-delà de l'Europe. Si les produits industriels manufacturés constituent le cœur des exportations, les exportations de services sont aussi largement excédentaires, mais une part importante des services exportés est liée à l'activité des entreprises manufacturières suédoises sur les marchés étrangers.

L'industrie suédoise pesait près de 21,1 % du PIB en 2010, soit 8,5 points de plus qu'en France, et l'excédent de la balance commerciale en biens manufacturés atteignait 18,7 milliards d'euros en 2012 (4,6 % du PIB suédois), contre un déficit de 45,6 milliards dans le cas français (-2,2 % du PIB français). La Suède a su trouver la combinaison entre innovation et promotion des PME, champions nationaux et projection à l'export, qualité de la formation et environnement fiscal porteur.

1. Innovation et montée en gamme

L'excellente compétitivité de l'industrie suédoise tient à un effort continu et croissant en matière de recherche et développement et d'innovations, ce qui a favorisé un fort niveau de productivité et une spécialisation industrielle dans le haut de gamme.

En 2010, l'intensité en R&D de la Suède atteignait 3,42 % du PIB, soit 1,16 point de plus qu'en France, et les dépenses en R&D provenaient à près de 70 % du secteur des entreprises, alors que le secteur public joue un rôle très important en France. En nombre de brevets, la Suède se classait en tête des pays européens avec 308 brevets par million d'habitants en 2010, avant l'Allemagne (267 brevets) et avec 2,3 fois plus de brevets par habitant qu'en France.

Ainsi, en Suède, alors qu'il n'existe pas de crédit impôt recherche ou de mesures équivalentes, les dépenses en R&D sont bien plus élevées. Cela s'explique pour partie par la spécialisation dans des activités intensives en R&D par rapport aux autres pays de l'Union européenne (un tiers de l'écart expliqué), mais surtout parce que les entreprises suédoises investissent bien plus que les autres (deux tiers de l'écart)[1].

Cette force de l'économie suédoise est confirmée par d'autres enquêtes. Ainsi, en matière d'innovation, l'Innovation Union Scoreboard[2] de la Commission européenne classe la Suède en tête des pays européens, chef de file des « champions de l'innovation » que sont aussi le Danemark, la Finlande et l'Allemagne. Ces pays se caractérisent tous par des dépenses privées de R&D élevées, des liens étroits entre les milieux scientifiques et les entreprises, une excellence dans la commercialisation des connaissances techniques reflétées par des recettes importantes tirées des licences et des brevets vendus à l'étranger. Dans ce classement, la France se place seulement au onzième rang et fait partie des pays qualifiés de « suiveurs de l'innovation », peinant à transformer en innovation son effort en R&D. McKinsey interrogeait le paradoxe d'un pays « qui cherche, mais ne trouve pas »...

La Suède enregistre la proportion de docteurs la plus élevée dans l'Union européenne et le plus grand nombre de

---

1. La Fabrique de l'industrie, Émilie Bourdu, « Les transformations du modèle économique suédois », 2012.
2. Commission européenne, « Innovation European Union Scoreboard », 2013.

publications scientifiques par habitant. Un peu plus de 3 % des habitants en Suède, soit presque deux fois plus qu'en France, sont titulaires d'un doctorat. Or ces doctorants sont les plus susceptibles de contribuer au développement du savoir, de la science et de la technologie, de fournir les bases pour un renforcement de la recherche et du développement, et donc de contribuer à l'amélioration de la compétitivité. En Europe, la Suède a été la première à mettre en place une série de mesures au niveau national pour encourager et soutenir les futurs docteurs pendant leurs études.

C'est aussi en Suède qu'on compte le plus grand nombre de chercheurs pour 1 000 emplois, et le nombre de publications scientifiques a augmenté depuis les années 1990 pour atteindre 1 109 articles par million d'habitants, ce qui classe la Suède en tête des pays de l'Union européenne[1]. Elle a adopté une loi qui accorde davantage d'autonomie aux universités et a mis en place des dispositifs rigoureux d'évaluation. Les professeurs d'université ont obtenu le privilège de faire breveter par eux-mêmes leurs inventions, d'où une incitation évidente à publier et à déposer des brevets.

Le leadership en matière d'innovation et de R&D va avoir des conséquences très positives en termes de productivité et de spécialisation. L'industrie suédoise a connu une croissance annuelle moyenne de sa productivité du travail de 6,4 % entre 1990 et 2000 (contre 3,9 % en France) et de 4,5 % entre 2000 et 2010 (contre seulement 2,5 % en France[2]), beaucoup plus forte que celle de l'industrie allemande sur toute la période 1990-2010. Face à des coûts du travail élevés, les entreprises suédoises introduisent une robotisation poussée et des technologies sophistiquées. Comme le souligne un rapport récent de McKinsey[3], l'industrie suédoise est un des leaders mondiaux en matière d'efficacité productive. Lorsque l'on analyse la spécialisation

1. OECD, « Science, Technology and Industry Scoreboard », 2013.
2. Source : Bureau of Labor Statistics, Washington.
3. McKinsey, « Growth and Renewal in the Swedish Economy », 2012.

des exportations de biens hors de l'Union européenne, la Suède devance l'Allemagne sur le haut de gamme.

2. Éducation et formation

Être leader en R&D ne va pas de soi : il y faut du capital humain. La Suède a massivement investi dans la formation, d'où une main-d'œuvre très qualifiée, bien formée, et un taux d'emploi très élevé même chez les seniors.

La qualité de l'éducation initiale et de la formation continue est un facteur déterminant pour l'amélioration de la compétitivité des entreprises, car cela permet aux employés de s'adapter aux innovations technologiques, d'être plus productifs et plus flexibles. Le marché du travail exige des compétences de base. De nombreuses enquêtes montrent que la possibilité pour les jeunes de trouver un travail dépend largement de leur maîtrise de ces connaissances de base. La Suède se situe à peu près au niveau du Danemark, des Pays-Bas, en tête des pays européens. Eurostat classe la population âgée de 25 à 64 ans par le niveau d'éducation : 31,1 % des adultes de cette classe d'âge ont en France un niveau inférieur au second cycle du secondaire contre seulement 23,7 % des adultes suédois et, à l'opposé, 29,7 % des adultes suédois ont une formation supérieure contre seulement 26,8 % des adultes français[1].

Mais la formation par le système d'éducation n'est pas tout. Pour les entreprises, la formation permanente est encore plus importante. Or, dans ce domaine, les écarts sont encore plus significatifs. Le pourcentage des adultes participant à des actions de formation continue est particulièrement haut en Suède (14 heures de formation pour 1 000 heures de travail contre seulement 7 heures pour la moyenne européenne et en France). Les résultats obtenus

1. Eurostat, « Labour Market and Labour Force Statistics », 2013.

par la France sont très médiocres, avec 5 % seulement des adultes entre 25 et 64 ans qui participaient à des actions de formation continue en 2010, contre près de 25 % dans le cas de la Suède, cinq fois plus[1]. Les pays où la participation à des actions de formation continue est la plus élevée tendent à avoir un taux d'emploi élevé. La Suède a un taux d'emploi (c'est-à-dire le pourcentage des adultes qui travaillent) global bien supérieur à la France (73,8 % en Suède en 2012 contre seulement 63,9 % en France), ce qui permet une production de richesse globale bien plus importante. Grâce à l'effort de formation, et contrairement à la France, il y a une faible discrimination envers les seniors. Le taux d'emploi des seniors entre 55 et 64 ans était en 2012 de 44,5 % en France et de 73 % en Suède (Eurostat).

3. Des relations du travail coopératives

Pour négocier les évolutions technologiques et les mutations économiques, il faut aussi des relations du travail coopératives. L'économie suédoise se caractérise par la qualité des relations entre les employeurs et les employés, ce qui permet d'introduire des réformes structurelles fortes pour améliorer la compétitivité.

Le nombre de jours perdus à la suite de grèves est nettement moins élevé que dans les autres pays européens (18 jours pour 1 000 employés sur la période 1998-2007, contre 55 jours au niveau de l'Union européenne) et les employés gardent leur emploi dans la même entreprise plus longtemps qu'ailleurs (15 % des employés suédois changent d'employeur en moyenne annuelle sur la période de 2002-2007, contre 22 % en moyenne pour l'Union européenne et 23 % en France).

1. Eurostat, « Statistiques sur l'apprentissage tout au long de la vie », 2011.

Les accords ambitieux entre employeurs et employés sont mis en œuvre et respectés. Au début des années 1990, la Suède connaissait à la fois un taux de chômage élevé et une inflation importante. En 1995, l'industrie suédoise faisait face à des augmentations de salaires et à une dégradation forte de sa compétitivité. Le gouvernement a alors conseillé aux partenaires sociaux de mettre en œuvre un nouveau cadre de négociations pour la fixation des salaires. En mars 1997, un accord industriel a été signé par douze organisations professionnelles et six syndicats (Cooperation Agreement on Industrial Development and Wage Formation). Cet accord a été respecté et un nouvel accord a été signé en 2011.

Le secteur industriel fixe la norme de négociation des salaires pour tous les autres secteurs qui ne sont pas soumis à la concurrence internationale, comme de nombreux secteurs des services. L'objectif est de limiter les augmentations de salaires dans les secteurs protégés de la concurrence internationale, tout en tenant compte des évolutions de salaires chez les principaux concurrents européens dans chaque secteur concerné.

L'accord crée les conditions de fixation des salaires sur des bases plus individuelles, au niveau de l'entreprise et du lieu de travail. Il a permis aux entreprises d'utiliser plus largement des incitations salariales individuelles pour augmenter la productivité. Ces accords vont donc très loin, comme dans le cas allemand. La conscience collective d'avoir des intérêts communs est très présente dans la société suédoise. 80 % des salariés sont syndiqués auprès d'une centrale syndicale unique qui recherche le compromis par la négociation. En France, les syndicats sont divisés et ne comptent que 8 % des salariés comme adhérents, d'où la difficulté à transposer le modèle suédois.

La société suédoise s'adapte aux changements, d'où sa capacité à introduire des réformes fondamentales dans son système afin d'en améliorer l'efficacité, sans que ces réformes soient décidées à chaud, en situation de crise aiguë. Cela a été le cas pour la réforme de la fiscalité introduite en 1990, la réforme des retraites et le processus graduel de dérégulation du marché des produits et des services. Ces réformes s'appuient sur un diagnostic partagé entre les économistes, les hommes politiques et la population sur l'existence de problèmes et sur la nécessité de les résoudre par des réformes.

Des commissions gouvernementales qui disposent d'une grande expertise économique font le travail préparatoire. Les économistes jouent un rôle particulièrement important dans le choix des modalités de la réforme. Ce consensus facilite le processus de mise en œuvre des réformes et garantit leur soutenabilité.

La réforme des retraites est exemplaire de cette démarche. Il s'agit d'une réforme radicale qui a mis en place un mécanisme d'équilibre automatique dès 2001. La cotisation sur le salaire est répartie à part égale entre l'employeur et l'employé, et finance un système par répartition et un fonds de pension. Tous les ans, les Suédois reçoivent une estimation du montant de leur retraite mensuelle en fonction des hypothèses de croissance. Le taux de remplacement de la retraite de base est calculé sur le revenu moyen durant toute la vie active et les pensions versées représentent en moyenne 60 % du revenu d'activité. L'âge moyen de sortie du marché du travail était de 64,3 ans en Suède, contre 60 en France en 2007.

La Suède a aussi mis en place une « flexisécurité » qui facilite la gestion de l'emploi, mais sécurise le travailleur. Cette stratégie d'activation du marché du travail assure d'une part aux entreprises une grande flexibilité, grâce à une relative facilité de licenciement, mais d'autre part une certaine sécurité au travailleur licencié. Les allocations de chômage sont assez généreuses et la formation professionnelle du chômeur est en partie obligatoire.

Dans une économie qui dépend des exportations comme la Suède, et donc de l'évolution de la demande extérieure, les entreprises peuvent ainsi adapter l'emploi à la demande. Elles ne sont pas dissuadées d'embaucher, car elles savent pouvoir licencier. Les créations et les destructions d'emplois sont bien plus nombreuses qu'en France, mais, globalement, le marché du travail fonctionne beaucoup mieux avec un taux de chômage inférieur.

L'accord récent, en France, sur la flexibilité et la sécurité de l'emploi s'inscrit dans la même logique de compétitivité, mais il est bien moins ambitieux.

4. Un environnement macroéconomique porteur

Une économie innovante, des salariés bien formés et confiants dans l'avenir de leur entreprise ne peuvent suffire : il faut en outre un environnement macroéconomique porteur. La Suède a mis en place une réorientation de la politique fiscale en faveur des entreprises et une réforme radicale du rôle de l'État. La Suède taxe la consommation et la pollution, et allège la fiscalité sur les entreprises et le capital. Elle contrôle par ailleurs strictement les dépenses publiques.

Les données d'Eurostat en matière de fiscalité[1] montrent que la réforme de 1991, puis les réformes suivantes ont permis d'équilibrer les finances publiques et de mettre en place un système fiscal plus simple et plus incitatif. Le taux maximal moyen d'imposition sur les sociétés est passé de 28 % en 2000 à 22 % en 2013, bien en dessous du taux français à 36,1 % et même du taux allemand à 29,8 %. Le taux d'imposition implicite sur le capital est aussi en dessous de la moyenne européenne avec 27 % en 2011, bien loin du taux français de 44,4 %. Il y a également eu une réduction drastique des niches fiscales, qui restent nombreuses en France, malgré les efforts récents pour en réduire le nombre et les montants impliqués.

Contrairement aux Français, les Suédois ont fait porter l'effort fiscal sur la consommation avec un taux standard de TVA à 25 % et une fiscalité environnementale particulièrement élevée. On estime à environ 10 milliards ce qui a été prélevé en 2010 au titre de la fiscalité environnementale, soit 10 % des impôts perçus.

1. Les données comparatives présentées ici sont développées dans le chapitre 14.

En choisissant de taxer faiblement le capital comme en Allemagne, les Suédois incitent les ménages à épargner, et donc à augmenter l'investissement et le stock de capital productif à long terme. Taxer fortement le capital, comme c'est le cas aujourd'hui en France, encourage la fuite des capitaux et diminue le capital productif. Le modèle fiscal suédois est opposé à l'approche française, même si les deux pays ont des charges fiscales globales comparables.

Comme le montre le rapport de la Fabrique de l'industrie sur la Suède[1], une réforme radicale du rôle de l'État a aussi été mise en œuvre afin de réduire et de mieux contrôler les dépenses. Entre 1990 et 2012, les effectifs dans le secteur public suédois sont passés de 1,7 million d'employés à environ 1,3 million, alors que dans la même période l'emploi public français a sensiblement augmenté, tandis que le secteur privé est passé de 2,8 à 3,25 millions – un exemple parmi d'autres de réforme réussie caractéristique du « modèle suédois »[2].

Les dépenses d'assurance maladie n'ont augmenté entre 1990 et 2011 que de 1 point de PIB et la Suède a réussi à maîtriser l'évolution de ses coûts de santé, contrairement à la France. Cette stabilisation des dépenses a été obtenue par un renforcement de la médecine préventive, des déremboursements et des tickets modérateurs efficaces.

La Suède a aussi mis en place une décentralisation forte de l'État. Il n'y a ni statut ni grille salariale. Les enseignants sont recrutés, gérés et payés par les communes. Les opérateurs de l'État sont parfaitement autonomes dans leur gestion, y compris les recrutements et les salaires.

Une vague de libéralisation a touché de nombreux secteurs d'économie en dehors des grandes industries de réseaux : marché des taxis libéralisé en 1990, des agences pour l'emploi en 1992, des pharmacies en 2009. Là aussi,

1. La Fabrique de l'industrie, Émilie Bourdu, « Les transformations du modèle économique suédois », 2012.

2. Philippe Aghion et Bénédicte Berner, « Vive le modèle suédois », *Le Monde*, 10 janvier 2013.

le contraste est particulièrement saisissant avec la France, où les pouvoirs publics ont toujours reculé devant les lobbies.

5. Un environnement et un financement satisfaisants pour les PME

Si l'industrie suédoise a peu de grands leaders mondiaux, les PME bénéficient d'un environnement financier extrêmement favorable permettant une forte croissance. Un financement des PME sans frictions et disponible aux différents âges de l'entreprise est une condition décisive pour la mue des PME en ETI.

Parmi les 500 plus grandes entreprises mondiales en 2011 (Fortune), la Suède classe seulement 3 multinationales contre 15 pour la Suisse, 12 pour les Pays-Bas et 5 pour la Belgique, des pays de taille comparable. Cependant, l'industrie suédoise reste relativement concentrée grâce au poids important de grandes entreprises non classées au niveau des 500 premières mondiales. Sur la période 1993-2010, les dix plus grandes entreprises industrielles suédoises ont été responsables de 35 % de la croissance de l'industrie manufacturière, et peut-être même plus si l'on prend en compte leurs fournisseurs (McKinsey, 2012)[1].

Les ETI et les PME en Europe ne peuvent généralement pas avoir accès directement aux marchés financiers et elles ont peu d'alternatives en dehors des prêts bancaires. Or, le financement de la dette est devenu plus difficile, plus cher, en particulier pour les projets les plus risqués. La Banque centrale européenne et la Commission ont effectué une enquête sur la perception et l'expérience des PME en matière de prêts bancaires[2] qui classe les pays selon leur

1. McKinsey, « Growth and Renewal in the Swedish Economy », 2012.
2. European Central Bank & European Commission, « Access to Finance and Small and Medium-sized Enterprises » (SAFE), 2011.

facilité d'accès aux prêts bancaires. La Finlande, la Suède, l'Autriche et l'Allemagne sont les pays où il est le plus facile pour les PME d'avoir accès à ces financements. En 2011, la France était classée seulement dix-neuvième sur les vingt-sept pays de l'Union européenne, certes avant la Grèce, le Portugal ou l'Espagne, mais après la Belgique, le Danemark et même l'Italie.

Les entreprises qui développent des innovations technologiques ont un fort potentiel de croissance rapide. En Suède, les investissements en capital-risque rapportés au PIB sont parmi les plus élevés de l'OCDE, ce qui permet aux entreprises de disposer d'un levier pour accélérer leur croissance future et d'investisseurs disposés à les suivre dans leur développement. Dans ce domaine, les entreprises françaises ont un environnement qui les place dans la moyenne européenne[1].

Les délais de paiement des pouvoirs publics sont bien plus courts en Suède que dans le reste de l'Europe. Attendre trop longtemps le règlement de factures envoyées aux pouvoirs publics, administrations nationales, régionales ou locales, constitue pour les PME un vrai problème, qui peut mener certaines d'entre elles à la faillite. Or, sur ce plan, les différences entre les pays européens sont considérables. Dans les pays du sud de l'Europe, la crise de la dette publique conduit à des délais de paiement particulièrement longs : 180 jours en moyenne en Italie, 174 en Grèce, 160 en Espagne, 139 au Portugal. Pour les entreprises suédoises, ce délai est d'une trentaine de jours, à peu près comme pour les entreprises allemandes. En France, le délai de paiement se situe au-dessus de la moyenne européenne avec environ 70 jours, soit 40 jours de plus que pour les entreprises suédoises.

Les PME ayant des effectifs compris entre 10 et 199 employés représentaient 23,6 % de l'emploi total dans l'industrie manufacturière en 1993 et 28,9 % en 2009, soit

1. ECV, European Private Equity and Venture Capital Association, « Pan European Private Equity and Venture Capital Activity », 2011.

une augmentation de 5,3 points[1]. Or, la croissance d'une économie repose sur la capacité de l'environnement économique et financier à favoriser la croissance de ses entreprises les plus innovantes, souvent des « start-up ». Cela n'est malheureusement pas le cas en France, où les PME les plus dynamiques connaissent une croissance plus faible que celle observée pour ce type d'entreprises dans la plupart des autres pays européens.

6. Une gestion dynamique de la transition industrielle

L'industrie suédoise est très ouverte et de nombreux groupes suédois sont passés sous le contrôle d'actionnaires étrangers sans provoquer de drames nationaux. Les pouvoirs publics en Suède acceptent le principe de la destruction créatrice et privilégient une logique d'attractivité du territoire suédois par rapport au critère de nationalité du capital. S'ils interviennent peu pour éviter une prise de contrôle de l'étranger, ils veillent en revanche à faire de leur territoire un espace attractif pour la localisation d'activités industrielles et de recherche. C'est le cas des automobiles Volvo, qui sont la propriété du chinois Geely, du constructeur de poids lourds Scania, qui appartient à Volkswagen. En 2012, Saab a été racheté par un consortium suédo-chinois après des années de grandes difficultés, puis a dû se déclarer en faillite. Stora, un des plus importants groupes mondiaux dans le domaine de la production de papier, a fusionné en 1998 avec la société finlandaise papetière Enso. Asea a fusionné avec le suisse Brown Bovery pour donner un des leaders mondiaux de l'équipement électrique, ABB. On imagine mal les deux groupes automobiles français vendus à des entreprises étrangères comme Volvo et Saab l'ont été en Suède ! Dans cer-

1. La Fabrique de l'industrie, Émilie Bourdu, « Les transformations du modèle économique suédois », 2012.

tains cas, cependant, les ministres suédois des Finances et de l'Industrie peuvent s'opposer au rachat d'un grand groupe. Ainsi en mai 2014, où ces ministres ont jugé que les actionnaires d'Astra Zeneca devaient rejeter le projet d'OPA de Pfizer, les centres de recherche et leurs personnels en Suède pouvant être négativement affectés par l'opération. On voit là la volonté de privilégier l'activité sur le sol national et l'obsession suédoise pour les secteurs de haute technologie.

À partir des années 1970, la Suède a fermé les chantiers navals face à la concurrence de la Corée. Les industries traditionnelles se convertissent en quelques années aux innovations technologiques et acceptent des restructurations lourdes, en investissant dans les filières d'avenir. Malgré ces restructurations et ces rachats d'entreprises nationales, l'industrie suédoise n'a rien perdu de sa force et de sa compétitivité. La perte de la sidérurgie française serait mieux acceptée si, comme en Suède, de nouvelles filières industrielles émergeaient ou si de nouveaux services étaient inventés.

Un nombre limité de grands groupes industriels domine les exportations suédoises. En 2010, Ericsson représentait à lui seul 7 % des exportations suédoises et les dix premiers groupes suédois pesaient près d'un tiers des exportations de biens. Les dix premiers exportateurs français en 2007 (Airbus, PSA, Renault, Sanofi, STMicroelectronics, Total, Dassault, Esso, Schneider et ArcelorMittal) représentaient seulement 16 % du total des exportations françaises.

Les excédents commerciaux suédois proviennent en premier lieu de secteurs où ce pays dispose d'avantages comparatifs clairs, comme le bois ou l'acier. C'est le cas en 2012 de l'industrie du papier et du carton (8,7 milliards d'euros) ou de la métallurgie (3,5 milliards). Mais la Suède réalise aussi des excédents dans des secteurs de plus haute technologie : machines et équipements (4,4 milliards), pharmacie (3,2 milliards). Même le secteur automobile avec Volvo, désormais filiale d'un groupe étranger, dégage un excédent de 2,8 milliards quand la France a un déficit de 3,4 milliards malgré deux constructeurs nationaux.

L'industrie suédoise des télécommunications s'est développée rapidement, même si elle a connu plusieurs crises structurelles. Le secteur est dominé par Ericsson, mais de nombreuses entreprises nouvelles sont apparues. Ce secteur représente près de 20 % de la valeur ajoutée industrielle. Dans le domaine des infrastructures de la téléphonie mobile, secteur en forte croissance, Ericsson continue à dominer le marché au niveau mondial. Avec 34,1 % du marché mondial des équipementiers mobiles en 2010, il domine largement le chinois Huawei, deuxième avec 15,6 %, le franco-américain Alcatel-Lucent avec 13,2 %, et Nokia Siemens Network avec 13,2 %. Ainsi, une multinationale suédoise avec des coûts d'ingénieurs très élevés continue à dominer l'industrie des infrastructures mobiles, face à des Chinois qui bénéficient de coûts nettement inférieurs et d'un marché intérieur particulièrement dynamique. Le boom de l'internet mobile offre des perspectives de croissance forte à moyen terme pour Ericsson, qui posséderait déjà 27 000 brevets et aurait enregistré un chiffre d'affaires de 500 millions d'euros en 2010 grâce à ces derniers.

L'industrie suédoise de l'automobile et du poids lourd a subi de plein fouet la crise de 2009, mais ce secteur reste assez important (140 000 emplois). Volvo et Saab, constructeurs de haut de gamme mais ayant de faibles volumes, étaient en 2009 propriétés de constructeurs américains en grande difficulté. Volvo Cars, racheté par un Chinois, affiche désormais des bénéfices très satisfaisants et procède à de lourds investissements en vue d'une expansion internationale. Sans constructeurs nationaux, comme l'industrie britannique de l'automobile, la Suède pourrait cependant rester attractive comme lieu de production, grâce à sa main-d'œuvre qualifiée et à sa spécialisation dans le haut de gamme. Quant à Volvo Trucks (actuel numéro trois du poids lourd au niveau mondial), il est en passe de devenir le numéro un mondial grâce à son accord pour le rachat de 45 % de l'activité poids lourd d'un constructeur chinois, Dongfeng.

7. Sortie de crise : une leçon pour la France ?

L'industrie suédoise est une des plus compétitives au monde. C'est un des meilleurs exemples d'une société qui a réussi la transition vers la nouvelle économie. La Suède a maintenu son État-providence, mais avec un budget à l'équilibre et une dette faible dont le poids dans le PIB a même diminué.

La Suède trouve des solutions pour mettre en œuvre des réformes radicales, qui sembleraient impensables en France. Tout d'abord, le rôle de l'État a changé. La Suède a mis en place un plafonnement des dépenses de l'État et une décentralisation forte des opérateurs de l'État.

Le niveau des recettes fiscales en pourcentage du PIB est à peu près au niveau français, mais la réforme fiscale suédoise diverge : en taxant faiblement le capital comme en Allemagne, les Suédois incitent ainsi les ménages à épargner et donc à augmenter l'investissement et le stock de capital productif à long terme.

Enfin, grâce à un environnement financier qui leur est extrêmement favorable, les PME, très innovantes, peuvent croître et accéder aux marchés d'exportation.

Si le résultat de la mue suédoise est impressionnant, les modalités de la sortie de crise sont aussi intéressantes à relever.

À la suite de la crise de 1993, une politique de rigueur budgétaire est adoptée. Les gouvernements suédois successifs, libéraux ou sociaux-démocrates, vont chercher à maîtriser le déficit et la dette en réduisant fortement les dépenses publiques. Celles-ci vont baisser de 15 points de PIB entre 1993 et 2000 : importante diminution de l'emploi public de 43 à 35 % de l'emploi total. Le coût pour l'État du sauvetage des banques s'élèvera à 4 % du PIB, mais, dès 1994, l'activité repart. Le contexte mondial était certes plus favorable, la dévaluation a favorisé le rebond, mais les réformes initiées ont eu des effets durables.

Quand la droite et les libéraux sont revenus au pouvoir, il n'a pas été question de revenir sur soixante-dix ans de tradition social-démocrate. L'ensemble des partis politiques accepte le modèle construit depuis les années 1930 et l'héritage social-démocrate, tout en proposant de le moderniser sur certains points, par exemple dans le domaine de la santé. Le gouvernement de droite a permis l'ouverture de cliniques privées pour favoriser la médecine de proximité et la concurrence, afin d'augmenter la qualité du service tout en réduisant les coûts.

La Suède a été profondément marquée par la social-démocratie, l'esprit de compromis et la culture de la modération. L'État a su mettre en valeur un capitalisme entreprenant, tout en assurant un système de protection sociale généreux. Les syndicats, qui ont une culture économique forte, savent qu'une hausse de salaire au-dessus de la productivité a un effet négatif sur la compétitivité du pays, qu'elle peut générer de l'inflation et, à terme, nuire au pouvoir d'achat.

Une question reste ouverte à ce stade : comment faire la part, dans les ingrédients du succès, de ce qui relève de la taille de l'économie (petit pays ouvert), de l'expérience historique (les leçons tirées des années 1930) et de la qualité des relations sociales (le compromis social institutionnalisé) ?

Chapitre 5

La force paradoxale de l'industrie manufacturière italienne

Forte pression fiscale, faible productivité du travail, le contexte italien ne devrait guère séduire les entreprises. La rareté des grands groupes, la situation de quasi-faillite de certains d'entre eux, le faible investissement en R&D et une décennie de croissance atone semblent dresser un constat accablant en matière industrielle. Or, il n'en est rien et l'Italie dégage en 2012 un excédent de 92,6 milliards d'euros en produits industriels manufacturés quand la France souffre d'un déficit de 45,6 milliards.

Comment expliquer cet apparent paradoxe ? Comment l'Italie, accablée d'un État inefficace et qui n'a pas goûté aux délices des politiques industrielles, peut-elle rester un pays très industrialisé et dégageant de forts excédents commerciaux[1] ?

1. Commission européenne, « In-depth Review for Italy », avril 2013.

Ce contraste entre une situation macroéconomique profondément dégradée, une solidité relative de l'appareil industriel et une excellente performance du commerce extérieur illustre les vertus de la spécialisation et la résilience du modèle économique italien en temps de crise.

L'économie italienne a connu une croissance économique bien plus faible que ses partenaires européens tout au long des années 2000. La création de richesses par habitant (par rapport à une base de 100 pour la moyenne européenne du PIB par tête en parité de pouvoir d'achat) était de 101,8 en l'an 2000 en Italie, un peu au-dessus de la France (99,8). En 2013, le PIB par tête italien a très fortement baissé par rapport à la moyenne européenne : 90,4 contre 99,6 en France et toujours 100 pour la moyenne européenne. Sur cette période, le PIB par tête à prix constant des Italiens a stagné, mais la géographie économique du pays est très contrastée. Autour de Milan, Turin et Gênes, le PIB par tête est un des plus élevés d'Europe, alors que le Sud est marqué par un important retard économique.

Cette croissance atone s'est accompagnée d'une dégradation des finances publiques : l'Italie connaît ainsi un niveau d'endettement record (en 2014, 135,2 % du PIB, le plus élevé en Europe après la Grèce, 95,6 % pour la France) et doit donc s'engager dans un processus de réduction de la dette qui sera très difficile. Pour avoir une dette encore supérieure à 80 % en 2030, l'Italie devrait dégager un excédent primaire de 4 % en moyenne par an, un effort considérable qui limiterait fortement le potentiel de croissance du pays.

La performance industrielle italienne s'est faite sans le secours des grands groupes, contrats ou projets à la française. Parmi les 100 plus grandes multinationales au niveau mondial (source UNCTAD, World Investment Report), il y aurait 15 françaises contre seulement 2 italiennes. Le classement des 500 plus grandes entreprises mondiales en 2011 (source Fortune) confirme le nombre limité de multinationales italiennes (seulement 10 contre 35 françaises et 34 allemandes). De plus, les entreprises de plus de 250 employés représentaient en 2010 seulement 23,3 % du total de l'emploi industriel italien contre 43,8 % en France et 51,7 % en Allemagne. Deux grands groupes emblématiques, Alitalia et Telecom Italia, sont en pleine déroute financière. Si Air France-KLM était prêt à investir 6 milliards d'euros dans la reprise d'Alitalia en 2007, il a hésité en 2013 à injecter 75 millions d'euros et à en devenir le principal actionnaire. On peut le comprendre, étant donné la situation désastreuse d'Alitalia, avec ses 23 millions d'euros de pertes mensuelles et une dette nette de plus de 1 milliard d'euros. C'est Ethihad Airways, la compagnie aérienne d'Abu Dhabi, qui a accepté de mettre de 300 à 350 millions d'euros pour acquérir 49 % d'Alitalia. Le cas Telecom Italia est comparable. L'espagnol Telefonica pourrait mettre la main sur l'opérateur historique italien, qui est paralysé par sa dette de 28,8 milliards d'euros[1]. Pour plusieurs observateurs, les grands groupes italiens souffrent du « capitalisme sans capital ».

La France devrait donc disposer, au moins en théorie, d'un avantage concurrentiel important par rapport à l'Italie en matière d'exportation et d'investissements directs étrangers grâce à ses grands groupes qui vont plutôt bien. Plus l'entreprise est grande, plus la probabilité qu'elle exporte est élevée. Or, l'industrie italienne exporte bien plus que l'industrie française tout en ayant peu de grands groupes !

Et le soutien de l'État aux entreprises se situe à un niveau bien plus élevé en France qu'en Italie. Quelle que soit la définition utilisée pour mesurer les aides publiques aux entreprises (aides directes, garantie publique sur les prêts, niches fiscales, etc.), les montants impliqués, mesurés en proportion du PIB, sont sensiblement plus faibles qu'en France[2]. Malgré cela, on ne constate aucun avantage concurrentiel aux entreprises françaises.

L'industrie italienne se caractérise aussi par un niveau de dépenses en R&D et un nombre de brevets bien inférieurs

---

1. « Alitalia, Telecom Italia et la déroute du patriotisme », *Les Échos*, 29 octobre 2013.

2. Pierre-André Buigues et Khalid Sekkat, *Industrial Policy in Europe, Japan and the USA. Amounts, Mechanisms and Effectiveness*, Palgrave, 2009.

à ceux observés en France. En 2010, les dépenses en R&D représentaient 1,3 % du PIB italien contre 2,2 % en France. En nombre de brevets par habitant, la France surpasse aussi largement l'Italie avec 135 brevets par million d'habitants contre seulement 74. La conséquence est bien entendu que l'industrie française est plus spécialisée que l'industrie italienne dans certains secteurs de haute technologie comme l'aéronautique ou la pharmacie. Elle devrait donc, là aussi, distancer l'industrie italienne à l'exportation.

De plus, l'industrie italienne a connu une très faible croissance de la productivité horaire du travail sur la période 2000-2010 : 0 % en moyenne par an, contre 2,5 % en France et autour de 4,5 % pour l'industrie suédoise et finlandaise. En tête des pays européens en matière de productivité horaire pendant les années 1960 et 1970, elle se place maintenant derrière tous ses concurrents européens et enregistre les plus mauvaises performances par rapport aux pays industrialisés de l'OCDE. Malgré une faible augmentation des salaires depuis la crise de 2008, les mauvaises performances de la productivité du travail font remonter les coûts salariaux unitaires.

Enfin, l'Italie comme la France se caractérisent par une charge fiscale globale particulièrement élevée. Les entreprises italiennes bénéficient d'un environnement fiscal moins lourd que leurs homologues françaises, qui sont parmi les plus taxées en Europe, mais le niveau de taxation italien est supérieur à la moyenne européenne. Comme en France, le taux d'imposition implicite sur le travail est très élevé. Cependant, le capital est moins taxé qu'en France et le taux maximal moyen d'imposition sur les sociétés s'établit à 27,5 % en Italie contre 36,1 % en France.

Il n'est donc pas étonnant que les classements internationaux comme celui du World Economic Forum soient particulièrement sévères avec la compétitivité italienne. Si la France n'est pas bien placée (au 21e rang en 2012), loin derrière la Suède et les Pays-Bas (respectivement 4e et 5e), l'Italie figure seulement au 42e rang, derrière l'Espagne (36e rang). Le rapport met en relief les faiblesses structurelles de l'économie italienne : niveau élevé de la fiscalité, inefficacité de la bureaucratie gouvernementale, réglementation du marché du travail trop restrictive, infrastructure inadéquate, insuffisante capacité à innover. D'autres rapports soulignent le surcoût de l'énergie en Italie, avec un prix du mégawatt de 60 euros contre 38 en Allemagne.

La Commission européenne, dans son évaluation de la situation économique italienne, rejoint le World Economic Forum et insiste sur le faible développement du marché des capitaux, qui pourrait affecter négativement les PME, très présentes en Italie, et sur les taux d'intérêt sur les prêts bancaires trop hauts par rapport aux autres pays européens. Le manque de concurrence dans plusieurs secteurs entraînerait aussi un niveau élevé des prix des services et des biens intermédiaires nuisant à la compétitivité des entreprises italiennes[1].

De quels atouts dispose l'industrie italienne pour surmonter des handicaps aussi lourds et avoir un commerce extérieur en produits industriels bien plus performant que la France ?

1. Une industrie puissante et ouverte sur le monde

Le deuxième pays industrialisé en Europe est bien l'Italie. L'industrie italienne (19,4 % du PIB en 2010) pèse nettement plus que l'industrie française (12,6 %) et continue d'améliorer ses positions dans les marchés en croissance en dehors de l'Europe. Elle est aussi beaucoup plus ouverte aux exportations de biens que l'industrie française : en 2014, les exportations de biens pèsent 25,4 % du PIB italien contre seulement 21,3 % du PIB français en 2012. Enfin, l'excédent commercial italien sur les seuls produits industriels

1. Commission européenne, « In-depth Review for Italy », avril 2013.

manufacturés représente 5,9 points de PIB en 2012 contre un déficit de 2,2 points de PIB en France.

La France a l'obsession de l'industrie allemande, de sa puissance et de ses excédents, et le discours politique tourne autour du rattrapage de l'Allemagne... mais l'industrie manufacturière italienne est bien plus puissante que son homologue française.

En 2012, la balance commerciale italienne en biens industriels manufacturés était excédentaire de 92,6 milliards d'euros en Italie et déficitaire en France de 45,6 milliards, soit une différence de près de 140 milliards. L'excédent italien est passé de 37,6 milliards en 2004 à 61,3 en 2008, avant d'atteindre 92,6 milliards en 2012, quand le déficit français passait de 1,9 milliard en 2004 à 31,9 en 2008 et 45,6 en 2012.

Certes, l'excédent commercial italien en 2012 s'explique en partie par la baisse des importations, du fait de la faiblesse de la demande intérieure à la suite de la crise, mais il s'explique aussi par le rebond des exportations (en 2012, +3,6 % en un an), et l'amélioration de cet excédent entre 2000 et 2008, avant la crise, est spectaculaire.

L'industrie italienne est aussi bien plus présente que la française sur les marchés les plus dynamiques. Sur la période 2000-2012, elle a en effet amélioré ses positions sur les marchés en forte croissance situés hors d'Europe. Les BRIC sont les destinataires de 5,1 % des exportations de l'Italie en 2011, contre seulement 3,6 % en 2000. L'Italie fait bien mieux que la France sur ces marchés lointains en forte croissance. Entre 2000 et 2012, le poids des exportations de biens vers les marchés hors d'Europe a augmenté de 3,1 points de PIB en Italie, alors que ce même indicateur a baissé de 0,3 point de PIB en France.

2. Des PME très nombreuses à exporter et souvent en position de leader mondial sur des niches spécialisées

Les entreprises italiennes comprenant entre 10 et 249 employés réalisaient 54,3 % de la valeur ajoutée industrielle contre seulement 32,3 % pour l'industrie française et 31,8 % pour l'allemande. Le cœur de l'industrie manufacturière italienne se compose de PME familiales de petite ou moyenne taille, nombreuses à exporter, contrairement à la France.

Il y aurait 200 000 exportateurs en Italie, contre environ 100 000 en France[1]. Les 100 premiers exportateurs français représentent 75 % des ventes en dehors de l'Union européenne contre 54 % en Italie en 2009[2].

Le nombre élevé d'exportateurs italiens rend ce pays bien moins vulnérable que la France aux performances individuelles d'un petit nombre de grands exportateurs. La dégradation des performances de l'industrie française à l'exportation depuis l'an 2000 s'explique principalement par celle de ses plus gros exportateurs[3]. Les grands groupes industriels français auraient délocalisé une partie de leur production, située auparavant sur le territoire national, ce qui expliquerait pour une bonne part la détérioration de la balance commerciale. Là aussi, le contraste avec l'Italie est saisissant. Avec peu de grands groupes internationaux, les investissements directs à l'étranger des entreprises italiennes sont limités (seulement 27,3 % du PIB italien en 2009 contre 65,5 % du PIB dans le cas français, source UNCTAD, WIR), d'où l'importance pour ces entreprises d'exporter.

---

1. Trésor-Éco, « L'appareil exportateur français : une réalité plurielle », mars 2009.
2. Les chiffres du commerce extérieur, Études et éclairages, « Les entreprises européennes exportant hors UE », décembre 2011.
3. Conseil d'analyse économique, « Performances à l'exportation de la France et de l'Allemagne », décembre 2008.

Ces PME italiennes ouvertes à l'international, très engagées à l'exportation, sont souvent leaders sur des niches mondialisées. D'après Thierry Mayer et Gianmarco Ottaviano[1], de Bruegel, 26 % des entreprises italiennes exportatrices exportent plus de 50 % de leur chiffre d'affaires contre seulement 9 % en France, ce qui les rend moins dépendantes de la demande intérieure, qui stagne, que des marchés internationaux en croissance.

Mais comment font ces PME italiennes pour exporter avec des produits au faible contenu en R&D et être leaders au niveau mondial ? L'industrie italienne est connue historiquement pour sa spécialisation dans le textile, l'habillement, la chaussure ou le meuble, c'est-à-dire des secteurs à fort contenu en main-d'œuvre, où les bas coûts de production sont essentiels et où les pays émergents, comme la Chine, connaissent un avantage comparatif considérable. Comment l'industrie italienne a-t-elle pu résister au rouleau compresseur des pays émergents ?

Sans grands groupes multinationaux qui représentent partout l'essentiel des dépenses en R&D, l'Italie compte sur ces PME, dont la spécialisation sur des niches ne requérant pas nécessairement des dépenses élevées en R&D est à l'origine des innovations technologiques incrémentales. Ainsi, malgré plus de dépenses en R&D en France, et plus de brevets produits, il y a une plus forte proportion d'entreprises innovantes en Italie (source : septième enquête communautaire sur l'innovation).

Pour Marco Fortis, de l'université de Milan[2], l'Italie occupe la première place mondiale à l'exportation dans 249 produits différents et se situe dans le trio de tête sur près de 1 000 produits. Pour Fortis, ces vingt dernières années, l'Italie a su perfectionner son savoir-faire en allant vers du quasi-sur-mesure, grâce à un capitalisme familial dynamique.

---

1. Thierry Mayer et Gianmarco Ottaviano, « The Happy Few : The Internationalization of European Firms », Bruegel, novembre 2007.

2. Marco Fortis, « Competitiveness and Export Performance of Italy », Foundation Edison, 2009.

Les PME italiennes disposent aussi d'un atout important : leur agglomération dans des districts industriels fortement spécialisés. Ces territoires se caractérisent par une présence très active d'entreprises, essentiellement des PME, impliquées dans la production de produits homogènes en segmentant et recombinant leurs chaînes de valeur ajoutée. Les districts industriels qui associent des entreprises interconnectées et des centres de formation, des universités ou des associations professionnelles jouent un rôle majeur dans la compétitivité italienne[1]. 150 districts industriels pèsent toujours environ 40 % des exportations italiennes grâce à leur capacité à monter en gamme et à se remettre en question. Un district comme celui de Pise continue d'assurer 90 % de la production européenne de cuir pour semelles. En France, des pôles de compétitivité inspirés de ce modèle, mais trop nombreux et victimes d'un système de gouvernance lourd, connaissent des difficultés, les PME ayant beaucoup de mal à tirer des bénéfices de leur participation à ces pôles.

Mais ce modèle longtemps vertueux commence à rencontrer des difficultés. La force de ces districts ayant une mono-activité dominante reposait sur les synergies entre les entreprises. Ces structures en réseau sont aujourd'hui menacées par la faillite ou la délocalisation de certaines des entreprises du district à l'étranger et pâtissent d'un partage des innovations aux dépens de la recherche. Il n'est alors donc pas surprenant que l'emploi soit en diminution dans ces districts[2].

3. Des points forts nombreux et diversifiés

L'ONU, à travers l'UNCTAD et l'OMC, a construit un indicateur de performance à l'exportation qui permet

1. Daniele Schiliro, « Italian Industrial Districts : A Model of Success or a Weak Productive System ? », Munich, 2009.
2. « Italian Industry, Clusters flustered », *The Economist*, mars 2014.

d'obtenir un classement des pays pour quatorze secteurs de l'activité[1]. Cet indicateur repose sur cinq critères : la valeur des exportations nettes, l'intensité des exportations, les parts de marché mondial à l'exportation, le degré de diversification pays et le degré de diversification produits. En 2009, l'industrie italienne était placée en première position pour trois des quatorze secteurs envisagés et en deuxième position pour quatre. Seule l'Allemagne faisait mieux avec neuf secteurs où elle occupait la première ou la deuxième position. En retenant cet indicateur de performance à l'exportation, la France ne détenait aucune position de leader et seulement deux positions de numéro deux.

L'industrie italienne exporte à la fois dans des secteurs traditionnels comme l'agroalimentaire, les meubles ou l'habillement, mais aussi dans des secteurs où l'industrie allemande excelle, comme la machine-outil et la mécanique. À la différence de l'Espagne, hors énergie, l'Italie a un surplus manufacturier constant depuis des décennies avec l'étranger.

L'industrie italienne à l'exportation est donc très diversifiée. Elle s'est renforcée sur certains de ses points forts depuis l'an 2000, en particulier la machine-outil, les produits métalliques et le vin, et elle a maintenu des excédents confortables (même s'ils sont en recul) dans le textile, l'habillement, le cuir et l'ameublement.

La fabrication de machines et d'équipements dégage un excédent du solde commercial de 48 milliards d'euros en 2012 contre 23,5 en 2000, un progrès spectaculaire sur les marchés extérieurs. La machine-outil est la principale locomotive du commerce extérieur italien. La force de ce secteur tient à la spécialisation d'entreprises de taille moyenne sur des niches à haute valeur ajoutée où elles occupent souvent des positions de leader au niveau mondial.

Un autre point fort de l'Italie qui a aussi amélioré ses positions à l'exportation est la mécanique et les produits métalliques, hors machines et équipements : 11 milliards

1. UNCTAD, WTO, « The Trade Performance Index », International Trade Centre.

d'excédent en 2012 contre 6,5 en 2000. L'excédent dans les équipements de transport autres que l'automobile (aéronautique, naval) passe de 2,9 milliards en 2000 à 5,3 en 2012.

L'industrie italienne garde des excédents confortables, même s'ils s'érodent depuis 2000, dans d'autres secteurs : les équipements électriques (6,6 milliards en 2012 contre 7,2 en 2000), les produits en plastique et caoutchouc (4,2 milliards en 2012 et 5,4 en 2000), les autres produits minéraux non métalliques comme le verre et le carrelage (5,7 milliards en 2012 et 6,4 en 2000).

Dans certains secteurs traditionnels où l'industrie italienne était très visible historiquement, malgré des excédents importants, les performances sont en recul.

L'habillement, le textile et le cuir dégagent un excédent de 16,5 milliards en 2012, élevé certes, mais en baisse depuis 2000 (21,3 milliards). Dans ces secteurs, les entreprises italiennes continuent de monter en gamme, et les exportations hors d'Europe représentent près de 50 % du chiffre d'affaires réalisé. Le luxe « *made in Italy* » a le vent en poupe en Chine. Des groupes comme Ferragamo, Versace, Prada, Tod's, affichent des résultats impressionnants, essentiellement tirés par les exports. Les entrepreneurs italiens sont connus pour parcourir le monde, dénicher les tendances et arriver les premiers sur les nouveaux marchés.

Il en est de même dans *l'ameublement et la décoration* (10 milliards d'euros d'excédent en 2012 contre 13 en 2000), où le design italien continue à bien se vendre à l'export. L'industrie italienne se positionne sur le segment du haut de gamme. Si les exportations d'ameublement se sont effondrées de 30 à 50 % en cinq ans en Europe, l'Italie est devenue le premier fournisseur extérieur de meubles en Chine.

Les exportations de vins italiens sont en très forte croissance et leurs excédents augmentent de 2,4 à 4,8 milliards en 2012, même dans le contexte de crise actuel, et ils concurrencent durement les vins français.

Si *le secteur agroalimentaire est en déficit*, de 4 milliards d'euros en 2012, plusieurs PME se positionnent sur le haut de gamme et réussissent très bien à l'exportation : les fromages (parmigiano reggiano, gorgonzola, pecorino) ou les pâtes (Barilla). Les exportations proviennent de nombreuses entreprises familiales, de tradition artisanale, comme Ponti pour le vinaigre balsamique, ou de groupes de taille intermédiaire comme Barilla.

Cependant, la crise a fortement touché les entreprises les moins compétitives dans certains secteurs, dont la chimie (-11 milliards), l'informatique (-11,4) et la pharmacie (-2,7), qui sont les points faibles de l'industrie italienne. Une étude de Giampaolo Vitali montre que le fort déficit commercial de la chimie s'explique par la disparition des grands groupes italiens présents dans la chimie de base, alors que des PME se développent dans la chimie des spécialités[1].

4. Des salaires modérés et des entreprises industrielles rentables

Le coût horaire du travail italien dans l'industrie est bien plus faible que le coût français (27,9 euros contre 37,3, soit 34 % de moins au premier trimestre 2014) et cette différence de coût salarial à l'avantage de l'industrie italienne s'est maintenue sur toute la période depuis l'an 2000 (différence de 31 % entre l'industrie italienne et l'industrie française cette année-là).

Certains facteurs structurels peuvent expliquer ces différences de coût à l'avantage de l'industrie italienne, car celle-ci se caractérise par un grand nombre de PME où les salaires sont moins élevés que dans l'industrie française, structurée autour de grands groupes généralement plus généreux pour leurs salariés.

1. Giampaolo Vitali, « The Chemical Sector in Italy : Industrial Structure and Competitive Advantage », *ERIEP*, n° 4, juin 2012.

La nature de la spécialisation industrielle peut aussi jouer un rôle dans les différences de coûts salariaux observées. Dans les secteurs traditionnels comme le textile, l'habillement ou l'agroalimentaire, les salaires sont moins élevés que dans la pharmacie ou l'aéronautique, secteurs privilégiés des exportations françaises.

Avec des salaires bien plus faibles que son homologue française et ses fortes positions sur les marchés extérieurs, l'industrie manufacturière italienne est beaucoup plus rentable que la moyenne européenne. En 2010, la marge brute d'exploitation de l'industrie manufacturière italienne atteignait 8,7 % contre seulement 5,5 % en France et 7,6 % en Allemagne. Si l'on prend l'ensemble des sociétés non financières, la part des profits dans la valeur ajoutée est de 41,5 % en Italie contre seulement 30,2 % en France.

Grâce à leur bonne rentabilité, les investissements en équipements et machines représentaient en 2012 près de 7,5 % du PIB, légèrement au-dessus de l'Allemagne, mais nettement au-dessus de la France (5,5 % du PIB). Cette bonne rentabilité de l'industrie italienne, au-delà du coût du travail, mérite explication.

5. Le « *Made in Italy* », une référence et un gage de qualité

La qualité et la sophistication des produits exportés donnent aux entreprises un pouvoir de marché qui leur permet d'augmenter leurs prix et leurs marges en cas de hausse de leurs coûts de production. C'est le cas des entreprises italiennes et allemandes, mais non des entreprises françaises, qui ne peuvent pas répercuter les augmentations des salaires ou du coût de l'énergie sur leurs prix à l'exportation. Elles connaissent alors une détérioration de leurs marges à l'exportation ou des pertes de parts de marché (si elles répercutent leurs hausses de coûts sur leurs prix à l'export).

Les élasticités prix au taux de change effectif réel des exportations en volume entre 2000 et 2013 sont de 0,4 pour l'Allemagne, 0,6 pour l'Italie, 0,8 pour la France[1]. Les exportations italiennes sont ainsi moins sensibles aux prix que les exportations françaises.

L'industrie française accuse aussi un fort retard vis-à-vis de l'Italie en matière d'équipements productifs, et notamment de robotisation industrielle. En 2011, 3 000 robots ont été vendus en France contre plus de 5 000 en Italie. En France, ce sont essentiellement les grandes entreprises qui s'équipent en robots industriels ; les PME ne détiennent que 20 % du parc de robots installés (Symop, 2012). Or, les robots peuvent être la source d'une amélioration de la productivité, d'une plus grande flexibilité dans l'utilisation de l'appareil de production et d'une amélioration de la qualité des produits et de leurs sophistications technologiques.

On aurait pu s'attendre à une concurrence frontale des produits industriels italiens vis-à-vis de la Chine, étant donné la nature de la spécialisation industrielle italienne sur des produits à faible contenu technologique. Or, les excédents de la balance commerciale italienne restent élevés malgré la part de marché en forte croissance de la Chine sur les secteurs traditionnels. Sur la même période, on assiste à un effondrement de la balance commerciale française, alors que la France est plus spécialisée que l'Italie sur des secteurs comme la pharmacie ou l'aéronautique, où la Chine est encore peu présente ! Comment expliquer ce paradoxe ?

Giorgia Giovannetti *et al.* ont montré[2] que l'Italie et l'Allemagne ont, certes, souffert sur le marché d'exportation des produits manufacturés à cause de la Chine, mais que, sur de nombreux produits, les industries italienne et allemande ont amélioré la qualité de leurs produits, ce qui s'est traduit par une augmentation de la valeur unitaire des produits

1. Natixis, « Voit-on une correction du mal profond de la France et de l'Italie ? », août 2013.

2. Giorgia Giovannetti, Marco Sanfilippo et Margherita Velucchi, « The Impact of China on Manufacturing Exports of Italy and Germany », European University Institute, 2012.

exportés. C'est en particulier le cas des machines-outils, où la montée de la part de marché de la Chine n'a pas affecté les parts de marché de l'Italie de l'Allemagne à l'exportation.

CONCLUSION : UNE INDUSTRIE SPÉCIALISÉE ET RÉSILIENTE

L'industrie italienne est structurée autour d'entreprises fonctionnant en réseaux productifs, ayant un fort ancrage local et très présentes à l'exportation. Le bon positionnement prix/qualité des produits des PME italiennes dans des secteurs traditionnels et dans la machine-outil, fers de lance des excédents italiens, explique la bonne tenue de l'industrie. Ces traits illustrent les vertus d'un modèle économique organisé autour de PME, souvent familiales, tournées vers le grand large, spécialisées dans quelques niches et qui ont su aménager leur chaîne de valeur en tirant le meilleur parti de leur ancrage territorial. Ce modèle s'est révélé robuste malgré les palinodies d'un pouvoir velléitaire, l'envolée des coûts salariaux et une dynamique de productivité dégradée.

L'économie italienne est en fait une économie duale, mais pas au sens où on l'entend traditionnellement en France avec de grands groupes performants et des PME atomisées et dépendantes de leurs donneurs d'ordres. Malgré la situation très difficile des grands groupes italiens, les PME italiennes gardent de fortes positions sur les marchés internationaux. Une équipe d'économistes italiens[1] a analysé les évolutions de la productivité de 100 000 entreprises italiennes et elle a montré des différences considérables, et qui s'accroissent avec le temps, de la productivité entre les entreprises italiennes. L'industrie italienne se caractérise par la coexistence d'un groupe d'entreprises de taille moyenne,

1. Giovanni Dosi, Marco Grazzi, Chiara Tomasi et Alessandro Zeli, « Turbulences underneath the Big Calm ? The Micro-evidence behind Productivity Dynamics », *Small Business Economics*, n° 39, 2012.

très dynamiques à l'exportation, très innovantes, et d'un large ensemble d'entreprises, dont de grands groupes beaucoup moins avancés sur le plan technologique, dont la productivité du travail stagne ou même décroît.

Les grandes entreprises présentes à l'exportation en Italie sont plutôt spécialisées dans les produits à faible niveau technologique, comme la chimie lourde, la sidérurgie ou le pétrole raffiné, alors que les PME exportatrices sont présentes sur des produits beaucoup plus avancés, de niche. La crise de 2008 a plus affecté les grands exportateurs italiens que les PME, qui se sont nettement mieux adaptées aux nouvelles conditions du marché international.

Par rapport à la France, l'industrie italienne, c'est un parc de machines-outils plus jeune, deux fois plus de robots industriels, beaucoup plus d'entreprises de taille intermédiaire exportatrices et une bonne coopération entre PME qui chassent en meute sur les marchés étrangers et qui sont structurées autour de districts spécialisés. Certes, la crise larvée de l'euro, les politiques d'austérité menées, les difficultés de financement rencontrées par les PME ont eu un impact négatif sur l'activité industrielle, mais la spécialisation de l'industrie italienne et les marges de ses entreprises la protègent relativement.

Au-delà de la situation actuelle, on peut retenir quelques enseignements de la réussite industrielle italienne.

D'abord, qu'un pays développé peut avoir une balance commerciale excédentaire sans avoir de grandes multinationales et sans être présent sur la high-tech ; que les innovations incrémentales dans les PME, bien positionnées sur des niches mondialisées, permettent un large excédent commercial.

Ensuite, qu'un pays développé à forts coûts salariaux peut concurrencer la Chine et les pays émergents asiatiques ou africains même dans des secteurs traditionnels, à condition de faire le choix de la montée en gamme, de la différenciation produit, de l'investissement marque et de la qualité.

Les PME italiennes continuent de valoriser la production en Italie, qui est une garantie dans le haut de gamme et dans le luxe, sans le secours d'une politique industrielle volontariste. Contrairement à la situation française où de grands groupes multinationaux ont largement délocalisé leurs actifs hors du territoire national, l'ancrage local de la production des PME explique pour une grande part le poids élevé de l'industrie manufacturière italienne dans le PIB. Les systèmes productifs locaux, les PME agglomérées dans des écosystèmes territorialisés se révèlent plus performants en termes de spécialisation d'exportation et de rentabilité que le système français organisé autour de champions nationaux.

La question qui se pose dès lors est de savoir si l'industrie italienne et notamment son fer de lance exportateur pourront sur la durée maintenir leurs positions dans un contexte macroéconomique intérieur de plus en plus dégradé et dans un environnement concurrentiel international durci. C'est tout l'enjeu des tentatives de réforme initiées en Italie.

En juin 2014, Prometeia, un *think tank* italien en vue, se montrait confiant sur l'avenir de l'industrie italienne à moyen terme. Celle-ci devrait connaître sur la période 2015-2018 une croissance annuelle de plus de 2 % après 1,5 % en 2014. Cette étude soulignait aussi que l'industrie italienne avait traversé une décennie de profonde restructuration depuis la crise de 2008 qui a renforcé sa production en termes de valeur ajoutée et de qualité.

L'Italie n'échappe pas aux débats sur les racines du décrochage économique. Comme dans les autres pays du Sud, on tend de plus en plus à y mettre en cause l'austérité imposée par Angela Merkel et l'Europe. Ce débat est vain, car les données sur la décennie perdue sont maintenant bien établies : l'envolée des coûts salariaux unitaires pendant les années 2000, la panne de la réforme, le sous-investissement dans le capital humain et la recherche expliquent la grande stagnation[1]. Les réformes initiées par Mario Monti, Enrico Letta et Matteo Renzi sont décisives pour arrêter la spirale du déclin italien et permettre à l'industrie de retrouver sa dynamique conquérante.

1. Paolo Manasse, « The Roots of the Italian Stagnation », 19 juin 2013, in Vox-eu.

Chapitre 6

Vers une renaissance de l'industrie britannique ?

S'il fallait un symbole de l'effondrement de la « grande nation industrielle » et de la renaissance britannique, on le trouverait dans le rebond de l'industrie automobile du Royaume-Uni. Capable de produire sur son sol autant que la France, elle exporte davantage et des véhicules plus chers à partir d'usines plus productives.

S'il fallait une image de la crise française actuelle, ce serait celle de ces usines Potemkine qui continuent à avoir l'apparence d'usines industrieuses, mais qui cachent mal leur inactivité et le vieillissement de leurs outils de production.

Et pourtant, quinze ans plus tôt, l'industrie britannique était réputée morte et ses entreprises livrées aux investisseurs étrangers. L'écart saisissant entre ces évolutions divergentes est une invitation à la réflexion : comment le Royaume-Uni, qui aux yeux des Français avait délibérément abandonné son industrie pour se vouer à la finance, parvient-il à faire mieux que la France en matière industrielle ? La performance britannique mérite d'être comprise, car les stratégies déployées ont été très contrastées, tant en matière macroéconomique que sectorielle.

Le secteur industriel manufacturier représentait 15,7 % du PIB britannique en 2010, plus qu'en France (12,6 %) qui ne connaît pas de rattrapage malgré les efforts du gouvernement pour la réindustrialisation du territoire.

Le Royaume-Uni reste le « contre-modèle » industriel pour le monde politique français, et plusieurs arguments sont avancés pour justifier cette position. En premier lieu, le Royaume-Uni aurait fait le choix des services financiers, avec le développement de Londres, capitale mondiale de la finance, abandonnant son industrie. En deuxième lieu, de nombreux champions industriels britanniques ont été rachetés par des groupes étrangers, à l'instar des constructeurs automobiles comme Jaguar et Land-Rover, qui appartiennent depuis 2008 au groupe indien Ratan Tata, et de Mini, qui appartient à BMW depuis 1994. Le luxe automobile britannique a aussi changé de nationalité. Bentley appartient aujourd'hui à l'allemand Volkswagen, une part de Rolls-Royce a été rachetée par un autre allemand, BMW. Renault et PSA, à l'inverse, ont fait l'objet de l'attention permanente des autorités françaises. En troisième lieu, la balance commerciale en produits manufacturés du Royaume-Uni est déficitaire depuis le milieu des années 1980 et la dépréciation de la livre sterling n'a pas été suffisante pour améliorer durablement le commerce extérieur. Le déficit est passé de 59 milliards d'euros en 2000 à 100,7 en 2008 et 136,6 en 2012. Certes, la balance commerciale britannique des services se caractérise par des exportations très dynamiques et un fort excédent (4,7 % du PIB en 2011), mais celui-ci ne compense pas, loin de là, le déficit chronique du commerce des biens (entre 6 et 7 % du PIB de déficit dans les années récentes). De plus, le Royaume-Uni est devenu un importateur net de produits pétroliers depuis 2005. En 2012, son commerce en produits pétroliers représentait un déficit commercial d'environ 1 % du PIB et la balance courante britannique est largement déficitaire.

Finalement, la crise a affecté davantage le Royaume-Uni que ses partenaires européens. La croissance de la productivité britannique est inférieure à sa tendance d'avant-crise[1], et ce phénomène est nettement plus marqué qu'en France. Une des raisons avancées pour expliquer cette évolution porte sur l'évolution des salaires. En effet, les salaires réels britanniques ont baissé fortement après la crise, alors qu'ils ont continué d'augmenter en France et en Allemagne. Le marché du travail y est plus flexible et les conditions pour obtenir les minima sociaux ont été durcies. Les entreprises ont donc été moins tentées de licencier leurs travailleurs ou d'investir dans des machines pour limiter l'emploi. Au niveau sectoriel, on constate que, si la productivité a beaucoup décliné dans l'industrie extractive et les services financiers, l'industrie manufacturière fait exception. Une étude britannique[2] confirme ces évolutions et souligne qu'en France et en Allemagne, après la crise, la chute de la productivité s'est concentrée dans l'industrie manufacturière, contrairement au Royaume-Uni. Finalement, pour l'INSEE, ce ralentissement marqué des gains de productivité pourrait être largement temporaire et, depuis le début de 2013, on constaterait un redressement de la productivité. Au niveau macroéconomique, ce fort ralentissement de la productivité a eu un impact sur le niveau de vie des Britanniques (mesuré par le PIB par tête en parité de pouvoir d'achat, indice 100 pour l'Union européenne à quinze). Par rapport à la moyenne européenne, il a baissé entre 2000 et 2014 : 104,2 en 2000, 103 en 2008, 97,7 en 2014.

Et pourtant, globalement, l'économie britannique est plutôt bien placée dans les classements internationaux sur la compétitivité : dixième dans l'édition 2013-2014 du World

1. Noémie Jess, Julien Pramil et Dorian Roucher, département Conjoncture de l'INSEE, « À la recherche de la productivité britannique perdue », décembre 2013.

2. Abigail Hughes et Jumana Saleheen « UK Labour Productivity since the Onset of the Crisis – An International and Historical Perspective », Bank's International Economic Analysis Division(1).

Economic Forum[1], largement devant la France classée vingt-troisième. Ce rapport souligne les forces de l'économie britannique : un marché du travail flexible et efficace, des entreprises qui intègrent les dernières innovations technologiques afin de favoriser la productivité et un marché financier performant qui permet aux entreprises de se financer facilement. Comment font donc les Britanniques pour avoir une industrie plus puissante que son homologue française et être une économie perçue comme plus compétitive ? Quels sont leurs avantages concurrentiels ?

1. Des coûts salariaux modérés et un marché du travail très flexible

L'industrie britannique se caractérise par des coûts salariaux sensiblement inférieurs à la moyenne européenne, à peu près au niveau de l'industrie espagnole, avec 35 300 euros de coût moyen par personne occupée dans l'industrie manufacturière en 2010, soit 27,5 % de moins en moyenne que dans l'industrie française, et un coût horaire moyen estimé de 23,1 euros au premier trimestre 2014, contre 37,3 en France. Cette situation s'explique en partie par la différence des charges sociales supportées par les entreprises. D'après Eurostat, l'incidence des impôts et des cotisations sur le coût de la main-d'œuvre atteindrait 46 % en France et 30 % au Royaume-Uni, la moyenne pour l'Union européenne étant de 39 %[2]. Ces deux pays s'opposent totalement en matière de prélèvements fisco-sociaux sur le travail supportés par les entreprises.

Le Royaume-Uni est le seul pays européen où le coût horaire du travail payé par les entreprises dans l'industrie manufacturière a diminué entre 2000 et 2008, de -8,5 %

1. World Economic Forum, Global Competitiveness Report, 2013-2014.
2. Eurostat, « Salaires et coûts de la main-d'œuvre », 2012.

contre une augmentation de 38,3 % en France sur la même période ! Comment expliquer cette baisse ? Par une plus grande flexibilité du marché du travail, qui favorise un ajustement des coûts face aux variations du cycle économique. Là où, malgré la crise, les coûts français continuent d'augmenter grâce en partie au mécanisme d'ajustement quasi automatique du SMIC, le marché du travail britannique, très flexible, s'ajuste selon la demande de travail. Tous les indicateurs de flexibilité du marché du travail montrent une divergence des modèles français et britannique. Les coûts et délais d'embauche et de licenciement, la durée du préavis et les indemnités de licenciement sont bien plus faibles au Royaume-Uni qu'en France.

2. Une productivité du travail et une rentabilité élevées

Contrairement à une idée largement répandue, en 2010, la productivité des travailleurs britanniques dans l'industrie manufacturière était supérieure à celle des travailleurs français : 66 100 euros par tête au Royaume-Uni contre 62 500 en France, soit près de 6 % de plus. Sur la période 2000-2010, la croissance annuelle moyenne de la productivité du travail dans l'industrie britannique est supérieure à celle observée en France (3 % au Royaume-Uni contre 2,5 % en France), et elle se classe juste après celle observée dans les pays scandinaves, qui appartiennent au groupe des leaders européens dans ce domaine[1]. Cependant, comme nous l'avons souligné, depuis la crise de 2008, la croissance de la productivité a fortement ralenti, surtout dans le secteur pétrolier et dans les services.

La différence de taille des entreprises, qui est à l'avantage des Britanniques, peut – mais en partie seulement – expliquer

1. Bureau of Labor Statistics, Washington.

l'avantage de productivité par tête britannique. En 2010, on dénombrait beaucoup plus d'entreprises industrielles en France (212 000) qu'au Royaume-Uni (124 000), mais, en moyenne, une entreprise britannique est 40 % plus importante que son homologue française (mesurée en nombre d'employés par entreprise)[1]. Globalement, 57 % de la valeur ajoutée industrielle est produite par des entreprises de plus de 250 employés au Royaume-Uni contre 54,7 % en France.

Avec des coûts de production faibles grâce à des salaires plus bas et une meilleure productivité, les fondamentaux de l'industrie manufacturière britannique sont beaucoup plus adaptés que ceux de la France. L'industrie britannique avait en 2010 une marge brute d'exploitation de 14,3 %, une des meilleures rentabilités observées dans les pays de l'Europe de l'Ouest, bien supérieure à celle de l'industrie française (5,5 %, la plus basse). On n'insistera jamais suffisamment sur cette donnée de base : la rentabilité de l'investissement dans l'industrie en France est très faible et n'incite donc guère au développement industriel.

3. Un pays « innovant » malgré des investissements limités en R&D et une spécialisation dans la haute technologie

Dans le tableau de bord de l'innovation de la Commission européenne, qui classe les pays européens en fonction de leur performance d'innovation, le Royaume-Uni est devant la France, au niveau de la Belgique, juste derrière les Pays-Bas et le groupe des pays leaders de l'innovation, l'Allemagne et les pays scandinaves. La France se situe au niveau de la moyenne communautaire. L'Organisation mondiale de la propriété intellectuelle classe aussi les pays selon leur degré d'innovation, grâce à 84 indicateurs portant notam-

1. Eurostat, Key Indicators, « Manufacturing Statistics », 2013.

ment sur la qualité des principales universités, les possibilités de micro-financement, le capital-risque. Le Royaume-Uni y occupe la troisième place des pays les plus innovants, devant l'Allemagne[1]. Ces deux organisations internationales classent la France derrière le Royaume-Uni ; or les dépenses de recherche et développement sont plus élevées en France (environ 2,3 % du PIB contre seulement 1,8 % au Royaume-Uni) et le nombre de brevets mesuré par million d'habitants y est aussi bien plus élevé (134 contre 83 au Royaume-Uni).

Paradoxalement, tout en investissant moins que la France en R&D et en déposant moins de brevets, le Royaume-Uni est mieux classé parmi les pays innovants. Est-ce le résultat d'une plus forte spécialisation dans les secteurs de haute technologie ? Ils occupent une place plus centrale dans l'économie britannique que dans l'économie française[2]. En 2008, avant la crise financière, on dénombrait près de 7 500 entreprises de haute technologie dans l'industrie au Royaume-Uni contre seulement 4 500 en France[3]. En 2010, l'emploi dans les secteurs de haute technologie de l'industrie manufacturière était plus important au Royaume-Uni qu'en France : 305 000 contre 280 000, 9 % de plus (Eurostat).

Le Royaume-Uni est le premier pays européen pour les entreprises de services de haute technologie (902 000 emplois en 2010 contre 743 000 en France, soit 21 % de plus). En 2008, un tiers de la totalité des entreprises de haute technologie européennes de services s'y trouvait.

Le Department for Business Innovation & Skills a analysé la compétitivité de l'économie britannique[4] et montre, conformément à la forte spécialisation de ce pays dans les

1. Organisation mondiale de la propriété intellectuelle, Indice mondial de l'innovation, 2013.

2. Marie-Claude Esposito, « Royaume-Uni. L'industrie après la tourmente », *Grande Europe*, n° 26, novembre 2010, La Documentation française.

3. Eurostat, « High-tech Statistics », 2011 et Eurostat, « High-technology versus Low-technology Manufacturing », 2013.

4. BIS Economics Paper, « Benchmarking UK Competitiveness in the Global Economy », octobre 2012.

services, que les trois secteurs où le Royaume-Uni détenait en 2008 la part proportionnellement la plus élevée du commerce mondial sont les services financiers, d'assurance et de communication. Les deux secteurs de l'industrie manufacturière où ce pays avait les plus grosses parts de marché du commerce mondial sont la pharmacie et l'aérospatial, secteurs de haute technologie également. Dans un secteur comme les machines et équipements, où la France est déficitaire (-1,7 milliard d'euros), l'industrie britannique dégage même un excédent de 0,8 milliard d'euros !

Le secteur de la pharmacie se caractérise par un nombre limité d'entreprises, une production très intensive en capital et en dépenses de R&D. La productivité et les salaires par employé y sont très élevés. La pharmacie britannique dégageait en 2010 une forte valeur ajoutée totale, 10,6 milliards d'euros contre 9,4 en France, loin derrière celle de l'Allemagne (15,4), qui a la plus puissante industrie pharmaceutique en Europe. Ce secteur comprend un nombre d'entreprises comparable en France et au Royaume-Uni, et, comme en France, il est dominé par de grands groupes mondialisés. En 2012, le britannique AstraZeneca, un groupe pharmaceutique né de la fusion en avril 1999 du suédois Astra et du britannique Zeneca, se classait à la septième place dans le monde avec 4,3 % du marché mondial, juste derrière le français Sanofi-Aventis (4,6 %), GlaxoSmithKline, l'autre britannique, en détenant 4 %. Les entreprises américaines et suisse Pfizer, Novartis et Merck étaient les trois premiers mondiaux[1].

Alors que le déficit commercial britannique en biens manufacturés se creusait entre 2000 et 2012, l'industrie britannique a renforcé son excédent commercial dans la pharmacie, de 2,7 à 5,4 milliards d'euros, un doublement en douze ans qui montre la puissance de ce secteur. L'excédent britannique dans la pharmacie est presque exclusivement réalisé hors d'Europe, comme les deux tiers de son excédent dans l'aéronautique.

---

1. Association of British Pharmaceutical Industry, 2013.

Les secteurs de l'aéronautique, du spatial, du ferroviaire et de la construction navale représentaient, en 2010, 9,6 milliards d'euros de valeur ajoutée au Royaume-Uni, contre 10,5 en France et 9,3 en Allemagne. Avec 142 000 emplois directs au Royaume-Uni et 125 000 en France, ce secteur joue un rôle essentiel dans l'industrie des deux pays[1]. La France domine l'aéronautique et le spatial avec 27,5 % de part de marché par rapport à la valeur ajoutée européenne, suivie par le Royaume-Uni avec 20,7 %. L'industrie britannique est, en revanche, la première en Europe pour la construction navale. Pris dans son ensemble, le secteur des « autres équipements de transport hors de l'automobile » représentait au Royaume-Uni un excédent de 6 milliards d'euros en 2012 contre seulement 2,4 en 2000, une forte amélioration alors que le déficit global augmentait considérablement.

Au Royaume-Uni, les entreprises de l'aéronautique et du spatial appartiennent toutes au secteur privé, mais peuvent recevoir des aides gouvernementales à partir du budget de la Défense. Les 1 900 entreprises du secteur sont plutôt plus petites qu'en France qui, avec une valeur ajoutée supérieure à celle du Royaume-Uni, ne comporte que 1 000 entreprises. Contrairement à la France, l'industrie britannique compte beaucoup de filiales de groupes américains sur son territoire, comme Lockheed et Boeing, qui seraient à l'origine d'un tiers environ des emplois du secteur. L'industrie aéronautique britannique est plutôt spécialisée dans la conception et la fabrication des ailes d'avion et du fuselage, d'où une R&D fortement développée dans les nouveaux matériaux. En 2012, le Royaume-Uni exportait près de 20 milliards d'euros de matériel dans l'aéronautique et le spatial hors de l'Union européenne contre 6,9 à l'intérieur.

Les entreprises britanniques ont progressivement réorienté leurs exportations des pays européens où la demande

---

1. L'industrie aéronautique et spatiale est classée par Eurostat dans le secteur des « autres équipements de transport » avec le ferroviaire et l'industrie navale, mais en dehors de l'automobile.

stagnait vers les pays émergents. En 2012, les BRIC représentaient un peu plus de 10 % du total des exportations de biens du Royaume-Uni, bien plus qu'en France. Pour l'ensemble des produits industriels, au Royaume-Uni, la part des exportations en dehors de l'Union européenne avoisinait donc 75 %, contre 60 % pour la France.

L'industrie britannique a un positionnement dans la haute technologie et le haut de gamme. Grâce à ce bon positionnement de ses produits industriels dans le haut de gamme, elle est beaucoup moins sensible que l'industrie française à une augmentation des prix à l'exportation. L'élasticité de ses prix à l'exportation sur la période 2000-2013 est une des plus faibles en Europe : 0,2 au Royaume-Uni contre 0,4 pour l'Allemagne et 0,8 pour la France[1]. Plus cet indicateur est faible, moins les produits exportés sont sensibles à une augmentation de leur prix. C'est donc une indication sur le fort positionnement des produits britanniques dans le haut de gamme. Les résultats présentés dans le tableau sur l'indice de spécialisation des exportations de biens, calculés par Lionel Fontagné *et al.* (voir tableau 6 chapitre 3), confirment ce résultat. La part des exportations britanniques dans le haut de gamme est même supérieure à celle de l'Allemagne, bien au-dessus de la France. Contrairement aux entreprises françaises qui ont réduit leurs marges à l'exportation parce qu'elles sont très sensibles aux prix, les entreprises britanniques exportatrices ont compensé la dépréciation de la livre par une hausse des prix de leurs produits en livre sterling[2]. Elles ont ainsi pu améliorer leurs marges. Cependant, la dépréciation de la livre a contribué à augmenter le prix des importations, d'où un impact négatif sur les coûts des biens intermédiaires importés.

1. Natixis, « Voit-on une correction du mal profond de la France et de l'Italie ? L'élasticité estimée au taux de change effectif réel des exportations en volume sur la période 2000-2013 », août 2013.

2. Commission européenne, « In-depth Review for the United Kingdom », avril 2013.

4. Un début de renaissance de la production automobile britannique

Assiste-t-on à une renaissance de l'industrie automobile au Royaume-Uni grâce à la forte augmentation de la productivité et à la stagnation des coûts salariaux du secteur ?

Le déficit commercial de l'automobile britannique est passé de 19,8 milliards d'euros en 2004 à 14 en 2008 et 10,5 en 2012. À l'opposé, l'automobile française est passée d'un excédent élevé en 2004 à un fort déficit en 2012. Dans le secteur automobile, plus encore que dans la moyenne de l'industrie, on constate une amélioration de la compétitivité du Royaume-Uni par rapport à la France : hausse de la productivité de 39 % entre 2000 et 2008 contre seulement 8 % en France[1].

En 2012, plus de 1,6 million de voitures sont sorties des usines au Royaume-Uni, soit une augmentation de 11 % par rapport à 2011, alors que la production française (2,1 millions de véhicules) était en baisse. En 2013, la production automobile française s'est établie à 1,74 million d'unités, dont 1,45 million de voitures et véhicules utilitaires légers, quand la production de voitures au Royaume-Uni a atteint 1,509 million d'unités en 2013, en hausse de 3,1 % par rapport à l'année précédente, le volume le plus élevé depuis 2007. Certes, le pic d'avant la crise de 2009 (1,7 million de véhicules) n'a pas encore été retrouvé ; mais, alors que les pays européens s'inquiètent des surcapacités de production, la production automobile britannique croît.

On peut même parler de renaissance pour une industrie britannique donnée pour morte avec la faillite du constructeur national Rover, en 2005. Environ 80 % des véhicules produits sur le sol britannique sont exportés, et pas seulement en direction de l'Europe continentale, qui ne représente plus que 60 % des débouchés à l'exportation.

1. Voir chapitre 10.

Au moment où l'automobile française connaît fermetures et délocalisations, l'automobile britannique prévoit plusieurs milliards d'investissements pour les années à venir. Plusieurs constructeurs installés sur le sol britannique ont annoncé le maintien et l'agrandissement de chaînes de montage existantes, et ils déplorent même un manque d'ingénieurs. Jaguar Land Rover, la filiale auto de l'indien Tata, doublera ses investissements annuels pour les cinq prochaines années. L'allemand BMW va investir 500 millions à Cowley pour produire la nouvelle version de la Mini. GM a décidé d'augmenter les capacités de son usine d'Ellesmere Port (création de 700 nouveaux postes), ce qui entraînera la fermeture de son usine allemande de Bochum. Les japonais Nissan, Honda et Toyota, arrivés il y a environ vingt-cinq ans sur le sol britannique, y fabriquent aujourd'hui plus de la moitié de leurs véhicules produits en Europe.

Le gouvernement britannique, qui veut rééquilibrer l'économie vers l'industrie et les exportations, a pris tout un ensemble de mesures favorables au secteur industriel : un crédit d'impôt recherche équivalant à une subvention, une fiscalité allégée des revenus issus de brevets à 10 %, un impôt sur les sociétés qui diminue progressivement à 22 % en 2014, contre 28 % en 2010.

C'est aussi au Royaume-Uni qu'il est le plus facile de fermer une usine si les modèles produits n'ont pas de succès, d'où une très grande flexibilité dans la gestion de la force de travail pour les constructeurs. Les salariés consentent de gros efforts de flexibilité : les chaînes de production fonctionnent cinquante et une semaines par an et, si les circonstances l'exigent, les ouvriers ont accepté que leur rémunération puisse baisser.

5. Un entrepreneuriat technologique très actif

Le gouvernement britannique a également favorisé un entrepreneuriat technologique très actif, comme l'illustre l'expansion du pôle de Cambridge, qui est un succès d'intégration entre chercheurs, entrepreneurs et financiers. Des estimations montrent ainsi que Cambridge, véritable *cluster*, reçoit à lui seul environ un quart du montant total de capital-risque au Royaume-Uni : en 2013, on y recenserait 1 525 entreprises de haute technologie pour 53 500 employés.

Dans le secteur de la biotechnologie, les entreprises pharmaceutiques puissantes au Royaume-Uni apportent un soutien financier aux start-up souvent créées à partir d'un laboratoire universitaire (*spin-out*). Cela leur permet d'obtenir des innovations à moindre coût et celles-ci financent ensuite leur développement et leur commercialisation. Les *clusters*[1] de biotechnologies sont concentrés près des grandes universités, Cambridge, Oxford et Londres. Celui de Cambridge, qui bénéficie de l'appui des centres de recherche d'excellence de l'université, arriverait en tête de la biotechnologie au Royaume-Uni et en Europe. Il compte de très nombreuses entreprises, dont le quart serait coté en Bourse.

Pour encourager l'essor de ces nouvelles entreprises de haute technologie, le gouvernement britannique développe des dispositifs en faveur des PME. Le cas des *business angels* en est une bonne illustration. Grâce à des exonérations fiscales importantes[2], le nombre de *business angels* au Royaume-Uni est six fois plus élevé qu'en France et l'investissement par *business angel* et par projet est cinq fois supérieur.

---

1. Il s'agit d'écosystèmes ancrés dans un territoire et fondés sur la coopération entre instituts de recherche de formation et entreprises industrielles et de financement. État et collectivités territoriales viennent en aide à ces pôles techno-industriels.

2. L'exonération maximum annuelle pour un *business angel* français est aujourd'hui de 45 000 euros par foyer fiscal soumis à l'ISF, contre 300 000 livres (340 000 euros) pour tout contribuable (et 600 000 livres pour un couple) au Royaume-Uni. Source : Conseillers commerce extérieur de la France au Royaume-Uni, 2013.

6. La nouvelle politique industrielle britannique

David Cameron et son gouvernement ont, à plusieurs reprises, présenté leur vision du futur de l'industrie britannique et de l'action gouvernementale nécessaire à l'amélioration de la compétitivité. Ils veulent faciliter l'accès au financement, en particulier des PME, soutenir les technologies émergentes, élever la qualification de la main-d'œuvre.

Le crédit impôt recherche a ainsi augmenté fortement pour les PME et le gouvernement a travaillé avec les entreprises américaines et britanniques de capital-risque afin d'accroître l'investissement dans les petites entreprises innovantes au Royaume-Uni. Il a par ailleurs élargi les moyens de l'agence nationale de l'innovation. La politique industrielle britannique vise en particulier à renforcer la compétitivité de la production avancée dans l'aéronautique, l'automobile et les sciences de la vie. Les services à forte intensité de connaissance (éducation supérieure et industries créatives), les secteurs de l'économie de l'information, du numérique, de l'énergie sont aussi privilégiés par les pouvoirs publics.

David Cameron a défini à Davos, en 2014, les grandes lignes de sa politique en faveur des entreprises : baisser les impôts, déréglementer, mettre plus d'argent public dans l'éducation et les infrastructures. Il a annoncé aussi la création d'un guichet unique (Reshore UK) destiné à aider les entreprises à relocaliser leurs activités industrielles au Royaume-Uni en les accompagnant dans leurs projets. Il a dénoncé les solutions qui passent par plus de régulations et de protections dans un monde ouvert. En matière énergétique, selon le Premier Ministre, l'Europe doit saisir l'enjeu de l'énergie et du gaz de schiste comme l'ont fait les États-Unis.

Conclusion : une stratégie d'attractivité

Le Royaume-Uni et la France ne partagent ni la même culture politique, ni la même conception de l'action publique, ni le même patriotisme industriel. Leur histoire récente a accru les divergences.

À la fin des années 1970, l'économie britannique était dans l'impasse : inflation, déficits croissants, chômage. La Grande-Bretagne était « l'homme malade de l'Europe ». Margaret Thatcher a engagé des changements en profondeur : réduction des aides publiques, diminution du nombre de fonctionnaires, privatisations, baisse des impôts, abandon des secteurs économiques non compétitifs comme le charbon et retour à l'équilibre budgétaire. Les conséquences à court terme ont été très dures : explosion du chômage et de la pauvreté, nombreux conflits sociaux, augmentation des inégalités. C'est seulement à partir du milieu des années 1980 que l'économie britannique a commencé à se redresser.

La gauche anglaise va alors repenser sa stratégie économique face aux changements introduits par Thatcher : le Nouveau Travaillisme adopte une ligne socio-libérale. Ni Tony Blair ni Gordon Brown n'ont remis en question l'essentiel des réformes et ils ont poursuivi les baisses des impôts. Les réformes libérales mises en place par Thatcher ont fini par créer un consensus politique au Royaume-Uni.

Nick Clegg, un libéral-démocrate européen, soulignait que « l'idéologie libérale du parti conservateur des années 1980 a été entièrement intégrée par la classe politique britannique, si bien qu'elle apparaît aujourd'hui comme parfaitement normale ». Pendant les premières années du gouvernement Blair, entre 1998 et 2001, le budget britannique a ainsi connu quatre années sans déficit.

En matière industrielle, les années Thatcher-Blair sont marquées par trois idées directrices : l'adaptation à la mondialisation par la déréglementation, la libéralisation et les privatisations, mise en œuvre d'une stratégie d'attractivité pour favoriser les implantations étrangères, déployer sur le sol britannique les meilleures technologies disponibles et équiper les individus en améliorant leur formation pour les rendre plus qualifiés, plus productifs et plus mobiles.

Récemment, avec Cameron, on a assisté à l'émergence d'un nouveau discours politique en Grande-Bretagne qui fait de la réindustrialisation une priorité politique nationale. Comme la France, le Royaume-Uni est un pays développé qui a connu un processus de désindustrialisation accéléré depuis le début des années 2000. Mais, plus que la France, le Royaume-Uni a pu mesurer le poids de la dépendance de son économie à l'égard de la finance. Le nouvel impératif industriel ne signifie nullement l'abandon de la stratégie d'hégémonie de la place de Londres, mais manifeste plutôt la volonté d'un rééquilibrage du portefeuille entre activités industrielles, financières et de services.

L'économie britannique est sortie de la crise. Début 2014, le gouvernement britannique a révisé à la hausse sa prévision de croissance du PIB à 2,7 % pour 2014, le record des grands pays européens, après 1,7 % en 2013. Cependant, le gouvernement reconnaît aussi certaines faiblesses structurelles de cette reprise : un pays qui « emprunte trop, épargne insuffisamment, n'investit pas assez ». La reprise anglaise en 2014 est tirée avant tout par la consommation des ménages et le secteur de l'immobilier.

On assiste, avec la croissance du PIB, à une certaine reprise industrielle au Royaume-Uni. En mars 2014, par rapport à 2013, la production industrielle manufacturière aurait augmenté de 3,3 %, d'après le gouvernement britannique. La renaissance de l'industrie automobile est particulièrement intéressante à suivre pour savoir si le renouveau de l'industrie britannique en général est en vue, avec des coûts de production relativement bas, une forte amélioration de la productivité, une main-d'œuvre particulièrement flexible et des syndicats coopératifs. Alors que la France a conservé ses champions nationaux du secteur automobile, Renault et PSA, l'industrie britannique, qui n'a plus de constructeurs nationaux, semble en bien meilleure santé.

Le véritable enjeu du maintien d'une industrie forte sur le territoire national n'est donc pas la préservation de champions nationaux, mais bien la capacité à construire des avantages comparatifs solides qui valorisent l'implantation d'usines créatrices d'emploi sur le sol national cependant que les aides à l'innovation et à la création d'entreprises favorisent le renouvellement du tissu industriel.

Chapitre 7

L'efficacité de l'écosystème manufacturier allemand

Schadenfreude[1] : si le terme n'était allemand, il décrirait parfaitement les états d'âme d'élites françaises prises dans la spirale du décrochage face aux malheurs supposés de leurs amis allemands. Hiver démographique, pauvreté des salariés occupant des mini-jobs, inconséquence coûteuse des choix énergétiques, sous-équipement du pays et vieillissement des infrastructures, pertes en capital dans des investissements extérieurs aventureux. Bref, pour toute vertu célébrée de l'Allemagne – compétitivité et solidité de l'appareil industriel, aptitude au compromis social, maîtrise des finances publiques, caractère pacifique des réformes menées, excédent de balance courante –, on s'attache en France à mettre en exergue les ratés ou à pointer les difficultés à venir. Entre

1. Mauvaise joie, provoquée par le malheur d'autrui.

les célébrations institutionnelles du modèle allemand dont les réformes Schröder témoigneraient et les très réels problèmes de moyen et long terme que l'Allemagne doit affronter, il est bien difficile de poser le bon diagnostic.

À la fin du siècle dernier, l'Allemagne est un contre-modèle. La réunification en octobre 1990 entraîne une série de difficultés économiques. Pour accélérer le rapprochement des Länder de l'Est, le chancelier Helmut Kohl surévalue le mark de l'Allemagne de l'Est, avec un taux de change de 1 pour 1 en ce qui concerne les particuliers, et de 1 pour 2 en ce qui concerne les banques. L'aide apportée à la reconstruction des infrastructures des régions de l'Est depuis 1990 représente de 250 à 300 milliards d'euros, soit de 10 à 12 % du PIB de l'Allemagne en 2013 et plus de deux fois celui de l'ancienne Allemagne de l'Est. Si l'on ajoute aussi les transferts sociaux, on obtient pour la réunification un montant d'environ 1 500 milliards d'euros en vingt ans.

Dans les années 1990, la situation économique se dégrade. Le chômage augmente de façon spectaculaire de 2,1 millions de personnes en 1991 à 3,8 millions en 1997 et les déficits publics explosent avec les indemnités de chômage et la reconstruction des infrastructures. Un impôt spécial est mis en place pour financer la réunification, 5,5 % de l'impôt sur le revenu des ménages et de la taxe professionnelle des entreprises[1].

Pendant toute cette période, la croissance allemande est plus faible que celle de ses partenaires européens et l'industrie des régions de l'Est, peu productive, est laminée par la monnaie forte. L'industrie française connaît une croissance supérieure à l'industrie allemande, avec un taux annuel moyen de 1,2 % par an contre 0,9 % pour l'Allemagne. Les exportations françaises de biens enregistrent elles aussi une croissance supérieure aux exportations allemandes. Avec l'essor de la demande intérieure, surtout dans l'ex-Allemagne de l'Est, les importations allemandes augmentent fortement

1. Guillaume Duval, *Made in Germany, le modèle allemand au-delà des mythes*, Seuil, 2013.

et la balance courante est négative en 2000 (-1,8 %) quand la balance courante de la France est positive (1,2 %).

Quatorze ans après, la situation s'est totalement inversée : la balance courante de la France est négative depuis 2005 quand la balance courante allemande est fortement positive, au-dessus de 6 % du PIB depuis 2006. En 2013, la balance courante allemande atteint 7,4 points de PIB contre -1,9 points de PIB pour la France. Depuis l'an 2000, l'industrie française perd pied face à l'industrie allemande. Fin 2012, l'industrie française n'a toujours pas retrouvé son niveau de 2005 (7 % au-dessous), alors que l'industrie allemande est 16 % au-dessus. Le total des exportations françaises de biens ne représentait plus en 2010 que 40 % du total des exportations allemandes contre 56 % en 2000.

Le recul de l'économie et de l'industrie française par rapport à l'Allemagne est patent depuis le début des années 2000 et semble s'accélérer avec la crise de 2008. Plusieurs raisons ont été invoquées pour expliquer cette situation.

La première est celle d'une évolution des coûts salariaux unitaires, qui progresseraient nettement plus vite en France qu'en Allemagne, notamment à cause des trente-cinq heures.

La deuxième raison tiendrait à l'organisation productive des entreprises allemandes, qui bénéficieraient tout à la fois des moindres coûts salariaux des pays de l'Est européen dans les prix des composants importés et de moindres coûts dans les services utilisés par l'industrie en Allemagne. Les coûts de production allemands seraient ainsi, au total, bien plus bas.

La troisième raison est l'évolution du niveau de gamme de la production allemande. La qualité des produits allemands se serait appréciée par rapport à celle de leurs concurrents français, d'où un meilleur rapport qualité/prix. Les entreprises françaises n'auraient donc pas suffisamment investi.

La dernière raison accuse la fiscalité élevée pesant sur le cycle de production d'avoir laminé les marges bénéficiaires de l'industrie en France, empêchant les entreprises françaises d'investir en R&D et en nouvelles capacités de production.

1. Un écart de compétitivité et de création de richesse par habitant

Pour le World Economic Forum[1], en termes de compétitivité, l'Allemagne est en 2013 au quatrième rang mondial et la France au vingt-troisième (l'écart n'était que de trois rangs en 1999). La France a quitté le peloton des dix, puis des vingt économies les plus performantes de la planète. Et ce déclin s'est encore accéléré ces dernières années puisque la France a perdu huit places entre 2010 et 2013, quand plusieurs pays de l'Union européenne figuraient dans les dix premiers (la Finlande, l'Allemagne, la Suède, les Pays-Bas et le Royaume-Uni). Le décrochage français n'en est que plus spectaculaire.

Parmi les forces relatives de l'Allemagne, le rapport du WEF avance l'organisation efficace du marché des biens : vive concurrence entre les entreprises, faible domination des grands groupes, haut degré d'innovation des entreprises (bonnes relations entre universités et entreprises), sophistication des processus de production et des canaux de distribution. Sur le marché du travail, les relations entre les employeurs et les employés sont plutôt coopératives et les dirigeants délèguent davantage en Allemagne qu'en France. Le rapport du WEF souligne le mauvais classement français en matière de fiscalité des entreprises, de fonctionnement du marché du travail, de relations syndicats-patronat et de concurrence.

1. World Economic Forum (WEF), The Global Competitiveness Index 2013. Le World Economic Forum présente annuellement un classement sur la compétitivité globale. Les rapports annuels examinent les facteurs permettant aux économies des pays étudiés d'assurer leur croissance économique à long terme. La méthodologie pour évaluer la compétitivité a évolué au cours du temps et elle peut certes être critiquée, mais l'évolution du classement relatif de l'Allemagne et de la France permet de tirer des enseignements intéressants.

Si l'on mesure la création de richesse par habitant en 2000 par le PIB par tête (en parité de pouvoir d'achat et avec un indice 100 pour l'Union européenne à quinze), la différence entre la France et l'Allemagne était limitée (99,8 pour la France et 101,9 pour l'Allemagne). En 2007, avant la crise économique de 2008, l'écart s'était déjà accentué (96,4 en France, qui décroche par rapport à la moyenne européenne de 100, et 103,4 en Allemagne). En 2014, il devient considérable (98,9 pour la France et 114,1 pour l'Allemagne), soit 15,2 points (source Eurostat). Le décrochage est spectaculaire.

Cette différence de création de richesse entre l'Allemagne et la France s'explique en partie par les écarts dans l'évolution du nombre des personnes engagées dans le monde du travail[1]. En l'an 2000, les taux d'emploi étaient à peu près comparables en Allemagne (68,8 %) et en France (67,8 %). En 2013, le taux d'emploi allemand est passé à 76,7 % (+7,9 points), alors que le taux d'emploi français a faiblement augmenté (à 69,4 %, soit seulement 1,6 point de plus en douze ans).

Comment expliquer ces différences dans le taux d'emploi ? Il y a eu une divergence croissante de politique vis-à-vis des chômeurs en Allemagne et en France. L'Allemagne a privilégié le retour à l'emploi, y compris avec de bas salaires pour éviter le chômage. Cela conduit à un chômage structurel plus faible en Allemagne qu'en France. Pour les jeunes peu qualifiés, le taux de chômage est de 12 % en Allemagne pour les 20-24 ans contre plus du double en France. Des conditions plus dures pour inciter les chômeurs à trouver un emploi, même peu qualifié ou à temps partiel et généralement assez mal payé, ont été mises en place en Allemagne.

On trouve ces bas salaires dans les services (restaurants, distribution, services à la personne), mais pas dans l'industrie. L'Allemagne se caractérise ainsi par une dualité du

1. Le taux d'emploi est calculé en divisant le nombre de personnes entre 20 et 60 ans qui travaillent par la population totale d'un pays.

marché du travail : une économie avec des salaires faibles en dehors de l'industrie et des inégalités fortes et croissantes entre salariés. Autre différence structurelle, il n'y avait pas de salaire minimum en Allemagne jusqu'en 2013, quand la nouvelle coalition entre la CDU et le SPD l'a programmé, alors que le salaire minimum est assez élevé en France par rapport aux autres pays européens. En 2011, 16 % de la population est au-dessous du seuil de pauvreté en Allemagne contre 14 % France, alors qu'en 2000 c'était le contraire.

Si l'Allemagne a distancé la France sur le plan économique, cela s'est donc produit à la faveur de changements structurels profonds.

2. Un écart particulièrement marqué dans la production et le commerce extérieur de produits industriels

En 2010, dernière année pour laquelle on dispose de statistiques harmonisées, la valeur ajoutée du secteur industriel manufacturier allemand s'élevait à 455,8 milliards d'euros contre seulement 193,9 milliards d'euros pour l'industrie française. Le poids de l'industrie française représentait seulement 42 % de l'industrie allemande. L'emploi industriel allemand dépassait 6,9 millions de personnes contre seulement 3,1 millions pour l'emploi industriel français.

Les deux dernières décennies divergent si l'on compare la situation respective de la France et de l'Allemagne. Entre 1992 et 2000, la croissance annuelle moyenne de l'industrie française était en volume de 1,2 % contre 0,9 % pour l'industrie allemande, ce qui se traduisait par un rattrapage progressif de l'industrie allemande par la française. À partir de 2001, ce rattrapage industriel est terminé et l'Allemagne distance de nouveau la France. Entre 2001 et 2010, la croissance annuelle moyenne de l'industrie allemande est de 1,1 % contre un déclin de 1,3 % pour la France. Entre

2010 et le premier trimestre 2014, l'industrie allemande a connu une augmentation de sa production en volume de 10,4 % contre une stagnation dans le cas de la France.

Entre 2004 – dernière année où les échanges de biens industriels manufacturés de la France dégageaient un excédent – et 2012, la dégradation du commerce en produits industriels de la France s'accentue chaque année, alors que la balance commerciale allemande s'améliore. Depuis 2000, les différences dans le poids des exportations dans le PIB n'ont pas cessé de croître entre la France et l'Allemagne.

En 2000, les exportations de biens représentaient 29,2 % du PIB allemand contre 24,7 % du PIB français, soit une différence de 4,5 points. En 2014, les exportations de biens représentaient 40,5 % du PIB allemand contre seulement 21,6 % du PIB français, soit une différence de 18,9 points. L'Allemagne n'est pas le seul pays européen à voir progresser le poids de ses exportations dans de telles proportions. C'est aussi le cas de la Belgique, des Pays-Bas et, dans une moindre mesure, de l'Autriche.

3. L'essentiel des excédents extérieurs allemands provient des pays non européens

Les entreprises allemandes s'orientent de plus en plus à l'exportation hors d'Europe quand les entreprises françaises se replient sur leur marché domestique ou délocalisent. En 2012, les excédents allemands hors d'Europe ont représenté 5,3 % du PIB contre seulement 1,9 % pour les excédents extérieurs avec les pays européens. En 2007, l'excédent commercial allemand provenait pour les deux tiers de l'Union européenne ; cinq ans plus tard, il provient pour les trois quarts des marchés extra-européens.

On assiste ainsi à une réorientation spectaculaire du commerce extérieur de l'industrie allemande avec la crise et à une augmentation massive de ses importations en provenance des pays européens, en particulier des pays de l'Est européen, les PECO. Depuis 2001, les PECO exportent plus vers l'Allemagne que la France. Les exportations de la France vers l'Allemagne stagnent autour de 2,7 % du PIB allemand depuis vingt ans, quand les importations en provenance des PECO représentent 4,5 % du PIB allemand en 2010. L'industrie allemande utilise sa plate-forme européenne comme base d'exportation hors d'Europe, en particulier son « hinterland » des PECO où les coûts de production sont faibles. C'est ce qui explique en partie l'effondrement de son excédent intra-européen.

À la lumière de ces évolutions, la thèse souvent défendue en France sur la politique suicidaire de l'Allemagne quand elle pousse à la mise en place de politiques d'austérité en Europe est peu convaincante. Selon cette thèse, les politiques d'austérité de la zone euro affaibliraient les principaux clients de l'industrie allemande et auraient un impact très négatif sur l'activité économique en Allemagne. Mais ce raisonnement ne tient pas compte des changements spectaculaires de l'industrie allemande, qui vise à accroître ses parts de marché et ses excédents dans les zones les plus dynamiques du monde actuel, et bien sûr en Asie plutôt que sur le marché européen.

L'industrie allemande s'opposera toujours au « protectionnisme européen », si populaire en France. Depuis 2009, la Chine est devenue le premier partenaire commercial de l'Allemagne, avant la France. On comprend mieux pourquoi la chancelière allemande voulait apaiser les relations commerciales entre Bruxelles et Pékin, au moment où la Commission européenne voulait introduire des droits de douane punitifs sur les importations de panneaux solaires chinois. Angela Merkel assurait qu'elle ferait tout pour trouver une solution par la discussion et éviter une confrontation commerciale qui se terminerait finalement par la mise en place de droits de douane réciproques. La différence est grande avec l'attitude de la France et de la Commission européenne, moins conciliantes avec la Chine. Pourtant, ce sont les fabricants allemands, et non français, qui ont été durement affectés par l'augmentation des importations de panneaux solaires fabriqués en Chine ! Laminés par la concurrence asiatique, les champions allemands du solaire ont disparu les uns après les autres, et l'on compterait 10 000 emplois supprimés en Allemagne dans le solaire après l'offensive chinoise, avec des prix de 40 % inférieurs aux prix allemands, ce qui explique l'action anti-dumping de la Commission.

L'Allemagne importe beaucoup des pays émergents, mais c'est en France que le thème de la démondialisation et de la protection aux frontières de l'Europe est le plus populaire ! L'ouverture aux échanges serait responsable de la délocalisation et la désindustrialisation des pays développés, mis en concurrence avec des pays en développement aux normes salariales et environnementales inacceptables. Il faudrait donc démondialiser, c'est-à-dire limiter les importations de biens en provenance des pays émergents, afin de relocaliser la production et l'emploi en France. Or, la France est moins que les autres grands pays européens (Italie, Royaume-Uni et Allemagne) « envahie » par les produits en provenance des pays situés hors de l'Union européenne, et en particulier de Chine. Considérons le poids des importations extra-européennes de biens dans le PIB, qui constitue une mesure de l'importance de ces importations dans l'économie du pays. En 2012, ce ratio atteignait 8,5 % en France contre 12,5 % en Allemagne. Il n'y a pas de débat en Allemagne sur la nécessité de se protéger des importations en provenance des pays émergents ! La mondialisation est perçue comme une opportunité en Allemagne, en Suède, aux Pays-Bas et au Royaume-Uni, et comme une menace en France.

C'est par rapport à nos partenaires européens que nous perdons du terrain. Or, en France, aux yeux des adeptes de la démondialisation, la dégradation de la compétitivité de l'économie s'explique avant tout par une concurrence déloyale de la part des pays émergents. Mauvaise explication : c'est sur le marché européen que l'écart de performance à l'exportation de l'Allemagne vis-à-vis de la France est le plus marqué. Entre 2000 et 2012, le poids des exportations de biens de la France vers le marché européen a fortement diminué (-3,6 points de PIB), quand il augmentait de 6 points en Allemagne. Si les exportations françaises de biens s'effondrent, c'est avant tout sur le marché européen, là où la surévaluation supposée de l'euro ne joue aucun rôle, contrairement à un discours trop souvent tenu par le gouvernement français.

3. Des stratégies différentes d'internationalisation des entreprises

Les 1 000 premiers exportateurs français représentent 74 % du total des exportations hors de l'Union européenne contre seulement 50 % pour l'Allemagne. Cette situation entraîne une sensibilité très forte des exportations françaises aux stratégies mises en place par les grands groupes. Si ces derniers décident de produire à l'étranger, l'impact sur le volume d'exportation à partir du territoire national est important et immédiat. Les travaux du Conseil d'analyse économique ont mis en évidence que la dégradation des performances à l'exportation de la France s'explique en partie par le fait que les très grandes entreprises françaises ont diminué leurs exportations à partir de leurs usines françaises et ont privilégié leurs usines à l'étranger[1]. Cela a été ainsi le cas du secteur automobile français.

Au contraire, en Allemagne, étant donné l'importance des PME dans le volume d'exportation, une délocalisation partielle par les plus grands groupes allemands de leur production à l'étranger a un impact beaucoup plus limité. De plus, les grosses PME allemandes restent très attachées au « *made in Germany* ».

L'importance des investissements directs à l'étranger (IDE) dans l'économie mondiale est considérable. Déjà, en

1. Lionel Fontagné et Guillaume Gaulier, « Performances à l'exportation de la France et de l'Allemagne », Rapport du Conseil d'analyse économique, 2008.

l'an 2000, les filiales des multinationales réalisaient à partir de leurs implantations étrangères un chiffre d'affaires qui représentait environ le double du montant des exportations mondiales.

Si les multinationales allemandes étaient plus internationalisées que les françaises au début des années 1990, c'est l'inverse vingt ans plus tard. Le stock d'investissement étranger allemand était en 1990 plus élevé que son équivalent français d'environ 35 %. En 2000, le stock d'investissement direct allemand ne représentait déjà plus que 58 % du stock français à l'étranger[1].

Cette évolution s'est poursuivie dans les années plus récentes. Sur une période de trois ans (2007-2009), les IDE des entreprises françaises atteignaient 473 milliards d'euros contre 360 milliards[2] pour les entreprises allemandes, alors que le PIB français représente seulement 76 % du PIB allemand.

Que s'est-il donc passé pour que les grands groupes français aient fait le choix d'investir à l'étranger plutôt que d'exporter à partir du territoire national ? Les grands groupes allemands, tout en investissant hors d'Allemagne, ont continué à exporter fortement à partir de leur territoire national[3].

Certes, les stratégies de localisation des actifs hors du territoire national peuvent répondre à la volonté de servir une demande étrangère par des usines implantées localement, mais ces investissements à l'étranger peuvent aussi viser à satisfaire la demande de leur marché domestique à partir d'importations de biens produits dans ces usines étrangères. C'est ainsi le cas dans le secteur automobile (importation en France de véhicules Renault produits en Turquie ou

1. Pierre Buigues et Denis Lacoste, *Stratégies d'internationalisation des entreprises*, De Boeck, 2011.

2. Source UNCTAD, World Investment Report.

3. En 2008, d'après l'UNCTAD, pour les quinze plus grandes multinationales françaises, plus de 60 % de leur actif et 60 % de leur emploi étaient situés hors de France. La même année, pour les treize plus grandes multinationales allemandes, 46 % du total des actifs étaient localisés à l'étranger, 14 points de moins que pour les multinationales françaises.

en Roumanie pour répondre à la demande d'automobiles Renault en France).

Pourquoi les grandes entreprises françaises ont-elles adopté de telles stratégies d'investissement à l'étranger ? Est-ce une réponse à la dégradation des conditions de production en France, à cause d'une augmentation trop importante du coût du travail, à cause d'un accroissement de la fiscalité qui rend moins attractive la production nationale, à cause de la nature des biens produits où le coût est la seule variable stratégique, ou à cause d'une combinaison de tous ces facteurs ?

4. L'avantage de compétitivité coût des entreprises industrielles allemandes

Pour l'ensemble de l'économie, les salaires ont augmenté entre 2000 et 2010 de 2,7 % par an en France contre 2,5 % pour la zone euro, alors que l'Allemagne se caractérisait par une forte modération salariale (1,1 % par an). Comme la productivité a à peu près évolué de la même façon avec un taux de croissance annuel moyen de 0,5 % en Allemagne et de 0,6 % en France, l'Allemagne a amélioré globalement sa compétitivité coût. Mais, depuis 2010, les coûts de la main-d'œuvre augmentent plus vite en Allemagne qu'en France (en 2011, 3,0 % en Allemagne contre 2,5 % en France ; en 2012, 2,6 % contre 2,2 % ; en 2013, 2 % contre 1,7 % ; selon les prévisions pour 2014, 2,9 % contre 1,2 %)[1]. Toutefois, depuis 2010, la différence des taux de croissance annuel des salaires est seulement d'environ 0,3 point aux dépens de l'Allemagne contre 1,6 entre 2000 et 2010 aux dépens de la France. La critique souvent formulée en France vis-à-vis de l'Allemagne sur sa trop forte modération salariale doit donc être en partie révisée depuis 2010.

1. Eurostat, « Nominal Compensation per Employee », Total Economy.

Ces évolutions de coût au niveau de l'ensemble de l'économie cachent des différences sensibles entre industrie et services. Dans l'industrie manufacturière, d'après Eurostat, en 2000, le coût horaire du travail était plus élevé en Allemagne qu'en France : 28,50 euros en Allemagne contre 24 en France. En 2008, comme au premier trimestre 2014, les coûts étaient à peu près les mêmes dans les deux pays. D'autres sources, comme le Bureau of Labor Statistics (BLS), donnent des estimations différentes, le coût du travail dans l'industrie manufacturière restant pour le BLS plus élevé en Allemagne qu'en France en 2012[1].

En matière de compétitivit coût, le coût ne peut s'apprécier qu'en fonction de la productivité et de son évolution. Dans la mesure où les coûts salariaux augmentent plus vite que la productivité, l'augmentation des coûts salariaux unitaires se traduit par une perte de compétitivité coût. Or, la croissance de la productivité apparente du travail dans l'industrie manufacturière a été généralement moins forte en Allemagne qu'en France, et cela s'est même accentué avec la crise. D'après les statistiques du BLS, au cours des années 1990, la croissance de la productivité dans l'industrie manufacturière était supérieure en France (3,9 % par an en moyenne contre seulement 3,3 % en Allemagne). À partir de l'an 2000, avant la crise, ces tendances se sont inversées et le taux de croissance de la productivité horaire dans l'industrie manufacturière a été plus élevé en Allemagne (3,9 % par an en moyenne contre 3,3 % en France). Après la crise de 2008, alors que la croissance de la productivité horaire est restée faiblement positive en France (0,7 % en moyenne par an), en Allemagne elle a fortement baissé (- 2,5 % par an).

Cette baisse s'explique par le choix du chômage partiel en Allemagne, les entreprises souhaitant conserver le plus possible leur main-d'œuvre afin de répondre rapidement à tout redressement futur de la demande en produits industriels. Dans l'industrie française, l'ajustement se fait par l'emploi, ce qui

1. « International Comparisons of Hourly Compensation Costs in Manufacturing Industries », Bureau of Labor Statistics.

explique l'augmentation importante du chômage industriel et une croissance de la productivité plus forte qu'en Allemagne.

Globalement, sur la période 1990-2010, la compétitivité coût mesurée par l'évolution des coûts salariaux unitaires dans l'industrie manufacturière a plutôt évolué en faveur de la France pendant les années 1990, en faveur de l'Allemagne entre 2000 et 2007, puis en faveur de la France depuis la crise. L'industrie française ne souffre donc pas d'un désavantage déterminant en matière de compétitivité coût, car, si les coûts salariaux ont augmenté plus fortement qu'en Allemagne, les entreprises françaises ajustent l'emploi plus facilement et affichent des gains de productivité supérieurs à leurs homologues allemandes.

Il faut tenir compte aussi du fait que la rémunération des employés représente seulement 26 % de la valeur ajoutée produite dans l'économie marchande et voir ce qui s'est passé dans le reste de l'économie, en dehors de l'industrie manufacturière et en particulier dans les services, qui jouent un rôle important pour l'industrie.

Dans les services, contrairement à l'industrie où les coûts sont globalement comparables, les coûts horaires sont nettement inférieurs en Allemagne. En France, le coût horaire de la main-d'œuvre dans l'industrie manufacturière est à peine supérieur à celui observé dans les services marchands (écart de 3 %), alors qu'en Allemagne il est de 25 % plus élevé.

Dans les services, l'Allemagne se caractérise par des emplois peu rémunérés, environ 7,4 millions de salariés occupant un mini-job mal payé. Contrairement à la France, l'Allemagne considère qu'un travail mal payé est préférable à une non-activité financée par les transferts sociaux. Il y a donc des inégalités fortes entre les salariés des grandes entreprises industrielles allemandes, comme Siemens (qui offre à la fois une garantie d'emploi et des salaires élevés), et les employés des services marchands (distribution, services à la personne, hôtellerie, restaurants, etc.).

McKinsey, dans son rapport sur l'industrie manufacturière, estime que, pour un euro de production de biens manufacturés, il y a un contenu de 0,19 euro de services marchands. La compétitivité des produits industriels allemands s'expliquerait ainsi en partie par des services marchands peu coûteux. Il y aurait donc bien un avantage de coût indirect pour l'industrie manufacturière allemande, mais celui-ci n'est pas déterminant.

La déroute de l'industrie française vis-à-vis de l'industrie allemande ne pouvant s'expliquer uniquement par des coûts, on évoque souvent la faible taille des entreprises françaises qui ne leur permettrait pas de lutter à armes égales avec leurs concurrents internationaux.

5. De grosses PME nombreuses et un environnement administratif et financier très favorable

La structure des tissus industriels allemand et français présente un certain nombre de différences : taille moyenne des entreprises industrielles plus élevée en Allemagne, proportion de petites entreprises plus forte en France. Certains de ces résultats confirment les conclusions d'études précédentes[1] qui portaient sur des données de 2007.

L'industrie française pèse seulement 42,5 % de son homologue allemande, mais les entreprises industrielles étaient, en 2010, plus nombreuses en France qu'en Allemagne : 212 200 contre 209 400. C'est pourquoi, en moyenne, l'entreprise industrielle française a une taille largement inférieure : 33 employés en moyenne en Allemagne contre 14,6 en France.

Cela reste vrai depuis vingt ans. Si l'on compare ces données sur la période de 1999 à 2010 (en utilisant pour 1999 et 2007 les données calculées par Coe-Rexecode), on constate une grande stabilité. Dans l'industrie, où les économies d'échelle jouent un rôle important, les entreprises

1. Coe-Rexecode, « Mettre un terme à la divergence de compétitivité entre France et Allemagne », janvier 2011.

françaises ont donc un handicap lié à leur petite taille. Autre handicap : en moyenne, leur coût par personne employée est plus élevé. Ces deux facteurs contribuent à expliquer l'avantage de rentabilité des entreprises allemandes.

Tableau 1 : L'industrie manufacturière allemande et française en 2010

Pays	Nombre d'entreprises en milliers	Nombre de personnes employées en milliers	Valeur ajoutée en milliards €	Coût moyen par personne (milliers € par tête)	Marge brute opérationnelle (en %)
Allemagne	209,4	6 924	455,8	47 800	7,6 %
France	**212,2**	**3 105**	**193,9**	**48 800**	**5,5 %**

Source : Eurostat Key Indicators, Manufacturing – NACE section C, mai 2013.

Le nombre de très petites entreprises de moins de 50 employés est beaucoup plus important en France qu'en Allemagne. À l'opposé, les entreprises de plus de 250 personnes produisent 64,9 % de la valeur ajoutée industrielle allemande contre seulement 53,1 % en France.

Tableau 2 : L'industrie manufacturière allemande et française. Nombre de personnes employées par classe de taille d'entreprise en 2010 (en % du total)

Pays	Micro (moins de 10 employés)	Petite (entre 10 et 50 employés)	Moyenne (entre 50 et 250 employés)	Grande (plus de 250 employés)
Allemagne	7,4 %	16,4 %	24,6 %	51,7 %
France	**16,1 %**	**18,0 %**	**22,2 %**	**43,8 %**

Source : Eurostat Key Indicators, Manufacturing – NACE section C, mai 2013.

La compétitivité industrielle française souffre du manque de grosses entreprises moyennes et d'ETI. Ces ETI seraient le « maillon manquant » entre les petites entreprises et les grandes en France[1]. Pour Coe-Rexecode, si l'industrie manufacturière française avait le même tissu industriel que l'allemande et les mêmes tailles moyennes d'entreprises par classe, appréciées par le nombre moyen de salariés par entreprise, il y aurait pour le même nombre d'entreprises 880 000 salariés supplémentaires.

Les PME allemandes bénéficient d'un environnement financier beaucoup plus favorable que les françaises, et de bien meilleures relations avec les grands groupes. Le secteur bancaire allemand est éclaté en de multiples banques, contrairement au secteur bancaire français, très concentré. Il est donc fortement concurrentiel et ses marges sont faibles, d'où un avantage pour les PME allemandes. Celles-ci ont traditionnellement une banque avec laquelle elles entretiennent une relation exclusive. Ces « banques maison » (*Hausbank*) implantées localement connaissent très bien leur région et ses PME, ce qui permet un coût de la dette très faible pour les PME.

L'Allemagne figure dans le groupe de tête des pays ayant le plus facilement accès aux crédits bancaires, avec la Finlande et la Suède. La France est classée au dix-neuvième rang, après l'Italie et de nombreux autres pays européens[2].

Un autre indicateur important, en particulier pour les PME, est le temps moyen en nombre de jours que mettent les autorités publiques pour payer leurs fournisseurs. L'Allemagne appartient là aussi au groupe de tête, en compagnie de la Finlande et de la Suède, avec une durée relativement faible de 40 jours, alors que la France est bien au-dessus avec près de 70 jours. Plus généralement, en France, le non-respect des délais de paiement représenterait

1. Rapport au Premier ministre, « Les entreprises de taille intermédiaire au cœur d'une nouvelle croissance », 2010.

2. Indicateurs de la Commission européenne, DG Affaires économiques et financières.

à lui seul de 11 à 13 milliards d'euros de moins de trésorerie pour les PME, et les retards de paiement seraient à l'origine d'une défaillance de PME sur quatre.

Les PME allemandes ont aussi des relations nettement meilleures avec les grands groupes. Les PME françaises n'ont pas les moyens de résister à leurs donneurs d'ordre. Au contraire, en Allemagne, un tissu beaucoup plus étendu des PME, de taille bien supérieure, leur permet de discuter d'égal à égal avec les grands groupes. Un exemple, avec la mise en place du crédit impôt compétitivité emploi (CICE) : de grands groupes français demanderaient à leurs fournisseurs, des PME, de répercuter sous la forme d'une remise de prix la baisse des coûts qu'ils ont obtenue grâce au CICE. Or, le CICE était censé donner un peu de marge aux PME, dont la situation s'était fortement dégradée avec la crise. Les grands groupes allemands sont aussi connus pour leur soutien à leurs fournisseurs, qu'ils accompagnent dans leur développement international. Les entreprises allemandes, grands groupes et fournisseurs, jouent en équipe à l'international quand les françaises ont une approche individualiste.

D'autres facteurs avantagent aussi les PME allemandes : une plus grande stabilité du cadre administratif et un soutien plus constant des Länder. En France, les PME souffrent particulièrement de la complexité administrative des dispositifs gouvernementaux et des exigences de l'administration. Le caractère familial des PME allemandes favorise une stratégie de long terme (transmission du patrimoine) et une accumulation de compétences, renforcée par un investissement important dans la formation en alternance avec l'apprentissage.

Si les PME françaises présentent un certain nombre de handicaps par rapport aux PME allemandes, la situation est très différente pour les grands groupes. Comme la Banque de France l'a montré, les 70 groupes non financiers français cotés sur la place de Paris ont une rentabilité satisfaisante, à peu près comparable à celle de leurs homologues allemands, car ils profitent eux aussi de la croissance dans les pays émergents, où ils sont très présents. Ces grands groupes très internationalisés, français ou allemands, vont aussi bénéficier des fiscalités avantageuses de certaines zones géographiques pour localiser leurs centres financiers ou leurs actifs intangibles comme les brevets. Les grandes entreprises savent mieux jouer de l'optimisation fiscale et se trouvent ainsi moins taxées que les PME, quel que soit le pays d'origine de la multinationale.

Une étude de la Banque de France de 2012[1] sur la situation financière des PME montre clairement cette différence entre l'Allemagne et la France. Une autre étude de la Bundesbank confirme la remarquable progression des profits des PME allemandes à partir de 2003, ces profits ayant été à peine affectés par la crise de 2009, contrairement aux PME françaises.

Une question reste posée : la proportion de petites entreprises françaises par rapport à l'Allemagne ne correspond-elle pas pour l'essentiel à des différences de structure industrielle, d'importance en France de secteurs où dominent les PME ?

6. Une présence forte sur des secteurs de moyenne et de haute technologie, des investissements élevés des entreprises en R&D

Le secteur industriel manufacturier comprend des secteurs extrêmement variés, certains à fort contenu technologique (l'aéronautique, la pharmacie) et d'autres à faible contenu technologique (l'agroalimentaire ou l'habillement). Les caractéristiques de coût du travail, de contenu technologique, de rentabilité sont très diverses selon les activités. Si la structure industrielle des pays est différente, des

1. Bulletin Banque de France, « Les PME en Europe : les disparités entre pays et secteurs sont plus fortes en 2010 qu'avant la crise », N188, 2012.

comparaisons moyennes n'ont pas beaucoup de sens. À titre d'exemple, dans la pharmacie, le coût est de 59 900 euros par employé et la rentabilité brute moyenne de 23,2 % ; dans l'habillement, le coût est de 14 600 euros par employé et la rentabilité de 7,7 %.

Or, les industries allemande et française ne sont pas toujours présentes au même degré dans les mêmes secteurs, et c'est ce qui explique une partie des différences en termes de taille d'entreprises. Alors que l'industrie allemande pèse 2,35 fois plus que la française, ce rapport est bien plus élevé dans quelques secteurs, points forts de la spécialisation allemande, comme les machines et équipements, l'automobile ou les équipements électriques (où l'industrie allemande pèse plus de 4,5 fois plus que la française). L'industrie allemande dégage en 2010 des excédents considérables dans cinq secteurs et a réussi à renforcer ses points forts tout au long de la dernière décennie :

– *Le secteur des machines et équipements* représentait 70 milliards d'euros de valeur ajoutée, soit 5,8 fois plus qu'en France. En Allemagne, ce secteur a vu ses excédents doubler entre 2000 et 2010 pour atteindre 94,3 milliards d'euros, quand la France voyait son déficit persister.

– *L'industrie automobile*[1] représentait 66,8 milliards d'euros de valeur ajoutée, soit 4,8 fois plus qu'en France. L'industrie automobile allemande a vu ses excédents passer de 54,3 milliards d'euros en 2000 à 108 milliards en 2010. Sur la même période, l'automobile française est passée d'un excédent de 9,6 milliards à un déficit de 3,4 milliards.

– *Les équipements électriques* représentaient 36,6 milliards d'euros de valeur ajoutée, soit 4,5 fois plus qu'en France. Ce secteur est passé en Allemagne d'un excédent de 9,3 milliards en 2000 à 21,5 milliards en 2010, quand la France passait d'un léger excédent de 0,3 milliard en 2000 à un déficit de 3 milliards en 2010.

1. La comparaison France-Allemagne porte sur la valeur ajoutée dégagée sur le territoire domestique pour ces secteurs industriels. On ne compare donc pas Renault et PSA pour la France avec VW, Mercedes et BMW pour l'Allemagne.

– *La chimie* représentait 36,7 milliards d'euros de valeur ajoutée en 2010, soit 2,4 fois plus qu'en France. Elle a dégagé un excédent qui est passé de 7 milliards en 2000 à 24,3 milliards en 2010, quand la France a à peu près maintenu un excédent de 1,9 milliard sur la même période.

– *La pharmacie* représentait 15,4 milliards d'euros de valeur ajoutée en Allemagne, soit 1,6 fois plus qu'en France. La pharmacie allemande a dégagé un excédent de 4,6 milliards en 2000 et de 16,5 milliards en 2010, quand la France dégageait un excédent de 1,7 milliard en 2000 et de 2,4 milliards en 2010.

En revanche, certains secteurs de l'industrie sont, en proportion (sachant que, pour la moyenne de l'industrie, le rapport est de 2,35), bien mieux représentés en France qu'en Allemagne. L'alimentaire ou l'habillement pèsent d'un poids à peu près comparable en Allemagne et en France, et sont donc surreprésentés en France par rapport à la moyenne de l'industrie.

Dans les secteurs où les grands groupes sont très présents[1], l'Allemagne l'emporte sur l'industrie française. C'est le cas de la chimie, des équipements électriques, de la pharmacie et surtout de l'automobile. Au contraire, des secteurs de l'industrie française sont surreprésentés par rapport à l'Allemagne, là où les PME dominent, comme l'agroalimentaire ou l'habillement. La différence de taille d'entreprises entre les industries allemande et française s'explique ainsi en partie par la nature de la spécialisation industrielle.

Ces différences de structure industrielle, d'importance relative de secteurs où dominent de grands groupes ou des PME, ne peuvent pas être corrigées sans des modifications de spécialisation qui demandent beaucoup de temps et d'investissements. Si les entreprises allemandes investissent bien plus que les entreprises françaises en R&D et en innovation, cela s'explique aussi largement par la nature de la spécialisation industrielle de l'Allemagne.

1. Les grands groupes au sens d'Eurostat (plus de 250 employés) représentent, en Europe, 40 % de l'emploi total et 55,5 % de la valeur ajoutée totale dans l'industrie.

Quand on compare le volume de R&D des entreprises allemandes, largement plus élevé que celui des entreprises françaises, ces résultats n'ont rien d'étonnant. D'après Eurostat, les entreprises françaises ont réalisé 19 milliards d'euros de travaux en R&D en 2009, contre 45 milliards pour leurs homologues allemandes. Les dépenses de R&D des entreprises allemandes représentaient 2,4 fois celles des entreprises françaises ; or, plus de 80 % de R&D se fait dans l'industrie. L'augmentation des dépenses de R&D en France dépend donc d'un changement structurel en faveur de l'industrie (accroissement du poids relatif de l'industrie française par rapport à l'allemande) et des secteurs intensifs en haute technologie.

Les entreprises industrielles françaises sont bien plus nombreuses dans les secteurs de basse technologie, tels l'agroalimentaire, l'habillement ou les boissons, secteurs qui ont un poids relatif considérable en France par rapport à l'Allemagne et se caractérisent par une faible intensité en R&D. À l'opposé, les entreprises industrielles françaises sont bien moins nombreuses dans les secteurs de haute et moyenne technologie (l'électrique et l'électronique, les machines ou l'automobile). En 2009, le secteur automobile allemand aurait dépensé 10 milliards de plus en R&D que son concurrent français.

Dans un secteur très intensif en R&D comme la fabrication de produits informatiques, où l'Europe est très en retard par rapport aux États-Unis, l'Allemagne est bien plus présente que la France et elle a réussi à limiter fortement son déficit (de 7,9 milliards d'euros en 2000 à 2,8 milliards en 2010), quand l'industrie française perd complètement pied et voit son déficit passer de 6,5 à 14,1 milliards.

Il est donc aussi logique que le nombre d'entreprises de haute technologie soit plus élevé en Allemagne (40 000) qu'en France (17 000)[1].

Le secteur public français consacre un budget de R&D équivalant à celui de l'Allemagne (environ 0,9 % du PIB).

1. Eurostat, « High-technology versus Low-technology Manufacturing », 2013 et Eurostat, « High-tech Statistics », 2011.

La différence provient du secteur privé (1,9 % du PIB en Allemagne contre 1,4 % en France) et s'explique en grande partie par le poids relatif élevé de l'industrie allemande et, à l'intérieur de l'industrie, par le poids relatif élevé des secteurs de haute et moyenne technologie.

Il existe aussi une différence d'approche. La R&D allemande se situe à l'opposé de la française, avec sa tradition centralisée et ses grands programmes technologiques. La France a favorisé la constitution de grands groupes internationaux industriels comme Alsthom, Thales, Safran, Areva, EADS, qui concentrent l'essentiel de la R&D alors que les PME françaises en sont les parents pauvres. Certaines grandes entreprises françaises de secteurs comme la pharmacie et l'aéronautique investissent autant que les allemandes en R&D, mais cela ne suffit pas à combler le retard français.

On comptait environ 22 000 brevets allemands déposés auprès de l'Office européen des brevets en 2010 et seulement 8 700 en France[1]. Et, là aussi, l'écart des performances, mesuré par le nombre de brevets, s'est fortement accentué à partir de 1995, expliquant pour une large part que l'Allemagne soit un pays leader de l'innovation quand la France demeure loin derrière.

L'enquête communautaire 2010 sur l'innovation en termes de produits, de procédés ou d'organisation montre une faible proportion d'entreprises ayant mené des activités innovantes en France (53,5 % de toutes les entreprises) par rapport à l'Allemagne, en tête du classement européen avec 79,3 % de toutes les entreprises ayant des activités innovantes[2].

Comme le soulignent ces rapports de la Commission, les pays les plus innovants présentent un certain nombre de points communs : un système national de recherche et d'innovation performant, avec notamment un rôle prépondérant des efforts d'innovation des entreprises et du secteur de l'enseignement supérieur.

1. Eurostat, Statistiques des brevets, octobre 2012.
2. Eurostat, Enquête communautaire sur l'innovation (ECI), 2010.

7. Un bon positionnement dans la qualité et le haut de gamme

Il ne faut pas considérer seulement le niveau technologique, mais aussi le niveau de la gamme de la production industrielle et sa qualité. Dans un domaine de faible technologie comme l'habillement, l'agroalimentaire ou le vin, un pays peut se spécialiser sur le haut ou le bas de gamme. Le champagne français est le cas typique d'un produit classé dans la basse technologie, mais de haut de gamme. Or, le niveau de gamme est clairement plus élevé en Allemagne qu'en France[1]. Bien entendu, la France a aussi des positions fortes sur certains produits haut de gamme (les vins comme le champagne) et de faible contenu en R&D. C'est le cas également de l'industrie du luxe, comme les parfums et les cosmétiques, où l'industrie française est bien placée et a un pouvoir de marché suffisant pour imposer des augmentations de prix, mais ces secteurs ont un volume d'activité insuffisant face à la force de l'industrie automobile, de la machine-outil allemande de haut de gamme.

En interrogeant les grands acheteurs européens sur leur perception de la qualité des produits qu'ils achètent, Coe-Rexecode[2] apporte un éclairage différent sur le recul de la compétitivité des produits industriels français à l'exportation par rapport à leurs concurrents allemands. Cette enquête « compétitivité » (perception de la qualité/prix par les importateurs) montre que les produits allemands sont presque toujours en tête, quel que soit le critère retenu, et cela dans tous les secteurs, par rapport aux produits français (à l'exception des produits agroalimentaires). Entre 2000 et 2012, l'image des produits français (prix et rapport qualité/prix) s'est dégradée par rapport aux produits concur-

1. Natixis, « Quelles sont les vraies différences entre l'industrie allemande et l'industrie française », janvier 2012.
2. Coe-Rexecode, « La compétitivité française en 2013 », octobre 2013.

rents allemands. L'appréciation des produits français sur le critère de la variété des fournisseurs a elle aussi reculé aux yeux des importateurs étrangers. Cela pourrait s'expliquer par une contraction progressive de la base industrielle française, certaines entreprises ne pouvant faire l'effort de rester présentes sur les marchés à l'exportation.

Conclusion

Érosion de la compétitivité coût des produits français, puis disparition de cet avantage, faiblesse relative du prix des services incorporés par les industries allemandes et bénéfice tiré des composants fabriqués par les PECO : l'équation coût des produits allemands s'est améliorée. Différentiel initial de positionnement de gamme et montée en gamme au cours de la dernière décennie : la compétitivité hors prix de l'Allemagne s'est nettement accrue.

L'excédent structurel de la balance courante allemande pose problème. Non pas au sens où il faudrait incriminer les trop bonnes performances des exportateurs allemands, mais plutôt parce que l'insuffisance de la demande intérieure déséquilibrerait l'économie européenne et mondiale. La Commission européenne s'est donc saisie de la question afin d'en déterminer les origines et de suggérer des solutions[1]. Cet excédent serait dû à une épargne excessive des ménages allemands, mais aussi des entreprises allemandes, devenues prêteuses au lieu d'être emprunteuses alors même que l'État freinait les investissements publics. Cet excédent coïncide également avec un essor de la demande mondiale de produits allemands dans un contexte de stabilité du taux de change (effet euro) et de réduction des primes de risque. La conjonction d'une excessive discipline salariale en Allemagne avec la montée de l'épargne de protection liée

1. Alert Mechanism Report du 13 novembre 2013.

au contexte de réformes sociales et de risque du chômage explique la hausse du taux d'épargne des ménages et la faible consommation domestique. La réorientation des investissements allemands vers l'étranger tient aux opportunités de la finance globale déréglementée et aux besoins d'expansion des groupes allemands. Enfin, la contraction des investissements de l'État et des collectivités territoriales s'explique par l'objectif de réduction des déficits. Pour la Commission, la correction des déséquilibres globaux, dont l'excédent de balance courante est la manifestation la plus tangible, passe par des politiques de soutien de la demande intérieure allemande.

L'industrie française, à l'inverse, présente plusieurs faiblesses structurelles : elle n'a bénéficié ni de la priorité macroéconomique donnée à l'industrie allemande, ni de réformes pour stimuler sa compétitivité, ni d'une demande extérieure forte de ses produits. Aujourd'hui, la conséquence est claire : les coûts industriels français devraient être très sensiblement inférieurs aux coûts allemands pour rattraper ces écarts de compétitivité structurelle, nature et qualité/prix des biens produits exportés. Or, cela n'est pas le cas.

Seule exception dans ce paysage morose de la compétitivité industrielle française, les grands groupes français semblent aussi compétitifs que les allemands ; mais, face à une fiscalité jugée trop lourde en France, à des coûts de production trop élevés, les grands groupes ont voté avec leurs pieds et investi bien plus hors de France que leurs homologues allemands hors d'Allemagne. Les PME françaises ont vu leurs marges s'effondrer et n'ont plus eu les moyens d'investir. Or, ces investissements en équipements, en innovations dans l'industrie sont essentiels pour la reprise d'une croissance économique saine et solide.

D'autres faiblesses structurelles du modèle français fragilisent encore davantage l'industrie. L'apprentissage en Allemagne n'est pas réservé à la population des jeunes sortis sans formation du système scolaire, mais forme une grande partie de la jeunesse allemande. Il y aurait en Allemagne 1,5 million d'apprentis contre 430 000 en France (3,5 fois moins). L'apprenti allemand entre en formation plus tôt, passe plus de temps en entreprise, où il s'intègre mieux. Il est moins bien payé que son homologue français, mais l'apprentissage se conclut le plus souvent par une embauche. Plus généralement, les jeunes Allemands alternent aussi beaucoup plus que leurs homologues français des périodes d'études avec des emplois à temps partiel.

Bonheur présent, malheur futur : peut-on ainsi résumer les traits du modèle allemand ?

La principale faiblesse de l'Allemagne est la démographie. Sa population totale a reculé pendant huit ans, avant de progresser faiblement en 2011 sous l'effet de l'immigration. L'OCDE prévoit une baisse continue de la population active à long terme, ce qui va entraîner des difficultés de financement du système de retraite, malgré le relèvement de l'âge légal pour partir à taux plein à 67 ans. Mais la parade a peut-être été trouvée : la santé économique de l'Allemagne, notamment par rapport aux pays du Sud, est en train d'en faire un pays d'immigration de cadres formés et qualifiés.

Le problème du manque d'investissement domestique est soulevé par certains économistes en Allemagne. Pour DIW[1], le taux d'investissement de l'Allemagne serait insuffisant tant du côté de l'investissement public, notamment l'éducation et les infrastructures, le réseau routier ou les réseaux énergétiques, que du côté des entreprises, par exemple l'achat de nouvelles machines sophistiquées technologiquement et les investissements en R&D. Pour DIW, l'insuffisance des investissements serait particulièrement préjudiciable pour une économie spécialisée dans l'industrie de haute et moyenne technologie. Cela pourrait compromettre la croissance de la productivité globale des facteurs, qui dépend dans une large mesure des investissements publics dans l'éducation, la R&D et les investissements intangibles. DIW souligne qu'une augmentation de 3 % du taux d'investissement permettrait une croissance de 0,85 % de plus que la

1. DIW Economic Bulletin, « Investment for more Growth », DIW Berlin, 8, 2013.

tendance du PIB. Mais la prise de conscience a eu lieu. Il ne faut donc pas que la France sous-estime la capacité de l'Allemagne à renforcer encore son potentiel industriel par des réformes favorisant les investissements productifs.

Au-delà des considérations purement économiques, la capacité de la population allemande à accepter de lourds sacrifices et des réformes profondes pour restaurer la compétitivité de leur industrie fascine les Français. Gerhard Schröder, qui donna un sérieux coup de barre libéral à la social-démocratie allemande en 2003, reste la référence. Les lois Hartz ont surtout mis en place des conditions qui incitent les chômeurs à retourner à l'emploi, y compris dans des emplois mal payés. La capacité des syndicats allemands à troquer des avantages acquis contre des garanties d'emploi dans un contexte de mondialisation témoigne d'une aptitude à négocier et à intégrer les ressorts de la compétitivité de long terme de l'appareil productif allemand, même si au total ce compromis s'est traduit par un enrichissement excessif des entreprises et une chute de la demande intérieure. Pour Guillaume Duval[1], les profondes réformes menées par le chancelier ont fragilisé le modèle allemand avec le développement spectaculaire de la pauvreté et des inégalités, ce qui menacerait à long terme son avenir. Pour lui, les véritables raisons des succès actuels de l'économie allemande seraient ailleurs : un système de relations sociales très structuré, un monde du travail où le diplôme ne fait pas tout, un pays où l'entreprise n'appartient pas aux actionnaires, une forte spécialisation dans les biens d'équipement et les technologies vertes, une longue tradition de décentralisation[2] qui permet de disposer partout d'un capital financier, culturel, social et humain suffisant pour innover et entreprendre, etc.

1. Guillaume Duval, *Made in Germany, le modèle allemand au-delà des mythes*, Seuil, 2013.

2. Pierre-André Buigues et Khalid Sekkat, *Industrial Policy in Europe, Japan and the USA*, Palgrave, 2009. Les aides publiques aux entreprises sont centralisées en France (90 % du montant total décidé à Paris) et décentralisées en Allemagne (la moitié décidée par les Länder).

La comparaison industrielle France-Allemagne menée dans ce chapitre montre qu'on n'édifie pas une puissance industrielle sans de solides atouts qui se construisent sur la longue durée. De ce point de vue, l'efficacité de l'écosystème manufacturier allemand, avec les interactions entre université et entreprise, PME familiale et banque locale, donneur d'ordres et sous-traitant, centres technologiques et entreprises innovantes, se bâtit sur le long terme. Comparer la France à l'Allemagne montre aussi que l'incapacité à réagir peut entraîner une rapide spirale du décrochage. L'incapacité des autorités politiques françaises à négocier la transition entre une économie de rattrapage et une économie de l'innovation, tant en matière de spécialisation que d'institutions, se paie d'un prix lourd sur la longue période. C'est en cela qu'on ne peut célébrer le modèle allemand et vouer aux gémonies les réformes Schröder. L'aptitude à la réforme négociée est un élément majeur du modèle allemand.

Comparer la situation française avec celle de l'Italie, de la Suède ou du Royaume-Uni éclaire la trajectoire que notre pays a suivie. Contrairement à la Suède, nous n'avons pas pris de virage de la connaissance et des industries du futur. Contrairement à l'Italie, nous n'avons pas su préserver des PME spécialisées dans des niches et dans le haut de gamme. Plus étonnant encore, contrairement au Royaume-Uni, nous n'avons pas su rebondir en misant sur quelques spécialisations industrielles majeures, dont pourtant nous disposions. Sur le chemin très particulier emprunté par la France, certains secteurs emblématiques jalonnent le parcours, fers de lance du XXe siècle devenus armes commerciales mineures au XXIe. Cherchons à présent, en étudiant ces symboles du décrochage industriel, à approfondir notre diagnostic.

Troisième partie

Le diagnostic sectoriel

Chapitre 8

Agroalimentaire, un point fort menacé

Longtemps, nous avons cru être à la pointe de la modernité en matière agricole. Nos exploitations des années 1960, fondées sur un modèle productiviste et l'usage sans limite d'intrants chimiques, sont désormais parfaitement obsolètes. Notre système, dont les débouchés ont longtemps été assurés par la politique agricole commune, la fameuse PAC, ne tient plus face à la concurrence des usines à porcs et à lait danoises ou allemandes. Le mouvement des Bonnets rouges le résume jusqu'à la caricature. Certains acteurs tirent leur épingle du jeu, investissant dans leur terroir, le vin ou le fromage, pour échapper à la malédiction du *low cost*, mais ils sont trop peu nombreux. Et quand les fruits et légumes espagnols chassent des étals ceux cultivés en France, quand la grande distribution refuse de rogner ses marges pour rémunérer décemment les producteurs, on appelle l'État au secours. Qui ne parvient pas à repenser le modèle agroalimentaire malgré le formidable potentiel du marché européen, une conscience écologique grandissante et la demande universelle de produits de marque et de terroir.

Le secteur de l'agroalimentaire pris au sens large, c'est-à-dire les produits agricoles bruts, l'agroalimentaire et les boissons, a longtemps été considéré comme un des points forts du commerce extérieur français, un des secteurs où la compétitivité ne semblait pas pouvoir être remise en cause. Premier secteur de l'industrie française, il représentait 20 % des effectifs salariés en 2010, et 19 % du chiffre d'affaires. L'ensemble des industries agricoles et alimentaires employait en France 575 000 salariés pour une valeur ajoutée de 35,7 milliards. L'excédent commercial de l'agroalimentaire, y compris les produits agricoles bruts et les boissons, est toujours élevé, à 11,6 milliards d'euros en 2012[1] et un montant comparable, 11,5 milliards, en 2013, mais les ventes de produits agricoles et agroalimentaires étaient en baisse au premier semestre 2014[2]. Cependant, dans l'agroalimentaire (hors céréales et vins), la dégradation des positions françaises en dix ans est spectaculaire. Elle s'explique d'une part par le recul de la France sur les marchés européens quand elle continue de dégager des excédents hors d'Europe, et d'autre part par la forte concurrence de l'Allemagne et des Pays-Bas en Europe et de certains pays émergents comme le Brésil hors d'Europe.

Globalement, la part de marché mondiale de la France a reculé fortement. Deuxième exportateur dans l'agroalimentaire au sens large en 1997 avec 8 % de part de marché mondial, juste après les États-Unis, elle se situe en 2012 au quatrième rang (5,4 % de part de marché mondial), après les États-Unis, les Pays-Bas (6,5 %) et l'Allemagne (6,1 %)[3]. Cette dégradation des positions françaises dans l'agroalimen-

1. Agreste, Mémento IAA 2013 et « En 2012, l'excédent des échanges agroalimentaires se stabilise à haut niveau », février 2013.

2. Le chiffre du commerce extérieur, premier semestre 2014, 7 août 2014.

3. Le chiffre du commerce extérieur, « L'agroalimentaire, un point fort du commerce extérieur de la France », février 2011.

taire s'explique surtout par le faible dynamisme des exportations, qui ont augmenté entre 2000 et 2012 de 54,9 % seulement contre 187 % pour les Pays-Bas et 232 % pour l'Allemagne.

Les concurrents de l'agroalimentaire français à l'origine de ses pertes de part de marché sont principalement des pays européens appartenant à la zone euro et c'est le marché européen qui explique pour l'essentiel la dégradation des positions françaises. La part de la France dans l'agroalimentaire sur le marché européen a baissé de 3 points entre 2000 et 2010, alors que l'Europe représente environ les trois quarts des exportations agroalimentaires françaises. Les six premiers clients de la France dans ce secteur sont d'ailleurs européens. Les positions de la France sur les marchés lointains se sont maintenues, par exemple au Japon et en Chine (chacun 2 % des exportations alimentaires françaises), c'est-à-dire là où la France exporte surtout des produits alimentaires de luxe[1].

En 2012, la France enregistrait un excédent vis-à-vis des pays hors Union européenne de 1,1 milliard, mais un déficit de 3,1 milliards avec les pays de l'Union européenne. Entre 2008 et 2012, ce déficit avec l'Union européenne a même explosé, passant de 1,8 à 3,1 milliards. Dans l'agroalimentaire au sens strict (hors boissons et céréales), le solde de la balance commerciale française est négatif (-2,1 milliards) quand plusieurs pays européens dégagent des excédents très importants de plus de 3 milliards (Pays-Bas, Belgique, Allemagne, Danemark, Espagne et Irlande). De plus, le solde français s'est fortement dégradé entre 2000 et 2012, d'un excédent de 0,7 milliard à un déficit de 2,1 milliards, alors que d'autres pays européens amélioraient leur solde commercial, comme les Pays-Bas, la Belgique et surtout l'Allemagne, qui passe d'un ample déficit à un excédent considérable.

1. Charlotte Emlinger, « Les exportations alimentaires de la France devenues plus faibles que les exportations allemandes », Blog CEPII, mars 2012.

Tableau 1 : Balance commerciale en produits agroalimentaires (hors boissons et céréales) 2000-2012 en milliards d'euros

Pays	2012	2008	2000
Pays-Bas	14,8	14,0	10,3
Belgique	6,2	4,8	3,6
Allemagne	6,0	2,0	-2,1
Danemark	4,8	5,2	5,5
Espagne	3,5	-0,0	-0,2
Irlande	3,3	3,0	3,3
Autriche	-0,7	-0,5	-0,7
Finlande	-1,8	-1,1	-0,5
Grèce	-1,8	-2,5	-1,2
France	**-2,1**	**-2,7**	**0,7**
Portugal	-2,6	-2,8	-2,1
Suède	-3,5	-2,9	-1,5
Italie	-4,0	-5,0	-5,3
Royaume-Uni	-18,7	-16,4	-9,4

Source : Eurostat, Trade Statistics, les produits agroalimentaires (NACE 1).

Si l'on analyse en détail les performances de l'agroalimentaire français, on constate qu'elles dépendent d'un petit nombre d'activités qui continuent de dégager des excédents quand d'autres connaissent des déficits importants et en augmentation. En 2012, l'excédent global de l'agroalimentaire (boissons et céréales comprises) de 11,6 milliards s'explique ainsi essentiellement par l'excédent céréalier (6,5 milliards), les vins, champagnes et eaux-de-vie (10,7 milliards) et les produits laitiers (3,4 milliards).

1. Un renforcement des points forts (produits du terroir et vins) et une dégradation des points faibles (plats cuisinés et légumes)

Parmi les produits agricoles et agroalimentaires, on distingue en France quatre groupes qui sont classés selon leur degré de transformation, et donc aussi de valeur ajoutée apportée par les entreprises : 1) *les produits agricoles bruts*, comme les céréales, les animaux vivants, les fruits ou les légumes ; 2) *les produits de première transformation*, comme les viandes, les produits laitiers, les huiles et corps gras, les eaux en bouteille ; 3) *les produits de deuxième transformation*, comme les produits alimentaires à base de céréales, les préparations de viandes et de poissons, la confiserie, les aliments pour animaux ; 4) *les produits du terroir*, comme les vins, les spiritueux et les fromages.

Tableau 2 : Soldes de la balance commerciale des produits des industries agroalimentaires (en millions d'euros)

a. Solde de la balance commerciale des produits excédentaires

Millions d'euros	1990	2000	2010	2012 e
Boissons, vins et alcools	4,91	7,22	8,72	10,83
Céréales	4,69	3,82	5,11	6,26
Lait et produits laitiers	1,95	1,84	2,74	3,08
Animaux vivants	0,81	1,16	1,50	1,69
Sucres et sucreries	1,08	1,28	1,09	1,49
Produits de la minoterie	0,63	0,58	0,65	0,73
Préparations à base de céréales	-0,28	-0,08	0,35	0,60

Champ : France, y compris les DOM à partir de 1997.
Source : Douanes, e = estimation.

b. Solde de la balance commerciale des produits déficitaires

Millions d'euros	1990	2000	2010	2012 e
Poissons et crustacés	-1,09	-1,70	-2,60	-2,55
Fruits	-1,13	-0,99	-1,87	-2,08
Café, thé, épices	-0,48	-0,70	-1,18	-1,64
Préparations à base de légumes, fruits	-0,59	-0,86	-1,39	-1,61
Tabacs	-0,71	-1,15	-1,11	-1,35
Viandes et abats	-0,74	0,27	-0,81	-0,94
Floriculture	-0,53	-0,76	-0,99	-0,85
Préparations de viandes et de poissons	-0,46	-0,72	-0,67	-0,77

Champ : France, y compris les DOM à partir de 1997.
Source : Douanes, e = estimation.

En dix ans, phénomène troublant pour un pays développé, seuls les produits agricoles bruts et les produits du terroir affichent un solde à la fois positif (les exportations dépassent largement les importations) et en nette progression.

L'excédent des *produits agricoles bruts qui comprennent les céréales, les animaux vivants, les fleurs, les légumes et les fruits* s'est amenuisé entre 1997 et 2007. L'excédent est avant tout lié aux céréales. Or, cet excédent céréalier, qui augmentait grâce à la hausse des prix, ne compense plus les déficits croissants sur les fruits et légumes. Après 2007, grâce à une augmentation de la demande et des prix des produits agricoles bruts, l'excédent s'est de nouveau amélioré. La France, deuxième exportateur de céréales après les États-Unis, perd cependant des parts de marché face à des pays comme la Russie, l'Ukraine, le Brésil ou l'Inde. En 2012, pour les produits agricoles bruts, la France a un excédent important dans les céréales (6,26 milliards d'euros) et les animaux vivants (1,69 milliard), mais un fort déficit pour les légumes, fleurs, fruits, cacao et thé (4,57 milliards en tout). La pénétration des produits méditerranéens, en particulier, a accéléré le déclin des vergers et des exploitations maraîchères françaises.

Dans le cas des *produits de première transformation*, la France est compétitive pour les produits laitiers, où l'excédent s'accroît (3,08 milliards d'euros), mais on assiste à un creusement des déficits pour la viande, les poissons (3,45 milliards) et les huiles. Les déficits sur ces produits se manifestent vis-à-vis des pays de l'Union européenne comme l'Allemagne, les Pays-Bas et l'Espagne en particulier. Globalement, le solde des produits de première transformation, qui était excédentaire en 1997, est maintenant à peine à l'équilibre.

Le déficit structurel des *produits de deuxième transformation* s'est très largement creusé ces dix dernières années, principalement par la dégradation du solde pour les préparations à base de viandes et de poissons, de fruits et de légumes dans les échanges avec les pays de l'Union européenne. Le déficit de la majorité des produits les plus déficitaires en 2012 s'est en général profondément accru depuis les années 1990. Nos points faibles sont de plus en plus faibles.

À l'opposé, plusieurs produits pour lesquels le solde est excédentaire en 2012 ont vu leurs soldes positifs s'améliorer fortement sur la période 1990-2012 : les boissons, le vin, les céréales, le lait et les produits laitiers, les animaux vivants.

Sur longue période, depuis 1970, ces évolutions sont confirmées par l'augmentation spectaculaire des exportations françaises dans les boissons, vins et alcools ; par une amélioration régulière, mais plus modérée, des exportations dans le lait et les produits laitiers, dont les fromages ; et par des résultats contrastés pour les céréales, en relative stagnation entre 1985 et 2007, puis en forte progression depuis grâce à une demande mondiale en croissance. La stagnation des exportations de viandes explique la dégradation du solde commercial.

Tableau 3 : Principales exportations françaises (évolutions entre 1970 et 2012 en milliards d'euros)

	1970	1980	1990	2000	2010	2011	2012
Boissons, vins et alcools	0,4	1,9	6,0	0,6	11,4	12,7	13,9
Céréales	0,6	2,6	5,0	4,3	5,8	7,8	7,0
Lait et produits laitiers	0,3	1,3	2,9	4,0	5,4	5,9	6,0
Viandes et abats	0,1	0,8	2,3	3,1	3,1	3,5	3,5

Champ : France, y compris les DOM à partir de 1997.
Source : Douanes, prévisions pour 2012.

2. La France produit et exporte moins de lait et de fromages que l'Allemagne

Les prix mondiaux des produits laitiers ne cessent d'augmenter et certains experts pensent qu'on assistera dans les prochaines années à une pénurie de lait. La hausse des importations de certains pays émergents explique ce phénomène. La Chine a accru fortement ses importations de poudre de lait à la suite des scandales sanitaires et elle ne dispose pas d'assez de terres, de fourrage et d'expertise pour devenir un grand producteur. La Russie a elle aussi beaucoup augmenté ses importations de poudre de lait écrémé, de beurre et de fromages. Les grands pays producteurs de lait ont du mal à suivre la croissance de la demande mondiale. C'est donc un marché fortement porteur.

En 2011, environ 140 millions de tonnes de lait ont été collectées au total en Europe. En moyenne, 36,1 % du lait entier utilisé a été transformé en fromage, et 28,1 % en beurre ; le reste a été consommé sous forme de lait et de crème. Cette même année, l'Allemagne produisait plus de lait, de beurre et de fromage.

Tableau 4 : Production agricole en produits laitiers en 2011 (en milliers de tonnes)

Pays	Collecte lait	Beurre	Fromage
Allemagne	29 764	425	2 111
France	**25 127**	**355**	**1 932**
Royaume-Uni	13 805	128	355
Pays-Bas	11 642	129	750

Source : Eurostat. Seuls les quatre plus gros producteurs de lait européens sont retenus.

Le commerce extérieur de la France en produits laitiers reste excédentaire (2,9 milliards d'euros en 2011), concentré sur les fromages (1,7 milliard) et la poudre de lait (environ 1 milliard), alors que le commerce extérieur de beurre est déficitaire. Mais l'Allemagne fait beaucoup mieux que la France, car en dix ans elle a augmenté ses exportations de fromage de 23 % contre seulement 8 % pour la France.

La filière laitière est révélatrice des problèmes rencontrés par l'agroalimentaire français face à la montée en puissance de l'Allemagne. Quels sont les facteurs qui expliquent ces problèmes de compétitivité de la filière laitière en France[1] ?

Un des arguments souvent avancés est celui de la taille trop faible des exploitations laitières françaises, mais cette notion est ambiguë. Leur nombre a beaucoup baissé en dix ans, passant de 112 000 en 2002 à 72 000. L'argument de la taille n'est pas convaincant, car, en moyenne, la taille des fermes est comparable en France et en Allemagne : une quarantaine de vaches. La taille des fermes dépend davantage de la localisation géographique à l'intérieur des deux pays, avec la présence de petites

1. Le rendement laitier par vache a fortement augmenté en France, passant de de 5 500 à 6 700 litres par an en dix ans. Il reste cependant inférieur à celui des vaches scandinaves (environ 8 200 litres par an) ou allemandes (7 200 litres).

unités en montagne en France et de grandes exploitations à l'est de l'Allemagne.

La compétitivité laitière allemande ne vient pas des coûts de production du lait, qui ne sont pas très différents dans les deux pays d'après l'Institut de l'élevage. Avec des coûts comparables, les éleveurs français sont pourtant moins rémunérés que leurs homologues allemands. Entre janvier et octobre 2013, le prix du lait payé aux producteurs[1] a atteint en France 341 euros les 1 000 litres, soit une hausse de 7,33 % par rapport à 2012, mais en Allemagne les producteurs recevaient 398 euros pour 1 000 litres[2].

Comment expliquer ce décalage ? D'abord, par des relations difficiles entre producteurs et distributeurs en France. Le prix pour le consommateur est plus élevé en Allemagne qu'en France. Au printemps 2013, alors que les producteurs de lait étaient en conflit avec les distributeurs, le gouvernement avait nommé un médiateur et le prix du litre de lait en France était passé à environ 35 centimes, mais en Allemagne le lait était vendu à 40 centimes le litre. Le commerce laitier en grandes surfaces représente une part considérable de la production laitière en France, 47 % du total. En France, du fait de la guerre des prix des grandes surfaces sur ces produits d'appel, celles-ci refusent d'augmenter les fournisseurs de lait quand, en Allemagne, le prix du lait payé au producteur a augmenté sensiblement[3]. Cette guerre des prix entre les grands distributeurs comme Carrefour et Leclerc dégrade les relations entre production et distribution.

Ensuite, par une différence de stratégie entre France et Allemagne. En France, le secteur répond à une logique de la demande. La majorité du lait est achetée par des grands groupes, comme Lactalis, Danone ou Bongrain. Les consommateurs français bénéficient d'un très grand nombre de références de fromages ou de yaourts proposés dans les rayonnages des supermarchés. Ces petites séries aux coûts de

1. Source : Fédération nationale des industriels du lait (FNIL).
2. Source : Fédération nationale des producteurs de lait (FNPL).
3. « Lait : les industriels lancent un cri d'alarme », *Les Échos*, 20 février 2014.

production et de marketing élevés ne répondent généralement pas à la demande à l'exportation.

L'Allemagne, à l'opposé, a une stratégie laitière de type industriel très simple qui répond à une logique de l'offre, avec des produits basiques comme le lait liquide UHT ou des fromages standard. Les plus gros acheteurs en Allemagne sont les coopératives, qui travaillent avec les exploitations laitières et vendent à des distributeurs obsédés par les prix bas comme Lidl ou Aldi. Il y a en Allemagne une seule grande marque laitière, Müller, et la filière laitière produit de gros volumes, peu de références, mais des prix bas. Les marchés d'exportation des pays de l'Est aux goûts alimentaires comparables à ceux des consommateurs allemands facilitent les succès à l'exportation de l'Allemagne.

En 2012, les fromages dégageaient 1,7 milliard d'euros d'excédent commercial, soit 22 % de l'excédent agroalimentaire total français. Les fromages français sont estampillés « produits du terroir », ils ont une grande réputation de qualité et sont exportés à l'étranger comme des produits « haut de gamme ». Ces fromages du « terroir » sont la première exportation laitière française et les pays européens en sont la première destination, avec 80 % des volumes exportés, vers l'Allemagne, puis la Grande-Bretagne, la Belgique, l'Espagne et l'Italie. Même si l'excédent commercial français reste important grâce à des prix élevés, la France fait face à une forte concurrence d'autres producteurs européens, en particulier les Pays-Bas et l'Allemagne, sur les volumes exportés.

En 2010, les exportations de fromage en volume plaçaient la France en troisième position seulement : 1,03 million de tonnes d'exportation pour l'Allemagne, 0,68 million pour les Pays-Bas et 0,64 million pour la France. Sur la période 2000-2011, la production de fromage en volume a augmenté de 24,9 % en Allemagne, de 14,7 % en Italie, de 11,6 % en France et de 10,3 % aux Pays-Bas.

La forte concurrence des fromages hollandais et allemands se fait sur les prix, grâce à des coûts de production plus faibles[1]. La compétitivité de l'industrie fromagère dépend en

1. McKinsey, « Forces et faiblesses de la filière laitière française », 2011.

partie du prix de l'approvisionnement en lait. Certains fromages, comme l'emmental, nécessitent ainsi 12 litres de lait pour fabriquer un kilo. Un rapport de McKinsey (2011) a analysé la compétitivité des transformateurs français d'emmental par rapport aux producteurs hollandais. L'écart de coût de revient moyen entre la France et les Pays-Bas était de 66 euros pour 100 kilos à l'avantage des Pays-Bas. L'écart de coûts du lait et de sa collecte compte pour 56 % de l'écart total de coût entre la France et les Pays-Bas, car la taille et la densité des exploitations laitières engendrent une économie importante sur la collecte de lait. L'écart sur les coûts de transformation représente 43 % de l'écart total. En effet, la production annuelle moyenne par site industriel est de 30 kilotonnes en France et de 75 kilotonnes aux Pays-Bas. Cette différence de taille moyenne des sites génère des écarts de coûts substantiels, à la fois sur les coûts de personnel et sur les frais généraux liés à la production. Le processus de fabrication donne aussi un avantage aux productions néerlandaises : l'emmental est produit en meule ronde de 80 kilos en France et de 700 kilos aux Pays-Bas. L'affinage dure six semaines en France et seulement quatre semaines aux Pays-Bas.

L'industrie fromagère allemande et néerlandaise se caractérise par une stratégie de volume sur des produits qui font l'objet d'une concurrence féroce sur les prix. 50 % des achats des ménages allemands en produits laitiers sont réalisés dans les magasins hard discount par des consommateurs très sensibles aux prix. La production allemande comme la production néerlandaise se concentrent sur une gamme de produits plus resserrée, des fromages produits à faible coût dans des unités de production modernisées et performantes. Au contraire, la France se positionne sur le haut de gamme, ce qui implique des investissements plus lourds en recherche de la qualité et en marketing. L'industrie française n'est plus compétitive au niveau des coûts. Les coûts de transformation du lait en fromage sont supérieurs à ceux de pays comme l'Allemagne ou les Pays-Bas à cause de frais de collecte plus importants, d'usines de transformation de plus petite taille, moins productives, de coûts salariaux élevés. De plus, les coopératives laitières en France sont moins concentrées et moins offensives à l'international[1].

3. La filière de la viande française très fragilisée par la montée en puissance de nouveaux acteurs internationaux

La filière viande était un atout de l'agroalimentaire français, mais son excédent s'est amenuisé, de 1,7 milliard d'euros en 2002 à 0,7 milliard en 2012, sa part de marché mondial passant de 8 à 5 %. Le Brésil et, là aussi, l'Allemagne gagnent des parts de marché respectivement dans la volaille et dans l'élevage porcin[2]. La France reste compétitive pour le commerce international des animaux vivants (excédent de 1,7 milliard d'euros en 2012 contre 1,4 milliard en 2002).

Les bovins représentent les trois quarts des exportations d'animaux vivants, destinés principalement à l'Italie. Le secteur des viandes et des préparations à base de viande est en revanche déficitaire (-1 milliard en 2012 au lieu d'un excédent de 0,3 milliard en 2002). Ce déficit se manifeste sur la viande bovine (-0,6 milliard) et la viande porcine (-0,3 milliard) alors que, pour la volaille, on est passé d'un excédent de 0,8 milliard en 2002 à un quasi-équilibre en 2012 (+0,1 milliard).

Comment expliquer cette forte dégradation du commerce de la viande française ? La situation catastrophique des abattoirs bretons illustre la crise française. Après le volailler Doux pendant l'été 2012, le numéro trois de l'abattage porcin, le groupe breton Gad, est en redressement judiciaire. La

1. Gérard You, « Compétitivité de la filière laitière française : forces, faiblesses et menaces », décembre 2013.

2. Le chiffre du commerce extérieur, « L'excédent commercial sur la filière viande, fragilisé par la montée de la concurrence », décembre 2013.

viande française, porcs et poulets, est en crise. Prenons le cas de chacune des filières des produits carnés.

Tableau 5 : Production agricole en viande en 2011 (en milliers de tonnes)

Pays	Viande bovins	Viande porcins	Viande ovins	Viande poulets
Allemagne	1 159	5 598	22	1 150
France	**1 559**	**1 998**	**85**	**1 088**
Royaume-Uni	937	806	289	1 400
Pays-Bas	382	1 347	13	n.d.
Espagne	604	3 469	131	1 063

Source : Eurostat. Seuls les cinq plus gros producteurs européens sont retenus.

La France reste le premier producteur de viande bovine devant l'Allemagne, mais elle est distancée dans la viande porcine, largement derrière l'Allemagne et l'Espagne, et, dans la viande de poulet, elle se place derrière le Royaume-Uni et l'Allemagne, au niveau de l'Espagne.

a. *La viande de poulet*[1]

Le commerce international de volaille est le plus important en volume parmi les échanges internationaux de produits carnés. Depuis 1995, il a été multiplié par trois en volume et par quatre en valeur, une croissance centrée sur les produits surgelés[2].

1. Agreste, « Marché européen de viande de poulet : la France concurrencée sur les marchés intérieur et intracommunautaire », 2012.

2. Charlotte Emlinger et Daniel Mirza, « Le doux commerce des volailles françaises ? », 1/2, Blog CEPII, décembre 2013.

Si la France reste excédentaire dans ses échanges de viande de poulet avec les pays hors Union européenne, ces échanges sont devenus déficitaires avec l'Union européenne et le déficit s'accroît. Entre 2002 et 2010, les exportations totales de volailles (fraîches et surgelées) de la France ont stagné malgré la forte croissance de la demande mondiale. L'ensemble constitué par l'Allemagne, les Pays-Bas et la Belgique est le grand bénéficiaire de cette évolution. La France était traditionnellement excédentaire dans son commerce avec l'Allemagne pour la volaille, mais cette dernière a complètement résorbé son solde négatif.

En 2010, 40 % de la consommation de poulet en France était importée au lieu de 20 % seulement en 2000, mais la part des exportations dans la production de poulets en France est passée d'environ 50 à 45 %[1]. Face à la forte augmentation de la demande mondiale, la production de volaille a crû en Europe, sauf en France. L'Allemagne produisait 550 000 tonnes de poulets de moins que la France en 2000 et elle en produit plus en 2012 !

Tableau 6 : Production agricole en poulets en 2000 et 2012 (en milliers de tonnes)

Pays	2012	2000	Dif. 2012/2000
Royaume-Uni	1 400	1 164	+236
Allemagne	1 150	534	+616
Espagne	1 006	1 063	-57
France	**1 088**	**1 084**	**+4**
UE 27	9 560	7 296	+2 264

Source : Eurostat. Seuls les quatre plus gros producteurs européens sont retenus.

1. « Analyse de la compétitivité des viandes blanches françaises dans le contexte de l'Union européenne », AND, IFIP, ITAVI, 7 juin 2011.

Pour analyser plus précisément la compétitivité sur les différents marchés de la viande de poulet, le CEPII a considéré quatre marchés distincts dans le commerce international de la volaille. En 2002, la France était le premier exportateur mondial de volailles fraîches entières (part de marché proche de 40 %) et elle n'est plus que le troisième en 2010 : 25 points de part de marché perdus en huit ans ! Plusieurs pays ont, eux, gagné des parts de marché (États-Unis, Pologne, Hongrie et Chine).

Dans les produits surgelés entiers, la France a vu sa part de marché passer de 30 à 10 %, quand le Brésil occupe désormais 60 % du marché mondial. Les parts de marché des producteurs français de volaille se sont donc profondément détériorées sur chacun des segments, frais ou surgelé.

Contrairement au marché français, où la qualité mesurée par des labels (label rouge, fermier, AOC) constitue un avantage compétitif, les produits à l'international sont peu différenciés et la compétitivité prix est déterminante.

L'étude de l'ITAVI sur la compétitivité des filières poulet de juin 2011[1] montre que la France reste compétitive sur le prix du poulet vivant grâce à un coût de l'aliment plus faible qu'en Allemagne et aux Pays-Bas. Elle est en revanche mal placée sur les coûts d'abattage, plus importants en France qu'en Allemagne. Conséquence, le prix du poulet découpé est sensiblement plus élevé en France qu'en Allemagne. La production de volailles découpées demande plus de main-d'œuvre que celle de volailles entières et l'avantage de coût du travail dans l'agriculture allemande expliquerait ce différentiel. Ces résultats sont confirmés par le CEPII[2], qui a comparé pour les quatre marchés de la volaille à l'international l'évolution des prix français avec celles des dix plus gros concurrents en 2010. Cette étude montre que, sur le segment du poulet découpé, les prix français sont plus élevés de 1 dollar par kilo que ceux de leurs concurrents européens ou mondiaux.

1. ITAVI, « Situation des filières avicoles », juin 2011.
2. Charlotte Emlinger et Daniel Mirza, « Le doux commerce des volailles françaises ? », 2/2, Blog CEPII, 2014.

Dans le poulet surgelé, d'après le CEPII, la France peine à aligner ses prix sur ceux de ses concurrents mondiaux : « L'ensemble des pays producteurs de poulets surgelés semblent contraints de s'aligner sur le prix le plus bas, celui du Brésil, à cause d'une très forte concurrence et d'un produit peu différencié. » La forte baisse des parts de marché françaises dans le surgelé entier[1] pourrait, d'après le CEPII, s'expliquer par « le manque de réseaux de distribution et l'insuffisance de diversification des produits des groupes français sur les plus gros marchés du surgelé comme l'Asie ou le Moyen-Orient ».

Les exploitations françaises de poulets sont aussi beaucoup plus nombreuses et de bien plus petite taille que celles de leurs concurrents allemands et britanniques, d'où évidemment une moindre productivité. La capacité moyenne par exploitation serait nettement moins importante en France : un peu plus de 15 000 têtes, contre 60 000 en Allemagne et plus de 90 000 au Royaume-Uni.

L'influence de la grande distribution est également souvent considérée comme plus forte en France et, comme dans le cas du lait, les grands distributeurs en guerre permanente sur les prix bas exercent une pression supérieure sur les prix de leurs fournisseurs.

b. *La viande porcine*

La filière porcine française est à la peine et perd, comme dans le secteur du poulet, du terrain par rapport à ses concurrents européens. D'après l'Institut du porc[2], entre 2000 et 2012, la production porcine française a baissé de 3 % alors que la production porcine allemande progressait de 28 % et l'espagnole de 20 %. Le solde

1. Les parts de marché françaises dans le surgelé découpé sont marginales : 1 % en moyenne.

2. Institut du porc, « Information économique à l'appui de la filière porcine », janvier 2014.

commercial extérieur de la filière porcine française était positif de 200 millions d'euros en 1997 et cet excédent s'est transformé en déficit de 160 millions en 2012. Alors que la France est à peine à l'équilibre pour ses échanges intracommunautaires de viande porcine, l'Allemagne, le Danemark, l'Espagne, les Pays-Bas et la Belgique dégagent des excédents considérables. L'Allemagne est le premier exportateur de viande porcine en Europe avec 793 millions de tonnes exportées, devant le Danemark (573), l'Espagne (345), la Pologne (314) et la France (228), classée cinquième seulement. L'Espagne (54 %) et l'Allemagne (15 %) sont les premiers fournisseurs de la France. Les exportations françaises de porc vers l'Allemagne stagnent, alors que les importations françaises en provenance d'Allemagne se sont accrues de 32 % en cinq ans.

Comme dans la production de fromage, l'Allemagne se positionne sur des produits bon marché et standardisés qui correspondent à la demande des ménages allemands et des distributeurs comme Aldi et Lidl. Les sites d'abattage et de découpe sont plus grands en Allemagne, aux Pays-Bas et au Danemark qu'en France, et ils dépassent souvent 50 000 porcs abattus par semaine. Les abattoirs allemands emploient massivement des ouvriers venus des pays de l'Est qui n'ont pas de SMIC. L'Espagne s'est plutôt positionnée sur les produits du terroir et le haut de gamme.

D'après les enquêtes sur la compétitivité de la filière[1], les abattoirs français sont généralement vétustes, ont une faible rentabilité et investissent peu, les produits sont de moyenne gamme et sont pris en étau entre les produits à bas coût de l'Allemagne et le haut de gamme espagnol, et la filière n'a pas de marques commerciales connues fortes à l'exportation.

1. IFIP, « Compétitivité du porc français », 2013.

c. *La viande bovine*[1]

La France est le premier producteur européen de viande bovine ; elle produisait 34 % de plus que l'Allemagne en volume en 2011. Pourtant, sa balance commerciale est déficitaire à l'avantage de l'Allemagne : 330 millions d'euros d'exportations allemandes vers la France contre 180 millions d'euros d'exportations françaises vers l'Allemagne.

Une étude de l'Institut de l'élevage a montré que certains facteurs quelquefois cités pour expliquer la compétitivité de la viande bovine allemande ne jouent pas réellement un rôle important. C'est le cas de la dérogation à la directive Nitrate qui a autorisé l'épandage de 230 kilos d'azote organique sur les prairies en Allemagne, au lieu de 170 kilos, et des cotisations sociales des agriculteurs basées à 90 % sur le type d'exploitation, la taille et le potentiel agronomique des terres. « En revanche, certains facteurs représentent véritablement un avantage pour la filière viande outre-Rhin. La rémunération, ou plutôt la sous-rémunération de la main-d'œuvre dans l'industrie de la viande apparaît comme le désavantage le plus flagrant vis-à-vis de la filière bovine française[2]. »

4. Les succès à l'exportation de la France dans les boissons s'expliquent par les vins haut de gamme[3]

Le solde de l'excédent commercial français sur les boissons s'est constamment amélioré entre 2000 et 2012, passant de 7,3 à 10,6 milliards d'euros, avant tout grâce aux vins et aux

1. Institut de l'élevage, « Compétitivité viande bovine allemande », 2011.
2. Étude réalisée par le GEB (Groupe économie du bétail) et présentée lors des journées Rencontres Recherches Ruminants 2011.
3. Le chiffre du commerce extérieur, « La reprise des exportations françaises de vins est tirée par le "haut de gamme" », octobre 2013.

alcools. Par rapport à l'ensemble des industries agroalimentaires françaises, le secteur des boissons représente environ 25 % du total des exportations, 16 % du chiffre d'affaires et 12 % des salariés de ce secteur.

Tableau 7 : Balance commerciale en boissons 2000-2012 en milliards d'euros

Pays	2012	2008	2000
France	**10,6**	**8,8**	**7,3**
Italie	4,8	3,5	2,3
Royaume-Uni	2,1	0,3	0,5
Espagne	1,9	0,8	0,6
Autriche	1,3	1,1	0,4
Pays-Bas	1,2	1,0	0,6
Portugal	0,7	0,5	0,2
Irlande	0,2	0,1	0,4
Belgique	0,1	-0,1	-0,3
Danemark	0,0	-0,1	-0,8
Grèce	-0,1	-0,3	-0,2
Suède	-0,2	-0,1	-0,1
Finlande	-0,2	-0,2	-0,1
Allemagne	-0,4	-0,4	-1,7

Source : Eurostat, Trade Statistics.

Les vins et spiritueux sont de très loin le premier poste excédentaire. Si l'on prend l'ensemble des vins et spiritueux, les excédents des échanges pour la France en 2012 se montaient à 10,68 milliards d'euros, 7,21 milliards pour les vins et champagnes, et 2,70 milliards pour les eaux-de-vie et les alcools. Les exportations de vin sont aussi essentielles à la santé de la filière viticole française puisqu'un tiers environ de la production française est exporté.

Contrairement à l'agroalimentaire, les boissons sont un des rares secteurs où la valeur ajoutée produite en France dépasse celle de l'Allemagne et où la rentabilité y est aussi supérieure[1]. L'Allemagne est plutôt spécialisée dans la bière et la France dans les vins et spiritueux, mais globalement la valeur ajoutée produite en France (5,3 milliards) est supérieure à celle produite en Allemagne (4,8 milliards). Et si les coûts moyens de personnel sont plus élevés en France, la rentabilité du secteur est aussi supérieure (12,2 % contre seulement 7,7 % en Allemagne), situation bien exceptionnelle quand on compare ces deux pays. Autre spécialité française dans les boissons : le leadership mondial des exportations d'eaux minérales et gazéifiées[2]. Avec une part de marché relativement stable de 40 % dans un marché en forte croissance, la France est loin devant l'Italie (17 %).

La demande mondiale de vins a considérablement diminué en volume depuis le début des années 1980, d'environ 290 millions d'hectolitres en 1982 à environ 220 millions en 1994. Depuis, on observe une augmentation faible mais régulière de la consommation mondiale, qui atteint 279 millions d'hectolitres en 2013. La consommation a en effet baissé dans des pays fortement consommateurs comme la France, l'Italie ou l'Espagne, et crû dans des pays comme les États-Unis ou la Chine. En Espagne, il y a eu effondrement de la consommation de vin ces cinq dernières années (-20 %), et l'on s'attend encore à une baisse de la demande en France et en Italie ces cinq prochaines années, environ -3 % pour la France et -5 % pour l'Italie[3].

Le haut de gamme est le moteur de la croissance du vin français à l'international : les exportations de vins fran-

1. Eurostat, « Manufacture of Beverages Statistics », avril 2013.

2. Le chiffre du commerce extérieur, « La France : leader mondial des exportations d'eaux minérales et gazéifiées », juin 2010.

3. CS VIN, « Position de la France et de ses principaux concurrents », janvier 2013.

çais se sont élevées à 5,6 milliards en 2012 alors que les importations sont seulement de 0,6 milliard, mais la bonne tenue des exportations tient aux vins haut de gamme. La part des vins bon marché (prix inférieurs à 2 euros) a fortement baissé entre 2000 et 2012 : elle représentait 13 % en valeur des exportations de vin en 2012, contre 23 % en 2000. À l'autre extrémité, les vins haut de gamme, de plus de 20 euros, constituaient seulement une fraction marginale des volumes exportés (1 % en 2000 et 2 % en 2012), mais la part en valeur de ces vins haut de gamme s'est renforcée considérablement (31 % des valeurs exportées en 2012 contre seulement 15 % en 2000). La croissance de l'excédent de commerce extérieur en vins de la France s'explique ainsi en grande partie parce que les exportations de vins haut de gamme ont augmenté.

L'Union européenne à quinze représentait 85 % du total des vins français exportés en volume en 1990, 74 % en 2000 et seulement 63 % en 2010. Les principaux clients de la France à l'intérieur de l'Union européenne sont l'Allemagne et le Royaume-Uni. En valeur, l'Union européenne représente moins de 55 % des exportations de vins français en 2010, soit sensiblement moins que la part de l'Union européenne pour les exportations françaises de produits industriels. Les marchés hors de l'Union européenne sont de plus en plus importants.

Les marchés d'exportation des vins haut de gamme et bas de gamme ne sont globalement pas les mêmes[1]. Le Royaume-Uni et l'Allemagne sont les deux premiers clients en ce qui concerne les vins à bon marché, à moins de 2 euros (22 % des exportations chacun). Ils sont suivis par les Pays-Bas et la Belgique. Ces quatre pays représentent à eux seuls près de 70 % des exportations de vins français bas de gamme, destinés aux marchés de proximité géographique.

Les principaux clients pour les vins français haut de gamme sont le Royaume-Uni (23 % des exportations), les

1. Le chiffre du commerce extérieur, « Repli marqué des exportations de vins », juin 2009.

États-Unis, la Suisse, le Japon, Hong Kong. Ces pays représentent à eux seuls près de 70 % des exportations de vins haut de gamme. Les pays asiatiques regroupent un quart des ventes à l'exportation de vins français haut de gamme, alors qu'ils ont un poids marginal pour les exportations de vins bas de gamme.

Le champagne et le cognac, deux exemples de la montée en gamme. Le champagne, qui ne compte que pour 7 % des volumes de vins exportés, représente 30 % du montant total des exportations françaises de vins en valeur. Les exportations de champagne ont fortement progressé sur la période 1990-2010 (85 millions de bouteilles en 1990, 103 millions en 2000 et 135 millions en 2010), mais, en 2012 et 2013, le volume des ventes diminue quand les prix continuent de monter. D'après FranceAgriMer, le prix du champagne aurait augmenté de 31 % en dix ans. Les champagnes tirent donc la croissance des vins français en valeur.

Les grandes maisons de champagne, qui commercialisent 75 % des bouteilles, voient leurs ventes fortement progresser en dehors de l'Union européenne, le grand export représentant 25 % de la valeur des commandes. D'une certaine façon, le champagne est au secteur des vins français ce que des marques haut de gamme comme BMW et Mercedes sont au secteur de l'automobile allemande.

Investir dans la qualité pour le vignoble français est rentable : le lien est établi entre la qualité des produits et la réussite à l'exportation des producteurs de champagne[1]. Il est possible d'associer à chaque producteur une mesure explicite de la qualité du produit qu'il exporte en utilisant les notes délivrées par les guides spécialisés dans l'évaluation critique des vins. Les producteurs de champagne de haute qualité sont exportés vers un nombre plus important de marchés, peuvent pratiquer des prix plus élevés. La valeur

1. Matthieu Crozet, Keith Head et Thierry Mayer, « Quality Sorting and Trade : Firm-Level Evidence for French Wine », CEPII Working Paper, juillet 2009.

pour les consommateurs d'un accroissement de la qualité du champagne est telle que l'augmentation de prix obtenue grâce à cet accroissement de la qualité est de quatre à sept fois supérieure aux coûts associés aux investissements nécessaires pour cet accroissement de qualité. Investir dans la qualité est donc un bon investissement.

Le cognac représentait 25 % de la production française de spiritueux avec près de 2,4 milliards d'euros en 2012. Il est exporté à 97,5 %. Il est produit par 4 800 viticulteurs et il est commercialisé par de grandes maisons comme LVMH, Pernod-Ricard, Rémy-Cointreau et Courvoisier. Les ventes connaissent depuis 2009 une croissance de 27 % en volume et 60 % en valeur. La Chine constituait le premier marché en valeur des ventes de cognac : 48 %, contre seulement 27 % il y a dix ans. Mais les exportations ont baissé de 16 % en valeur en Chine à la suite des campagnes contre la corruption et les cadeaux trop dispendieux...

La concurrence des vins italiens, leader mondial en volume, se renforce sur les principaux marchés importateurs de vins[1]. En volume, en 2013, la France n'était que le troisième exportateur derrière l'Italie et l'Espagne. Avec 20,3 millions d'hectolitres exportés en 2013, l'Italie est leader des échanges mondiaux devant l'Espagne (18,3 millions) et la France (14,5 millions). En volume, l'Italie a distancé la France sur les principaux marchés d'importation de vin. En 2013, les Allemands importaient en volume 5 838 millions d'hectolitres de vins italiens contre seulement 3 050 de vins français ; les Britanniques, 2 505 millions d'hectolitres de vins italiens contre 1 905 de vins français.

Certes, les vins français sont beaucoup plus chers que les vins italiens et espagnols, et leur part de marché en valeur est beaucoup plus élevée que celle mesurée en volume ; mais, même en valeur, la France perd généralement du terrain. Si en 2013, au Royaume-Uni, la France demeure leader en

1. FranceAgriMer, « Position de la France et de ses principaux concurrents dans les importations allemandes, britanniques et américaines », mai 2013.

valeur (1,33 milliard d'euros d'importations de vins français contre 0,63 milliard d'importations de vins italiens), en Allemagne, la France reste derrière l'Italie (0,68 milliard d'euros d'importations de vins français contre 0,93). Le recul sur le marché américain est spectaculaire. La France voit les importations de ses vins aux États-Unis stagner autour de 1 milliard d'euros entre 2000 et 2013, quand l'Italie a vu les importations américaines passer de 0,65 à 1,26 milliard d'euros.

La concurrence des vins italiens est donc très vive sur tous les marchés importants et les gains de l'Italie sont impressionnants par rapport à ses concurrents français. La force des exportations françaises dans les vins dépend de leur qualité perçue par les consommateurs, et donc des investissements réalisés. Or l'Italie a fait des efforts considérables dans l'amélioration de son vignoble, et ses viticulteurs visent aussi une montée en gamme. Concurrencé par l'Italie et l'Espagne dans les vins, l'agroalimentaire l'est aussi par l'Allemagne.

5. Comment s'explique la réussite allemande dans l'agroalimentaire ?

En 2012, l'Allemagne affichait un nouveau record d'exportation des produits agricoles agroalimentaires et boissons à près de 64 milliards d'euros, contre 58 milliards pour la France. Pour le seul secteur de l'agroalimentaire, hors boissons et céréales, l'Allemagne dégageait en 2012 un excédent de 6 milliards d'euros quand la France souffrait d'un déficit de 2,1 milliards ! Depuis l'an 2000, l'Allemagne améliore ses positions dans plusieurs domaines, en particulier la viande et les produits laitiers, et ses exportations dans l'agroalimentaire progressent plus vite que celles de la France.

Le secteur agroalimentaire allemand a été bien plus dynamique que son concurrent français sur la période récente.

Entre 2005 et 2010, la production du secteur agroalimentaire (hors boissons) a crû en Allemagne de 1,2 % par an en moyenne annuelle (contre seulement 0,4 % en France) et l'emploi augmentait de 0,9 % alors qu'en France sur la même période l'emploi baissait de 0,8 %. Comme pour les autres produits industriels, les entreprises agroalimentaires allemandes sont bien positionnées sur les pays émergents, la Russie ou la Chine.

Le premier avantage concurrentiel allemand est celui du coût. Le coût de la main-d'œuvre est un des principaux postes de dépense dans l'industrie de la viande, en Allemagne, et plus de la moitié (environ 60 %) des employés des abattoirs seraient d'origine étrangère et embauchés à bas prix. Ces travailleurs, souvent polonais ou ukrainiens, sont salariés d'entreprises de prestations de services qui ont leur siège dans les pays d'origine des travailleurs. Dans les coûts d'abattage et de découpe, il y aurait donc un surcoût de 9 centimes en moyenne par kilo pour les bovins et de 5 centimes par kilo de porc abattu aux dépens de la France, du fait de la différence de coût de travail entre la France et l'Allemagne[1].

Le deuxième avantage est celui de la taille des exploitations agricoles, qui généralement est plus grande en Allemagne dans la filière viande, ce qui permet des économies d'échelle et des coûts de production plus bas. La réunification a permis d'intégrer les fermes géantes des anciens Länder de l'Est. La surface moyenne est de 40 hectares à l'Ouest et de 250 hectares à l'Est, avec un prix du foncier de 22 000 euros par hectare à l'Ouest et de 8 800 euros par hectare à l'Est. Au niveau politique, les autorités allemandes subventionnent surtout les grands projets d'investissement dans l'agriculture, alors que la France va donner des subventions au plus grand nombre, d'où un saupoudrage des aides.

En aval de la production agricole, dans l'agroalimentaire, les entreprises françaises sont aussi de plus petite taille que

1. FranceAgriMer, « Le commerce extérieur de l'Allemagne et de la France en 2012. Aspect global et gros plan sur l'agroalimentaire », 2012.

leurs homologues allemandes. Les PME de moins de 50 employés représentent 36 % de la valeur ajoutée du secteur en France contre seulement 22,2 % en Allemagne et 20 % aux Pays-Bas en 2010. La France est le pays qui a le plus grand nombre d'entreprises agroalimentaires : 57 000 contre un peu moins de 31 000 en Allemagne et un peu plus de 4 000 aux Pays-Bas. C'est aussi un pays qui a un grand nombre d'exploitations agricoles (516 000 contre 299 000 en Allemagne). Les entreprises agroalimentaires françaises de petite taille n'arrivent pas à grossir, car la rentabilité du secteur est faible. Par tête, les coûts de personnel s'élèvent à 35 800 euros en France contre seulement 26 400 en Allemagne, mais 41 000 euros aux Pays-Bas. La marge opérationnelle brute est seulement de 5,9 % en France, plus réduite qu'en Allemagne (6,5 %) et aux Pays-Bas (7,9 %)[1].

Le troisième facteur est lié aux modes de consommation agroalimentaire des Allemands, friands de hard discount plus que de marques et de labels de qualité. Ce positionnement différent des produits agricoles porteurs d'une image de la France « gastronome » et d'exportations de produits agricoles allemands porteurs d'une image « industrielle » est confirmé par d'autres études.

Le CEPII a comparé le prix et la qualité des produits agricoles exportés entre la France et l'Allemagne : « Au niveau mondial, certaines céréales (blé dur, orge, seigle, brisures de riz) montrent des écarts de prix assez remarquables, supérieurs à des produits industriels pourtant très différenciés, tels que les voitures (par cylindrée)[2]. » Sur vingt et un produits agricoles considérés dans l'étude, le prix relatif de la France (mesuré à l'exportation) est supérieur à celui de l'Allemagne pour dix-huit d'entre eux : « Les différences de prix constatées sont trop importantes pour ne pas relever également d'un positionnement en gamme différent, reflet de la qualité des exportations agricoles et agroalimentaires françaises. »

1. Eurostat, « Manufacture of Food Products Statistics », avril 2013.
2. Charlotte Emlinger et Houssein Guimbar, « Exportations agricoles : un avantage qualité pour la France ? », Blog CEPII, octobre 2013.

En quatrième lieu, les réglementations françaises seraient plus exigeantes qu'en Allemagne. Les normes sanitaires deviennent très lourdes et coûteuses dès que la ferme compte plus de 100 vaches en France, contre 300 en Allemagne. La France a aussi choisi d'appliquer une réglementation sur le seuil des installations classées plus sévère qu'en Allemagne, ce qui entraîne une charge administrative supplémentaire pour les grandes exploitations. En Allemagne, il n'y a pas de seuil pour les vaches allaitantes. Le financement de l'équarrissage est aussi différent dans les deux pays. D'après une étude réalisée par le Groupe économie du bétail[1], « une réglementation commune (européenne) fixe les obligations des États membres, mais les schémas d'organisation diffèrent selon les États. Ainsi, quand en France le coût de l'équarrissage est entièrement à la charge de la filière (environ 15 % pour l'éleveur et 85 % pour l'abatteur), en Allemagne, les pouvoirs publics supporteraient plus de la moitié, voire les deux tiers du montant selon la région ».

Enfin, grâce à la politique incitative du gouvernement allemand dans les énergies renouvelables, la situation financière des agriculteurs allemands s'est aussi fortement améliorée. La méthanisation, avec des prix de rachat garantis pendant vingt ans, est un gros avantage pour l'élevage. Le paysan allemand dispose de revenus complémentaires croissants qui proviennent des énergies renouvelables avec des installations dans l'éolien, le photovoltaïque ou le biogaz. La seule production de biogaz est passée en Allemagne de 65 mégawatts en 2000 à 2 000 mégawatts en 2010. Des milliers d'unités de biogaz se sont développées. Des panneaux solaires couvrent beaucoup de hangars agricoles et des éleveurs louent même des toits d'entrepôts à des entreprises.

1. Étude réalisée par le GEB (Groupe économie du bétail) et présentée lors des journées Rencontres Recherches Ruminants, 2011.

Conclusion : l'agroalimentaire, reflet de l'industrie française

Qu'y a-t-il de commun entre l'activité viticole (dont le modèle économique s'apparente à celui de l'industrie du luxe), la filière avicole ou porcine (qui se rapproche, par ses coûts, des activités textiles) et l'économie laitière (qui, comme l'industrie des biens de grande consommation, est prise en sandwich entre le monde de la distribution et les multinationales construites autour de marques) ? C'est par convention statistique qu'on réunit des activités aussi diverses sous le même intitulé d'agroalimentaire, et c'est également par convention qu'on utilise les mêmes métriques (litres ou tonnes) pour comparer des produits comme le fromage ou le vin, dont les valeurs unitaires varient considérablement, qui renvoient à des imaginaires de consommation et à des modes de vie très différents.

Dès lors, les problématiques de chaque sous-secteur sont différentes. Pour les céréales et, plus généralement, les secteurs producteurs de commodités, il faut voir à quelles conditions on peut conserver l'avantage initial (problème des OGM et des semences) et renforcer les activités de transformation. À l'inverse, pour le vin et les fromages AOC, c'est un modèle déjà éprouvé d'industrie du luxe qui est à l'œuvre. Pour la filière laitière, la question essentielle est celle du partage de la valeur entre agriculteurs, distributeurs et transformateurs dans un contexte marqué par la préférence pour les produits de marque des consommateurs français. S'agissant de l'activité avicole, le grand écart entre produits label et produits de consommation *low cost* n'est plus tenable quand le Brésil a des coûts moindres tant au niveau des aliments que des abattoirs. Il faut donc abandonner la pure commodité, développer les produits label, reconquérir le marché intérieur en offrant de la qualité au plus juste prix et nouer des partenariats avec les pays structurellement importateurs. Enfin, le recul des activités maraîchères et fruitières est probablement irrémédiable, à moins d'investir dans la variété, la qualité et la distribution.

Au-delà des spécificités de chaque filière agroalimentaire que nous avons détaillée dans ce chapitre, il reste des caractéristiques communes au secteur et qui reflètent un « mal » industriel français plus général.

L'agroalimentaire français souffre comme l'industrie d'un coût salarial élevé par rapport à sa spécialisation, de normes généralement plus exigeantes, d'un accès au financement plus difficile, de la taille limitée de ses entreprises et d'un manque de dynamisme des producteurs à l'exportation. Seulement 20 % des PME ont une activité exportatrice, d'où la nécessité de mettre en place des groupements ou des stratégies collectives afin d'atteindre une masse critique suffisante permettant des investissements nécessaires à l'accès aux marchés d'exportation, en particulier les marchés lointains des pays émergents qui connaissent une forte croissance. C'est un défi considérable pour un secteur stratégique comme l'agroalimentaire pour la France.

Chapitre 9

L'aéronautique, fleuron de l'industrie

Airbus est un géant dont l'activité détermine à elle seule la santé de tout un pays : bien souvent, il suffit qu'Airbus vende un avion à l'étranger pour que le commerce extérieur français mensuel semble florissant. Avec son jumeau américain Boeing, il forme un duopole mondial, du moins avant l'arrivée de la Chine, de la Russie et du Brésil sur ce marché, qui reste protégé par des barrières à l'entrée élevées. Airbus incarne en outre l'exemple – à peu près unique – d'un partenariat réussi entre la France et l'Allemagne.

Ces trois caractéristiques disent l'importance du secteur pour l'avenir de l'industrie française et de son commerce extérieur : la mono-spécialisation est un facteur de fragilité, la montée en puissance des émergents menace le duopole, le souci allemand de rééquilibrer le partenariat affaiblit les positions françaises. L'enjeu de l'évolution du secteur se jouera dans la capacité de la filière française à saisir les opportunités de la croissance mondiale, à conserver son leadership technologique et à améliorer les avantages du « site France ».

Le secteur aéronautique a évité le pire à la balance commerciale française ces dernières années. L'aéronautique au sens large (civil et militaire, et y compris le spatial) dégage les excédents les plus importants de la balance française avec un surplus commercial extérieur de 20,2 milliards d'euros en 2012, en augmentation par rapport à 2010 (18 milliards). L'amélioration des performances à l'exportation s'est poursuivie en 2013 avec un excédent de 22 milliards d'euros et les ventes aéronautiques et spatiales s'inscrivent à la hausse au premier semestre 2014[1].

En 2010 et pendant toute la dernière décennie, la France était le deuxième exportateur mondial dans l'aéronautique avec 22 % des parts du marché mondial, après les États-Unis (35 %), mais avant l'Allemagne (14 %). Contrairement à des secteurs comme l'agroalimentaire ou l'automobile, la France a vu sa part de marché augmenter en dix ans de 8 points. L'aéronautique est le pôle d'excellence de la spécialisation française, mais un certain nombre de défis s'annoncent dans les années qui viennent. En Europe, le site de production France pourrait aussi perdre certains de ses avantages comparatifs[2], alors que le secteur peine à trouver les employés dont il a cruellement besoin.

1. Une demande dynamique, un marché mondialisé qui bascule vers l'Asie, un duopole qui pourrait être contesté

La courbe de croissance du trafic aérien n'a pratiquement pas été affectée dans le passé par les chocs pétroliers ou les crises financières. Quand la croissance mondiale atteint 1 %,

1. Le chiffre du commerce extérieur, n° 47, avril 2014 et 7 août 2014.

2. Commission européenne, « Competitiveness of the EU Aerospace Industry », Ecorys, 2009.

le trafic aérien augmente de 1,5 %. Le nombre de passagers est passé de 1 milliard au début des années 1990 à 2,9 milliards en 2012 et devrait dépasser 6 milliards en 2030. La progression du trafic devrait même être trois fois plus rapide dans les pays émergents, l'Asie en particulier,[1] qui pourrait représenter la moitié du marché futur de l'aéronautique. En effet, les facteurs qui expliquent la croissance du trafic aérien s'appliquent plus spécifiquement à ce continent : l'essor de la classe moyenne qui favorise la croissance du tourisme, l'augmentation de la population urbaine, le nombre grandissant des personnes appelées à voyager pour des raisons professionnelles.

Le seul frein à la croissance du trafic aérien est le prix du pétrole, premier poste des coûts pour les compagnies aériennes, ce qui explique l'importance qu'Airbus et Boeing accordent à la recherche d'économie de consommation par rapport aux modèles d'avions actuels. Airbus s'est déjà engagé dans la réduction de la consommation de carburant (1,5 % par an en moyenne d'ici à 2020) et le plafonnement des émissions nettes de CO_2 à partir de 2020. Abaisser la consommation de pétrole par passager est donc un impératif, ce qui suppose des avancées dans l'efficacité énergétique des moteurs et dans les nouveaux matériaux. Ces contraintes expliquent en partie pourquoi les dépenses en R&D sont particulièrement élevées dans ce secteur, ce qui a jusqu'à aujourd'hui constitué une protection.

Ce duopole (84 % du marché total des avions de ligne de plus de 100 sièges) ne devrait pas être menacé au cours des cinq prochaines années, car les barrières à l'entrée, en dehors même de la R&D, sont élevées pour acquérir les compétences nécessaires. Airbus et Boeing n'ont pas une présence comparable sur les marchés civils et militaires. Dans la défense, le militaire et l'espace, Airbus est moins présent que Boeing, alors que pour Boeing les activités civiles et militaires s'équilibrent. Au premier semestre 2013, Airbus a réalisé 72 % du chiffre d'affaires du groupe Airbus (ex-EADS), alors que la part des avions civils dans l'activité de Boeing était de moins de 60 %.

1. International Civil Aviation Organization.

En décembre 2013, à la suite de la baisse des budgets militaires en Europe et du veto mis par Angela Merkel sur l'acquisition par EADS de l'avionneur britannique BAE, une réorganisation d'EADS a été décidée. Une nouvelle division regroupera les activités défense, les avions militaires et le spatial. Le groupe et ses filiales seront rebaptisés du nom de la marque la plus connue, Airbus, et un pôle défense, spatial et sécurité unique sera créé. Cette restructuration pourrait entraîner une baisse des effectifs : entre 5 000 et 6 000 postes sont concernés.

Le PDG Tom Enders a souligné que cette restructuration devenait urgente face à la forte baisse des budgets militaires (l'Allemagne a annulé, dit-il, « un volume de commandes de plusieurs milliards d'euros que nous pensions assuré ») et face à la nécessité d'améliorer la rentabilité d'EADS, qui reste inférieure à celle de Boeing (4,8 % au troisième trimestre 2013, contre 8,1 % pour l'américain). L'objectif de Tom Enders est de dégager une marge opérationnelle de 10 % en 2015.

À moyen terme, l'entrée d'un nouveau concurrent est probable. La Chine entend être présente dans l'aéronautique et le dynamisme du trafic dans ce pays lui en donne les moyens. Airbus prévoit que le trafic passager en Chine dépassera celui des États-Unis d'ici à vingt ans. Pour développer ses ventes dans ce pays, Airbus a choisi d'y renforcer sa présence en augmentant ses achats de composants chinois et en y installant une usine d'assemblage pour l'A320, son modèle le plus vendu. Airbus a confirmé aussi la possibilité d'assembler sur cette ligne l'A320neo, la version remotorisée de l'A320. Contrairement à Boeing, Airbus a donc choisi de transférer certains savoir-faire en Chine. Même si les compétences de pointe restent en Europe, avec cette usine, la Chine prend place dans le secteur comme lieu de production aéronautique. Un nouvel avionneur chinois, Comac, devrait lancer le premier avion de ligne chinois, le C919, un appareil concurrent de l'A320 dont le vol inaugural est prévu en 2015.

Aux États-Unis, Airbus s'est aussi implanté en Alabama et les premiers Airbus produits aux États-Unis sortiront à partir de 2016. Comme en Chine, la production américaine sera dédiée aux A320 et sera, là aussi, limitée comme en Chine à 4 appareils par mois, contre 16 à Toulouse et 22 à Hambourg. Avec cette stratégie, l'objectif d'Airbus est de produire en dollar, de façon à être le moins sensible possible au taux de change dollar-euro. D'après Louis Gallois, ancien dirigeant d'Airbus, une baisse de 0,10 euro du dollar par rapport à l'euro entraînerait 1 milliard d'euros de manque à gagner.

Dans le transport régional, on observe un oligopole. Dans le marché des jets régionaux, l'avionneur brésilien Embraer est en passe d'éclipser l'entreprise canadienne Bombardier alors que cette dernière dominait le secteur jusqu'en 2003. Dans le marché des avions régionaux à hélices, ATR (détenu à moitié par Airbus et l'italien Finmeccanica) s'est octroyé 80 % des commandes d'appareils de 50 à 90 sièges, contre 15 % pour les jets de ses deux concurrents, Bombardier et Embraer. Le concurrent chinois Xian Aircraft reste essentiellement cantonné au marché local. On a assisté depuis 2005 au renouveau des avions régionaux à hélices à la suite de l'augmentation des cours du pétrole.

2. Une industrie d'assemblage intensive en R&D

La fabrication d'avions implique un processus de production complexe et de nombreux produits intermédiaires manufacturés et commercialisés tout au long de la chaîne de valeur ajoutée. Aucun producteur d'avions ne maîtrise totalement à lui seul la chaîne de la conception, du développement, de la production d'un avion et de l'ensemble de ses composants. Pour des raisons d'optimisation des coûts et de partage du développement, l'organisation industrielle fondée sur des partenariats et des externalisations est essentielle, et encore appelée à progresser. L'aéronautique est principalement une industrie d'assemblage[1].

1. Eurostat, « Manufacture or Aerospace Equipment in the European Union », 2006.

Le secteur aéronautique est aussi une industrie à forte intensité capitalistique, caractérisée par des investissements élevés en recherche et développement et par un personnel hautement qualifié. En Europe, la R&D pour les activités civiles et militaires aurait atteint près de 14 milliards d'euros en 2011, soit 12,4 % du chiffre d'affaires de l'industrie. 60 % de ce montant correspondraient à la R&D réalisée dans le domaine civil, et 40 % dans le domaine militaire. Plus de 80 % de ces dépenses en R&D seraient financés par les entreprises elles-mêmes, et 20 % par les pouvoirs publics[1].

Le secteur se caractérise par d'importants investissements de long terme. Les coûts de développement pour une nouvelle génération d'avions peuvent atteindre des montants considérables. Les estimations pour le développement de l'Airbus A380 s'élevaient à 15 milliards de dollars en 2004. Le retard dans le lancement de ces projets dû à des problèmes techniques ou à des problèmes de procédure peut entraîner une diminution des taux de profit. Il faut souvent au moins une dizaine d'années pour récupérer les investissements de départ, en particulier les investissements extrêmement lourds des premières années. Contrairement au secteur automobile, c'est une industrie avec des séries relativement petites et un nombre de clients assez restreint (les compagnies aériennes, les grandes entreprises pour les jets privés et les ministères de la Défense pour les produits militaires). Ces caractéristiques structurelles expliquent, pour une large part, la forte concentration géographique de l'industrie dans un nombre limité de pays.

De plus, cette industrie est considérée comme une industrie stratégique par les États, ce qui implique des logiques qui ne sont pas toujours purement économiques. Les pouvoirs publics continuent à jouer un rôle important, en particulier dans le domaine militaire, mais aussi au niveau des logiques d'implantation d'usines, de l'organisation industrielle ou des commandes publiques.

---

1. AeroSpace and Defence Industries Association of Europe, « Key Facts and Figures », 2012.

3. Une européanisation du commerce de pièces détachées et des équipements aéronautiques

La structure des échanges internationaux entre pays européens des pièces et équipements aéronautiques d'une part et des avions d'autre part est largement conditionnée par la géographie des sites d'assemblage d'Airbus. La division croissante du travail entre les pays européens impliqués, qui se sont progressivement spécialisés tout au long de la chaîne de valeur ajoutée de l'aéronautique, a entraîné une européanisation de la production et de l'assemblage ainsi qu'une augmentation du commerce intra-européen.

Dans le secteur aéronautique et spatial, le commerce intra-européen a augmenté de 16 % par an sur la période 1998-2007, quatre fois plus vite que les exportations extra-européennes. Certains pays de l'Est européen ont même vu la balance commerciale aéronautique devenir excédentaire grâce à la production de composants localisée sur leur territoire.

Tableau 1 : Part des importations intra-européennes dans le total des importations en % (secteur aéronautique et spatial)

	2000	2007	2010	2012
France	**58 %**	**61 %**	**62 %**	**64 %**
Allemagne	48 %	70 %	75 %	70 %
Royaume-Uni	20 %	16 %	11 %	21 %
Italie	39 %	29 %	45 %	44 %
Espagne	57 %	56 %	59 %	39 %

Source : Eurostat.

Cette évolution est particulièrement forte dans le cas de la France (+6 points en douze ans du poids des importations intra-européennes dans le total des importations) et de l'Allemagne (+22 points sur la période 2000-2007).

La France joue un rôle pivot d'assembleur. Elle exporte surtout des avions entiers, mais est importatrice nette de pièces et d'équipements aéronautiques. Globalement, pour la France, les échanges d'avions entiers ont dégagé un excédent commercial de 19,3 milliards d'euros en 2011 contre un déficit pour les pièces et équipements aéronautiques de 3,5 milliards.

Les avions entiers représentent plus des deux tiers des exportations aéronautiques françaises, mais seulement 40 % de ses achats aéronautiques à l'extérieur. 80 % des avions entiers importés en France viennent d'Allemagne, essentiellement au titre de la fabrication coordonnée des Airbus, et 12 % sont importés des États-Unis.

Pour ses usines d'assemblage, la France doit importer de plus en plus de pièces et d'équipements aéronautiques. Dans ces importations, les pays de l'Union européenne représentaient 37 % du total en 2001, contre 45 % en 2011, soit 8 points de plus en dix ans. En revanche, l'Amérique représente une part décroissante des fournisseurs de la France pour les pièces et équipements aéronautiques. Ainsi, la part des importations de moteurs s'est fortement réduite en dix ans, de 55 % en 2001 à 30 % de 2011, grâce à la montée en puissance des fournisseurs français.

Du fait de la fabrication coordonnée des Airbus entre la France et l'Allemagne, la structure des exportations françaises de pièces et d'équipements aéronautiques montre une notable montée de l'Allemagne, qui passe de 14 % en 2001 à 35 % en 2011. Les livraisons d'appareils vers l'Allemagne, expédiés de Toulouse vers Hambourg pour aménagements supplémentaires puis réexportations ultérieures, augmentent fortement.

4. Le poids de plus en plus élevé de l'aéronautique dans le solde extérieur de la France

L'industrie aéronautique et spatiale est fortement concentrée dans un nombre limité de pays. La France, le Royaume-Uni et l'Allemagne représentent près de 80 % du total de la valeur ajoutée de l'Union européenne à vingt-sept dans le secteur aéronautique et spatial, et 70 % de l'emploi total dans ce secteur.

Tableau 2 : Valeur ajoutée au coût des facteurs dans l'aéronautique et le spatial (en milliards d'euros et en % par rapport à UE 27)

	2008 en milliards d'euros	2008 en % UE 27	2010 en milliards d'euros	2010 en % UE 27
France	**8,68**	**30,4 %**	**7,61**	**29,7 %**
Royaume-Uni	8,56	30,0 %	7,22	26,1 %
Allemagne	5,73	20,1 %	6,34	22,9 %
Italie	2,55	8,9 %	2,76	9,9 %
Espagne	1,14	4,0 %	1,28	4,6 %

Source : Eurostat.

Même si les PECO sont encore peu présents, les investissements réalisés dans ce secteur ont fortement augmenté dans certains pays au coût de main-d'œuvre peu élevé, comme la Roumanie, la Hongrie et la Pologne. L'industrie aérospatiale européenne se développe aussi dans les pays au coût de production faible en dehors de l'Union européenne pour les segments du secteur aéronautique peu intensifs en main-d'œuvre qualifiée, comme le Maroc où les entreprises françaises ont localisé une partie de leur production.

Tableau 3 : Part des exportations d'un pays dans le total des exportations des cinq pays, France, Allemagne, Royaume-Uni, Italie et Espagne, dans l'aéronautique et le spatial

	2000	2007	2010	2012
France	**56 %**	**41 %**	**43 %**	**40 %**
Allemagne	25 %	28 %	28 %	31 %
Royaume-Uni	11 %	23 %	21 %	21 %
Italie	6 %	4 %	4 %	4 %
Espagne	2 %	4 %	3 %	3 %

Source : Eurostat.

Les ventes aéronautiques de la France à l'extérieur sont particulièrement dynamiques : elles atteignaient 50,35 milliards d'euros en 2012, en forte augmentation depuis 2010 (42,15 milliards) et 2008 (37,66 milliards). Depuis le début de la crise en 2008, les exportations aéronautiques françaises ont crû de 35 % : la crise ne les a donc en rien affectées. Les ventes aéronautiques et spatiales s'inscrivent aussi en hausse en 2013 (+0,3 %) et au premier semestre 2014 (+4,0 %), alors que globalement les exportations françaises continuent de se replier (-0,4 % en 2013 et -0,2 % au premier semestre 2014).

Airbus représente environ 50 % des exportations aéronautiques françaises. La moitié des 588 Airbus livrés en 2012 ont été comptabilisés dans les exportations hexagonales. Le reste des exportations provient d'Eurocopter, Astrium, ATR, fabricant d'avions à hélices, Dassault, Thales ou Zodiac. Les Airbus les plus vendus sont les A320 (168 avions livrés en 2012 après 160 en 2011) et les A330 (97 avions livrés en 2012 après 85 en 2011). Les seules livraisons d'Airbus représentaient 22,5 milliards d'euros en 2012.

Tableau 4 : Solde commercial (exportation moins importation) secteur aéronautique et spatial en milliards d'euros

	2000	2007	2010
France	**7,72**	**10,67**	**17,95**
Allemagne	1,44	3,78	3,41
Royaume-Uni	3,98	1,21	-2,14
Italie	0,50	1,40	2,57
Espagne	-1,80	-0,49	0,56

Source : Eurostat.

En 2011, les livraisons aéronautiques constituaient 11 % des exportations de l'industrie manufacturière[1]. Contrairement à l'Allemagne, où de nombreux secteurs dégagent des excédents importants, le poids grandissant pris par le secteur de l'aéronautique et du spatial dans nos exportations rend très sensibles les résultats du commerce extérieur français à la vente de quelques Airbus en plus ou en moins.

5. Un renforcement du poids de l'Allemagne dans l'aéronautique européenne

L'Allemagne était une grande puissance aéronautique jusqu'à la guerre et elle a considéré qu'elle avait, elle aussi, les moyens de participer pleinement au développement d'Airbus, à égalité de traitement avec les Français, alors

1. Le chiffre du commerce extérieur, « Les échanges aéronautiques, sous le signe de la mondialisation », 2012.

que la France s'estimait leader européen naturel dans cette industrie. La mise sur orbite d'Airbus a donné lieu à des frictions pour les postes de responsabilité, de charge de travail entre les usines et, plus généralement, des conflits d'influence. Plusieurs crises franco-allemandes vont jalonner l'histoire d'Airbus. La première avec le lancement du Super Jumbo, l'A380, quand les morceaux de fuselage câblés fabriqués à Hambourg se révèlent trop courts quand ils sont acheminés à Toulouse, une éclatante démonstration de la mauvaise intégration des équipes françaises et allemandes. La dernière crise est celle de l'alliance entre EADS et le britannique BAE, soutenue par le patron allemand de EADS, Tom Enders, et refusée par Angela Merkel qui, pour des raisons de politique intérieure, ne voulait pas de ce rapprochement. La répartition des compétences serait, d'après les responsables d'Airbus, maintenant beaucoup plus claire entre Allemands et Français, et le climat apaisé.

Le renforcement de l'Allemagne dans l'aéronautique est confirmé par une augmentation de son poids dans les exportations aéronautiques des cinq grands pays européens, de 25 % en 2000 à 31 % en 2012, et surtout par l'amélioration spectaculaire de son excédent commercial entre 2000 et 2012. Ce renforcement de l'Allemagne s'explique en partie par le rôle de plus en plus important joué par Hambourg comme lieu d'assemblage pour les A320. Cet appareil est en effet le plus vendu par Airbus ; or ces avions sont produits à Hambourg (26), à Toulouse (14) et à Tianjin en Chine (4). Il semble aussi que Hambourg fasse beaucoup plus appel que Toulouse à des sous-traitants localisés en Allemagne, alors que Toulouse recourrait davantage à des sous-traitants à faible coût (dont certains au Maghreb ou dans les pays de l'Est).

À l'intérieur même d'Airbus, la question se pose de savoir si le leadership en R&D est passé de la France vers l'Allemagne. Au début des années 2000, la partie française d'Airbus représentait 1,5 fois les dépenses en R&D de la partie allemande ; dix ans plus tard, la partie allemande représentait 1,1 fois les dépenses françaises.

Les experts font dans cette industrie la différence entre la Recherche & technologie, la R&T (recherche portant sur de nouveaux matériaux, procédés, configurations, aérodynamique, etc., applicable potentiellement à l'amélioration des avions existants, ainsi qu'à des avions futurs) et la Recherche & développement, la R&D, qui recouvre essentiellement les travaux de conception, la fabrication des prototypes, test, essais de mise au point et modification des avions. La R&T se situe plus en amont que la R&D. Les montants totaux de R&D sont très élevés, en particulier pour la mise au point des avions nouveaux comme l'A350. En répartition géographique, les pourcentages entre pays de la R&D reflètent assez fidèlement le partage des tâches entre pays pour la fabrication et l'assemblage des avions. Ainsi, la part de l'Allemagne dans le volume global de R&D reflète essentiellement sa « part de travail » actuelle dans les avions Airbus.

Plus précisément, l'Allemagne fabrique une partie significative du fuselage des appareils Airbus, ainsi que de la cabine. Ces activités sont lourdes en calcul de structure, dessin, installation des systèmes, mais cela ne représente pas véritablement l'investissement pour le futur, ni potentiellement l'importance relative de chaque pays sur les nouveaux avions, que reflètent en revanche les investissements en R&T et leur répartition géographique. L'Allemagne aurait le leadership sur les matériaux utilisés dans l'aéronautique, et la France sur le cockpit, le pilotage, la navigation et le trafic management.

6. L'aéronautique : un emploi qualifié et dynamique, mais des difficultés pour recruter en France

L'industrie aéronautique a connu une augmentation de l'emploi bien plus forte que celle de l'industrie en général sur la période 2001-2006. La crise de 2008 a cependant affecté ce secteur et, d'après l'ASD (AeroSpace and Defence Industries Association, 2011), l'emploi direct dans le secteur aéronautique en 2008 atteignait 480 000, puis déclinait en 2009 et 2010, pour retrouver en 2011 le niveau de 2008. En 2006, près de 470 000 personnes travaillaient dans l'industrie aéronautique européenne, 60 % de l'emploi direct dans les activités civiles et 40 % dans les activités militaires. La production d'avions civils représentait environ 47 % du total de l'emploi dans ce secteur, celle des avions militaires environ 35 %, les hélicoptères civils et militaires environ 12 %, et les avions privés 4,4 % (source ASD).

La France concentre le quart de l'emploi aéronautique et spatial européen, suivie par l'Allemagne (environ 20 %). L'Italie et l'Espagne viennent loin derrière, avec respectivement 8,7 et 4,1 %. Sur la période 2001-2006, l'emploi dans l'industrie aéronautique et spatiale, qui est très qualifié, aurait aussi augmenté sensiblement plus vite en France (2,1 % en moyenne annuelle) qu'au Royaume-Uni (-2,4 %) et qu'en Allemagne (0,7 %).

L'industrie française aéronautique et spatiale, d'électronique de défense et de sécurité (GIFAS) est ainsi l'un des rares secteurs industriels manufacturiers où l'emploi évolue positivement ces dernières années. L'effectif des entreprises du secteur était estimé à 162 000 salariés en 2011 et l'ensemble de la filière atteindrait 300 000 emplois en incluant tous les sous-traitants. Pour 2012, les embauches égaleraient le niveau record de 2011, soit de 13 à 15 000 emplois créés, et 30 % des recrutements concerneraient de jeunes diplômés. Pour l'ensemble du secteur, les ingénieurs et cadres représenteraient 41 % d'emploi total. Il s'agit donc d'un des rares secteurs de l'industrie manufacturière française dont l'emploi, hautement qualifié, continue à progresser. Les salaires seraient moins élevés en France qu'en Allemagne, de 20 % environ pour un jeune ingénieur.

Alors que le chômage atteint un niveau très élevé en France, la plupart des entreprises, les avionneurs comme les sous-traitants, souffrent d'une pénurie de main-d'œuvre dans les métiers de l'aéronautique. D'après une enquête de Pôle Emploi en 2012 à Toulouse, 46 % des projets de recrutement sont jugés difficiles par les employeurs de la région. Le système de formation à la française ne permet pas de fournir à l'aéronautique tous les techniciens, soudeurs, chaudronniers que ce secteur recherche. Les entreprises aéronautiques de Midi-Pyrénées ont des besoins en personnel qu'ils ne parviennent pas à satisfaire. Les difficultés de recrutement sont encore plus grandes pour les PME, sous-traitantes dans l'aéronautique, éloignées de Toulouse. Ces problèmes touchent aussi les ingénieurs. Airbus, lors de sa dernière campagne de recrutement d'ingénieurs en 2013, aurait recruté 50 % de ceux dont le groupe avait besoin… en Espagne !

Conclusion : pérenniser le leadership français

Il existe peu de secteurs de haute technologie, à forte intensité capitalistique, avec un marché en pleine croissance et dont la France soit un des leaders mondiaux. L'aéronautique est de ceux-là. La suprématie euro-américaine est à ce point consacrée que les positions acquises paraissent solides. Mais la rapidité avec laquelle la Chine a maîtrisé les technologies et les processus dans le nucléaire, les trains à grande vitesse et les télécommunications doit faire réfléchir : aucun avantage n'est définitivement acquis.

L'aéronautique est un point fort de l'industrie française et ce secteur lui permet de dégager des excédents importants lui offrant des perspectives prometteuses, car la demande mondiale reste très dynamique, notamment en Asie. C'est aussi un secteur mondialisé de haute technologie où la chaîne de valeur particulièrement complexe implique des fournisseurs nombreux et spécialisés. La France joue en Europe un rôle pivot d'assembleur. Elle importe des pièces et équipements aéronautiques principalement d'Europe (balance commerciale déficitaire) et exporte des avions entiers (balance largement excédentaire). La France continue d'être le pays leader en Europe pour l'aéronautique civile et reste le deuxième exportateur mondial. Mais elle ne pourra pérenniser son leadership que si elle veille à la cohérence de la filière, à la santé des sous-traitants et à la qualité du capital humain.

Depuis l'an 2000, avec le rôle croissant de Hambourg pour l'assemblage de l'A320, l'Allemagne prend un poids grandissant dans l'aéronautique européenne et des positions fortes dans le domaine de la R&D. Mais, là aussi, le couple franco-allemand ne peut se payer le luxe de guerres incessantes pour les postes, la charge de travail ou la maîtrise nationale de telle ou telle technologie. C'est en devenant une entreprise européenne de plein exercice qu'Airbus servira le mieux les intérêts des sites français et allemands.

Les vrais défis sont à venir, l'arrivée d'un nouveau concurrent qui pourrait bousculer le duopole Airbus-Boeing semblant inéluctable à moyen terme. L'industrie aéronautique n'est pas non plus à l'abri d'un nouveau choc pétrolier, qui viendrait ralentir fortement le trafic aérien mondial. Cette industrie comporte aussi des risques considérables, étant donné les investissements majeurs exigés par le lancement de tout nouvel appareil. Chaque lancement d'un nouvel appareil peut aussi poser de gros problèmes techniques, comme le Boeing 787 qui connaît une série de dysfonctionnements.

Or, le secteur de l'aéronautique et du spatial représente un poids essentiel dans nos exportations et les résultats du commerce extérieur français sont trop directement corrélés à la vente de quelques Airbus. Idéalement, la France devrait évoluer vers une spécialisation plus diversifiée, mais l'expérience récente a témoigné d'une tendance contraire.

Chapitre 10

L'effondrement de l'industrie automobile

Sinisation de PSA, nipponisation de Renault, VW en route pour le leadership mondial, effondrement du site France, santé insolente de l'industrie britannique... Le déclin automobile français est à ce point marqué que, pour l'économiste Mathilde Lemoine, les analyses macroéconomiques approfondies sont inutiles pour comprendre le décrochage français des dix dernières années : tout ou presque s'explique par une contre-performance sectorielle majeure, l'automobile[1].

2013 aura été un *annus horribilis* de plus pour l'automobile française. PSA exsangue appelle d'abord à l'aide le gouvernement pour sauver sa banque, tout en préservant les chances d'un rebond en fermant Aulnay. Puis, l'hémorra-

1. « Réconcilier les Français avec la mondialisation », *Commentaire*, n° 139, automne 2012.

gie financière se poursuivant, PSA sollicite le chinois Dong Feng pour une entrée au capital, défait son alliance avortée avec General Motors et doit accepter l'aide patriotique du gouvernement français sur fond d'attrition des parts de marché en Europe et dans le monde, et d'érosion continue de la production sur le site français. Quant au groupe Renault, devenu champion du *low cost*, il prospère hors de France, abrite Dacia qui lui apporte 40 % de son chiffre d'affaires, et s'est retiré en catimini du site de production France[1].

L'année 2013 marque un double basculement : la périphérie de l'Europe pèse autant que la zone euro en matière de production ; l'Alliance se structure et s'intègre davantage avec, aux commandes de la production et de l'innovation, des cadres japonais.

La renaissance de l'industrie automobile britannique, capable de produire sur son sol plus que la France, d'exporter davantage de véhicules plus chers à partir d'usines plus modernes, souligne cruellement le déclassement français. Et pourtant, quinze ans plus tôt, l'industrie britannique était réputée morte, Renault inventait de nouveaux concepts automobiles (les monocorps), PSA était plus innovant et plus rentable que VW et le site France continuait à attirer les investisseurs. La débâcle automobile française mérite d'être comprise parce que l'automobile est le cœur de l'industrie manufacturière et qu'il importe d'apprécier ses chances de rebond.

2013 fut aussi l'année de la « Nouvelle France industrielle », cette tentative par Arnaud Montebourg de repeindre en couleurs chatoyantes l'avenir industriel avec la voiture connectée, la route intelligente, la voiture consommant 2 litres aux 100 kilomètres...

Le poids de l'industrie automobile n'a cessé de diminuer dans l'industrie française, au cours de la dernière décennie, la production des constructeurs français en France passant de 2,53 millions de voitures particulières en 2000 à seulement 1,65 million en 2012[2]. La branche automobile défi-

1. Au premier semestre 2014, Renault a produit 1 404 000 véhicules au niveau mondial, mais seulement 276 000 en France, soit moins de 20 % du total.

2. Comité des constructeurs français d'automobiles.

nie au sens strict ne représenterait que 5,5 % de l'emploi dans l'industrie manufacturière[1], mais au sens large elle fait travailler aussi beaucoup d'autres branches de l'industrie, comme la sidérurgie ou les plastiques, et des sociétés de services comme les concessionnaires automobiles et les garages. L'INSEE a ainsi calculé qu'il faudrait tripler le poids de l'automobile dans l'économie pour tenir compte des emplois indirects. Le Comité des constructeurs français d'automobiles a estimé à 2,3 millions le nombre d'emplois directs ou indirects liés à l'automobile en 2011, soit plus de 9 % de la population active. L'impact d'un tel effondrement de la production automobile française (une baisse de 42 % en douze ans) sur l'emploi direct et indirect est donc considérable.

La baisse de la production sur le sol national et une consommation à peu près maintenue ne pouvaient que déprimer la balance commerciale du secteur automobile. La France est désormais importatrice nette d'automobiles, alors qu'elle a été longtemps une exportatrice nette. La production des usines françaises de constructeurs automobiles est loin de suffire à couvrir les immatriculations sur le marché national. En 2012, 1,899 million de voitures particulières ont été immatriculées en France et la production totale des constructeurs français en France atteignait 1,377 millions, soit un déficit de 522 000 voitures. En 1997, la situation était exactement inverse : 1,713 million de voitures immatriculées en France avec une production des constructeurs français en France de 2,235 millions, soit un excédent de 522 000[2].

La production mondiale des constructeurs français a pourtant fortement augmenté entre 1997 et 2012 : de 3,98 à 5,58 millions. La conclusion est claire : les constructeurs français ont privilégié les implantations à l'étranger, dimi-

1. La filière complète comprend en amont les moteurs et organes mécaniques, et mêle étroitement des producteurs intégrés, des concepteurs, des assembleurs, des donneurs d'ordre et des sous-traitants, ainsi que des entreprises chargées de l'aménagement des véhicules automobiles.

2. Chambre des constructeurs français d'automobiles, « Analyses et statistiques », 2013.

nué leur production sur le sol national, puis réimporté des véhicules pour couvrir la demande domestique. Les importations directement liées aux délocalisations représenteraient le quart des importations automobiles[1].

Encore excédentaire de 13 milliards d'euros en 2004, le solde automobile français s'est profondément dégradé avec un déficit de 4,9 milliards en 2011 et 3,3 milliards en 2012[2]. L'Allemagne, avec 7,3 milliards, est le premier déficit bilatéral[3], mais, même avec l'Espagne, l'excédent de 1,9 milliard en 2001 a laissé place à un déficit substantiel de 3,2 milliards en 2008. L'automobile a ainsi largement contribué à la détérioration de la balance commerciale de la France et au déclin industriel français. À l'opposé, l'importance de l'automobile dans l'excédent allemand est déterminante puisque cet excédent comptait pour les deux tiers de l'excédent commercial allemand total en 2011. L'Allemagne est le premier exportateur mondial d'automobiles avec 19,5 % de part de marché en 2010, avant le Japon (14,1 %) et les États-Unis (7,3 %). La France perd pied dans l'automobile et n'est plus que le sixième exportateur mondial après avoir perdu 2 points de part de marché en dix ans.

La production automobile a subi en quinze ans des changements structurels spectaculaires et, contrairement à l'Allemagne, la France n'a pas su garder des avantages comparatifs suffisants pour maintenir une industrie automobile sur son territoire. Elle n'a pas su non plus gérer les surcapacités pour préserver son aptitude à investir dans les produits et les nouveaux marchés.

---

1. Le chiffre du commerce extérieur, « Le solde automobile devient déficitaire en 2008 », avril 2009.

2. CCFA. Au premier semestre 2014, les exportations de véhicules automobiles français produits en France ont été dynamiques avec le redémarrage progressif de la consommation privée en Espagne et en Italie, marchés traditionnels des voitures françaises (Le chiffre du commerce extérieur, premier semestre 2014).

3. Le chiffre du commerce extérieur, « Des stratégies automobiles différentes en France et en Allemagne », avril 2012.

1. L'industrie automobile européenne, un secteur en situation de forte surcapacité en Europe de l'Ouest

Au niveau mondial, la production de véhicules a augmenté entre 2000 et 2012 de plus de 25 millions, soit une hausse de 44 %, mais avec des changements massifs dans l'origine géographique de la production. La Chine représentait, en 2012, 24,6 % de la production mondiale contre moins de 4 % en 2000. Globalement, les pays émergents ont vu leur part dans la production mondiale croître fortement quand la production en Amérique du Nord a baissé de 2 millions d'unités (-11 %) et en Europe occidentale de 4 millions (-25 %)[1].

L'industrie automobile européenne est toujours en situation de surcapacité et affiche un taux d'utilisation insuffisant, avec de très fortes différences selon les constructeurs[2]. Les fermetures d'usines semblent donc inéluctables. En Europe, trois usines ont d'abord été fermées (Fiat en Sicile, Saab en Suède et Opel à Anvers), puis les restructurations se sont accélérées. Opel a annoncé la fermeture de son usine de Bochum. Fin 2012, Ford décidait de supprimer plusieurs sites d'assemblage de voitures en Europe et 6 200 emplois disparaîtront en deux ans. PSA a fermé l'usine d'Aulnay dans le cadre d'un plan de restructuration qui prévoit la suppression de 8 000 postes.

D'après une étude de 2013 d'AlixPartners[3] sur cent sites de production automobile, 58 % perdent de l'argent, car ils n'utilisent pas pleinement leurs capacités. Pour ce consultant, la sous-utilisation des usines européennes a atteint un

1. Comité des constructeurs français d'automobiles, « Analyse et statistiques 2013 ».

2. L'usine Nissan de Sunderland, au Royaume-Uni, tourne à plein régime et produit 500 000 voitures par an avec plus de 6 000 employés. À l'opposé, le site historique de Renault à Flins a tourné à 30 % de sa capacité maximale en 2012.

3. AlixPartners, « Global Automotive Review and Outlook », 2013.

niveau critique et les réductions de capacité annoncées en 2013 seront très probablement insuffisantes. Il conviendrait de réduire les capacités de production de 3 millions d'unités en Europe, ce qui équivaudrait à la fermeture de dix usines de la taille du site de Sochaux de PSA. L'étude révèle que la sous-utilisation des sites touche particulièrement la France, où 62 % des usines perdent de l'argent. Si le nombre d'usines à fermer en Europe diffère selon les consultants (au moins cinq pour UBS, de dix à douze pour la Deutsche Bank), le constat sur les surcapacités européennes est le même. Aux États-Unis, la question est désormais réglée, la crise de 2008 ayant entraîné la fermeture de dix-huit usines en quatre ans, et le taux moyen d'utilisation des capacités atteint maintenant 88 %. En Europe, le plus dur reste à faire.

Ces surcapacités en Europe de l'Ouest s'expliquent surtout par le fait que les constructeurs automobiles européens ont localisé une part importante de la production de leurs usines d'assemblage européennes en République tchèque, en Pologne, en Slovaquie, en Roumanie, en Turquie et plus récemment au Maroc avec Renault, afin de servir l'ensemble du marché européen.

Le tableau 1 montre à quel point l'industrie automobile européenne a subi, en douze ans, des délocalisations massives intra-européennes, certains pays étant clairement des perdants (la France et l'Italie), d'autres des gagnants (l'Allemagne et surtout les pays d'Europe centrale et orientale). Les gagnants font partie de l'Union européenne, comme les PECO, ou disposent d'un accès au marché sans droit de douane, comme la Turquie ou le Maroc. Il n'y a donc pas de barrière aux échanges et la distance géographique ne joue pas un rôle déterminant. Le choix du pays d'installation des usines dépendra alors d'un ensemble de facteurs : coûts salariaux, productivité, infrastructures et importance de la demande locale. En 2012, les pays de l'Europe de l'Est et la Turquie ont concentré plus du quart de la production européenne d'automobiles et de véhicules utilitaires. En 2002, ils pesaient moins de 9 %.

Tableau 1 : Production de l'industrie automobile dans l'Union européenne. Voitures particulières 2000-2012

		Allemagne	**France**	Royaume-Uni	Italie	Espagne	PECO
Voitures particulières en milliers d'unités	2000	5 132	**2 880**	1 641	1 422	2 366	2 331
	2008	5 532	**2 146**	1 447	659	1 943	4 911
	2012	5 388	**1 683**	1 445	397	1 540	5 474
	2012/2000	+5,0 %	**-41,6 %**	-11,9 %	-72 %	-34,9 %	+235 %

Source : ACEA. Six pays regroupent l'essentiel de l'industrie automobile dans les PECO (pays d'Europe centrale et orientale) : en 2011, en millions, la République tchèque (1,19), la Pologne (0,74), la Slovaquie (0,64), la Roumanie (0,31), la Hongrie (0,20) et la Slovénie (0,17). Pour ces six pays, les données commencent en 2004 au lieu de 2000. La production européenne est concentrée à plus de 90 % dans les pays présentés dans ce tableau.

La Grande-Bretagne et l'Espagne, qui n'ont pas de constructeurs nationaux, ont mieux résisté que la France et l'Italie à cet effondrement industriel[1]. Comment expliquer le recul spectaculaire de la production automobile en France ?

2. Le secteur automobile français : une forte dégradation de la compétitivité coût

Si l'on prend 2008, année où débute la crise, la France était alors, après l'Allemagne, le pays où le coût du travail dans l'automobile était le plus élevé (entre 25 et 33 % de plus qu'en Espagne, en Italie et au Royaume-Uni). Sur la période 2000-2008, la France est aussi le pays où l'augmentation des coûts du travail a été la plus forte, 27 % (en dehors des PECO, en plein rattrapage), soit plus que l'Espagne (25 %), l'Italie (10 %) et surtout l'Allemagne (17 %). Au contraire, l'industrie britannique a vu son coût du travail baisser sur la période. Cette augmentation des coûts salariaux en France n'est pas spécifique au secteur automobile. Sur la même période, le coût horaire du travail dans l'ensemble de l'industrie a augmenté de 38 % en France, 31 % en Italie, contre seulement 17 % en Allemagne.

1. Au niveau européen, si l'on classe les pays en fonction de leur production de véhicules par millier d'habitants, en 2011, ce sont la Slovaquie (118), la Tchéquie (114), la Slovénie (83), l'Allemagne (77) et l'Espagne (51) qui sont en tête, alors que la France est même légèrement en dessous de la moyenne européenne (36 contre 38 pour la moyenne européenne).

Tableau 2 : Productivité et coûts salariaux dans la branche automobile[1]

		Allemagne	**France**	Royaume-Uni	Italie	Espagne	6 PECO
Personnel occupé en milliers	2000	845	**270**	218	169	165	332
	2008	798	**280**	177	184	164	576
	2008/2000	-5,56 %	**3,70 %**	-18,81 %	8,88 %	-0,61 %	73,49 %
Valeur ajoutée par personne en milliers €	2000	57,1	**64,5**	52,1	44,7	50,3	23,4
	2008	73,5	**59,2**	72,4	49,2	54,8	26,5
	2008/2000	28,72 %	**-8,22 %**	38,96 %	10,07 %	8,95 %	13,25 %
Coût par personne en milliers €	2000	52,8	**40,6**	42,8	32,8	31,6	8,7
	2008	61,7	**51,6**	41,2	39	39,6	13,3
	2008/2000	16,86 %	**27,09%**	-3,74 %	18,90 %	25,32 %	52,87 %

Source : Eurostat, CCFA. Ces données portent sur les seules entreprises de plus de 20 salariés.

1. Il est d'autant plus pertinent de retenir l'ensemble de la branche automobile, y compris les sous-traitants, que le coût de production des constructeurs est déterminé non seulement par leurs coûts propres, mais aussi par ceux de leurs fournisseurs.

Si la France a fait mieux que de nombreux pays européens dans l'évolution de la productivité du travail (mesurée par la valeur ajoutée par personne employée) pour l'ensemble de l'industrie, ce n'est pas le cas dans l'automobile, dont la compétitivité se dégrade. Sur la période 2000-2008, la productivité du travail a progressé très fortement en Allemagne (29 %) et au Royaume-Uni (39 %). Elle a augmenté beaucoup plus lentement en Italie (10 %) et en Espagne (9 %), mais elle a régressé en France.

Ces évolutions très faibles de la productivité du secteur automobile en France entre 2000 et 2008 peuvent s'expliquer d'abord par des investissements insuffisants dans les sites français. Les investissements de la construction automobile française représentaient 3 % du chiffre d'affaires en 2010, contre 5,2 % en 2000 et 6,3 % en 1990 (CCFA), et la France se caractérise par le faible développement de la robotisation industrielle par rapport à l'Allemagne et à l'Italie. Un autre facteur peut avoir joué : la volonté des pouvoirs publics de limiter les licenciements sur les sites de production alors que ces derniers n'étaient plus compétitifs. Sur la période 2000-2008, l'emploi de la filière automobile a diminué en Allemagne, il a augmenté en France et les coûts par personne employée ont continué de croître malgré la crise. En 2010, le taux de marge brute de la branche automobile française était de 1,8 % contre 5,8 % dans l'automobile allemande et 10,6 % au Royaume-Uni[1].

Entre 2000 et 2011, d'après Roland Berger, les coûts unitaires de production auraient progressé de 44 % en France quand ils ont chuté de 10 % en Allemagne. Le nombre de voitures par employé aurait baissé de 5 % en France contre une hausse de 20 % en Allemagne. Résultat, la production automobile a diminué d'un tiers en France et augmenté de 20 % en Allemagne[2].

1. Eurostat, « Manufacture of Motor Vehicles, Trailers and Semi-trailers Statistics », Nace rev2, avril 2013.
2. Étude de Roland Berger citée dans *Challenge*, Vincent Beaufils, 2 avril 2012.

La stratégie de Renault éclaire les choix de constructeurs face à la dégradation des conditions de production sur le site France.

3. Renault, un cas emblématique de la dégradation de la compétitivité coût des sites français

La production automobile de Renault sur le site France n'a pas cessé de baisser entre 2005 et 2011. L'usine de Flins est passée de 326 700 véhicules produits en 2005 à 148 000 en 2011 ; celle de Douai, de 418 100 en 2005 à 177 000 en 2011. Au même moment, les usines hors de France ont vu leur production exploser : celle de Bursa en Turquie, de 180 000 à 313 200 ; celle de Pitesti en Roumanie, de 172 000 à 327 400. En 2011, les trois principales usines de Renault étaient localisées hors de France : en Turquie, en Roumanie et en Espagne. La première usine sur le sol français de Renault, Douai, venait seulement en quatrième position.

Tableau 3 : Production des usines Renault en 2005 et 2011

Pays	Ville	Modèle	Nombre d'unités 2011	Nombre d'unités 2005
Roumanie	Pitesti	Logan, Sandero	327 400	172 000
Turquie	Bursa	Clio, Mégane	313 200	180 000
Espagne	Palencia	Mégane	240 000	261 300
France	**Douai**	**Mégane, Scénic**	**177 000**	**418 100**
Slovénie	Novo Mesto	Clio, Twingo	174 000	178 000
France	**Flins**	**Clio**	**148 000**	**326 700**
Espagne	Valladolid	Clio, Modus	98 000	93 150
France	**Sandouville**	**Espace, Laguna**	**65 000**	**104 000**

Source : Rapports annuels Renault, hors véhicules utilitaires.

C'est au milieu des années 2000 que Renault a inauguré des sites d'assemblage dans des pays à bas coût. Ces marchés affichaient alors de forts taux de croissance et la stratégie, au départ, était de produire sur ces marchés, dont le pouvoir d'achat était faible, des modèles bas de gamme bon marché, destinés au marché domestique. Jusqu'à la fin des années 1990, l'usine turque produisait des modèles destinés essentiellement aux pays en voie de développement. Progressivement, cette stratégie a changé.

C'est avec l'accord d'union douanière avec l'Union européenne, en 1996, que la production de Renault en Turquie a commencé à être exportée vers l'Europe. En 2009, Renault exportait les trois quarts de sa production turque vers l'Europe, développant sans cesse ses activités sur ce site. Des investissements réalisés en 2008 ont porté la capacité de production de Bursa à 360 000 véhicules par an.

Renault a aussi investi 1,1 milliard d'euros dans son nouveau site de Tanger, qui devrait être l'usine la plus compétitive du groupe. Sur cette deuxième base industrielle de voitures à bas coût du groupe, la production sera destinée à 90 % à l'exportation. Aujourd'hui, Tanger a une capacité de production comparable à Douai ou Flins.

Chez Renault, les sites français cumulent deux handicaps majeurs : un coût moyen par employé plus élevé pour un temps de travail plus bas. Dans les sites d'assemblage français comme Sandouville et Flins, les coûts salariaux (charges sociales comprises) sont de 50 000 euros annuels par employé, contre environ 35 000 pour les sites espagnols et environ 11 000 euros pour le site roumain. Le temps de travail prévu par les accords en place se situe sous la barre des 1 500 heures annuelles de travail effectif dans la plupart des usines de l'Hexagone, alors que la durée de travail normale sur d'autres sites européens est bien supérieure : 1 650 heures par an dans l'usine Renault en Slovénie, plus de 1 950 heures au Maroc, 2 050 heures en Turquie. Les écarts en termes de productivité sont tout aussi spectaculaires : le site de Douai affichait au premier trimestre 2012 un ratio de 17,9 véhicules par salarié ; celui de Flins, 24,3 ;

dans le site espagnol de Palencia, chaque salarié a fabriqué en moyenne 55,1 berlines Mégane pendant la même période[1].

Au final, les différences de coût de production sont considérables. Carlos Ghosn affirmait que, pour un véhicule vendu à 14 000 euros, il existe un écart de 10 % entre une fabrication en Europe de l'Est et en France sur le prix de revient, soit 1 400 euros. Cette différence s'expliquait par l'écart des salaires (400 euros), les charges sociales (750 euros) et la taxe professionnelle (250 euros). Les usines hors de France sont aussi plus efficientes, car plus modernes, d'où une différence supplémentaire de coût par véhicule. Renault souligne les retombées positives de la production à l'étranger sur son activité en France et assure que chaque voiture fabriquée dans la nouvelle usine de Tanger « rapporterait 800 euros en France parce qu'il y a 400 euros de pièces livrées depuis la France et 400 euros d'ingénierie[2] ».

Chez PSA, le même phénomène de délocalisation est à l'œuvre. Au premier semestre 2014, la production mondiale de PSA a été de 1,554 million de véhicules, 553 000 ayant été produits en France, 36 % du total contre un peu moins de 20 % pour Renault. Si plusieurs sites, parmi les plus importants du groupe, restent localisés en France, leur production a beaucoup baissé : Sochaux (de 413 300 en 2005 à 373 000 en 2011), Mulhouse (de 405 000 en 2005 à 320 000 en 2011). Au contraire, Kolin, en Tchéquie, a vu sa production fortement augmenter, de 70 000 à 180 000 véhicules, et en Slovaquie un nouveau site a été créé, Trnava, avec une production de 178 000 véhicules. La fermeture du site d'Aulnay va dans le même sens : diminution de la production en France et hausse de la production sur les sites étrangers. La production automobile en France serait-elle donc condamnée ?

1. « Renault s'attaque aux handicaps de ses usines françaises », *Les Échos*, 12 novembre 2012.

2. « Produire des voitures au Maroc, c'est bon pour la France... selon Renault », *Challenge*, 7 février 2012.

Pour maintenir une production limitée en France dans le futur, Renault et PSA ont demandé des concessions à leurs salariés dans le cadre des accords compétitivité emploi signés en 2013. Le plan de Renault prévoit une augmentation du temps de travail de trente-deux à trente-cinq heures par semaine. PSA va introduire une autre approche : rallonger la journée de travail si les objectifs de production n'ont pas été atteints. Chez les deux constructeurs, il y aura un gel des salaires sur un an, et les revalorisations les deux années suivantes dépendront de l'évolution des performances. En compensation, Renault s'engage à conserver les sites français, sans licenciements ni plan de départ volontaire, confirme des investissements en France de 1,2 milliard d'euros et décide d'augmenter la production française à 710 000 véhicules en 2016, contre 530 000 en 2013, ce qui permettrait un taux moyen d'utilisation des capacités de 85 %. Peugeot s'est engagé sur un volume de production de 1 million de véhicules en France en 2016.

Curieusement, deux sites de constructeurs étrangers installés en France semblent mieux résister à la crise.

4. Deux constructeurs produisant en France qui réussissent à exporter massivement : Toyota et Smart-Mercedes

Toyota a décidé en 2001 de s'implanter près de Valenciennes, région fortement touchée par la désindustrialisation. Grâce à des aides importantes du gouvernement français, le groupe japonais a construit un site entièrement neuf sans subir les contraintes pesant sur les vieilles usines de Renault et PSA. En 2013, avec plus de 4 000 salariés pour 200 000 voitures produites, Toyota sort de ses chaînes 63 véhicules à l'heure, ce qui le place en tête en termes de productivité, devant toutes les usines françaises de Renault. Pour réussir, Toyota joue sur l'optimisation de son organisation industrielle et une amélioration continue de la production. Les travailleurs ont accepté dans leur contrat de travail une grande flexibilité. Toyota peut demander aux opérateurs jusqu'à cinquante-cinq minutes de travail (payé en heure supplémentaire), à la fin du travail de chaque équipe, si l'objectif de volume du jour n'est pas atteint[1].

Toyota utilise un modèle économique en France qui réussit sur un site spécialisé dans les petites voitures à faible marge. L'usine Toyota de Valenciennes a même lancé en 2013 la production en série d'une version de la Yaris destinée à l'exportation aux États-Unis. La plupart des Yaris produites à Valenciennes ne sont pas destinées au marché français, mais exportées. En 2012, les ventes de Yaris en France ne représentaient que 14 % du total des ventes des véhicules contre 17 % en Grande-Bretagne, 16 % en Italie et 12 % en Allemagne. C'est donc un beau succès à l'exportation de petites voitures produites en France...

Il existe une autre production de véhicules de niche en France, la Smart, propriété de Mercedes, qui est largement exportée. Environ 100 000 véhicules ont été produits en 2011 et 2012 sur le site lorrain. L'Allemagne est le premier marché de la Smart (29 % du total des ventes), l'Italie le deuxième (24 %) et la Chine le troisième (11 %)[2]. 200 millions d'euros ont été investis en 2012 sur le site pour des travaux d'extension et Smart passe à l'électrique pour relancer ses ventes et assurer sa pérennité.

Ces deux exemples montrent qu'à condition d'introduire une très grande flexibilité de l'outil industriel et une recherche permanente de l'optimisation de la production, ou de se positionner sur le haut de gamme, on peut produire en France malgré un coût du travail élevé. C'est ce que confirme la réussite de l'Allemagne, qui a pourtant des coûts plus élevés que les constructeurs français dans l'automobile.

---

1. « Toyota Valenciennes : l'usine qui résiste à la crise », *Les Échos*, 7 mai 2013.
2. « Smart passe à l'électrique pour relancer ses ventes », *Les Échos*, 12 décembre 2012.

5. Les clés de la réussite allemande dans le secteur automobile

La production d'automobiles sur le sol allemand a atteint 5,5 millions d'unités en 2013 et les exportations (4,18 millions d'unités) continuent de progresser. À l'étranger, 8,7 millions de véhicules de marques allemandes sont sortis des chaînes de production, ce qui ne s'oppose pas à la production en Allemagne.

Les constructeurs allemands n'ont pas bénéficié d'un marché domestique plus dynamique que les constructeurs français. Entre 2000 et 2010, le nombre d'immatriculations de voitures neuves a évolué à peu près de la même façon en France et en Allemagne, et la densité automobile par pays est à peu près la même[1]. En revanche, la gamme inférieure représente 52 % des immatriculations en France contre 29 % en Allemagne, et la gamme supérieure 19 % en Allemagne contre 6 % en France. Incontestablement, les constructeurs allemands positionnés sur le haut de gamme ont bénéficié là d'un avantage sur leur marché domestique.

Comment font les constructeurs allemands pour maintenir et améliorer la compétitivité des sites allemands et exporter quand les constructeurs français ont abandonné le site France ?

a. *Investissements, automatisation et plates-formes modulaires dans les sites allemands*

Face à des salaires élevés, les constructeurs allemands ont baissé les coûts de production des sites allemands. Ils ont investi d'abord des sommes considérables afin de moderniser leurs installations et de développer de nouveaux véhi-

1. Le nombre de voitures et de véhicules pour 1 000 habitants est même légèrement supérieur en France qu'en Allemagne.

cules. Le groupe Volkswagen a investi 84,2 milliards d'euros entre 2013 et 2018[1], et ses implantations en Allemagne concentrent 60 % des montants investis[2], malgré la montée en puissance de ses sites en Chine, où VW pourrait redevenir le premier constructeur devant GM.

Ces investissements sont en particulier destinés aux plates-formes communes, qui permettent de diminuer les coûts, d'accroître la flexibilité sur les chaînes, et renforcent l'efficacité de l'appareil de production. VW, le premier, a privilégié le développement de telles plates-formes, ce qui a impliqué une robotisation croissante de la production. Un responsable de VW déclarait pouvoir ainsi gagner jusqu'à 20 % sur les coûts d'approvisionnement et les dépenses d'investissement. Les nouvelles plates-formes communes de VW, qui étaient jusqu'à présent destinées à un segment précis (les petites citadines, par exemple), vont désormais associer plusieurs segments pour gagner en flexibilité, en coût, et produire des véhicules aux marges confortables dans le moyen et haut de gamme. La nouvelle plate-forme MQB sera utilisée pour la grande majorité des véhicules du groupe, Polo, Passat, Touran, Tiguan et les modèles équivalents chez Audi, Seat et Skoda.

VW a aussi rationalisé sa production en mutualisant le plus possible ses usines afin de permettre à chaque site de se spécialiser (tout en travaillant pour plusieurs marques du groupe) en poussant la standardisation au maximum sur tout ce qui ne se voit pas, avec une banque d'organes commune à ses multiples marques (par exemple, pour les moteurs, boîtes de vitesses). Il a en revanche différencié au maximum ce qui se voit : l'habitacle et la carrosserie. VW a ainsi pu obtenir de fortes économies d'échelle. Parallèlement, il a réduit sa dépendance vis-à-vis de ses sous-traitants : par exemple, la quasi-totalité des sièges de voitures sont maintenant fabriqués en interne.

---

1. « Volkswagen lève le pied sur ses investissements », *Les Échos*, 25 novembre 2013.
2. *Les Échos*, 6 mars 2012.

b. *Maintien de l'assemblage en Allemagne et importations de pièces détachées des pays de l'Est*

La stratégie allemande privilégie l'assemblage final des véhicules sur le territoire national et l'importation de pièces détachées fabriquées dans des pays à bas coûts[1]. En 2011, 45 % de la production de voitures particulières des constructeurs automobiles s'effectue en Allemagne, contre seulement moins de 30 % en France. Il y a donc des choix stratégiques différents entre constructeurs français et allemands[2].

Tableau 4 : Structure des échanges de l'industrie automobile en France et en Allemagne en 2011

	France Exportation	Allemagne Exportation	France Importation	Allemagne Importation
Véhicules automobiles	63 %	75 %	75 %	59 %
Pièces détachées	37 %	25 %	25 %	41 %

Source : Le chiffre du commerce extérieur, « Des stratégies automobiles différentes en France et en Allemagne », 2012.

En 2011, les exportations automobiles allemandes sont constituées très majoritairement de véhicules (75 %), et seulement à 25 % de pièces détachées. En revanche, dans les importations allemandes, la part des pièces détachées est élevée (41 % en 2011) et croissante (29 % en 2000). Ces pièces détachées, qui sont incorporées dans les véhicules assemblés en Allemagne, proviennent en grande partie des nouveaux entrants de l'Union européenne, notamment de

1. Système que Hans-Werner Sinn a qualifié d'« économie de bazar ».
2. Le chiffre du commerce extérieur, « Des stratégies automobiles différentes en France et en Allemagne », avril 2012.

la République tchèque et de Pologne, et donnent un avantage de coût aux constructeurs allemands.

À l'opposé, les constructeurs français privilégient la production de véhicules dans leurs filiales à l'étranger et exportent des pièces détachées à partir de la France pour ces filiales. Seule la balance commerciale de pièces détachées automobiles restait positive en France en 2011. Le déficit français de la branche automobile atteignait 8,1 milliards d'euros pour les véhicules, alors que les pièces détachées dégageaient encore un excédent de 3,1 milliards. La même année, la balance commerciale automobile allemande était largement excédentaire de 103,1 milliards d'euros (90,1 milliards d'excédents pour les véhicules et seulement 13 milliards pour les pièces détachées).

Renault est ainsi devenu importateur net de véhicules en France, immatriculant davantage de véhicules qu'il n'en produit en France. Au début des années 2000, l'entreprise exportait 47 % de sa production française, mais, en 2008-2010, elle devait importer 10 % de sa production en France. À l'inverse, les constructeurs allemands ont maintenu, voire augmenté le niveau de leurs exportations à partir de l'Allemagne. Aujourd'hui, l'intensité d'exportation de VW, Mercedes et BMW est bien supérieure à celle de leurs homologues français, dont la part de production automobile mondiale localisée hors de leur marché national a augmenté le plus entre 2000 et 2010.

c. *Dépenses en R&D élevées et positionnement haut de gamme des constructeurs allemands*

L'industrie automobile est la première branche pour le montant des dépenses totales en R&D des entreprises. En 2011, en France, ces dépenses en R&D de la branche automobile se sont élevées à 18 % de l'ensemble des dépenses en R&D des entreprises françaises, avant la pharmacie et l'aérospatial. Les entreprises du secteur automobile sont aussi les premiers déposants de brevets, le groupe PSA en tête depuis cinq ans. Dans le secteur automobile, avoir une capacité globale de R&D importante est donc un avantage concurrentiel crucial. Or, les constructeurs allemands ont pris une avance décisive.

En 2012, VW a investi seul en R&D 9 515 millions d'euros, environ deux fois plus que Renault et PSA réunis (4 370 millions). Les dépenses en R&D de BMW (3 952 millions) ou de Daimler-Mercedes (5 639 millions) sont aussi beaucoup plus importantes que celles de Renault (1 889 millions) ou de PSA (2 481 millions), alors que le nombre de véhicules produits par BMW ou Daimler-Mercedes est inférieur à la production des constructeurs français. Un véhicule français intègre trois fois moins de R&D en montant en euros par véhicule qu'une BMW ou une Mercedes.

Sur la période 2003-2012, le fossé s'est creusé entre constructeurs allemands et français. VW, BMW ont fortement accru le montant total des dépenses de R&D, et donc accentué leur avance technologique, contrairement à PSA ou Renault, freinés par leur situation financière difficile.

Tableau 5 : Dépenses en R&D des constructeurs automobiles et évolution

		Renault	PSA	VW	Mercedes	BMW
Investissements en R&D (en millions d'euros)	2003	1 737	2 098	4 140	n.d.	2 559
	2012	1 889	2 481	9 515	5 639	3 952
	Évolution 2012/2003	+8,8 %	+18,3 %	+229,8 %		+54,4 %

Source : Commission européenne, « EU Industrial Investment Scoreboard » ; les données de Mercedes ne sont pas comparables en 2003 (fusion avec Chrysler).

Ces investissements en R&D ont favorisé une montée en gamme des véhicules allemands qui se traduit par un prix moyen plus élevé, reflétant le positionnement du point moyen de la gamme vendue. Il diffère selon la motorisation ou le contenu technologique des modèles proposés, mais aussi selon la qualité perçue par les clients.

Tableau 6 : Prix de vente moyens par véhicule des constructeurs en euros (moyenne 2000-2010)[1]

	Fiat	Renault	PSA	VW	Mercedes	BMW
Prix moyen HT	11 906	14 602	13 014	17 277	38 286	35 993

Note : le prix de vente moyen a été calculé en divisant le CA de l'activité automobile par le nombre de véhicules produits. Sources : constructeurs, OICA.

Le prix de vente moyen d'un véhicule VW (moyenne sur la période 2000-2010) est de 18 % supérieur à celui de Renault, de 32 % à celui de PSA. Parmi ces généralistes, VW a même augmenté le prix de vente moyen sur la période alors qu'il est resté stable chez Renault et qu'il a même baissé chez PSA.

Les véhicules à prix élevé sont devenus les responsables du déficit commercial français et de la puissance de l'industrie allemande. Si l'on analyse les forces et les faiblesses de la production française et allemande de véhicules automobiles entre 2000 et 2011 en distinguant les véhicules selon leur niveau de prix et leur catégorie, on constate deux tendances diamétralement opposées :

– en France, un glissement de la gamme exportée vers les petites cylindrées aux dépens des moyennes cylindrées, la

1. Pierre-André Buigues et Denis Lacoste, « Déterminants des stratégies d'internationalisation, exportation ou investissements directs étrangers, des constructeurs automobiles européens », *Gérer et Comprendre*, décembre 2014.

production française ayant été toujours marginale dans les grosses cylindrées ;

– en Allemagne, un renforcement de la gamme exportée vers les grosses cylindrées aux dépens des moyennes cylindrées, la part des petites cylindrées ayant été marginale dans la production allemande.

Tableau 7 : Structure par gamme de véhicules exportés par la France et l'Allemagne en 2011

	France 2000	France 2011	Allemagne 2000	Allemagne 2011
Grosses cylindrées	1 %	2 %	23 %	26 %
Moyennes cylindrées	73 %	64 %	71 %	67 %
Petites cylindrées	26 %	33 %	6 %	7 %

Source : Le chiffre du commerce extérieur, « Des stratégies automobiles différentes en France et en Allemagne », 2012. Grosses cylindrées : >2 500 cm^3 ; moyennes cylindrées : entre 1 500 et 2 500 cm^3 ; petites cylindrées : <1 500 cm^3.

Un livre blanc sur le déclin du site automobile France confirme le diagnostic[1]. En 2011, le seul point fort de l'automobile française, c'est-à-dire les types de véhicules pour lesquels la France enregistre un solde commercial positif, se limite aux petits véhicules à essence (1 000 cm^3 et moins), et cet excédent est faible (360 millions d'euros). Le prix moyen des véhicules importés dans cette catégorie est inférieur au prix moyen des véhicules exportés. Pour toutes les autres catégories de véhicules, la France enregistre un déficit. Le plus gros point faible de la production française concerne les véhicules Diesel de plus de 1 500 cm^3, avec un solde déficitaire de 3,1 milliards d'euros et une différence de prix moyen de 3 240 euros entre un véhicule exporté et un véhi-

1. ACSIA, « Enrayer le déclin du site automobile France », juin 2012.

cule importé. De plus, entre 2009 et 2011, le prix moyen des véhicules importés par la France dans cette catégorie augmente alors qu'il reste stable pour les véhicules exportés.

d. *Dynamisme des exportations allemandes sur les zones émergentes*

La croissance des exportations allemandes provient, en partie, de leur présence à l'exportation sur les marchés situés hors de l'Union européenne. En 2011, ces pays représentaient 48 % des exportations de l'Allemagne contre seulement 26 % pour la France. C'est en particulier le cas de l'Asie (17 % des ventes allemandes contre 4 % pour la France) et de l'Amérique (14 % contre 2 % pour la France).

Sur la période 2000-2011, les constructeurs allemands ont nettement renforcé leur présence sur les marchés les plus dynamiques de l'Asie, la part de l'Asie dans les exportations allemandes passant de 7 à 17 %, alors que cette zone reste encore marginale pour les exportateurs français, passant de 1 à 4 %.

CONCLUSION : UN REBOND POSSIBLE ?

Au cours des quinze dernières années, la stratégie des firmes françaises était clairement affichée : monter en gamme en se montrant créatives en termes de concepts automobiles et de design pour augmenter la valeur unitaire des produits vendus ; faire foisonner les gammes automobiles à partir des mêmes plates-formes pour atteindre les hauts volumes nécessaires à l'amortissement des outils de production ; réussir la mondialisation en satisfaisant la demande là où elle se trouve ; optimiser la chaîne de valeur sur la surface de la planète pour bénéficier des gisements de compétences à faible coût ; enfin, défendre les parts de marché en adoptant des stratégies commerciales agressives. Cette stratégie a été déclinée différemment par Renault et PSA. Pour Renault, c'est l'alliance qui a été le vecteur de la stratégie mondiale avec une spécialisation des écosystèmes productifs nationaux selon leurs avantages comparatifs. Pour PSA, le refus de la dilution du capital familial a conduit, à l'inverse, à un développement autocentré (France et Europe du Sud) avec de multiples partenariats technologiques de portée limitée. La dégradation continue des fondamentaux économiques de la base productive française (hausse des coûts salariaux et fiscaux), couplée avec des échecs stratégiques dans la gamme de produits, a amené les champions nationaux par ajustements successifs à sous-investir en matière de R&D et d'outils de production, à différer constamment le lancement de nouveaux produits, à ralentir l'effort de conquête des marchés émergents, et à renoncer faute de moyens à la défense des parts de marché en Europe. Dans cet univers fortement contraint, les champions nationaux vont déployer une stratégie adaptative centrée sur le *low cost* hors de France pour Renault et sur une stratégie de gamme renouvelée (renaissance de la DS) pour PSA.

Les entreprises françaises qui ont délocalisé une large partie de la production automobile produisent des véhicules dont les prix sont plus faibles et qui contiennent beaucoup moins de R&D que les véhicules allemands, et qui sont donc en forte concurrence avec les productions en provenance des pays émergents. La fragilité financière des constructeurs français – notamment de PSA qui a gardé, contrairement à Renault, des capacités de production importantes en France – limite les capacités de financement de nouveaux investissements et de R&D. La situation est donc particulièrement critique pour le secteur automobile. Les accords compétitivité emploi peuvent ralentir le déclin, mais seront-ils suffisants pour un redémarrage de la production en France ? On peut en douter, car les sites en Espagne et au Royaume-Uni ont de plus grands avantages compétitifs, qui se sont renforcés avec la crise, et les accords avec les syndicats sont plus ambitieux que leurs équivalents en France.

En effet, on assiste au Royaume-Uni ou en Espagne à une certaine renaissance de la production automobile grâce à une forte amélioration de la compétitivité coût et à une plus grande flexibilité du marché du travail. Cela leur permet d'attirer des investissements, de commencer à gagner des parts de marché à l'exportation et d'avoir des entreprises plus profitables. L'Espagne pourrait devenir ainsi le centre de production du milieu de gamme pour les constructeurs européens automobiles, et cela devrait se faire au détriment d'un pays comme la France, ayant un niveau de gamme semblable à celui de l'Espagne, mais des coûts salariaux plus élevés.

À l'opposé des Français, la stratégie des constructeurs allemands vise à valoriser un avantage concurrentiel acquis sur le territoire d'origine du constructeur, le « *made in Germany* », synonyme de fiabilité et de contenu technologique, et justifiant des prix élevés. Leurs marges très confortables leur permettent de financer des investissements en R&D et en capacités de production supplémentaires, à la fois en Allemagne et dans les pays émergents. L'industrie automobile allemande bénéficie aussi de gains relatifs de compétitivité coût pour la production en Allemagne, grâce à des investissements massifs sur les sites allemands. Résultat : BMW et VW représentent fin 2012 à eux seuls les deux tiers de la capitalisation boursière des constructeurs automobiles européens. Le marché européen ayant plongé de 25 % entre 2007 et 2012, la Bourse a aussi valorisé la capacité des constructeurs à tirer profit de la demande des pays émergents, en particulier de la Chine.

L'automobile française peut-elle encore rebondir ? Le cumul des handicaps du site France et les effets des erreurs stratégiques ne la condamnent-ils pas ?

En fait, la poussée technologique et la nouvelle phase de mondialisation contribuent à rebattre les cartes. L'automobile européenne va devoir affronter trois défis majeurs au cours de la décennie à venir. Le premier est celui de la numérisation de l'automobile – ou, si l'on préfère, de la voiture connectée : ordinateur et tablette de bord pour faire de la voiture un nouvel espace de travail et de loisir, électronique embarquée pour optimiser le pilotage et la gestion du véhicule, développement d'outils d'assistance à la conduite, interactions avec la « route intelligente ». Le deuxième défi est celui de l'écologisation du système automobile : réduction de la consommation unitaire (véhicule 2 litres aux 100), nouvelles motorisations hybrides, nouvelles énergies et avancées dans le stockage... Le troisième défi est celui de la *mass customization* : l'extension continue de la classe moyenne mondiale ne signifie pas l'émergence d'une voiture mondiale produite en masse, mais au contraire le développement de la variété, la segmentation à l'infini, la multiplication des gammes pour satisfaire à coûts maîtrisés les aspirations des classes moyennes africaines, latino-américaines et asiatiques. La *mass customization* suppose la taille, qui seule autorise les gros volumes et les coûts maîtrisés, quelques plates-formes performantes, qui seules permettent les économies d'échelle au stade de la production, et enfin une grande variété de produits avec une personnalisation pour donner au consommateur final le sentiment de l'unique.

Quelques acteurs nouveaux apparaissent sur le front technologique et commercial, la concentration s'accélère. La France semble pour le moment empêtrée dans la gestion du passé, même si chez les équipementiers ou dans les laboratoires on voit poindre quelques innovations, mais rien n'a été fait à ce stade pour corriger les déséquilibres majeurs apparus au cours des quinze dernières années.

Chapitre 11

Télécoms et TIC : la sortie de route

Trente ans... il aura fallu trente ans pour que les rêves européens d'Esprit, de Jessi, d'Eurêka, prolongés par l'initiative de Lisbonne qui devait faire de l'Europe le continent le plus avancé dans les nouvelles technologie de l'information et de la communication (NTIC), sombrent et laissent entrevoir la réalité d'un déclin continu.

Trente ans pour que l'Europe et la France passent d'un co-leadership mondial dans les équipements de télécommunications au duo des survivants, Ericsson chez les équipementiers mobiles et Alcatel dans les cœurs de réseau de l'internet. Disparus, Italtel, GEC Plessey, Siemens (par fusion avec Nokia). Alcatel, fusionné avec Lucent, en est réduit à mettre en gage ses brevets pour se refinancer.

Trente ans pour que les exploitants européens de télécommunications passent de la prospérité conquérante au statut de proie pour investisseurs latino-américains, asiatiques ou américains demain... alors qu'au même moment les opérateurs se concentrent aux États-Unis, investissent dans la 4G et s'apprêtent à sortir Deutsche Telekom (DT) de leur marché après avoir évincé Vodafone.

Trente ans pour passer des rêves technologiques du CNET qui dans ses laboratoires bretons rivalisait avec les Bell Labs dans la commutation numérique, la reconnaissance vocale, les services multimédia, à un CNET en réorganisation permanente, à la créativité en panne.

Après les proclamations sonores de Lisbonne, l'échec est avéré, ce qui constitue un handicap objectif pour la croissance européenne. Le paysage industriel et technologique est à ce point désolé que l'économiste Gilbert Cette[1] y décèle une opportunité, celle d'importer les technologies et les services innovants développés ailleurs, notamment en Amérique, pour améliorer la productivité et stimuler la compétitivité.

La renaissance américaine dans le software mais aussi le hardware, les composants mais aussi les contenus, les technologies de réseau mais aussi les terminaux, est l'image inversée de l'évolution européenne : non seulement les États-Unis ont maintenu leur domination ancienne dans les logiciels ou les composants, chevauché les différentes vagues de l'internet, mais ils ont pu même repartir à la conquête de l'électronique grand public, des mobiles et maintenant, avec le début du processus de relocalisation, de l'informatique.

La montée en puissance coréenne puis chinoise témoigne aussi de la capacité à passer d'une logique d'imitation à une logique de création, d'une compétitivité par les prix à une compétitivité hors prix par l'innovation, voire l'ergonomie et le design, d'une stratégie suiviste à une stratégie pionnière dans les usages et les services.

Déclin européen, renaissance américaine, émergence asiatique : le diagnostic brutal est-il bien établi ? Ne sommes-nous pas une fois de plus victimes du fétichisme manufacturier, d'un tropisme productiviste et de l'illusion mercantiliste ? Et si le génie français et européen résidait plutôt dans les

1. Gilbert Cette, « Les écarts de croissance de la productivité : le rôle des vagues technologiques et des facteurs structurels », JECO, Lyon, 15 novembre 2013.

usages, dans la capacité à diffuser les meilleures technologies aux meilleurs prix pour le plus grand nombre[1] ?

Alcatel et France Télécom en déclin... est-ce un problème quand la révolution Free fait de la France le pays le moins cher pour l'usage de la téléphonie mobile et l'accès au haut débit ? Quand le résultat d'Orange baisse de 80 % entre 2011 et 2012, et quand les activités mobiles voient leur taux de marge baisser de 10 points en dix ans, ne faut-il pas célébrer le triomphe de la concurrence ?

Ne peut-on pas soutenir que la libéralisation a permis de transférer du pouvoir d'achat aux consommateurs, mais aussi à l'économie, grâce à la baisse du prix des consommations intermédiaires ?

Faut-il par ailleurs vraiment regretter que la baisse des marges ait rendu les opérateurs plus économes de leurs deniers et qu'ils aient en particulier renoncé à leurs « éléphants blancs », ces projets technologiques diffusés à la hâte quand les conditions de marché ne sont pas réunies et qui se soldent par de lourdes pertes ?

Enfin, si les exploitants téléphoniques appauvris ne peuvent plus financer les réseaux, faut-il le regretter quand la solution passe soit par l'éclatement des opérateurs historiques en sociétés de réseau et sociétés de services, soit par l'arrivée de nouveaux investisseurs, collectivités locales ou fonds d'investissement ?

Le problème, lorsqu'on ne se préoccupe que des usages et du bien-être des consommateurs, en écartant toute réflexion sur la déformation des spécialisations et sur la production sur le sol national, est qu'on finit par se réveiller avec un problème de balance courante, un problème de qualité des

1. Le marché du numérique a crû en moyenne de 15 % dans les années 1993-2000 ; l'éclatement de la bulle de l'internet a stoppé net son élan. La reprise est intervenue en 2007 avec une hausse de 7 % ; depuis, la croissance annuelle est inférieure à 5 %. Et pourtant la croissance des usages est explosive : il y avait 6 millions d'abonnés mobiles en 1992, 100 millions en 2007, et il y en a 800 millions aujourd'hui ; il y avait 0,5 million d'abonnés en 1997 dans le haut débit et 100 millions en 2007. Mais les revenus de services de télécom n'ont été multipliés que par 3 entre 1992 et 2012, de 84 à 270 milliards d'euros (source Digiworld).

emplois disponibles, et surtout un problème d'atrophie progressive de l'ensemble de la chaîne de valeur. La perte de compétence manufacturière finit par rejaillir sur la capacité d'innovation et sur la possibilité de déployer avant les autres les services innovants.

Si le constat, dans sa brutalité, est peu contestable, et si l'indifférence raisonnée, compte tenu des bénéfices du consommateur, est à écarter, il reste à comprendre le pourquoi et le comment de cette descente aux enfers. Parmi les facteurs explicatifs envisageables, il en est qui sont communs aux différents pays européens (libéralisation, politique de concurrence, financiarisation, monétisation des fréquences) ; il en est d'autres qui sont propres à la France (incohérence des politiques menées ou fixation d'objectifs contradictoires aux opérateurs). La combinaison de ces déterminants produit chaque fois des effets spécifiques. Ainsi, la financiarisation est une tendance globale, qui a conduit au démantèlement de la CGE au nom de la création de valeur pour l'actionnaire, mais n'a eu aucun effet en Allemagne pour Siemens. De même, les politiques de déréglementation et de libéralisation du secteur des télécommunications ont été menées partout en Europe dans le cadre de la mise en œuvre du marché unique, mais elles ont eu des effets majorés dans un pays comme la France de tradition colbertiste.

En fait, l'évolution du paysage industriel des télécommunications et des technologies de l'information et de la communication (TIC) en France a été déterminée par trois types de forces :

– *technologiques*, avec la nécessité pour les exploitants d'investir dans de nouveaux réseaux, de nouvelles infrastructures et de nouveaux services, tout en assistant à la perte accélérée de la rente du téléphone fixe ;

– *régulatoires*, avec la triple action de Bruxelles sur les tarifs (prix du roaming, prix des sms, prix des terminaisons d'appel), sur les concentrations (intra-nationales et intra-européennes, la question du marché pertinent) et sur la concurrence (ententes, abus de position dominante...) ;

– *économiques*, avec la redistribution des cartes dans le cadre de la mondialisation. Mais aussi avec l'évolution des marchés et le double évidement du métier d'exploitant téléphonique par les marchands de terminaux qui captent une part de la valeur (Apple, Samsung...) et les fournisseurs de services (Google, Facebook, Yahoo !) qui consomment sans la payer de la bande passante fournie par les exploitants des réseaux[1].

Cette triple évolution s'est passée en trois temps :

Jusqu'en 1989, date de la mise en œuvre du marché unique libéralisé des télécommunications, le paysage européen est caractérisé par une série de monopoles nationaux publics ou privés verticalement intégrés, une intimité active entre équipementiers et exploitants nationaux, une coopération active entre responsables nationaux pour favoriser l'adoption de normes et de standards communs.

De 1990 à 2002, face à la montée des effets de la libéralisation et de la régulation asymétrique de l'opérateur dominant, on assiste à une fuite en avant technologique et internationale des opérateurs. Le moteur de cette double dynamique est l'UMTS. La 3G permet à la fois d'anticiper une nouvelle source de revenus (le multimédia mobile), d'ouvrir le jeu concurrentiel et de rebattre les cartes pour les équipementiers qui avaient manqué la 2G et l'internet fixe.

De 2002 à aujourd'hui, les acteurs nationaux et européens subissent le triple choc de la montée de l'Asie dans les équipements de télécommunications, les composants et les terminaux ; du réveil américain dans les nouveaux réseaux, les mobiles et l'affirmation de la domination des Google, Facebook, Amazon, Apple, Twitter et autres champions du numérique ; de la répression des opérateurs dominants au

1. La performance des sociétés de technologies d'information et de la communication fournit une bonne indication des transferts de valeur dans l'écosystème numérique. Entre 2008 et 2013, la valorisation d'Apple est passée de 100 à 361, celle de Google de 100 à 170, celle de Verizon de 100 à 106, celle de Deutsche Telekom de 100 à 65, celle de FT-Orange de 100 à 34 et celle de Nokia de 100 à 15.

nom de l'intégration du marché et de la défense du consommateur.

1. Jusqu'en 1989 : la construction publique d'un avantage comparatif français

Le monopole naturel en matière de réseaux de télécommunications, la stabilité des technologies, l'homogénéité des services, le protectionnisme généralisé en matière de marchés publics ont longtemps constitué les principaux traits d'un modèle universel PTT. C'est ce système qui a volé en éclats au début des années 1980, emporté par la grande vague de dérégulation partie d'outre-Atlantique et qui a abordé les rivages de l'Europe continentale à partir de 1987. S'interroger sur les raisons et les modalités du « big bang » des télécommunications éclaire la dynamique d'évolution du secteur et les formes contrastées que prend la concurrence en Europe continentale, aux États-Unis et au Royaume-Uni.

Le monopole naturel en matière de télécommunications a d'abord été victime de la technologie. Le système Bell, bâti par ATT, reposait sur l'unicité, l'uniformité et l'homogénéité de matériels et de réseaux dont le bon fonctionnement était assuré par une entreprise qui de fait réalisait l'optimum de marché. La maîtrise des faisceaux hertziens a permis à MCI dans les années 1970 de faire la preuve qu'une liaison longue distance non filaire était possible et beaucoup moins coûteuse. Le modèle d'intégration des services téléphoniques locaux interurbains et internationaux qu'incarnait ATT n'était plus justifié : le monopole local, encore nécessaire compte tenu des technologies disponibles pour la boucle locale, était compatible avec la concurrence sur l'interurbain. C'est sur cette base que le juge Green lancera en 1984 la déréglementation du marché américain.

Le monopole administratif assurant un service public de base à des usagers indifférenciés a ensuite été victime de la révolte des usagers professionnels contre une bureaucratie inefficace et coûteuse. La déréglementation britannique trouve, par exemple, son origine dans la constitution par des entreprises de la City de Londres d'un lobby réclamant des services avancés de télécommunications à un prix raisonnable, ce que British Telecom, héritier du Post Office, était incapable de faire. La déréglementation britannique empruntera donc une autre voie, puisque la privatisation de British Telecom et l'organisation d'une concurrence partielle sur la clientèle professionnelle avec la création de Mercury en seront les principaux traits[1].

La déréglementation européenne lancée par le Livre vert de 1987 et qui s'accélére à partir de 1992 obéit à une troisième logique, celle de l'intégration du marché unique et de la libre prestation de services à l'intérieur de l'espace communautaire. Le problème n'est pas tant d'offrir un service téléphonique de qualité, ni même d'introduire de nouvelles technologies – une entreprise comme France Télécom a remarquablement su le faire dans le cadre d'une stratégie colbertiste –, mais d'ouvrir les marchés, de lever les barrières intérieures dans le domaine des services et des marchés publics.

Au total, cette première vague de déréglementation ne transforme pas fondamentalement le paysage concurrentiel aux États-Unis, pas plus qu'au Royaume-Uni ou en Europe continentale. La libéralisation dans les services nouveaux permet le développement accéléré des mobiles, l'irruption des systèmes privés de transmission de données, les stratégies de contournement de l'opérateur dominant, l'acclimatation d'une logique de la régulation, mais les opérateurs dominants sont préservés.

C'est dans ce contexte que les « familles nationales de télécommunications » (France Télécom-Alcatel, Deutsche Telekom-Siemens, British Telecom-GEC Plessey, American Telephone & Telegraph-Lucent ou Nippon Telephone &

1. Cf. Élie Cohen, *Le Colbertisme high tech : économie des Télécom et du Grand Projet*, Hachette Pluriel, 1992.

Telegraph-NEC...) ont prospéré. Dans le cas français, c'est une association étroite entre l'opérateur national, le chercheur public et les équipementiers nationaux qui a permis la percée de la commutation temporelle, la croissance d'Alcatel et le plan de rattrapage national (∂LP).

L'invention et le déploiement du mobile GSM sont le champ du cygne d'une dynamique technologique et industrielle initiée par les États et couronnée de succès.

Lorsque, à partir de 1987, les Français et les Allemands prennent conscience des potentialités du marché des mobiles, ils font le choix délibéré de sauter de génération, de faire l'impasse sur le mobile analogique, alors maîtrisé par Motorola et Ericsson, et de passer directement au numérique. Peu de temps auparavant, les équipes du CNET et de son homologue de la Deutsche Bundespost Telekom avaient, dans le cadre d'un groupe spécial mobiles (GSM), fixé la norme numérique des mobiles dits de deuxième génération. La norme proposée à l'ensemble des opérateurs européens va être adoptée d'autant plus facilement qu'on sous-estime alors le potentiel du marché, qu'on croit que le réseau doit être dimensionné pour des mobiles fixes (8W), que la diffusion du 2W sera limitée et que la substitution du numérique à l'analogique sera très progressive.

Dans la plus pure tradition des « familles télécom », les opérateurs historiques et les opérateurs alternatifs privilégient les manufacturiers nationaux qu'ils protègent et surpaient, les oligopoles pratiquent des prix élevés jusqu'au moment où, avec le GSM 1800, de nouveaux opérateurs plus agressifs font leur entrée (Bouygues en France).

Malgré l'avantage initial qui leur a été consenti puisqu'ils ont été d'emblée associés à la préparation de la norme GSM, qu'ils ont été choisis comme premiers fournisseurs et qu'ils ont bénéficié de marchés très rémunérateurs, Alcatel et Siemens se laissent ravir le leadership par Ericsson et Nokia. Ericsson parvient à faire évoluer ses commutateurs et à offrir des solutions intégrées optimisées pour les mobiles. Nokia réussit sa reconversion de l'électronique grand public (TV) vers les terminaux mobiles et, à partir de là, remonte la chaîne de la valeur. Motorola, quoique fortement engagé dans les composants, dans les mobiles analogiques aux États-Unis, parvient à rester dans la course en Europe.

Le succès d'un outsider comme Nokia s'explique donc 1) par l'existence d'une norme européenne, 2) par le retard européen dans le déploiement des mobiles (absence d'une forte base analogique installée), 3) par la paresse des champions nationaux habitués aux marchés garantis rémunérateurs, 4) par la sous-estimation du potentiel des mobiles et la croyance en une diffusion rapide des services large bande sur les réseaux fixes, 5) par les débuts de la déréglementation qui libère à partir de 1994 le potentiel du marché.

Aux États-Unis, la situation est tout à fait différente. La diffusion des mobiles analogiques à la fin des années 1980 était plus importante que dans les grands pays européens. L'existence de normes concurrentes fragmentait le marché. Le recours à la procédure d'enchères avec des critères favorisant la diversité des entrants va littéralement balkaniser le spectre hertzien. Enfin, l'instabilité réglementaire et la lente gestation du Telecoms Act (qui n'aboutira qu'en 1996) vont retarder le moment de la consolidation.

Le résultat de ces évolutions contrastées s'énonce simplement : la pénétration des mobiles en Europe va progressivement dépasser celle de l'Amérique du Nord (ce sera le cas en 1999), les mobiles vont même dépasser rapidement les postes fixes en pénétration en Europe. S'il fallait un symbole à cette prééminence européenne dans les mobiles de deuxième génération, Nokia le fournirait, qui fait aussi bien dans les mobiles que Cisco aux États-Unis dans l'internet. Et pourtant, l'avantage comparatif a été créé par la main visible des États, il a été mis en œuvre par des opérateurs publics, il a même permis l'expansion mondiale de champions européens.

Avec la 2G et ses retombées en matière de composants électroniques, d'électronique grand public, l'Europe aborde l'ère de la révolution des TIC et de l'internet avec un immense atout, son hégémonie dans la téléphonie mobile, et avec des opérateurs enrichis par la captation des bénéfices de la révolution numérique dans les télécommunications.

Les succès américains dans la micro-informatique ont abouti à l'imposition d'une norme Wintel (Windows + Intel) qui ne connaît aucune alternative réelle au niveau mondial.

Les succès japonais dans l'électronique grand public balaient progressivement les grandes marques européennes, cependant que la montée en gamme dans l'informatique et les composants se poursuit.

Quant à l'Europe, après une longue série d'échecs qui a vu son industrie informatique décliner puis disparaître, son industrie des composants électroniques ne survivre que grâce à l'action permanente des gouvernements français et italiens, ses activités logiciel incapables de rivaliser avec les États-Unis, saura-t-elle exploiter son avantage dans les mobiles ? La nouvelle organisation de marché promue par les autorités européennes aidera-t-elle ou non les champions européens ?

2. L'emballement technologique et le choix de la libéralisation (1989-2002)

Livre vert, directives, *telecom reviews,* l'Union impulse à marche forcée la libéralisation des télécommunications en pratiquant la régulation asymétrique des opérateurs dominants, en bridant la formation d'acteurs européens, cependant que les Trésors nationaux voient dans l'UMTS un gisement financier et que les opérateurs cherchent hors des murs les voies de leur expansion.

La période est caractérisée par le tourbillon technologique de l'internet fixe et mobile, par l'explosion de solutions alternatives en matière de réseaux, par l'irruption accélérée de nouveaux acteurs, par la formation de bulles financières successives avec en toile de fond l'émergence de la Chine comme producteur et comme marché.

a. *Révolution de l'internet*

Le big bang de l'internet a commencé en 1995 avec l'introduction de Netscape en Bourse, notre point de départ parce que tout ce que sera « internet » – une opportunité de croissance, un tremplin pour une nouvelle génération d'entrepreneurs, un révélateur de nouveaux marchés –, mais aussi tout ce qu'il pourra entraîner comme dérèglements financiers, comportements grégaires et dévoiements éthiques, se trouve déjà, à l'état embryonnaire, en ce mois d'août 1995[1].

Dans le cas de Netscape, ce ne sont ni les bâtisseurs de l'internet, ni les concepteurs des langages et des protocoles IP, ni l'inventeur du world wide web qui feront fortune, mais ceux qui réussiront la mise sur le marché des produits. À l'inverse, le rôle prépondérant du « capital-risque » est illustré par la figure de Jim Clark, de même que l'utilisation faite du mécanisme de l'introduction en Bourse, communément désigné sous le vocable IPO[2]. Le fondateur de Netscape la conçoit comme une course contre la montre, comme un événement marketing, non comme une source de financement. L'entreprise n'ayant pas d'historique d'activités et de résultats, une valeur conventionnelle est donnée à chaque client réel ou potentiel alors même que le produit phare de la firme est distribué gratuitement. On voit ainsi comment, dès le départ, les multiples de valorisation d'internet, tout en cherchant à s'appuyer sur une référence de marché, relèvent davantage d'une promesse que d'un raisonnement fondé sur les réalités économiques.

Netscape, dont l'unique produit est un navigateur, fait le pari que les entreprises accepteront de payer des licences pour leurs usagers. Microsoft ne peut voir que d'un très mauvais œil l'avènement d'un outil permettant d'accéder en ligne à des applications et à des logiciels gratuits.

1. Cf. Élie Cohen, *Le Nouvel Âge du capitalisme*, *op. cit.*
2. Initial Public Offering.

Les événements vont alors s'accélérer, et l'internet rapidement s'imposer dans le paysage financier. Par vagues successives, les fournisseurs d'accès comme AOL, les portails comme Yahoo !, les entreprises d'e-commerce comme Amazon ainsi que des entreprises réellement novatrices comme le site d'enchères e-bay vont tour à tour défrayer la chronique. Alors que, dès les premières manifestations du phénomène, il s'était trouvé des acteurs de marché et des commentateurs pour dénoncer l'irréalisme des valorisations, la vague ne va cesser de monter, jusqu'à ce jour de décembre 1996 où le président de la FED (Réserve fédérale américaine) va dénoncer l'« exubérance irrationnelle » des marchés avant de se rallier lui-même au discours de la « Nouvelle Économie » !

L'Europe est absente de la révolution internet, elle l'observe de loin, la mime, l'accompagne, mais elle aura sa propre révolution technologique, économique et boursière avec l'UMTS...

b. *Révolution de l'UMTS*

En matière technologique, l'UMTS introduit une rupture majeure équivalant à celle de l'internet par rapport à la téléphonie. L'UMTS permet l'accès aux services haut débit en mobilité, aux services GSM, mais avec une bien meilleure qualité, comparable à celle du fixe.

Ces caractéristiques techniques ont deux types d'implication. D'un côté, il faut investir pour offrir les fonctionnalités de l'UMTS sur les réseaux GSM ; de l'autre, il faut envisager rapidement de remplacer les infrastructures GSM avant même qu'elles soient amorties.

En matière de normes, l'UMTS est le résultat d'un effort de normalisation mondial dans le cadre du 3GPP (3G partnership project). Mais, comme la situation de départ était plus éclatée, il a fallu organiser la transition. Il y avait alors quatre types de normes dites de 2G. En résumé, la 3G mondiale est fondée sur des technologies internet, sur une norme radio américaine, sur des terminaux mobiles qui peuvent être des Palm et pas seulement des mobiles, et sur des systèmes d'exploitation comme Windows. Ainsi se trouvera réalisée la solution multimédia sans fil de bout en bout Utilisateur > Application > Terminal sans fil > Réseau UMTS > Serveur contenu ISP.

Malgré le poids de la base clientèle installée en Europe, malgré l'importance et la qualité des industries de contenu, malgré enfin des stratégies affichées par des entreprises comme Vivendi ou Bertelsman, ce ne sont pas les Européens qui les premiers ont expérimenté les services de données sur mobiles, mais les Japonais de NTT DoCoMO.

Le paysage industriel qui résulte des choix technologiques et normatifs est considérablement plus ouvert qu'il ne l'était avec les produits de 2G. Sans développer de manière exhaustive la carte industrielle du secteur, et même en faisant abstraction de tous les acteurs de contenu de la galaxie internet, du commerce électronique, force est de constater que la partie qui s'ouvre mobilise plus d'acteurs venant d'horizons différents.

On l'a vu, à partir du moment où l'infrastructure du réseau repose sur une architecture IP, les Cisco, Nortel et autres industriels du secteur vont faire une entrée décisive. Par ailleurs, la partie radio étant basée sur la norme CDMA, les Qualcomm et autres entreprises de technologie américaine qui y ont contribué vont pouvoir développer leurs activités de licence. Enfin, les premiers déploiements ayant eu lieu au Japon, l'industrie japonaise va opérer un fantastique retour dans les terminaux et dans les équipements spécifiques. C'est auprès de manufacturiers japonais que FT a acheté ses terminaux Wap, c'est avec Fujitsu qu'Alcatel s'allie pour se préparer au marché de l'UMTS.

Les Européens vont donc clairement perdre leur leadership industriel. La seule question qui reste ouverte est de savoir si des entreprises européennes comme Alcatel, Siemens ou Ericsson, grâce à leurs achats de sociétés d'équipement internet ou grâce à la délocalisation de leurs centres de recherche avancée dans la Silicon Valley (comme Nokia), pourront rester dans la course ou non.

Conscients des risques de formation d'un nouveau fossé technologique entre les rives de l'Atlantique, les dirigeants européens décident de réagir.

c. *La stratégie de Lisbonne*

Lancé dans la capitale portugaise, le programme e-Europe s'articule autour de trois volets : la déréglementation, la diffusion accélérée de l'internet, la stimulation de l'effort de recherche. Comme il fallait s'y attendre, la France a manifesté ses réticences sur le programme de déréglementation ; l'accord a été unanime pour applaudir l'idée de l'internet à l'école ; quant aux propositions Busquin sur la recherche, nul n'y trouva rien à objecter. Une fois de plus, face aux deux grandes orientations politiques envisageables, l'Europe n'a pas choisi et le programme e-Europe, comme tant d'autres dans les NTIC, ne laissera guère de souvenirs.

L'Union européenne aurait pu décider d'accélérer la déréglementation des télécommunications et de l'audiovisuel pour faciliter la convergence numérique, de remettre en cause les monopoles paresseux et de s'ouvrir à de nouveaux acteurs. Une telle politique aurait pu consister en une stratégie accélérée de dégroupage, un abaissement drastique des prix d'interconnexion, une régulation asymétrique au profit des fournisseurs d'accès (ISP), une « two wires policy » appliquée strictement et obligeant donc les opérateurs des télécommunications à se retirer du câble – bref, l'Union aurait pu appliquer la politique américaine avec un retard d'une dizaine d'années. Ce n'est pas ce qui a été décidé à Lisbonne et, du reste, l'Union n'avait sans doute pas les moyens de le faire.

Elle aurait pu stimuler vigoureusement l'offre en lançant de grands travaux d'infrastructure dans la lignée des réseaux transeuropéens chers à Jacques Delors. Elle pouvait soit généraliser le modèle suédois d'accès universel à une infrastructure large bande, soit statuer que, l'internet mobile étant la chance à saisir par les Européens pour rattraper leur retard, les licences d'UMTS seraient gratuites. Rien de tel, bien sûr, n'a été décidé.

Prenant au sérieux ses propres déclarations sur les risques de l'illettrisme informatique ou sur le fossé numérique, l'Union aurait pu adopter un plan permettant à tous les élèves de disposer dans leurs écoles d'un terminal connecté leur permettant d'accéder à toutes les bases de connaissance en ligne. À Lisbonne, elle a préféré faire des recommandations.

Quoique ne relevant pas directement de l'initiative e-Europe, les propositions Busquin en matière de politique de la recherche auraient pu également contribuer à la relance de l'effort européen en matière de NTIC. Connaissant l'existence du projet Internet-2 Abilene, qui regroupe autour de l'exécutif la communauté de l'internet à des fins de normalisation, de standardisation et de coordination, le commissaire Busquin a suggéré une démarche du même type. Celle-ci est restée sans grand écho : nul en Europe ne peut visiblement exercer un leadership équivalant à celui d'Al Gore.

d. *Régulation asymétrique de l'opérateur dominant, doctrine de l'harmonisation avec club des régulateurs nationaux, ouverture des marchés*

Dès lors, on peut se demander si l'Union européenne croit à ses discours ou s'il ne s'agit pas plutôt d'un rideau de fumée, l'important étant que la déréglementation du secteur se poursuive, permettant aux acteurs industriels globalisés d'exploiter le gisement de marché que représente l'Europe. Car la décennie de tous les bouleversements économiques et technologiques est aussi celle de la montée en puissance du régulateur.

Au niveau européen, le souci majeur est la réalisation du marché intérieur des télécommunications, qui passe par une triple action : des marchés de la commande publique ouverts, qui vont favoriser l'irruption des producteurs chinois ; l'institution d'un marché des services de télécommunications ouvert et concurrentiel par la régulation asymétrique de l'opérateur dominant ; l'exploitation des opportunités technologiques pour avantager les nouveaux entrants par les restrictions imposées aux opérateurs historiques.

Concrètement, les opérateurs historiques qui, tels DT et FT, sont obsédés par le modèle américain et rêvent de constituer un ATT européen, vont rapidement subir les foudres des autorités de la concurrence : l'alliance franco-allemande ne pourra porter que sur les services libéralisés et essentiellement hors de leurs marchés domestiques. Ainsi, en cassant les monopoles historiques et en subordonnant la formation d'alliances européennes à des critères hors d'atteinte, la Commission va favoriser la balkanisation d'un paysage des télécommunications déjà naturellement fragmenté entre les États membres.

Au niveau national, la déclinaison des orientations européennes est plus ou moins stricte. En France, à partir du moment où la régulation est confiée à une autorité administrative indépendante, la logique de libéralisation est déployée avec la même efficacité que la logique colbertiste. Les résultats n'apparaissent pas immédiatement, mais la dynamique est à l'œuvre.

Alors que, sous couvert de libéralisation, les autorités européennes réglementent, contrôlent et sanctionnent au nom de la construction du marché intérieur, ailleurs dans le monde une troisième phase de dérégulation démarre. C'est d'Australie que vient la fin provisoire de l'histoire. Le 1er juillet 1997, Austel, l'organe de régulation des télécommunications, disparaît une fois fait le constat que c'est une activité où règne la concurrence à l'égal des autres secteurs d'activité. Quinze ans auront ainsi suffi pour passer d'un monopole administratif au plein exercice de la concurrence.

e. *UMTS : une opportunité financière pour les États*

L'action de l'État va trouver avec l'allocation des fréquences UMTS une source de revenus inespérée. Les Trésors nationaux vont en effet fondre sur les ressources des opérateurs en mettant en place des enchères.

Par un mécanisme qui échappe à tous les observateurs, les gouvernements nationaux vont dans un même mouvement souscrire aux discours enflammés sur l'internet mobile, vecteur de la nouvelle croissance et nouvel avantage compétitif européen, et mettre en œuvre différentes techniques de prélèvement immédiat sur les revenus futurs d'une technologie non éprouvée et sur des services encore dans les cartons. La technique varie, mais le résultat sera similaire.

Qu'il s'agisse d'enchères, de concours de beauté, de cession de fréquences ou de droits d'usage, la ponction financière sera significative : les opérateurs vont se ruiner dans l'acquisition de licences qui ont d'autant plus de valeur qu'elles ouvrent de nouveaux pays, même si les marchés demeurent incertains. Les enchères britanniques vont avoir un impact considérable non seulement parce que les licences vont atteindre des prix cinq fois supérieurs à ce qui avait été anticipé, que tous les opérateurs vont chercher à acquérir au-delà de la licence le titre d'opérateur européen, mais plus sûrement encore parce que les Britanniques vont de fait fixer une norme à laquelle tous les gouvernements vont se référer explicitement ou implicitement.

Le cas britannique a ceci d'intéressant que la procédure d'enchères est, sur le plan technique, longuement préparée ; sur le plan politique, largement assumée (le gouvernement voulant ouvertement maximiser les rentrées fiscales) et, sur le plan financier, d'un rendement maximal (634 euros par habitant). Il marque de surcroît le sommet de la vague spéculative sur les mobiles. Le marché britannique étant, en matière de télécommunications, le marché de référence le plus anciennement libéralisé en Europe, celui où l'opérateur européen dominant avait son siège (Vodafone) et celui où, pour la première fois, on attribuait aux enchères des licences pour l'internet mobile, tous les opérateurs européens et extra-européens qui entendaient jouer un rôle dans ce nouveau marché se sont présentés à l'enchère. Le résultat, largement supérieur aux attentes, va conduire les opérateurs à revoir les conditions de participation aux autres procédures européennes, et les analystes à reconsidérer le *business model* de l'internet mobile.

En août 2000, l'échec annoncé de l'enchère allemande se transforme en succès à la surprise générale (613 euros par habitant). Six opérateurs obtiennent des licences réunissant deux blocs de fréquences – la surenchère a permis d'atteindre la pire des deux solutions : la fragmentation plus le surprix. Avec l'enchère allemande, on sait que la solution adoptée ne fonctionnera pas ; on commence à parler de renégociations et de risques de faillites.

La France a essentiellement milité au niveau européen pour l'adoption d'une norme réellement universelle ; elle entendait reproduire et amplifier le succès du GSM. Le débat français mêlait deux problèmes différents : d'une part, le prix des licences et l'impact attendu sur le service public, sur la viabilité de certains opérateurs et sur l'avènement de la société de l'information ; d'autre part, la meilleure procédure d'assignation de fréquences du spectre (enchères ou soumission comparative). L'ART (ancêtre de l'ARCEP) a très tôt et publiquement recommandé la soumission comparative pour des raisons de protection des opérateurs nationaux. Après avoir considéré un moment l'hypothèse des enchères et y avoir renoncé pour des raisons législatives, l'aliénation du domaine public ne pouvant être décidée que par la loi, le gouvernement français a choisi la soumission comparative avec fixation de la redevance à un niveau élevé, que l'extrapolation du prix payé au Royaume-Uni pouvait autoriser. Des effets de calendrier (fin de la bulle de l'UMTS) vont aboutir à la fixation d'une redevance nettement plus faible qu'au Royaume-Uni (330 euros par habitant).

f. *Une nouvelle donne mondiale dans les télécoms et les TIC*

Les effets combinés de l'introduction des nouvelles technologies, de l'ouverture des marchés et de l'audace des régulateurs, dans un contexte où la mondialisation libère tout son potentiel avec l'ascension de nouvelles puissances et la croissance explosive du secteur, aboutissent à une rapide redistribution des cartes.

Le leadership américain dans l'internet, les contenus, les logiciels reste inentamé. Le Japon perd en pouvoir de marché et même en innovation au profit de la Corée dans le domaine de l'électronique grand public. La maîtrise de la HD des écrans plats bascule progressivement en sa faveur. La Chine, par un savant mélange de concurrence interne entre ses pouvoirs régionaux, de détermination dans sa stratégie colbertiste de maîtrise de l'ensemble de la filière TIC, de jeu de la menace d'imposer des normes nationales, et par l'appétit qu'elle suscite compte tenu de ses besoins, parvient vite à s'affirmer comme un acteur majeur. Ses champions nationaux (Huawei, ZTE) montent rapidement en puissance, apprennent vite auprès de leurs partenaires (Motorola, Alcatel...), servent l'immense marché national et partent à la conquête du monde à la faveur des politiques de libéralisation.

Quant aux Européens, passé le moment de l'engouement pour l'UMTS et les engagements sonores de Lisbonne, ils vont découvrir qu'un grand marché intérieur libéralisé n'est pas une condition nécessaire et suffisante pour continuer à peser dans l'industrie du numérique.

g. *L'évolution des situations spécifiques d'Alcatel et de FT*

S'agissant de la France, tant du côté équipementiers que du côté exploitants, la période s'analyse comme une fuite en avant.

Pour l'opérateur historique, qui se sent attaqué dans son métier de base, la téléphonie fixe, par la stratégie agressive de Free dans l'ADSL et de SFR et Bouygues dans le mobile, la solution consiste à mettre les bouchées doubles dans l'internationalisation en achetant des parts de marché existantes ou futures grâce aux licences UMTS. FT va littéralement se ruiner en achetant à crédit et à des prix stratosphériques des actifs réels (comme Orange au Royaume Uni) ou imaginaires (comme Mobilcom en Allemagne).

Pour Alcatel, qui ne croit pas à la 3G, mais davantage à la commutation optique et aux réseaux IP, l'enjeu est de faire face à la concurrence de Cisco. Il se lance donc dans une stratégie d'acquisitions ruineuse pour maîtriser les technologies IP et se retire des terminaux mobiles, laissant passer la formidable expansion des réseaux UMTS. L'éclatement de la bulle de la nouvelle économie va le conduire à être un acteur majeur de la consolidation, puisqu'il parvient à regrouper sous son autorité Alcatel, Lucent et Nortel, mais il est affaibli alors que de nouveaux acteurs asiatiques font une percée décisive dans ses marchés historiques.

L'UMTS signe la fin du GSM. Au moment où éclatent la bulle de l'internet et, avec un décalage en Europe, celle du mobile internet, la mise en péril du potentiel technologique et industriel européen commence. La libéralisation européenne sonne le glas des États stratèges et des « familles nationales » des télécommunications, pour le plus grand bénéfice du consommateur européen, des industriels asiatiques et des producteurs de Hollywood et de la Silicon Valley.

3. La crise sans fin (de 2002 à aujourd'hui)

L'éclatement de la bulle de l'internet a des effets dévastateurs sur le secteur : faillites et disparitions d'entreprises tant chez les opérateurs que chez les équipementiers, notamment aux États-Unis (MCI-Worldcom d'un côté, Nortel de l'autre), affaiblissement financier des opérateurs européens dont les valeurs boursières dévissent sous le poids des « non-valeurs » (acquisitions devenues sans valeur et poids des licences UMTS), intensification de la concurrence sur un marché parvenu à maturité. Dans un monde bouleversé par la crise et l'accélération de la croissance des émergents, tout se passe comme si la Commission européenne et les régulateurs nationaux continuaient à poursuivre un seul objectif, l'ouverture des marchés nationaux au profit du consommateur européen et national. Elle voulait brider la concentration et la consolidation européennes malgré la difficulté des opérateurs mobiles sans prendre en compte ni la détérioration de la qualité de service, ni l'appauvrissement des opérateurs nationaux, ni le sous-investissement dans les réseaux, ni même en fin de période la chute des chiffres d'affaires, des marges, et un début de démantèlement des groupes européens livrés à des groupes émergents après l'effondrement de leurs valeurs boursières. Comment en est-on arrivé là ?

a. *4G, réseaux sociaux et écosystème de la mobilité*

Les évolutions du secteur télécoms/TIC sont le résultat d'une accélération continue du progrès technologique, de l'extension et de la sophistication de la régulation et du réaménagement permanent des écosystèmes économiques et des marchés.

En matière technologique, on pouvait croire que, avec l'éclatement de la bulle internet, l'affaiblissement généralisé des opérateurs et des équipementiers télécom, mais aussi des producteurs de composants et de terminaux, sans compter l'affaiblissement associé des acteurs du logiciel, des contenus et des services aux entreprises, on allait assister à une pause. Tel ne fut pas le cas. L'arrivée anticipée de la 4G dans les mobiles, les très hauts débits dans la fibre, le déploiement des micro-cellules dans les réseaux mobiles ont accéléré les évolutions dans les réseaux avec l'obligation corrélative d'investir.

En même temps, l'irruption des smartphones et la position de *gatekeeper*[1] rapidement construite par Apple avec les Appstores tarissent progressivement les sources potentielles de rentabilisation des réseaux par leurs bâtisseurs, les opérateurs téléphoniques.

La révolution des réseaux sociaux avec Facebook, le renouvellement continu de l'avantage comparatif de Google et la prolifération de la vidéo créent une contrainte insupportable pour les opérateurs de réseaux, condamnés à investir au profit d'acteurs passagers clandestins, aux marges confortables, aux appétits de puissance illimités et bénéficiant d'une mansuétude insoupçonnée de la part du régulateur.

Ce sont pourtant ces acteurs historiques des télécoms dont le modèle économique s'effondre avec la disparition de la téléphonie fixe et la banalisation de la téléphonie mobile, et dont le redéploiement vers les contenus (audiovisuels notamment) et les services (à valeur ajoutée) a échoué, que les régulateurs européens et nationaux pourchassent et que les gouvernants tancent pour leur pusillanimité en matière d'investissements.

La chasse aux opérateurs historiques de la part des régulateurs prend plusieurs formes. D'abord, les moyens classiques de l'anti-trust, la lutte contre les ententes, l'abus de position dominante, les barrières à l'entrée. C'est dans ce cadre en particulier que sont régulés le roaming, les terminaisons d'appel et autres prix de sms… et que sont autorisés les nouveaux entrants.

Ensuite, les techniques de régulation asymétrique permettant aux nouveaux entrants d'accéder rapidement au marché en bénéficiant d'un accès régulé aux ressources de réseau des opérateurs installés et en limitant drastiquement la rente d'innovation de l'opérateur déployant les nouveaux réseaux.

Enfin, en interdisant aux opérateurs de rechercher les économies d'échelle en rationalisant, par exemple, les investissements dans les réseaux.

1. Avec l'Appstore, Apple est le point de passage obligé et rémunérateur pour tous les créateurs de services et de contenus.

Ce qui est frappant dans cette démarche n'est pas tant que la Commission respecte son mandat, qui est d'ouvrir et d'unifier un marché segmenté, puis de libéraliser un marché naguère fermé. Ce n'est même pas de déployer tous les moyens à sa disposition pour réaliser son mandat, au besoin contre des autorités nationales récalcitrantes ou coupablement indulgentes à l'égard de leurs champions nationaux. Le vrai problème est ailleurs. Il réside dans un design de marché inapproprié et dans la persistance de politiques faillies.

Les techniques nécessaires et justifiées pour casser un monopole national verticalement intégré (comme ATT aux États-Unis) le sont moins quand on doit faire face à ving-sept monopoles, parce que le marché européen est déjà fragmenté et que, à poursuivre un objectif de concurrence sur une base nationale, on prend le risque de multiplier le nombre des acteurs par trois ou quatre. Quand de surcroît on édicte la règle de la nécessaire multiplication des réseaux pour susciter une concurrence effective, alors on travaille objectivement à créer un système de télécommunications européen sous-optimal.

Quand les Américains se rendent compte des effets du démantèlement d'ATT en termes de qualité de service, d'innovation et d'investissement, et qu'ils ouvrent la voie à une reprise des concentrations et des consolidations, la Commission persiste dans sa stratégie de segmentation à l'infini des marchés nationaux.

À sa décharge, elle fait valoir les fortes disparités de prix des services de télécommunications entre pays européens, signe d'une intensité concurrentielle variable, la nécessité de réaliser un marché unique des télécommunications et la prospérité variée des opérateurs européens.

En 2011, avant l'arrivée de Free, le coût moyen par minute en centimes d'euro des communications mobiles était de 14,7 aux Pays-Bas, 13,3 en Espagne, 12,7 en France, 9,7 au Royaume Uni, 8,8 en Allemagne, 8,2 en Autriche et 6,1 en Finlande[1]. Certes, ces différences s'expliquent pour

1. Eurostat, août 2013, Digital Agenda Scoreboard.

partie par des problèmes de densité et donc d'intensité de l'investissement en relais mobiles. Mais la Commission a raison lorsqu'elle s'inquiète de ces différences, de même que de la performance inégale des champions nationaux.

France Télécom est le grand perdant de la décennie puisque sa capitalisation boursière, qui équivalait en octobre 2003 à 81,6 % de celle de DT, n'en représentait plus que 52 % en octobre 2013. À l'affaiblissement continu de FT pendant la décennie est venue s'ajouter la guerre des prix initiée par Free. La France connaît depuis l'entrée de Free un effondrement des prix.

Par une ruse de l'histoire, ceux-là mêmes qui au sein de l'appareil d'État colbertiste français étaient les meilleurs défenseurs des champions nationaux, de l'État innovateur-développeur, se sont mués, avec le passage à l'ère de la régulation, en agents de l'affaiblissement de l'opérateur national et en protecteurs des opérateurs *low cost* ! Non seulement le régulateur national a multiplié les mesures entravant l'opérateur historique pour permettre l'entrée de nouveaux concurrents, mais même, lorsque la concurrence était là et que les besoins en investissements étaient manifestes, il prit la responsabilité de favoriser l'entrée d'un quatrième opérateur dans des conditions qui firent la fortune du groupe Free.

Quant à l'État, naguère stratège et promoteur des « industries de pointe », il en est réduit durant cette période à multiplier les prélèvements sur les opérateurs en inventant de nouvelles taxations (comme le financement pour l'audiovisuel public des pertes de recettes liées à la réforme publicitaire).

b. *L'évolution du paysage mondial*

Soumis au même environnement technologique tourbillonnant, et solidement campé sur ses avantages comparatifs historiques que sont Hollywood et la Silicon Valley, le secteur américain des télécommunications et des TIC repart à l'attaque en mobilisant trois types de ressources :

1) l'investissement dans les nouveaux réseaux par des opérateurs de télécommunications fusionnés et restructurés ; 2) la reconquête de positions industrielles perdues dans l'électronique grand public grâce à Apple et dans les équipements grâce à Lucent et Qualcomm ; 3) la formation d'écosystèmes nouveaux à partir de positions développées par les nouveaux acteurs de l'internet.

Réorganisée autour d'ATT et de Verizon pour l'essentiel et concurrencée par le secteur du câble, l'activité de services de télécommunications américaine va porter ses investissements dans les nouveaux réseaux à des niveaux de 50 % supérieurs à ceux des opérateurs européens. Des prix et des marges confortables et en croissance, une capacité à maîtriser les coûts rendue possible par les effets de taille, un retard relatif dans la 3G permettent l'accélération de l'investissement. D'après Digiworld, le coût moyen d'un abonnement triple play (télévision, internet, téléphone) est de 105 euros aux États-Unis contre 40 euros en France ! Une politique de protectionnisme offensif justifiée par des impératifs de sécurité permet de surcroît de réserver à des industriels localisés sur le territoire national le bénéfice de la manne de l'investissement, tout en écartant les Chinois pourtant mieux-disants en matière de prix.

La renaissance de l'électronique grand public est une autre manifestation des capacités de rebond de l'industrie américaine à la faveur d'une nouvelle donne technologique. Le secteur de l'électronique grand public avait sombré à la suite des assauts d'abord japonais, puis coréens et enfin chinois. Réduits à l'état de marques, les grands noms du secteur, incarnation du bonheur des Trente Glorieuses comme RCA, Zenith..., avaient été achetés par des Français, des Asiatiques, ou avaient disparu. C'est alors que, dans l'indifférence générale, Apple lance l'I-pod et réinvente l'audio. À partir de là, Apple va bâtir un écosystème multimédia de la mobilité organisé autour du couple I-Phone/I-Tunes. Demain, nul doute que la télévision connectée se déclinera autour d'Apple, de Google et autres acteurs de l'internet mobile. Même la relocalisation sur le sol américain d'une partie de la production manufacturière des nouveaux objets nomades n'est plus à exclure dans le cadre de la restructuration de la chaîne de valeur.

L'industrie informatique américaine retrouve des terrains de croissance avec le cloud et le big data. Là aussi, la croissance d'Amazon, de Google, des réseaux locaux, mais aussi d'Apple et de Microsoft a ouvert un espace d'expansion que ne peuvent limiter que les craintes actuelles sur l'hébergement de données sensibles aux États-Unis.

L'exemple coréen montre pourtant que, dans l'écosystème de la mobilité, un petit pays peut tenir la dragée haute aux Américains par une combinaison d'initiative publique dans les réseaux, une montée en gamme méthodique de Samsung, un effort continu sur la R&D et le design. Bref, un alignement des intérêts et une politique au service d'une stratégie nationale de montée en gamme dans une filière clairement identifiée.

La Chine enfin, trente ans après les premiers succès du colbertisme high-tech, montre que le modèle du rattrapage, de l'imitation-appropriation, de la montée en gamme, fonctionne toujours. Avec la 4G, la mue de Huawei est achevée, l'imitateur est devenu créateur, le sous-traitant chinois est parti à la conquête du monde. La combinaison d'un marché domestique en forte expansion avec le soutien multiforme des autorités locales et les transferts de technologie (négociés ou non) ont permis la constitution d'un acteur qui, à la différence de tous les autres, est encore dans une phase de forte croissance. L'Europe et le Moyen-Orient sont devenus le premier marché mondial de Huawei avec 38 % contre 33 % pour la Chine. La Commission européenne, dont on connaît le dynamisme et la célérité, vient d'ouvrir une procédure en antidumping contre Huawei et ZTE, mais aucune plainte n'a été déposée par ses concurrents par crainte de représailles.

L'évolution du paysage européen : croissance de la production des TIC

	2008	2009	2010	2011	2012
France	**100**	**90**	**88**	**91**	**86**
Allemagne	100	74	88	109	111
Suède	100	80	95	103	102
Roy.-Uni	100	94	97	108	n.d.
États-Unis	100	83	93	100	106

Source : Digiworld 2013. La production des TIC comprend les composants, les ordinateurs et matériels de bureau, les équipements télécom, les matériels audiovisuels.

En Europe, seul Ericsson paraît encore capable d'exister dans le nouveau paysage des équipements de télécommunications ; Siemens s'est définitivement retiré du secteur (NSN) au profit de Nokia, et Alcatel se bat pour sa survie en se recentrant sur le cœur IP des réseaux. La faiblesse des acteurs européens dans les terminaux, matérialisée par le retrait de tous les acteurs européens à l'exception de Nokia, lui-même en déclin, a eu un impact négatif sur l'industrie européenne des composants. Est-il besoin de rappeler que l'informatique et l'électronique grand public européennes ont disparu après les agonies de Thomson Multimedia, Nixdorf Bull et les retraits de Philips et de Siemens de ces secteurs ?

La crise, comme l'indique le tableau ci-dessus, amplifie les évolutions à l'œuvre et achève de déstructurer certaines filières nationales. L'Allemagne connaît une violente correction en 2009, mais rebondit grâce à ses positions dans les matériels audiovisuels, les ordinateurs et machines de bureau. La France est à la fois victime de la cyclicité du marché des composants, un de ses points forts, de son décrochage ancien en informatique et plus récent en équipements de télécommunications. La Suède résiste remarquablement grâce à Ericsson. Quant au Royaume-Uni, l'attrition de ses TIC a eu lieu avant la crise (entre 2000 et 2008, activité divisée par 2).

c. *L'évolution des acteurs et du marché français*

L'arrivée de la 4G a des effets contrastés sur Alcatel : très positifs aux États-Unis grâce à la vigueur de l'investissement des opérateurs et à la mise à l'écart de Huawei, négatifs en Europe à cause de la faiblesse des opérateurs et des choix techniques faits. En effet, le déploiement de la 4G aux États-Unis s'effectue en *overlay* (les équipements de 4G sont rajoutés aux équipements existants de 3G). À l'inverse, les Européens ont choisi un système de compatibilité ascendante intégrant sur la même antenne relais mobile les équipements 2G, 3G, 4G. Alcatel, qui avait décroché dans la 3G, est paradoxalement obligé de réinvestir dans cette technologie pour offrir des solutions compatibles 3G/4G alors que la solution « Single ran » de Huawei, conforme à la demande européenne, est déjà disponible sur le marché.

Le cercle vertueux américain – enclenché avec la renaissance des opérateurs qui, investissant dans les réseaux, contribuaient à l'expansion des équipementiers locaux, et suscitaient l'offre de nouveaux services plébiscités par les consommateurs, qui acceptaient dès lors de payer plus cher leurs abonnements – n'a pu être reproduit en Europe, où l'on assiste au cercle vicieux de l'affaiblissement mutuel des équipementiers et des opérateurs. Pour Alcatel, la survie dès lors passe par le repli sur les points forts, comme les réseaux IP, et un relatif désengagement de l'accès mobile.

France Télécom-Orange, qui décline irrésistiblement, est en quête d'un avenir, d'un modèle économique, d'une histoire à raconter à ses troupes et aux marchés. La stratégie de l'accès est en train d'échouer, car l'opérateur a sous-investi dans les réseaux et dans la qualité du service. La stratégie d'intégration réseaux-services-contenus a échoué avec l'aventure de l'audiovisuel, des droits sportifs et de la concurrence faite à Canal+. Les tentatives d'endiguement d'Apple, de Google et autres acteurs de l'internet pour peser sur le partage de la valeur créée ont également échoué. Reste un corps malade subissant les assauts répétés de concurrents audacieux (Free), de régulateurs agressifs et de pouvoirs publics pratiquant la taxation compulsive.

Le marché français, dès lors, s'analyse comme un espace ouvert de concurrence féroce par les prix[1]. Dans ce contexte, des acteurs affaiblis par l'irruption de Free (FT, SFR et Bouygues) résistent dans un premier temps en coupant dans les investissements en 4G et en fibre, en réduisant leur effort de recherche, avant de se rendre compte que ces politiques mènent à une impasse. La stratégie de différenciation s'impose alors et les trois opérateurs s'engagent dans une course tardive à la 4G. La décision de Free de communiquer sur un accès à la 4G au prix de la 3G ruine cette stratégie. La consolidation s'impose donc pour sortir du cercle vicieux de la surcapacité et de la destruction de valeur. Deux scénarios de consolidation autour de la reprise de SFR s'offrent aux acteurs : le premier, qui préserve la concurrence dans les mobiles, aboutit à la formation d'un opérateur fixe-mobile autour du groupe Numericable ; le second, qui élimine un opérateur mobile (par fusion de SFR et de Bouygues, et par cession du réseau Bouygues à Free), aboutit à la constitution d'un puissant duopole béni par les pouvoirs publics et par Free[2]. La reprise

1. Dans une note consacrée au risque de déflation en Europe, Laurence Boone de BOAML (23_1_2014 Euro Area Economic Viewpoint) détaille les effets en Europe de l'effondrement des prix des télécoms. La guerre des prix dans les mobiles explique à ses yeux une contribution à la baisse de l'inflation de 0,1 % en Allemagne, 0,4 % en France et 0,2 % en Espagne. Pour la seule année 2013, les baisses de prix en France ont été en moyenne de 12 %. Par ailleurs, dans ses études régulières des prix de l'internet, l'OCDE établit que la France est, parmi les grands pays, le moins cher : l'abonnement moyen est de 35 dollars pour un débit de 100 Mbps alors qu'aux États-Unis le prix est de 90 dollars pour une liaison de 50 Mbps. Seule la Corée fait nettement mieux.

2. Dans ses revirements successifs, Arnaud Montebourg témoigne de l'impasse des politiques publiques dans le secteur : Free est d'abord vanté pour sa contribution au pouvoir d'achat des ménages grâce à sa stratégie *low cost* ; Free est ensuite dénoncé pour sa stratégie de destruction de valeur et d'emplois, et de non-

de SFR par Numericable ne règle donc pas la question de la consolidation.

Conclusion

Opposer les écosystèmes télécom de 1984-1989 (quand l'Europe était organisée autour de monopoles nationaux verticalement intégrés et pratiquait la préférence nationale avec les succès que l'on sait dans la téléphonie mobile) et de 2014 (quand l'Europe est à la traîne dans l'équipement en 4G et en fibre) ne signifie ni que le retour à 1984 est souhaitable ou possible, ni que l'acquis concurrentiel est sans valeur. Cette mise en parallèle n'a qu'un intérêt : établir l'affaiblissement continu de l'Europe et plus particulièrement de la France dans le secteur TIC/télécoms et l'incapacité à rebondir malgré diverses tentatives, alors que le contexte technologique et de marché s'y prêtait et que d'autres (États-Unis, Chine ou Corée) y parvenaient.

Les errements des opérateurs, l'aveuglement des Trésors nationaux, le zèle des régulateurs français, l'obstination dans l'intégration négative des régulateurs européens, la pusillanimité des politiques européens qui pratiquent l'art des engagements creux (agenda de Lisbonne), l'incohérence des hommes politiques nationaux qui veulent la libéralisation, mais pas ses effets… il y a pléthore de coupables possibles pour expliquer la débâcle de ce qui fut naguère un secteur d'excellence européen et l'illustration des vertus du colbertisme high-tech.

Mais les effets ne sont pas les mêmes selon les pays : ceux qui ont le plus perdu sont ceux qui avaient réussi à percer dans ce secteur, notamment grâce à une stratégie de rattrapage. Ce qui est le plus inquiétant, ce n'est pas de rater

investissement ; Free est ensuite béni pour sa contribution à la solution Bouygues, censée préserver l'emploi, l'activité et l'investissement sur le sol français ; Free est ensuite appelé à contribuer à une solution Bouygues-Orange !

une marche, un tournant, c'est d'être incapable de rebondir. Aujourd'hui, la stratégie *low cost* introduite par Free et activement promue par le régulateur a un impact positif pour le consommateur, mais récessif sur l'investissement, et comporte un risque de destruction de valeur si la guerre des prix se poursuit. La consolidation en cours signe l'échec de cette stratégie puisque, au terme du processus, on assistera à une moindre dynamique concurrentielle sans pour autant que les acteurs historiques du secteur puissent retrouver de la vigueur.

L'État, malgré la libéralisation, reste le principal acteur du secteur puisqu'il règle l'accès au marché (licence), gère la ressource rare (les fréquences), régule les prix (terminaisons d'appel et itinérance) et pèse sur le résultat à travers ses diverses ponctions fiscales. Or cet État pratique constamment l'injonction contradictoire : promotion du numérique et affaiblissement de ses principaux acteurs, dont il exige par ailleurs le maintien de l'emploi.

Désormais, les entreprises doivent passer d'un développement extensif à un développement intensif (déploiement des nouveaux réseaux et monétisation de l'accès), investir dans l'informatique et la qualité de service, alors que leurs ressources fondent. L'effondrement du chiffre d'affaires dans les pays du sud de l'Europe complique un peu plus l'équation pour les opérateurs continentaux. Au total, aujourd'hui, Verizon, ATT et Sprint alignent des chiffres d'affaires en croissance de 6 à 8 %, alors qu'Orange, Telefonica, Tim et Vodafone publient des résultats en baisse de -2 et -16 %.

Une telle débâcle, même en Europe, ne pouvait pas laisser indifférentes les autorités concernées ; aussi assiste-t-on à un début de réaction[1]. L'UE a décidé d'arrêter de baisser

1. En présentant le paquet Télécoms le 11 septembre 2013, Neelie Kroes, commissaire au Numérique, annonce la vacance réglementaire : « Il y a plus d'une décennie, nous avons introduit la concurrence avec succès dans les réseaux de télécoms. Les résultats ont été positifs pour les consommateurs et les entreprises jusqu'ici. Désormais, la transition vers des réseaux de nouvelle génération coûteux, coexistant avec des réseaux anciens, pose des défis particuliers... » L'effort d'investissement, ajoute-t-elle, viendra du privé et, pour cela, « un retour sur investissement

les prix de gros de l'accès aux boucles locales cuivre des opérateurs historiques. La tarification de l'accès aux nouveaux réseaux ne devrait pas être désincitatrice à l'investissement.

Une *connecting Europe facility* dotée de 9 milliards d'euros a été décidée dans le cadre de la programmation budgétaire de moyen terme, avant d'être réduite à 1 milliard d'euros dans le cadre des arbitrages visant à protéger la PAC et le rabais britannique.

L'accélération de la concentration des opérateurs aux États-Unis a sonné comme un rappel aux réalités en Europe : aujourd'hui, l'Union autorise le partage d'infrastructures, comme au Royaume-Uni pour Vodafone et O2, et les fusions paneuropéennes, longtemps bloquées, redémarrent avec Liberty en consolidateur du câble, Iliad et Altice en nouveaux conquérants.

Enfin, la prise de conscience de la fuite de valeur vers Apple (marché des *smart devices*), Google, Facebook, Amazon (contenus et services) et des acteurs *over the top* (skype, what's app), dans un contexte de souci de la cybersécurité, progresse, sans que pour le moment une quelconque solution ait été trouvée.

---

plus prévisible est indispensable ». Ryan Heath, porte-parole de la commissaire, complète : « Bruxelles est un très bon exemple. De nombreuses villes en Afrique disposent de la 4G, mais pas la capitale de l'Europe. » Peu de temps après, le commissaire Almunia renonçait à poursuivre les cinq opérateurs historiques qui avaient eu la prétention de vouloir organiser la résistance à Apple. En préparant un rapport sur le « single european market », Neelie Kroes prend acte du double échec de la démarche de la Commission, qui n'a réussi ni à créer un marché intégré ni à favoriser l'usage des nouvelles technologies.

Quatrième partie

Le diagnostic historique

Chapitre 12

L'industrie française : histoire d'une débâcle

Le croisement des perspectives comparative et sectorielle livre un résultat incontestable : l'industrie française s'est effondrée alors même qu'elle jouissait de points forts notables dans les secteurs du high-tech, de l'énergie, des matériels de transport, des biens intermédiaires, du luxe... Sa position relative s'est détériorée par rapport à toutes les grandes nations industrielles matures ou émergentes. Étrangement, les pays à forte fiscalité redistributive comme ceux pratiquant le moins-disant fiscal, les pays à marché du travail déréglementé comme ceux adeptes du compromis social-démocrate, les pays « *low cost* » comme les pays « haut de gamme » font mieux que la France.

Le diagnostic est renforcé par un constat historique : la France est le pays de l'impératif industriel de la promotion des champions nationaux et de l'activisme étatique.

La France, pays de la politique industrielle, de la planification indicative, du colbertisme, est en même le pays le plus désindustrialisé d'Europe. Comment rendre compte d'un tel écroulement ? Faut-il le dater de 2003-2004, quand la France est paralysée face à la reprise du commerce international et que l'Allemagne décolle, incriminer les trente-cinq heures et l'euro ? Faut-il remonter plus loin dans le temps avec la perte d'un tiers de notre potentiel industriel entre 1979 et 1984, et y voir un effet de notre inaptitude à gérer la fin des Trente Glorieuses, les crises pétrolières et financières ? Faut-il regarder du côté des années 1990, de la financiarisation, du *fabless fab*, de l'idéologie post-industrielle, et invoquer une nouvelle philosophie de la croissance marquée par l'intégration européenne et le triomphe de la logique actionnariale ?

La France, à la différence de l'Italie et de l'Allemagne, est le pays des champions nationaux qui a su, par les nationalisations, les privatisations, les marchés publics, les grands programmes, faire émerger et se développer de grands groupes mondiaux. Si le pays a vu sombrer certains de ses champions industriels depuis dix ans (Pechiney, Arcelor, Bull, Thomson, et aujourd'hui PSA), même affaibli, il conserve un bon potentiel en groupes multinationaux. Ces derniers ont une rentabilité comparable à celle de leurs concurrents allemands, ont investi plus qu'eux hors du territoire domestique et sont donc plus internationalisés. Mais comment expliquer que cette prospérité se fasse au détriment des PME sous-traitantes ? Comment rendre compte de l'incapacité du système industriel à générer de nouvelles PME capables de grandir et de s'internationaliser ?

En juin 2013, les investisseurs français possédaient 26 % du capital du CAC 40 contre 28 % en octobre 2012 et 34 % en 2011. Mais le faible poids des investisseurs nationaux dans l'indice n'est pas une caractéristique propre à la France. En Allemagne, les fonds allemands ne détiennent que 18 % des capitaux investis dans l'indice DAX 30 et, même en Grande-Bretagne, la part des fonds britanniques dans le Footsie 100 est de 41 %, alors qu'à l'inverse, aux

États-Unis, plus de 83 % des capitaux de l'indice Dow Jones sont détenus par des fonds américains.

La France, à la différence de ses partenaires européens, croit en l'État. Héritage de sa tradition colbertiste, de sa foi en une industrie vecteur de souveraineté, elle s'est dotée après guerre d'un puissant appareil d'intervention, qui s'est révélé incapable de stopper l'irrésistible déclin industriel. Les dirigeants français continuent à revendiquer une intervention active dans le champ industriel (décret patriotisme industriel, pôles de compétitivité, investissements d'avenir, banque publique d'investissement, crédit d'impôt recherche), mais ils semblent avoir perdu la main. Comment en est-on arrivé là ? Les faiblesses et le caractère contradictoire des explications de cette débâcle ne manquent pas de surprendre.

L'explication culturelle a de plus en plus les faveurs des observateurs : la France n'aimerait pas son industrie et se serait convertie avec allégresse aux services. En témoigneraient la perte d'appétence des jeunes pour les emplois manufacturiers[1], l'idéologie de la précaution ou les charges des écologistes contre un mode de développement polluant et gourmand en matières premières. Mais cette explication ne permet pas de rendre compte de deux évolutions majeures : le développement de l'hyper-industrie et d'une activité qui est de moins en moins sale et dont le contenu en services va croissant. Comment une même posture culturelle, les mêmes *habitus*, peuvent-ils produire sur la durée des résultats aussi contradictoires que l'impératif industriel des Trente Glorieuses et le rejet de l'industrie des années 2000 ?

L'explication sociologique a fait une apparition plus récente. La bascule vers l'industrie sans usine (*fabless fab*), la conversion à la valeur actionnariale (*shareholder value*) et la délocalisation industrielle au profit des émergents seraient l'expression de la conversion d'élites industrielles

1. Christel Bories, *L'Industrie racontée à mes ados... qui s'en fichent*, Dunod, 2013.

d'une idéologie colbertiste ou saint-simonienne à une idéologie libérale apatride et post-industrielle, dont les figures de proue seraient Jean-Marie Messier, Serge Tchuruk ou Carlos Ghosn. Pourquoi ces dirigeants industriels auraient-ils fait le choix de ne pas monter en gamme et de délocaliser des systèmes industriels, et non des segments de la chaîne de valeur comme leurs collègues allemands ?

L'explication politique est plus classique. Trois coupables sont habituellement accusés d'avoir une incidence négative sur la spécialisation industrielle du pays : les trente-cinq heures (et plus généralement une politique sociale et réglementaire qui aurait pesé sur les coûts), l'ouverture commerciale asymétrique à la Chine et aux émergents, l'institution du marché unique et de l'euro. Sans qu'il soit possible à ce stade de réfuter ces analyses, il suffit de mentionner les meilleures performances de pays ayant subi les mêmes contraintes pour établir qu'il n'y a pas de lien mécanique entre ces évolutions et les résultats observés en France.

Il faut donc faire un long détour historique, rendre compte de l'articulation entre contexte, politiques macro et politiques industrielles, pour essayer de percevoir comment en trois quarts de siècle le miracle français a abouti à la débâcle.

1. Le centralisme planificateur (1944-1954)

Dans l'immédiat après-guerre, le choix entre la simple reconstruction et la modernisation, entre le retour au marché vécu comme malthusien et la promotion de l'État rationnel et équitable, entre un développement économique vigoureux et la restauration d'une civilisation inclusive, a été tranché dans le sens du volontarisme et du dirigisme. Comment engager un effort volontaire quand l'instabilité politique s'installe et que les élans de la Libération s'émoussent ? Comment différer la reconstruction immédiate et à l'identique quand les besoins sont criants ? Jean Monnet inventa une méthodologie, un nouvel art de la recherche du consensus par la négociation permanente : ce furent le plan et l'économie concertée. Il trouva des alliés au cœur même de la forteresse des Finances en la personne de François Bloch-Lainé, directeur du Trésor, qui sut canaliser l'aide Marshall vers les investissements structurants et les secteurs prioritaires. Monnet trouva aussi des alliés dans la grande industrie assoiffée de capitaux et parmi les dirigeants du nouveau secteur nationalisé. En revanche, il lui faudra combattre pied à pied tous ceux qui, dans le patronat provisoirement affaibli, à la Banque de France, au Budget et dans le système financier, jugèrent ces pratiques de financement dangereuses et susceptibles de provoquer un mouvement de surproduction !

Pis-aller pour certains, ébauche du socialisme pour les autres, c'est en cela que réside l'ambiguïté créatrice du plan Monnet. Les communistes et la CGT obtiennent les nationalisations et les réformes sociales souhaitées, mais ils cèdent sur leurs revendications immédiates quant au pouvoir d'achat et aux logements ; les mendésistes, à défaut d'obtenir un vrai plan, un vrai ministère de l'Économie nationale et une vraie rigueur, peuvent du moins exercer leurs talents dans des administrations dotées d'importants pouvoirs et ouvrir la voie à leur chef ; les néo-libéraux peuvent considérer que le plan est provisoire et qu'il remplit une fonction dans une reconstruction ordonnée ; les patrons modernistes voient dans le plan les ressources financières qui manquent si cruellement ; les gaullistes, enfin, estiment que les entreprises nationalisées et les grands programmes sont l'ébauche de cet État fort et dirigiste qu'ils appelaient de leurs vœux. La vraie vertu du plan est d'avoir contribué à pacifier le débat sur la reconstruction en permettant à l'État de se doter parallèlement d'une administration économique et d'un système financier qui, le moment venu, agiront en négociant des contrats partiels avec les acteurs sociaux.

Le bilan économique de la période est à la hauteur des espoirs mis dans le plan. En 1952, la France a retrouvé ses niveaux de production les plus élevés de l'avant-guerre, les industries de base et les infrastructures de transport sont reconstruites et modernisées. Un effort massif d'importation de biens d'équipement permet de rajeunir le parc de machines-outils, les missions de productivité aux États-Unis favorisent le transfert de technologies et de méthodes de gestion. Une volonté farouche de reconquérir la souveraineté industrielle et technologique a conduit à la création ou au développement de laboratoires de recherche publique dans les domaines de l'énergie, des télécoms, de l'aéronautique et de la défense. Au terme de la période, l'épargne privée abondante peut prendre le relais. L'État la transforme en crédit bon marché pour les entreprises ; la demande repart, tirée par l'investissement immobilier et l'équipement domestique, et surtout par la régularité et la prévisibilité de l'augmentation des revenus salariaux.

Le bilan institutionnel n'est pas moins remarquable. Le plan, l'information économique, la concertation, et le lancement des grands projets dans la foulée des nationalisations, témoignent de la capacité des élites modernisatrices d'alors à innover, à rationaliser l'action de l'État et à poursuivre sur le moyen terme des projets ambitieux malgré une grande instabilité politique. Le rôle du Trésor, en particulier, est affirmé au cœur du dispositif de financement et de pilotage de l'économie. Des guichets spécialisés de financement apparaissent et se multiplient.

Mais il y a une ombre à ce tableau : les poussées inflationnistes ne sont contenues que par des déflations brutales (plan Pinay), le compromis social sur les revenus n'a guère progressé, le capital national est faible et l'industrie reste fortement protégée.

Mission terminée, Monnet poursuit ailleurs son œuvre : il va mettre ses talents d'entrepreneur politique au service de l'Europe, désignant par là même les priorités nouvelles, celles de l'ouverture des frontières et de la construction politique de l'Union.

2. Le colbertisme high-tech et l'économie de financements administrés (1954-1974)

La période 1953-1955 marque une inflexion : l'État commence à différencier son intervention. D'un côté, il privilégie la régulation macroéconomique d'ensemble sur la direction du développement et la direction détaillée de l'investissement, même s'il maîtrise les outils de l'économie de financements administrés. De l'autre, il poursuit sur la durée les grands programmes qui doivent assurer à la France sa souveraineté industrielle.

Passé les pénuries physiques de l'immédiat après-guerre, les dynamiques de l'offre et de la demande entrent en phase et produisent un cercle vertueux de croissance auto-entretenue. Du côté de l'offre, le transfert technologique américain, l'abondance de matières premières, la disponibilité d'une main-d'œuvre à faible coût et la stabilité du système monétaire de Bretton Woods stimulent puissamment l'élargissement de la base manufacturière européenne et sa compétitivité. Du côté de la demande, une consommation privée rendue prévisible et solvable par la mise en place des dispositifs de l'État-providence et une politique d'équipement public rendue nécessaire par les besoins de la reconstruction constituent des facteurs entraînants pour une croissance régulière. Ces éléments sont à l'origine d'une position compétitive favorable au cours des années 1960. L'industrie européenne va se hisser progressivement au rang de challenger de l'industrie américaine. La structure productive est modernisée dans les domaines de compétence traditionnels de l'Europe (industries de biens d'équipement) et complétée dans les nouveaux secteurs de la chimie et de l'électronique.

C'est dans ce contexte que le rêve des grands précurseurs de l'idée européenne commence à se réaliser : la suppression des contingentements entre pays européens, puis la suppression des droits de douane, vont constituer de puissants facteurs de développement des échanges intra-communautaires.

La France est alors en phase avec le reste de l'Europe ; mieux encore, elle croît plus vite que ses partenaires en période de forte croissance. Une moindre industrialisation pendant l'entre-deux-guerres, un certain retard pris dans l'immédiat après-guerre, des réserves de productivité à exploiter et une politique macroéconomique vigoureuse menée après 1959 expliquent ce différentiel de croissance favorable.

Il faut cependant noter que, à la veille des grandes secousses du début des années 1970, l'appareil industriel est loin d'avoir achevé sa mue ; que les champions nationaux sont rares, moins rentables et moins puissants que leurs concurrents allemands et britanniques, et que la France a peu de pôles de compétitivité. Sur le plan macroéconomique, la régulation de croissance s'opère par l'inflation et la dévaluation périodique. Comment faire d'un pays rural à forte paysannerie, où les catégories d'indépendants pullulent, un État industriel moderne sans déchirer le tissu social ? Une croissance élevée rend indolores les transferts de population et permet de financer l'équipement du pays ; une forte inflation permet l'étalement de la mutation agricole et commerciale ; un système financier contrôlé par l'État permet d'orienter les ressources du pays vers les secteurs désignés politiquement comme cruciaux (le logement, l'agriculture, l'équipement du territoire). Enfin, une politique de prix administrés en matière de crédit permet l'enrichissement de l'entreprise qui s'endette (effet de levier) et le développement d'un capitalisme sans capitaux.

La France a largement modelé la Communauté en faisant prévaloir sa conception d'une Europe des nations, d'un exécutif supranational réduit, d'un parlement représentant des parlements nationaux, et d'une structure décisionnelle politique procédant par accords unanimes entre les parties. Cette première Europe a pu mettre à son crédit non seulement la réalisation d'un marché intérieur très largement ouvert, mais aussi une vraie politique commune en matière agricole (la PAC), fondée sur la préférence communautaire et un tarif extérieur commun. Dans une telle Europe, non seulement les États-nations restaient maîtres de leur politique de défense et de leur diplomatie, mais ils pouvaient discrétionnairement définir leurs politiques économiques, monétaires et budgétaires, au besoin à contre-courant de leurs partenaires. La dévaluation périodique venait sanctionner la perte de compétitivité.

a. *Politiques industrielles ou colbertisme high-tech*

L'âge d'or de la politique industrielle est habituellement associé à l'ère de Gaulle-Pompidou ; pourtant, c'est par paresse qu'on rapproche la politique fondatrice des grands projets et les autres politiques industrielles, qui relevaient davantage d'un interventionnisme brouillon ou de logiques sociales. De nos travaux antérieurs[1], il ressort que trois situations doivent être radicalement distinguées : les conditions de l'intervention de l'État et le statut des champions nationaux sont en effet différents selon que l'État se trouve face à des acteurs industriels puissants (dont il entend définir les structures et prédéterminer les orientations), face à des canards boiteux (politiquement déstabilisateurs), ou face à une absence de tout acteur industriel dans un secteur décisif pour l'indépendance nationale – c'est alors le domaine d'élection des grands projets.

Dans les trois cas, les dispositifs d'intervention sont formellement comparables : plans sectoriels, subventions ou bonifications à la modernisation, à l'investissement, à l'exportation, à la concentration, etc. ; en pratique, les effets de ces outils sont radicalement différents.

L'État, au cours des Vingt Glorieuses (1954-1974), n'a cessé de vouloir peser sur les structures et les orientations industrielles des champions nationaux. Cette tentative a été vaine, même si elle a pu faire illusion auprès d'observateurs pressés. En effet, on confond bien souvent la dynamique

1. Essentiellement dans les trois ouvrages suivants : Élie Cohen, *Les Grandes Manœuvres industrielles* (avec Michel Bauer), Belfond, 1985 ; *L'État brancardier*, Calmann-Lévy, 1989, et *Le Colbertisme high-tech, op. cit.*

de concentration d'une économie mature mais faiblement concentrée (la France en 1965), le discours pompidolien sur l'impératif industriel, et la réalité de l'intervention de l'État en matière de fusions. Le plan Clappier, pour ne prendre que cet exemple, est un mince document d'une quinzaine de feuillets dont la contribution impérissable à l'œuvre industrielle nationale a été qu'il fallait dans la chimie deux pôles publics et deux pôles privés. Nulle étude stratégique, nulle étude de synergies industrielles, nulle représentation des réseaux financiers ! S'il y eut effectivement concentration, ce ne fut donc pas en fonction des plans et des configurations souhaitées. L'État, par sa politique d'environnement de l'entreprise, a certainement pesé sur le mouvement de concentration (politique fiscale, financière, de la concurrence...), mais il n'a en rien défini les structures et prédéterminé les stratégies.

Le colbertisme high-tech est la forme historique qu'a prise l'intervention de l'État-nation armé du monopole de l'intérêt général dans sa relation aux industries dites de pointe de l'après-guerre aux années 1980. Les grands projets nucléaire, spatial, pétrolier, ferroviaire, télécom, aéronautique civile et militaire illustrent cette modalité particulière d'intégration des politiques industrielle, technologiques, de la concurrence et de la commande publique.

Le grand projet se fonde d'abord sur un pari technologique. Il est porté par une Agence parfois créée spécialement. Sa réalisation passe par un transfert de résultats et une coopération organique avec l'industrie. Celle-ci n'est pleinement fructueuse que parce que l'État pratique le protectionnisme offensif, préfinance le développement industriel, transfère les résultats de la recherche publique, assure les débouchés par la commande publique, permet l'amortissement des investissements par les longues séries, facilite le développement en mettant ses moyens au service du champion national public ou privé[1]. La réussite du grand projet intervient lorsque l'État lance un programme d'équipement fondé sur

1. Cf. Élie Cohen, *Le Colbertisme high-tech*, *op. cit.*

les technologies développées et que le marché international adopte les biens et services qui en sont issus. Innovation technique, naissance de nouveaux usages, protectionnisme offensif, développement d'un nouvel acteur industriel et ingénierie sociopolitique sont les pôles du grand projet.

Six traits résument notre modèle et permettent de comprendre le processus par lequel un embryon hybride administration-entreprise mute en champion national mondialisé affranchi de la tutelle publique.

– Le protectionnisme offensif est la condition première du grand projet. Il s'agit, grâce aux moyens de l'État souverain, d'accumuler des ressources scientifico-techniques, de réserver les marchés nationaux à des acteurs industriels que l'on contribue à faire naître tout en fermant le marché national à des produits concurrents étrangers. Cette démarche, toujours ultimement justifiée par des raisons de souveraineté nationale, n'a de sens que limitée dans le temps ; la France étant malgré tout une économie de marché, la sanction ultime vient du marché mondial.

– L'innovation n'est pas nécessairement scientifico-technique, même si les situations de rupture d'un paradigme technique favorisent la naissance d'une spécialisation. Elle apparaît plus dans les mises en relation opérées, dans les formes institutionnelles inventées et dans la réappropriation technique que dans la recherche de pointe. Des filières technologiques strictement nationales (graphite-gaz dans le nucléaire, fusée Diamant dans le spatial, aérotrain dans le ferroviaire...) ont été abandonnées sous la pression des industriels et des exploitants de services publics pour assurer la réussite d'ensemble.

– Le grand projet n'est possible que dans le cadre d'un État flexible, voire d'un État de passe-droit : la constitution de l'hybride administration-entreprise qui permet le double jeu autorité régalienne côté pile, logique d'entreprise côté face (BRP dans le pétrole, CNES dans le spatial, DGT dans les télécoms...), le financement dérogatoire (hors de l'annualité budgétaire, soit sous forme de ressources parafiscales garanties, soit sous forme de loi-programme) et surtout l'usage de la commande publique à des fins industrielles nationales en témoignent.

– Le grand projet est un attracteur du capitalisme sans capitaux, ce qui signifie certes que l'État a au départ la haute main sur les industriels, mais qu'en même temps, dès lors que l'on sort de la logique d'arsenal, ceux-ci s'émancipent.

– Le grand projet n'émerge que lorsque les orientations des acteurs sectoriels convergent avec la politique globale, ce qui explique la succession dans le temps de longues phases de sous-développement et d'intenses périodes de volontarisme.

– Le grand projet, enfin, ne démarre que lorsqu'une élite homogène est capable de mobiliser un salariat pourvu d'un statut autour des valeurs du progrès de l'État entrepreneur et de l'indépendance nationale.

État de passe-droit, absence de rupture scientifique, réversibilité de la relation État-entreprise, rôle des valeurs et capacité des acteurs à comprendre le contexte dans lequel ils évoluent pour enrôler le politique au service d'un projet sectoriel, voilà qui complique singulièrement la référence planiste ou mercantiliste.

Confronté à une carence de l'initiative privée, l'État volontariste peut donc choisir de confier un projet industriel à une entité de son administration, et ainsi, sous certaines conditions, aider considérablement à la constitution et à l'accumulation des ressources pour les opérateurs et industriels nationaux.

Au total, le miracle industriel français d'après-guerre (1954-1974) n'est pas le produit du despotisme éclairé de l'État : il est le résultat, dans un environnement international porteur, d'une ouverture sur l'Europe qui préserve les marges de manœuvre des gouvernements nationaux, d'une économie de financements administrés qui laisse s'épanouir la libre initiative et d'un État social construit comme substitut au compromis social institutionnalisé[1]. Le Plan suit cette évolution ; ses ambitions sont plus grandes puisqu'il vise

1. Élie Cohen, *L'État brancardier*, *op. cit.*

à organiser le développement économique et social, qu'il se préoccupe de l'évolution des revenus et des désirs des consommateurs. Mais cet élargissement de ses compétences masque mal son déclin dans une économie qui s'ouvre et au sein d'un État qui privilégie la régulation d'ensemble et la gestion politique à une stratégie globale de modernisation.

b. *L'économie de financements administrés et le compromis social inflationniste*

Le partage des tâches entre syndicats et patronat se fait, à l'ombre de l'État, par l'extension des avantages sociaux et par une division du travail : aux entreprises, la gestion économique ; aux syndicats, la gestion de la protection sociale ; à l'État, la régulation d'ensemble et la substitution ponctuelle à l'initiative privée défaillante (grands projets, économie de financements administrés). L'évolution de l'État social est le produit du refus implicite de l'État, des syndicats et des patrons de maîtriser les variations nominales de revenus et de prix. La fuite en avant inflationniste entretient la croissance, l'autofinancement et l'euthanasie du rentier ; selon les préceptes keynésiens, elle permet surtout des transferts indolores et occultes.

L'État, enfin, pourvoit au financement des entreprises et détermine le niveau de rentabilité en fixant le niveau des prix et des salaires. Dans l'économie de financements administrés, c'est l'État, et non le marché monétaire, qui fixe les prix (les taux) et les quantités (rationnement du crédit). La singularité de la situation française de 1945 à 1984 est tout entière là !

À la différence du modèle de banque-industrie allemand, les banques françaises, n'étant pas engagées dans le financement à long terme des entreprises, s'installent dans le rôle de partenaires passifs. La relation distante entre l'industriel et l'actionnaire privé, lorsque le capital est atomisé, ne change guère dans son principe de celle que connaissent les entreprises nationalisées, puisque l'État leur abandonne la définition de la stratégie, se réservant le droit d'intervenir comme dans les entreprises privées pour des raisons de régulation macroéconomique.

À la différence du modèle anglo-saxon de régulation par le marché financier, les entreprises ont plus intérêt à s'endetter auprès d'organismes parapublics qu'à renforcer leurs capitaux par le recours au marché, ce qui signifie que tous les financements longs ont été soit le fait de créatures étatiques (FDES ou institutions financières parapubliques comme le Crédit National, le Crédit Foncier, le Crédit d'Équipement aux PME), soit le fait de procédures incitatives initiées par le Trésor. Une telle situation, peu propice à la maximisation du profit, rendait acceptables sur le court terme le contrôle des prix et une politique sociale généreuse.

Des entreprises françaises également endettées et sous-capitalisées n'ont pu bénéficier de la sécurité que confère l'appartenance à de vastes conglomérats industriels financiers et commerciaux sur le modèle japonais. Elles ont toutefois bénéficié de la protection étatique pour éloigner la menace d'une concurrence étrangère trop vive et dissuader les prises de contrôle.

Quand l'État pratique l'érosion de la rente, la transformation de l'épargne courte en financements longs, quand il incite fiscalement à l'endettement, quand les investisseurs institutionnels ne pèsent pas lourd du fait de la faiblesse de la retraite par capitalisation, quand enfin l'État protège le capital national des incursions non désirées, tout milite pour l'avènement d'un capitalisme sans capitaux.

Au total, l'économie de financements administrés a permis la croissance extensive (production de masse, main-d'œuvre sous-qualifiée, faible R&D privée), l'émergence dans le sillage des grands projets de champions nationaux publics ou privés et un bon équipement du territoire.

Les Vingt Glorieuses (1954-1974) resteront donc dans notre histoire comme un moment de rare cohérence entre objectifs macroéconomiques de reconstruction et de développement, objectifs mésoéconomiques de spécialisation industrielle, dans le cadre d'une économie mondiale en voie d'ouverture progressive et d'une Europe des nations en voie de construction. Mieux encore, l'instabilité politique de la IVe République, l'existence d'un parti communiste fort et d'un syndicalisme de lutte des classes n'altèrent pas la logique de rattrapage. Simplement, les tensions inflationnistes, les bouffées revendicatives sont régulièrement absorbées par la dévaluation du franc d'un côté, cependant que de l'autre les oppositions syndicales et politiques sont concrètement intégrées dans la réalisation des grands programmes et cogèrent les services publics et la protection sociale.

3. La crise et l'involution étatique (1974-1984)

De 1974 à 1984, la France connaît un choc industriel majeur. Les crises énergétiques et monétaires, l'épuisement d'une dynamique de rattrapage, des structures financières fragiles vont contribuer à un déclin accéléré de l'industrie. L'État français intervient alors massivement dans la gestion sociale des restructurations et des reconversions industrielles.

Dans les secteurs où il est l'actionnaire, notamment depuis 1981, les rationalisations seront le fait de l'État propriétaire. Dans les entreprises privées mais en difficulté, l'État se dote d'un outil spécifique (le CIASI-CIRI) qui va agir avec une redoutable efficacité.

a. *L'État brancardier*

En quelques années, l'État a su accompagner le déclin, puis la disparition des poids lourds de l'industrie comme Boussac, Creusot Loire ou Normed ; des champions nationaux n'ont guère échappé à la sanction du marché, même si chaque faillite a été précédée de plans qui entendaient « faire d'une faiblesse une force », « reconquérir le marché intérieur » et acquérir des positions décisives sur les

« nouveaux marchés ». L'État a aussi su gérer le déclin de pans entiers de la mécanique, de l'industrie du bois, de la machine-outil, des machines spécialisées… Il a accompagné la disparition d'entreprises à forte visibilité sociale (les ARCT, Manufrance), des coopératives ouvrières (les AOIP), des mono-entreprises locales, sans drames, et souvent avec un accord large des parties.

La grande innovation institutionnelle de l'époque est le CIASI, devenu CIRI. Le CIRI a permis en apparence de régler de manière efficace des problèmes de financement, de reprise, de rationalisation industrielle, et en réalité de gérer sans drames sociaux la première grande vague de désindustrialisation que la France a connue. Empruntant au modèle de l'administration de mission, le CIRI n'a cessé de bousculer l'ensemble des appareils d'État et du système bancaire et financier pour gérer la transition d'une économie dominée par l'industrie à une économie qui cherche ses nouvelles spécialisations. C'est le moment où l'activisme des pouvoirs publics est à son acmé, annonçant la grande transformation de l'économie française et du capital national.

De 1979 à 1983, à cheval donc sur les régimes giscardien et mitterrandien, le CIASI-CIRI sera l'agent de cette grande transformation. La modernisation industrielle, qui a longtemps mobilisé l'appareil d'intervention économique, a cédé la place à la restauration des grands équilibres d'une part, et à la gestion au coup par coup de la défaillance industrielle d'autre part. Le moment CIRI met au jour la conversion d'une élite expansionniste et modernisatrice en gestionnaire virtuose d'un *statu quo* qu'on sait irrémédiablement compromis.

En fait, si le CIASI n'avait été qu'un dispositif financier visant à accompagner des entreprises « fondamentalement saines » de manière transitoire, il aurait vécu ce que vivent les mille et une procédures forgées au Trésor : l'espace d'une conjoncture. Ce qui en fait la singularité irréductible est d'être un dispositif technique novateur au service d'une doctrine politique d'intervention pour temps de crise. L'auteur de cette orientation, Jérôme Monod, à l'époque délégué à la

DATAR, dirigera peu de temps après le cabinet de Jacques Chirac.

Quelle était donc la doctrine Monod, comment a-t-elle été mûrie, en quels termes a-t-elle été formulée et quelle en a été l'efficacité ? Pour Monod, si l'on pouvait avoir des hésitations sur l'ampleur, la nature et la durée de la crise économique consécutive au premier choc pétrolier, on ne pouvait douter des effets de celle-ci et de leur caractère intolérable pour la formation sociale française. Ayant eu à traiter à chaud certains problèmes de reconversion charbonnière (sites d'Alès, Decazeville, La Mure, Montceau-les-Mines, Saint-Étienne, Douvrain) et sidérurgique (Forges d'Hennebont, installation de Renault après la jacquerie bretonne, ou du Boucau), et ayant apprécié *de visu* les ravages des premières vagues de la désindustrialisation britannique, il avait acquis la conviction que l'État devait veiller à préserver le tissu social des effets désagrégateurs des sinistres industriels. La crise de 1974 signifiait à ses yeux une multiplication de ces situations, une plus grande difficulté à y faire face avec les moyens de la DATAR et une moindre tolérance des Français à des adaptations brutales, plus facilement acceptées dans le monde anglo-saxon. Or, l'existence d'un tissu industriel, certes diffus mais sectoriellement concentré (textile, petite mécanique…), et celle d'entreprises fragilisées par la crise et la mauvaise gestion pouvaient rapidement, si l'on n'y prenait garde, mettre une ville moyenne au chômage et « clochardiser » une société. Monod inventa donc la méthode dite de l'escalier, ou plus simplement du lissage dans le temps et dans l'espace de la crise industrielle. Lorsque, dans une ville moyenne, plusieurs entreprises connaissaient simultanément des difficultés, il fallait se résoudre à soutenir des entreprises non viables économiquement, tout en leur faisant descendre en deux, trois, voire quatre plans successifs les marches de l'escalier, ce qui revenait à licencier à doses homéopathiques, céder des activités, accepter des plans de redressement interne, tenter des reprises externes et, au bout du compte, fermer l'entreprise après que le risque de l'explosion sociale eut été patiemment désamorcé.

La réduction en « sifflet », ou l'euthanasie lente, ne sont pas à considérer comme une tactique cynique de désindustrialisation ; elles sont le produit d'une longue expérience de reconversion, dans les charbonnages notamment, qui avait enseigné aux responsables de la DATAR que la régression d'une activité et son remplacement par une autre touchaient à l'essentiel d'une culture du travail, d'un mode de consommation et de vie. Les refus de la reconversion, le doute grandissant suscité par les nouvelles activités parfois fragiles et plus encore le retrait de ces véritables mères nourricières qu'étaient les houillères, avec leur cortège d'institutions sociales diverses, rendaient déjà difficile la reconversion dans la période flamboyante de l'expansion. Dans un contexte où l'on ne peut plus guère compter sur l'implantation de nouvelles activités ou sur la construction de grandes infrastructures pour désenclaver, la défaillance industrielle a pour effet nécessaire la déstructuration d'un bassin d'emploi qu'il faut donc apprendre à gérer politiquement, socialement et territorialement. Une telle orientation n'allait pas de soi. D'autres pays, confrontés au même problème, prenaient au même moment le risque d'une politique d'amortissement global du déclin industriel en incitant les entreprises à maintenir leur personnel excédentaire et à le requalifier (Suède, Autriche), ou à renégocier le partage de la valeur ajoutée (RFA). Dans le cas de la France, la doctrine Monod se présente, non comme une tentative de préserver des écosystèmes industriels, mais comme une gestion sociale du déclin industriel.

b. *L'involution du colbertisme high-tech*

La normalisation industrielle de la France, avec le recul du modèle colbertiste, s'opère d'abord à l'insu des acteurs. Trois types d'arguments permettent de comprendre que le cycle inauguré après guerre s'achève dans ces années de transition 1974-1984. L'un tient aux dynamiques internes du système sectoriel, l'autre à l'épuisement historiquement observé de cette modalité d'intervention, le troisième aux limites d'ores et déjà constatées de l'espace national pour les grandes aventures technologiques.

La réussite du grand projet est la première source de sa banalisation ; les groupes industriels et les exploitants publics qui en sont issus ont tendance à privilégier leur insertion dans le marché international sur toute autre forme de considération. Elf-Aquitaine, Arianespace, Alcatel-Alsthom, France Télécom, EdF, Airbus Industrie, la Snecma, l'Aérospatiale : autant d'entreprises industrielles ou de services nées du ou nourries par le grand projet national, redéployées au niveau européen et qui fondent leur nouvelle légitimité par le marché. L'autonomie stratégique et la défense patrimoniale conduisent l'entreprise publique en voie d'internationalisation à résister aux empiétements du pouvoir politique quand elles ne peuvent plus en prédéterminer les choix.

Mais la réussite peut aussi déboucher sur la crise. Lorsque l'hybride administration-entreprise, malgré la réussite de la séquence recherche publique-plan d'équipement national, mue du champion national en multinationale globale, ne parvient pas à faire aligner son statut sur sa réalité économique, alors le colbertisme high-tech s'inverse terme à terme et mute en interventionnisme discrétionnaire parasite. Cette inversion a pour effet, dans un système déjà éclaté, de faire perdre à l'État le soutien de l'élite du secteur.

L'un des derniers « grands projets » identifiables est celui des télécoms, puisque le plan de rattrapage date de 1974. Il est encadré par les plans nucléaire (lancé en 1969 et accéléré en 1973) et ferroviaire (1976). Malgré les échecs des plans télématique, satellite ou câble, nul alors ne se risque à annoncer la mort des grands projets. Pourtant, l'échec est programmé car, lorsque la perspective équipementière est absente (biotechnologies et océanographie), que l'objet scientifique se prête mal aux grandes agences technologiques (biotechnologies) ou que la perspective industrielle s'éloigne (fusion nucléaire), il est bien difficile de trouver un avenir au modèle national du grand projet.

Enfin, les grands projets d'origine nationale comme Ariane, Airbus ou même le TGV sont devenus européens.

Certes, dans ces trois cas, l'initiateur technologique et politique a été français, mais ces projets pour réussir sont soit devenus européens, soit vont le devenir (TGV/GEC-Alsthom-Fiat). La question, dès lors, se déplace : si le colbertisme high-tech dans un seul pays n'est plus praticable, l'est-il davantage dans le cadre européen ?

c. *La crise de l'économie de financements administrés et l'eurosclérose*

Le caractère pervers du financement administré promu après guerre et géré par le Trésor n'apparaîtra au grand jour qu'avec les crises économiques et financières et l'envolée des taux. En effet, dès lors que les taux réels s'élèvent sensiblement, le poids de la dette devient insoutenable pour les entreprises publiques ou privées, les frais financiers consomment l'essentiel des marges, il devient plus rentable de se désendetter que d'investir. On va alors découvrir qu'un capitalisme sans capitaux est une source de fragilité majeure pour l'appareil industriel et financier. La ruse de l'Histoire est que la gauche aura réalisé des nationalisations rendues nécessaires par la faillite du capital privé français (fin de la dynastie des Gillet à Rhône-Poulenc, des Empain à Schneider, crise du contrôle interne à Pechiney, à Thomson...) et de l'économie administrée au nom de la socialisation des moyens de production et d'une stratégie de sortie de crise.

Avec la crise, tout s'est passé comme si les différents pays européens, séparément, avaient choisi des solutions individuelles, incapables dans quelque domaine que ce soit de trouver des réponses communes.

Abandonnant ses positions de force obtenues à la fin des années 1960, l'industrie française se replie progressivement sur des produits moins élaborés, moins concurrencés par les États-Unis, le Japon et les nouveaux pays industriels du Sud-Est asiatique, mais qui souffrent d'une faible croissance de la demande.

Dans ce contexte de profonde dégradation des facteurs de la compétitivité (coûts salariaux directs et indirects, coût des matières importées, vieillissement du capital, baisse de la productivité, inflation exacerbée), les différents pays européens s'inventent des protections dérisoires mises en place au niveau national (quotas français dans les TV couleur, l'automobile...) qui tiennent lieu un moment de politique jusqu'à ce que, soumis à une pression extérieure devenue irrésistible, les pays européens un à un y renoncent (disparition de l'électronique grand public allemande et anglaise). La protection par les normes, des marchés publics, des régimes fiscaux, ont constitué une efficace barrière pour la défense des prés carrés nationaux, mais au mépris des exigences de la constitution d'un marché intégré, objectif déclaré du traité de Rome bien avant l'avènement du marché unique de 1992.

Ce qui différencie la France de ses partenaires européens ne réside pas dans le traitement de la crise de 1974, mais dans l'incapacité d'en sortir.

La crise a été une irruption du réel dans un univers où un équilibre économique, politique, social et culturel s'était progressivement figé. La dynamique de la croissance qui avait permis de résorber les contradictions nées du passage d'une économie peu industrialisée à une économie industrielle ouverte sur le monde avait cessé de fonctionner. Cette crise que l'on s'acharnait à nier n'avait en fait pas de solutions acceptables ; elle fut donc occultée par les industriels, les hauts fonctionnaires, les hommes politiques et les syndicalistes, d'où les choix politiques défensifs qui furent faits pour éviter l'affrontement social au prix de l'aggravation de la crise industrielle.

Si, en 1978, la réalité de la crise commence à être admise dans les milieux industriels et administratifs, elle ne l'est pas encore dans les milieux syndicaux et politiques de gauche (autrement que sur le mode magique avec la dénonciation de la rigueur barriste). Pourtant, à compter de cette date, timidement, une nouvelle politique est esquissée.

Son objectif déclaré est de réaliser les adaptations nécessaires. Une triple logique est alors à l'œuvre : sur le plan macroéconomique, il s'agit de créer un environnement de rigueur qui doit inciter les chefs d'entreprise à résister à leurs salariés (politique du franc fort, restriction du crédit) ; sur le plan sectoriel, l'État prend la responsabilité de la restructuration des secteurs en graves difficultés comme la sidérurgie ou les chantiers navals ; l'État, enfin, veut préparer l'avenir industriel de la France en impulsant des actions dans les secteurs de haute technologie : il crée à cet effet un guichet spécialisé, le Codis.

Mais l'instabilité économique et financière internationale et le contexte politique et social national vont interdire la réalisation du projet. En effet, au moment où le gouvernement Barre prend conscience de l'ampleur du nouveau prélèvement pétrolier et où, sûr du répit politique qu'il pense avoir obtenu aux élections de 1978, il tente une politique du franc fort et amorce la chasse aux « canards boiteux », en Allemagne, puis dans les autres pays, on mène une politique déflationniste qui passe par d'importantes amputations salariales. La politique française échouera ; la résistance du salariat (cf. la révolte de Longwy) et les contraintes de l'échéance présidentielle conduisent le gouvernement Barre à abandonner les disciplines nécessaires.

Résultat incontesté, l'économie française a tardé à se moderniser, à adapter ses effectifs, à se redéployer et, au total, ces choix que commandait la nature de l'affrontement idéologique et politique ont affaibli l'industrie dans son ensemble. Dès lors, la politique du franc fort a abouti à l'effet inverse de celui qui était programmé puisque non seulement l'inflation sera plus forte, mais, pis encore, les entreprises ébranlées par le traitement qu'elles subissent en viennent à abandonner des parts de marché, ce qui aggrave davantage le solde du commerce extérieur. Le résultat paradoxal des politiques menées de 1974 à 1984 sous des gouvernements de droite et de gauche aura été de protéger la demande intérieure et le pouvoir d'achat des ménages en élevant massivement les prélèvements obligatoires, tout en laissant les entreprises industrielles affaiblies disparaître et en corrigeant par des dévaluations successives les pertes de compétitivité provoquées par des politiques macroéconomiques inadaptées.

4. La révolution libérale européenne (1984-1995)

Ayant changé de politique, abandonné la stratégie de rupture, le plan, la nationalisation et la relance keynésienne, par une série de réformes la gauche au pouvoir va prendre l'initiative là où on l'attendait le moins : dans la promotion de l'entrepreneur et de l'entreprise, dans l'abandon des canards boiteux (mise en faillite du premier groupe français de mécanique lourde, Creusot Loire), dans la politique d'innovation financière, dans la flexibilisation de l'appareil productif et dans l'introduction de méthodes de gestion modernes dans le système de protection sociale.

En matière d'innovation financière, les maîtres mots deviennent : décloisonnement, déspécialisation, débonification, désintermédiation, décartellisation bancaire.

L'objectif est clairement la remise en cause des rentes de situation des acteurs financiers et l'ouverture internationale. Ces initiatives transforment en un an le paysage financier français ; elles sont saluées par la presse anglo-saxonne comme des mesures décisives pour la libéralisation et la modernisation du système financier français.

Le gouvernement socialiste s'attaquera aussi à quelques archaïsmes têtus en matière de transmission des entreprises, favorisera le développement des fonds propres et amorcera le démantèlement des contrôles des prix et des changes.

En matière de flexibilité, ce sont les socialistes qui vont relâcher nombre d'exigences du droit du travail (contrats à durée déterminée, introduction d'équipes de nuit et de week-end, etc.) et, en matière de gestion de la protection sociale, ils organisent le transfert de charges vers le consommateur de soins en étendant les cas de déremboursement.

Les années 1985-1987, qui marquent une relative reprise au niveau mondial grâce aux effets combinés de la baisse du dollar, de la baisse du pétrole, du fort déficit, de la croissance américaine, voient la France affaiblie, tout entière consacrée à la résorption de ses erreurs passées (par l'abaissement des ratios d'endettement et la reconstitution des fonds propres des entreprises notamment), incapable de profiter de l'aubaine et subissant de plein fouet les effets de la panne de l'investissement productif antérieure et l'inadaptation de la structure de son commerce extérieur. Mais, au total, la rigueur aura porté ses fruits (le franc affiche une belle santé et le différentiel d'inflation avec la RFA fond) ; la reprise vigoureuse de l'investissement industriel et de la croissance en 1988-1989, même au prix d'une nouvelle dégradation du commerce extérieur, témoigne de la capacité d'adaptation de l'économie française. L'assainissement industriel, entrepris pendant les années 1978-1983, a très logiquement débouché en 1988-1989. Le rétablissement des profits a permis de réaliser les investissements longtemps différés, lesquels induisent à leur tour la reprise de la création d'emplois.

Mais la grande affaire de la période, c'est l'Acte unique et le grand marché intérieur. S'étant heurtée au mur des réalités économiques et financières, la gauche a préféré renoncer à son programme plutôt que de courir le risque d'une rupture politique au sein de la Communauté des « Douze ». Le gouvernement français va même prendre l'initiative d'une relance européenne.

L'Acte unique est en fait un compromis entre ceux qui voulaient relancer la construction européenne sur une base politique (et acceptaient pour ce faire une étape supplémentaire dans l'intégration économique) et ceux pour qui le programme de libéralisation se suffisait à lui-même (les politiques communes n'étant que le prix à payer pour recueillir le consentement des autres).

Certes, les Français n'ont pas signé un programme fondamentalement libéral sans en percevoir la véritable nature, et le consentement aux politiques communes de la part des Allemands n'était pas factice. Mais, pour les Français qui venaient de confirmer l'arrimage du franc au mark dans le cadre du système monétaire européen, le programme de libéralisation permettait d'objectiver la contrainte extérieure (le marché unique de 1993), et donc de maintenir un plan de rigueur et de modernisation sévère. Pour les autres, acquis au programme libéral, les politiques communes étaient considérées soit comme un impôt communautaire (la contribution nette allemande est décisive pour la politique régionale, et donc pour la Grèce et le Portugal), soit comme un engagement susceptible de remise en cause permanente dès lors qu'il fallait l'appliquer (le freinage délibéré des Anglais sur la charte sociale, l'intégration monétaire, mais aussi les programmes technologiques). La Commission est l'institution qui incarne ce compromis, dont la coloration est aussi le produit d'une dynamique normative et bureaucratique.

Tant que la promesse de politiques communes en matière technologique était crédible, le projet de transférer au niveau européen ce qui avait si bien réussi au niveau national était soutenable. Il ne manquait en effet pas d'arguments à la France pour justifier face au Japon un engagement ferme de l'Europe en faveur de grands programmes technologiques débouchant sur ces nouvelles infrastructures. Autant le keynésianisme et le colbertisme high-tech étaient devenus impraticables au niveau national, autant ils pouvaient reprendre sens au niveau européen. Avec les projets de recherche et de technologie communautaires Esprit, Brite, Euram, Race, Eurêka, Jessi, avec les projets européens de réseaux TGV ou RNIS, on avait même l'embryon d'une forme d'intégration qualitativement supérieure au principe du « juste retour ».

L'absence de volonté politique, l'accord sur les seules procédures, le retour des stratégies nationales ont empêché la réalisation de ce projet. Certes, on peut considérer *ex post* que ce colbertisme européen n'avait pas de sens, car incompatible avec l'ordo-libéralisme allemand et le libéralisme britannique. Et l'on peut même se demander si les Français eux-mêmes y croyaient, tant ils paraissaient recroquevillés sur la défense des champions nationaux, arc-boutés sur la préservation de la PAC, et manifestaient de réticences à l'accroissement des budgets communautaires de R&D. Au moment où la France changeait d'orientation macropolitique en faisant de l'intégration européenne l'axe central de sa politique, le chantier de sa politique industrielle connaît une certaine déshérence.

Force est de constater qu'après avoir renoncé au contrôle des frontières (qui permettait le protectionnisme offensif et donc les grands projets colbertistes), après les expériences malheureuses des relances de 1974 et 1981, et avec l'intégration européenne, la France a pareillement renoncé à toute politique macroéconomique spécifique ou sectorielle.

C'est entre 1984 et 1995, alors même que la France fait des efforts notables pour maîtriser ses grands équilibres et se préparer pour l'union monétaire, qu'elle commence à perdre la bataille de la spécialisation. Avec zèle, elle mène sa politique de désinflation compétitive, de privatisation, de normalisation de sa politique de la commande publique dans le cadre des nouvelles règles du marché unique. C'est avec une conviction plus ou moins feinte qu'elle plaide pour un colbertisme européen, une harmonisation sociale et fiscale. Mais c'est dans l'indifférence générale qu'elle démantèle les outils de sa politique industrielle, qu'elle remise ses grands projets tout en laissant filer ses dépenses publiques et ses déficits. Les tentatives de réforme de l'enseignement supérieur, du marché du travail et de la gouvernance territoriale échouent régulièrement sans que personne songe à l'impact sur la croissance de ces échecs répétés.

5. L'incohérence économique institutionnalisée et ses effets (1995-2007)

La période qui s'ouvre en 1995, après la crise de 1992-1994, avec l'élection de Jacques Chirac à la présidence de la République et qui s'achève avec la crise majeure que nous connaissons depuis 2007 est étrange à bien des égards. La France s'est engagée avec l'Acte unique européen à renoncer à son modèle d'intervention économique fondé sur le protectionnisme offensif, la préférence nationale en matière de commande publique et le patriotisme économique dans la défense de ses champions nationaux. Avec l'avènement programmé de la monnaie unique, elle a libéralisé le marché des capitaux, donné son indépendance à la Banque de France et renoncé à la politique de change. Avec la transformation du GATT en OMC et surtout l'entrée de la Chine, elle a de fait entériné une accélération de la mondialisation. Enfin, avec le Pacte de stabilité et de croissance, elle a accepté que l'Union européenne ait un droit de regard sur ses choix, et même davantage, en matière budgétaire.

Et pourtant, tout va se passer pendant ces années-là comme si aucun de ces engagements ne portait à conséquence. La perte du pouvoir de dévaluer signifiait que, en cas de distorsions concurrentielles, seule l'arme de la dévaluation intérieure subsistait. Or, avec les trente-cinq heures et l'extension continue de l'État-providence, la France a pris le risque de laisser s'installer un différentiel de compétitivité avec son puissant voisin. La souveraineté limitée en matière budgétaire pouvait ne pas se manifester dans le quotidien des procédures budgétaires, mais elle n'autorisait pas le viol quotidien des promesses de maîtrise de la dépense publique, et encore moins l'épisode grotesque de la « cagnotte », où un président de droite morigénait publiquement un gouvernement de gauche pour sa vertu budgétaire ! Enfin, les conséquences de l'entrée de la Chine dans l'OMC, quoique anticipées, ont largement été sous-estimées. Revenir sur ces années-là, c'est comprendre comment l'ensemble du système de production des politiques publiques économiques est devenu dysfonctionnel et comment les évolutions décrites depuis 1974 sont exacerbées par l'intégration schizophrénique de la France à l'Union européenne.

a. *L'UE et les politiques d'environnement compétitif*

Avec l'Acte unique européen, le traité de Maastricht et l'introduction de l'euro, l'Union européenne fait le pari que l'Europe gagnera en compétitivité non pas en privilégiant une politique industrielle européenne, et encore moins en promouvant des champions européens, mais au contraire en éliminant les canards boiteux, en créant un marché intégré qui permettra l'émergence d'entreprises européennes de taille suffisante pour affronter une concurrence mondialisée, en instaurant une monnaie unique, en pourchassant les aides publiques et en jouant un rôle actif dans la libéralisation des échanges internationaux[1]. Les politiques palliatives de repli organisées dans les secteurs en difficulté constituent la première tâche. L'interminable agonie de la sidérurgie, du textile ou des chantiers navals a été accompagnée de mesures sociales et financières permettant la reconversion des sites, la formation des personnels et l'équipement des territoires. Si l'idée de politiques sectorielles est bannie, l'Union européenne n'abandonne pas pour autant toute action en faveur de l'industrie européenne. Simplement, la promotion d'une base industrielle européenne passe par des coopérations dans le domaine des hautes technologies, puis les programmes cadres de R&D. Par la suite, l'agenda de Lisbonne et la politique énergie-climat seront l'occasion d'un déploiement de mesures visant à favoriser les NTIC ou les technologies vertes. Cette politique menée avec constance par la Commission européenne après validation par le Conseil européen exprime le point moyen qui a été trouvé entre les Allemands (pour qui l'amélioration de la compétitivité passe d'abord par l'amélioration du fonctionnement du marché et par une politique de concurrence forte), les Britanniques

1. Les fonds structurels ont joué un rôle majeur dans l'acceptation par les pays périphériques de l'ouverture économique. Leur croissance très significative est à mettre à l'actif de Jacques Delors. Ils ne seront pas évoqués ici, car, si leur rôle a été décisif dans la mise à niveau des infrastructures des pays périphériques, ils n'ont pas joué de rôle fondamental dans les politiques que nous évoquons ici.

(pour qui la libéralisation des marchés et le désengagement des États sont les conditions premières pour une libération du potentiel de croissance qu'offre un marché intégré de 500 millions de consommateurs) et l'appareil supranational de la Commission, dont la mission constitutionnelle est de démanteler les obstacles de toute nature à la réalisation, puis au bon fonctionnement du marché unique. Ainsi, le triptyque politique industrielle, politique commerciale et politique de R&D n'est jamais intégré, et encore moins mis au service d'une politique européenne de spécialisation. Les victoires de la France, comme le chapitre « Politique industrielle » du traité de Maastricht, sont d'autant plus illusoires qu'elles n'ont pas de substance et rassurent de manière trompeuse les Français, qui pensent pouvoir persévérer dans leur modèle industriel.

Le bilan que l'on peut établir illustre la capacité de l'Europe à réussir l'intégration négative en démantelant les protections nationales, en menant à bien des politiques de libéralisation, déréglementation et privatisation, plus qu'à réussir des politiques actives de spécialisation ou même de promotion de la base industrielle et scientifique européenne. Directive après directive, l'objectif 1992 inscrit dans l'Acte unique a été mis en œuvre, les obstacles non tarifaires aux échanges ont été supprimés. Force est de constater pourtant que, en matière de coopération technologique ou industrielle, l'Europe n'a pas avancé du même pas. Un déséquilibre net a fini par s'installer entre politiques de marché et politiques de promotion de la base industrielle[1]. Avec l'Acte unique et dans la perspective de l'euro, l'Europe s'est convertie aux politiques horizontales de compétitivité. Les programmes initiés par le commissaire Davignon, qui devaient contribuer à structurer l'offre européenne dans les nouvelles technologies, ont vu leurs ambitions réduites à la coopération en

1. Le déséquilibre est triple : les politiques de marché existent alors que les politiques de l'industrie sont absentes ou balbutiantes ; les règles de décision ne sont pas les mêmes selon les secteurs d'intervention ; enfin, l'application des décisions prises est inégale selon les secteurs. Ce constat est à interroger en soi.

matière de recherche et à la formation d'une communauté scientifique européenne avant d'être capturés par les tenants de la redistribution au profit des pays les moins développés et des entreprises les moins dotées (PME). La Communauté n'a été que trop fidèle à son mandat initial de libéralisation ; elle a considéré que la spécialisation productive n'était pas de son ressort, même si globalement l'Europe décrochait dans nombre de secteurs comme les télécoms et les TIC où pourtant elle avait quelques points forts. Dans les rares domaines où l'Europe industrielle a réalisé des avancées, la Communauté a été absente : Airbus, Ariane, GSM... Dans les programmes coopératifs comme Eurêka, l'intergouvernemental a mieux réussi dans un premier temps, même si ce dispositif original de labellisation et de soutien de projets à vocation industrielle a ensuite été victime des politiques de maîtrise budgétaire.

Les stratégies horizontales, au premier rang desquelles il faut mentionner les politiques macroéconomiques de désinflation compétitive et les politiques de promotion de la concurrence dans le cadre du marché unique, n'ont pas davantage eu les effets escomptés en termes de spécialisation industrielle. L'intégration européenne a certes produit des effets de polarisation et de spécialisation intra-européenne, elle a contribué à accroître les points forts des uns et des autres, mais elle n'a pas globalement renforcé économiquement l'Europe, ni par rapport aux États-Unis ni par rapport aux pays émergents. Faut-il ajouter qu'au sein de l'Europe l'application des mêmes règles a eu des effets très différenciés selon les pays, consolidant le modèle économique des uns et déstabilisant le modèle des autres ?

b. *France : comment répondre à la désindustrialisation ?*

À l'intérieur du jeu de contraintes européennes et globales, certains pays dont la France tentent toutefois de renouveler l'art de la politique industrielle à compter de 2004. Pôles de compétitivité, Agence d'innovation industrielle, Agence nationale de la recherche, Oséo-Anvar-BDPME, RTRA[1]... en quelques mois, la France inverse le cours de son action et met un terme au désengagement politique en matière industrielle. Le double choc des délocalisations industrielles et du piètre classement des universités françaises en ont été les facteurs déclenchants. Les élites politiques, de peur de mal faire, adoptent alors des propositions potentiellement contradictoires. Dans un pays longtemps dépeint comme centralisateur et colbertiste, l'appel à projets lancé dans le cadre du programme « pôles de compétitivité » a suscité une forte mobilisation locale : élus et universitaires ont bâti quelques centaines de projets, ils aspirent tous au label. La notion de pôle de compétitivité a ceci d'original qu'elle fait d'une politique territoriale la nouvelle politique industrielle, là où par le passé la politique d'aménagement du territoire réparait les effets de la politique industrielle.

Dans la foulée, Jacques Chirac, inspiré par Jean-Louis Beffa, entend réinventer les grands projets colbertistes sur une base européenne avec la création de l'Agence de l'innovation industrielle (AII).

On sait depuis les travaux de l'OCDE que la création d'entreprises est aussi dynamique aux États-Unis qu'en Europe, mais que les taux de survie et les rythmes de croissance divergent fortement. D'où les idées avancées dans nombre de rapports sur la transposition du modèle de la Small Business Administration et mises en œuvre avec Oséo, né de la fusion de la BDPME et de l'Anvar.

Enfin, les initiatives prises dans l'enseignement supérieur (PRES et RTRA) obéissent à une logique d'économie de la connaissance. Les piètres performances des universités françaises selon le classement réalisé par l'université de Shanghai, les impasses du modèle de stricte séparation des universités de masse et des écoles d'excellence ont conduit à une prise de conscience tardive, mais réelle : la compétitivité se joue aussi sur les bancs des écoles.

1. Réseaux thématiques de recherche avancée.

Alors qu'il convenait de choisir une logique et de s'y tenir afin d'éviter le saupoudrage et le gaspillage, le gouvernement français a décidé de tout faire avec des moyens financiers modiques et un appareil d'intervention transparent. Cette politique va rapidement buter sur un triple obstacle.

Primo, l'Union européenne va s'opposer à tous les projets proposés dans le cadre de l'AII. Ni le mode de sélection des heureux élus, ni les enveloppes d'aides publiques, ni la gouvernance de l'AII ne trouvent grâce aux yeux de Bruxelles.

Secundo, les compétences naguère concentrées au ministère de l'Industrie ont fondu avec le temps et l'abandon des politiques industrielles. Les architectures institutionnelles baroques et redondantes masquent mal la perte de compétence de l'État.

Tertio, la modicité des moyens consacrés aux pôles de compétitivité (1,5 milliard d'euros sur trois ans sous forme de subventions publiques, d'exonérations fiscales et sociales, dont la moitié à la charge d'établissement publics du type Caisse des dépôts ou Oséo) rend réel le risque de saupoudrage.

6. La grande stagnation (2008...)

La crise des *subprimes* révèle d'abord les paradoxes du modèle français. La France a beaucoup mieux résisté à la crise que les États-Unis ou le Royaume-Uni à cause d'une moindre spécialisation dans la finance, beaucoup mieux que le Japon ou l'Allemagne à cause d'une moindre spécialisation dans l'industrie, beaucoup mieux que l'Espagne à cause d'une moindre spécialisation dans l'immobilier et la construction, et beaucoup mieux que les pays grands exportateurs à cause d'une moindre ouverture économique.

La diversité des activités, la moindre ouverture et le rôle de l'État expliquent cette résilience française en situation de crise. La France, proche en cela de ses voisins européens continentaux, a mieux résisté à la crise que les pays anglo-saxons à cause de la taille et de la qualité des filets protecteurs sociaux et de l'activisme des États, qui n'hésitent pas à faire jouer les stabilisateurs automatiques, voire à mener des politiques contra-cycliques.

La question qui se pose dès lors est de savoir si le modèle économique français est plus adapté aux situations de crise grâce au poids de la consommation dans le PIB, à une moindre extraversion économique et à une moindre réactivité des marchés, ou si la résistance en cas de choc n'est pas le simple reflet de rigidités qui protégeraient à la baisse, mais qui inhiberaient aussi les rebonds.

En réalité, la crise met au jour les faiblesses structurelles du modèle français, dont la première est celle des déficits publics et de la maîtrise de la dette publique. Le rapport Pébereau, *Rompre avec la facilité de la dette publique* (2006), insistait sur le caractère précaire d'un État qui fonctionnait en faisant appel de façon croissante au déficit et à la dette pour financer ses dépenses courantes, et non des investissements d'avenir. Cette problématique était donc bien connue. Mais, avec la crise, le phénomène s'est emballé, puisqu'on est passé d'à peu près 60 à 90 points de PIB de dette, ce qui représente environ 600 milliards d'euros. La contrainte des finances publiques devient d'autant plus sérieuse qu'elle est au cœur du traitement de la crise de l'euro.

Au-delà de la question des marges de manœuvre budgétaires et fiscales se pose la question de l'efficacité de la dépense publique. Or, les performances globales de la France en matière éducative se dégradent fortement, tout comme celles en matière de sécurité, et la politique de la ville semble être un échec. La question du rapport entre l'évolution de la dépense publique et la qualité des services publics, notamment en termes de résultats obtenus, doit être débattue.

L'importance du chômage en France et son caractère persistant, même dans les phases hautes du cycle économique, sont une autre faiblesse. Malgré un niveau de chômage élevé, le coût salarial ne cesse de croître, prouvant qu'il n'y a pas de mécanisme d'ajustement de marché. De plus, il apparaît que le coût salarial unitaire est en France systématiquement supérieur aux gains de productivité, alors que la situation est rigoureusement inverse en Allemagne.

Une autre caractéristique est que la France est un pays où le partage de la valeur ajoutée reste remarquablement stable sur une très longue période (alors qu'en Allemagne il s'est déformé au profit du capital). Toutes les modifications majeures de l'environnement économique (mondialisation, intégration européenne, etc.) n'ont pas produit les effets observés ailleurs sur la croissance des inégalités et le partage de la valeur ajoutée. De ce point de vue, la France est un pays assez singulier. Si la représentation commune veut que les inégalités se soient dramatiquement développées en France, la réalité est tout autre. Le rapport interdécile, qui est le meilleur outil d'analyse de l'évolution des inégalités, demeure très stable en France, autour de 3, alors qu'il croît dans tous les pays, y compris l'Allemagne, pour ne rien dire des États-Unis et de l'Angleterre. La France reste donc un pays relativement égalitaire en termes de revenus.

Mais la faiblesse majeure qui s'impose avec force au sortir de la crise européenne est le décrochage industriel français. À la faveur de la double crise financière et européenne, la question productive française est donc redécouverte. La dégradation continue du commerce extérieur, la nécessité de corriger les déséquilibres intra-européens et la volonté politique d'une convergence franco-allemande y contribuent.

Les propos alarmistes sortent du cercle des initiés, l'érosion continue des parts de marché de la France à l'export (3,8 % en 2010 contre 6 % en 1980) devient un fait politique. Ce décrochage porte sur tous les secteurs, concerne toutes les parties du monde (l'Asie émergente comme l'Allemagne, le secteur des biens de consommation comme celui de l'automobile) ; il n'est pas le fait de la seule montée en puissance des émergents, puisque les parts de marché de la France baissent même au sein de la zone euro (de 17 % en 1998 à 13 % en 2010).

Cet effondrement du commerce extérieur de la France s'est accompagné d'une forte contraction de la base industrielle. Les investisseurs nationaux délaissent l'industrie, qui devient une proie pour investisseurs étrangers, illustrant le paradoxe de l'attractivité française : les IDE en France s'expliquent davantage par des rachats d'entreprises que par des créations nouvelles d'unités de production.

Une société égalitaire, rigide, fortement redistributive, en voie de désindustrialisation accélérée, au portefeuille d'activités varié, avec un État-providence très développé et un État interventionniste – ces différentes caractéristiques se sont manifestées à la faveur de la crise et, en même temps, ont mis en lumière les traits fondamentaux du modèle économique et social français.

Conclusion

Ce parcours historique permet de trancher la question de l'étrange décrochage industriel. L'explication culturaliste ne permet pas de rendre compte des performances contrastées de l'ère de la reconstruction-imitation (1945-1984) et de l'ère de libéralisation-intégration européenne (1984-2007). La France n'a pas perdu ses avantages compétitifs, pas plus qu'elle n'a subi les effets d'une spécialisation inadéquate, ni été victime d'un patronat apatride et délocalisateur qui aurait multiplié les mauvais choix dont nous serions collectivement les victimes. Les choses sont plus simples et relèvent de la cohérence dans le temps des choix politiques effectués d'un côté, et de la théorie des avantages comparatifs institutionnels de l'autre.

Lorsque, après guerre, brique après brique, les élites dirigeantes issues de la Libération construisent l'État national rationnel équitable, fondé sur une économie de financements administrés, le compromis social inflationniste et les grands programmes de souveraineté industrielle, ils dotent le pays de politiques congruentes et d'institutions adaptées. Le protectionnisme offensif, l'euthanasie du rentier, la dévaluation périodique sont autant d'armes d'un État dirigiste et reconstructeur.

Lorsque, après 1974, la crise économique et financière est gérée d'abord par l'extension de l'État-providence, puis par le démantèlement des outils nationaux de soutien à l'industrie et l'adoption du marché unique, le fossé se creuse progressivement entre la capacité du système productif à répondre aux exigences de marchés ouverts et les contraintes nées de choix politiques intérieurs.

Lorsque, enfin, avec l'euro et les exigences de compétitivité qui découlent de la nouvelle phase de la mondialisation, les entreprises se voient soumises à des pressions fiscales et sociales qui ruinent leur rentabilité, alors que la voie de la dévaluation est fermée et que celle de la préférence nationale est interdite, il n'est guère étonnant que la variable d'ajustement soit la compétitivité relative du système productif.

Il reste toutefois à comprendre pourquoi, sur la durée, le problème a tardé à se manifester. L'explication est triple. D'abord la France a, au cours des trente dernières années, transformé son portefeuille d'activités. Elle s'est ainsi insensibilisée progressivement aux fluctuations de la conjoncture des échanges industriels. Ensuite, à divers moments cruciaux, la France a bénéficié d'une évolution favorable de la parité de sa monnaie par rapport au dollar, ce qui fut le cas notamment lors des débuts de l'euro ; par la suite, elle a pu bénéficier de la protection de l'euro alors que sa politique macroéconomique dérivait. Enfin, la France a exploité largement les marges de manœuvre disponibles des déficits publics et de l'endettement pour financer une économie tirée par la consommation domestique et de moins en moins compétitive.

Au fond, ce que cette histoire raconte, c'est la déconnexion entre l'évolution du contexte économique et des politiques menées depuis trente ans ; c'est l'effondrement du modèle de l'État national rationnel équitable et l'incapacité à le remplacer ; c'est la transition manquée entre une économie de rattrapage et une économie d'innovation.

Cinquième partie

Réindustrialisation : que faire ?

Chapitre 13

Trois scénarios pour changer de modèle industriel

Le diagnostic du décrochage industriel français a été établi, il ne souffre guère d'objections ni formelles ni substantielles. Non, la désindustrialisation n'est pas un artefact statistique. Non, la désindustrialisation n'est pas une propriété commune à tous les pays européens. Non, parler d'industrie, ce n'est pas céder à une vision nostalgique et régressive ; l'industrie dont on parle ici est faite de technologies, de services, d'intelligence dans les réseaux et aussi de production manufacturière. L'industrie génère des biens et services échangeables, elle suscite l'essentiel de la R&D des entreprises, elle est fortement productive et permet la distribution de « bons » salaires.

Ne cherchons pas d'explications universelles ou culturelles au décrochage français ! Notre désindustrialisation a été le résultat prévisible de la fin d'un modèle (nationalétatique d'imitation) et de l'incapacité à en inventer un autre (ouvert-européen innovateur), le résultat de quarante ans d'incohérences politiques et du refus de tirer toutes les conséquences du choix européen.

Une économie de financements administrés protégée, un compromis social inflationniste, un État colbertiste entrepreneur et une régulation par la dévaluation périodique forment un modèle cohérent.

La première erreur a été de croire que le marché unique et le franc fort étaient compatibles avec ce modèle, alors qu'ils ne l'étaient manifestement pas ; les rigidités structurelles sur les marchés du travail et des biens et services trouvent là, pour partie, leur expression, de même que la crise de l'État colbertiste privé de l'arme de la préférence nationale dans la commande publique. On ne peut pas jouer l'économie ouverte avec les règles de l'économie fermée. L'État national, jacobin, colbertiste, perd nécessairement une partie de ses prérogatives quand des compétences essentielles du développement économique sont abandonnées et que les compétences de régulation sont pour une large part transférées au niveau global en matière commerciale (OMC) et au niveau européen en matière concurrentielle. Cette erreur, dont on verra plus loin de nombreuses manifestations, est enracinée dans une croyance, le primat du politique sur l'économique. Que l'intérêt général prime sur les intérêts particuliers et que le pouvoir politique fixe les orientations générales de la politique économique va de soi. Pour autant, le pouvoir politique ne peut mener en toutes circonstances des politiques contradictoires sans que des mécanismes de rappel économiques interviennent.

La deuxième erreur a été de croire que l'institution de l'euro et donc la renonciation à la dévaluation étaient compatibles avec des politiques de croissance illimitée de la dépense publique, générant des déficits et des dettes publiques en hausse. La pression à la réforme et à la convergence censée provenir de l'adoption de la monnaie unique n'a pas opéré. Au contraire, débarrassés de la contrainte extérieure, les États, et notamment la France, ont pratiqué le laxisme budgétaire et fiscal. Tout s'est passé au cours des années de crise comme si, fidèle à un keynésianisme sommaire, la politique macroéconomique avait eu pour unique objectif le soutien à la demande, au revenu des ménages, quels que soient l'état des finances publiques et le niveau de compétitivité des entreprises françaises. Ainsi la France, tous gouvernements confondus, a inventé un modèle d'action publique fondé sur le triptyque « *spend, borrow & tax* ». Les spécialistes du modèle social-démocrate auront reconnu une version du « *tax & spend* », mais la variété française est plus subtile puisque la dépense est première, la taxation est différée pour ne pas pénaliser la demande et la soudure est faite par la croissance continue de la dette.

La troisième erreur a été de croire que l'alourdissement continu des prélèvements fiscaux et sociaux pesant sur l'entreprise pouvait être corrigé par la multiplication de politiques industrielles sectorielles et par des dispositifs prothétiques comme les aides publiques ou les niches fiscales. L'interventionnisme de remédiation est la caractéristique centrale des nouvelles politiques publiques. Lorsque le déficit né de la mutualisation du risque économique et du soutien continu de la demande devient difficilement supportable, ne serait-ce que du fait des engagements librement souscrits dans le cadre européen, il faut le réduire. Comme il faut préserver la demande et que les Français sont allergiques à la TVA et à l'impôt progressif, il faut le plus souvent recourir à la taxation des entreprises, et notamment aux impôts sur le cycle productif dont le rendement est assuré. Cette politique contribue à dégrader la compétitivité des entreprises françaises. L'invention de niches ou d'exonérations fiscales sectorielles semble alors la solution.

Taxer et remédier, changer en permanence les règles du jeu ne crée pas sur la durée un environnement favorable au développement de l'économie marchande.

Le résultat de ces politiques est double : incohérence – et donc inefficacité – des politiques menées et perte de crédibilité de l'action publique.

L'erreur n'a pas été de faire le choix du marché unique ou de l'euro, mais de croire que ces choix politiques majeurs pouvaient n'avoir aucune incidence sur le pilotage de la politique macroéconomique, les politiques fiscales et la gestion de l'État.

L'impasse est aujourd'hui totale puisque, l'effondrement de la compétitivité n'étant plus endigué par ces prothèses, les administrations fiscales en viennent à inventer des prothèses de prothèses. Alors, que faire ?

D'abord et avant tout, écarter la tentation des solutions à l'emporte-pièce. Après les soixante et onze pôles de compétitivité qui étaient censés implanter en France le modèle des *clusters*, ce furent les treize filières stratégiques qui devaient apprendre aux donneurs d'ordre et aux sous-traitants à partir ensemble à l'exportation et à partager la charge des développements technologiques, puis ce furent encore les technologies génériques du vivant, du numérique, des nouveaux matériaux et des énergies nouvelles promues par le commissariat général à l'Investissement. Ce mouvement incessant de création de nouveaux dispositifs avec des moyens modiques, où l'on procède toujours par addition et jamais par soustraction, s'est emballé avec les trente-quatre plans stratégiques d'Arnaud Montebourg, pâle réécriture des brochures publicitaires de MacKinsey, et les sept ambitions pour l'innovation d'Anne Lauvergeon. Le discours sur la politique industrielle connaît ainsi une croissance continue sans embrayer sur la réalité.

L'impératif industriel pour notre temps passe avant tout par une exigence de cohérence sur la durée. Cela consiste d'abord à assumer les choix économiques et politiques structurants qui ont été faits depuis le début des années 1980 avec le marché unique, la monnaie unique et l'élargissement. C'est-à-dire mener avec constance des politiques de compétitivité, de maîtrise des finances publiques, de promotion d'une économie d'innovation. Un moment, avec les politiques de désinflation compétitive, on a cru que la stratégie avait changé, mais les difficultés allemandes liées à la réunification ont anesthésié les dirigeants nationaux et la France a assisté en spectatrice au formidable mouvement allemand de reconquête de sa compétitivité.

Dans les années qui viennent, les gouvernements devront, sous l'empire de la contrainte ou non, réinventer le modèle économique français. La réindustrialisation ne sera pas plus le produit des politiques sectorielles promues par Arnaud Montebourg que des politiques de filières conçues par la CNI sous l'impulsion de Nicolas Sarkozy, et pas davantage des politiques de pôles de compétitivité lancées par Jacques Chirac. Seule la mise en cohérence de nos choix européens avec les politiques macroéconomiques et microéconomiques peut inverser le cours de notre désindustrialisation.

Dans les chapitres qui suivent, les conditions de cette mise en cohérence seront explicitées. D'abord en définissant les trajectoires probables et possibles de notre système industriel.

Avec le recul dont nous disposons, il n'est pas difficile de prévoir un déclin continu de l'industrie française : l'érosion du solde manufacturier, que ne vient combler aucun excédent significatif des services ou des revenus extérieurs, en témoigne tous les jours. De même, la formidable attrition de notre spécialisation, bientôt limitée aux vins et aux avions, n'est guère réversible sans de très sensibles efforts. Enfin, la médiocre performance de notre système d'innovation ne laisse guère d'espoir d'une re-spécialisation dans le high-tech. C'est le scénario au fil de l'eau. Il n'est pas fatal : d'autres pays ont connu des phases aiguës de crise et de déclin, et ont rebondi – c'est le cas aujourd'hui des États-Unis et ce fut le cas des pays nordiques après la crise des années 1990. La France a été capable de produire un immense effort après guerre et est parvenue à devenir le pays le plus spécialisé dans le high-tech dans l'Union européenne jusqu'à ces dix dernières années. Les cartes sont rebattues avec la « Nouvelle Industrie » : la numérisation de toutes les industries, l'écologisation de tous les processus productifs, l'impératif de montée en gamme par différenciation, innovation et variété créent de formidables opportunités. L'industrie, entendue comme ensemble de solutions aux grands besoins de la planète, est faite de la combinaison de briques technologiques, d'intelligence de services et de produits manufacturiers. L'immense classe moyenne mondiale en formation a besoin de se nourrir, de se soigner, de se transporter, de se protéger, de communiquer, de vivre en ville, mais elle a aussi besoin de variété, de personnalisation, de statut, de distinction. Dans ce nouveau monde industriel, la France, qui n'est pas sans atouts, peut opérer un retour.

Si l'on écarte le scénario d'une spécialisation « au fil de l'eau » qui se traduirait immanquablement par l'appauvrissement relatif, des difficultés chroniques de balance courante et la perte de contrôle progressif des grands groupes à base française, deux options restent ouvertes.

La première, la plus volontariste, est l'engagement dans une stratégie de réindustrialisation, non pas au sens d'un retour vers le passé, mais au sens d'une émulation du modèle allemand de spécialisation. Cela passe par une priorité clairement affirmée pour l'industrie manufacturière, une politique fiscale qui donne aux entreprises les moyens du développement, une déréglementation des services pour en abaisser le coût, une politique d'accompagnement technique des PME, une tarification de l'énergie favorable aux entreprises, un accompagnement marqué à l'export, une politique d'apprentissage menée avec constance... Cela passe surtout par une restructuration de l'écosystème manufacturier naturel, en restaurant des relations équilibrées entre donneurs d'ordre et sous-traitants, en faisant travailler ensemble centres techniques et PME, en favorisant l'accès des PME aux marchés publics et en améliorant leur financement – bref, en construisant un tissu coopératif entre autorités bienveillantes, chercheurs, universitaires et entrepreneurs.

La seconde, la plus risquée, est l'orientation vers une économie créative. Elle se fonde sur la diversité de la spécialisation de la France, qui a des atouts forts dans l'agroalimentaire, le tourisme, le high-tech, l'énergie, le luxe, les services écologiques, la logistique, la culture, la santé, mais aussi l'industrie manufacturière et les services aux entreprises. Ce portefeuille d'activités a jusqu'ici conduit à l'érosion progressive des positions de la France. L'idée, si l'on adoptait cette orientation, serait de consolider ces atouts dans la durée, ce qui passe par des réformes structurelles comme celles du marché du travail et de la fiscalité et par des mesures ciblées. Par exemple, en matière touristique, les positions françaises sont en péril par absence de stratégies coordonnées entre acteurs, par illisibilité de l'offre, dégradation continue de la qualité du service et du rapport qualité/prix, réglementations archaïques, retard pris dans les infrastructures de congrès, de foires, etc.

Ces scénarios d'évolution ont des chances inégales de réussite. Pour apprécier les chances de la France, il faut répondre à trois questions. Le cadre européen contraint-il ou favorise-t-il l'adoption d'une stratégie nationale de réindustrialisation ou de conversion à un modèle d'économie créative ? À quelles conditions peut-on améliorer l'environnement compétitif des entreprises françaises ? Y a-t-il encore place pour des politiques sectorielles ciblées ?

La compatibilité avec les politiques européennes est le premier test de la viabilité des modèles envisagés. D'éminents industriels français réclament et fustigent dans un même mouvement la politique industrielle européenne. Le marché unique, la politique de concurrence, le désarmement douanier coordonné et les politiques de R&D constituent le noyau dur d'une politique européenne de l'industrie dénoncée par certains pour son angélisme et sa traque des champions européens. Cette même politique n'a pourtant pas empêché la reconquête compétitive allemande ou la réindustrialisation suédoise, précisément parce que l'action de l'Union européenne repose sur le refus des pratiques interventionnistes, la promotion des champions européens et la protection contre les émergents.

L'invention d'un nouveau modèle français passe par la rupture claire avec le modèle actuel, caractérisé plus haut comme une économie de consommation solidaire, financée partiellement par la dette publique, avec au cœur du dispositif un État pratiquant un interventionnisme de remédiation. Les réformes du marché du travail, de celui des biens et services ainsi que les réformes fiscale, éducative et sociale doivent favoriser l'émergence et la croissance d'entreprises innovantes et compétitives. Selon les choix de spécialisation, les politiques à mener ne sont pas les mêmes : un modèle industriel haut de gamme et exportateur à l'allemande est parfaitement compatible avec de hauts salaires ouvriers et un fort niveau de protection salariale, car l'enjeu majeur est la préservation des compétences dans la guerre des talents.

La Nouvelle Politique industrielle, et donc le modèle de spécialisation productive qui en résultera, seront le fruit du mode d'articulation des politiques macroéconomiques, structurelles et microéconomiques. Si l'on parvient à aligner ces politiques au service de la réindustrialisation ou de l'économie créative, alors un nouveau principe de cohérence aura été trouvé et il n'y aura nul besoin d'organiser des mises en scène pour célébrer la nouvelle France industrielle. À l'inverse, si l'on continue sur le mode de l'incohérence, des dispositifs prothétiques et des discours incantatoires, alors non seulement le déclin industriel se poursuivra, mais il faudra un moment réaligner nos politiques sous la contrainte extérieure et cela passera par la dévaluation intérieure, dont on mesure les effets aujourd'hui en Espagne.

Confrontés, comme la France, à une perte de substance de leur système productif, plusieurs pays européens (le Royaume-Uni, l'Espagne et le Portugal, entre autres) ont affiché leur volonté de se réindustrialiser. Leurs objectifs sont les mêmes : supprimer le déficit de la balance commerciale extérieure, créer des emplois qualifiés à haute valeur ajoutée dans l'industrie, augmenter la productivité globale de leur économie et favoriser ainsi la croissance potentielle à moyen terme.

Deux pays européens ont réussi leur réindustrialisation dans le passé : la Suède et l'Allemagne. Après la crise du début des années 1990, la Suède a connu une croissance industrielle forte et sa balance courante, négative en 1990 (-1,5 % du PIB), est devenue fortement positive en 2000

(4,6 %) et encore plus en 2010 (6,9 %). Ce redressement s'explique, pour la plupart des économistes, par l'augmentation des profits des entreprises qui a favorisé une élévation continue du taux d'investissement. Cette augmentation des profits résulte, d'une part, d'un partage des revenus qui s'est modifié en faveur des entreprises (et au détriment des salariés et de l'État) et, d'autre part, de la forte dépréciation du taux de change, même si la couronne suédoise s'est appréciée depuis la crise de 2008 par rapport à l'euro.

Le redressement de l'industrie allemande est plus tardif (à partir de 1999). La balance courante des échanges extérieurs de l'Allemagne est passée de -1,8 % du PIB en 1990 à 7,5 % en 2007, pour rester ensuite à peu près à ce niveau malgré la crise (7,0 % en 2013). Comme en Suède, on a assisté à une forte hausse des profits des entreprises à partir de 2001, grâce, là aussi, à un partage des revenus en faveur des entreprises et au détriment des salariés, aux mesures prises par Gerhard Schröder et à un investissement productif relativement élevé jusqu'à la crise.

On peut observer quelques premiers signes de réindustrialisation au Royaume-Uni, en particulier avec les investissements dans le secteur automobile, et quelques éléments porteurs d'espoir en Espagne et au Portugal. Dans ces deux derniers pays, la balance commerciale s'est nettement redressée avec une forte augmentation des exportations, ce qui peut en partie s'expliquer par le niveau faible des coûts salariaux de l'industrie et leur baisse relative avec la mise en place de politiques d'austérité qui a conduit à une diminution des importations[1]. Une étude de Bruegel confirme une certaine amélioration de la situation dans les pays du Sud grâce à la baisse de leurs coûts salariaux unitaires. Cependant, l'élévation de leur productivité s'est produite à la faveur d'une forte augmentation du chômage qui a exclu du marché les salariés les moins productifs. Si retrouver les emplois perdus de l'industrie est l'objectif principal de la

1. « Compositional Effects on Productivity, Labour Costs and Exports Adjustments », juin 2012.

réindustrialisation, il ne semble donc pas pouvoir être tenu, au moins dans la première phase d'ajustement structurel.

On ne constate aucun signe de réindustrialisation en France, où la production industrielle stagne et où aucune amélioration n'est perceptible dans la balance commerciale en biens industriels. Retrouver une meilleure compétitivité signifie retrouver une meilleure compétitivité du territoire France, et pas nécessairement une meilleure compétitivité des entreprises françaises ou des produits qu'elles fabriquent, en France ou ailleurs.

Trois futurs possibles se présentent pour l'industrie française en fonction des politiques mises en œuvre.

1. Le scénario d'une spécialisation au fil de l'eau

Dans ce scénario, la base productive s'étiole sans que les services à la personne prennent le relais comme par le passé à cause de la stagnation des revenus et de l'état des finances publiques.

Ces dernières années, différents dispositifs ont été mis en place pour dynamiser l'industrie française : AII puis FSI, crédit impôt recherche (5 milliards d'euros), pôles de compétitivité (lancés en 2005 et qui ont coûté 6 milliards, dont 3 de fonds publics), Oséo puis Banque publique d'investissement (BPI, qui doit participer au financement et à l'accompagnement en capital des PME et qui dispose d'environ 30 milliards en prêts et en capital), CICE (crédit d'impôt pour la compétitivité et l'emploi, qui équivaut à une baisse de cotisations sociales, dans la limite de 2,5 fois le SMIC, et qui représente une baisse de 20 milliards d'euros par an du coût du travail).

Tous ces dispositifs ont échoué à enrayer la désindustrialisation française, qui reste plus prononcée que pour ses partenaires européens. L'indice de la production industrielle (hors construction et corrigée des variations saisonnières) dépasse pour l'Union européenne le niveau de 2010. Or, l'industrie française a continué de stagner entre 2010 et le premier trimestre 2014, 2010 étant l'année où la part de la valeur ajoutée de l'industrie dans le PIB était la plus faible de l'Union européenne (UE 15).

La désindustrialisation accélérée d'un pays a des conséquences économiques très importantes qui vont affecter ainsi la France plus que ses partenaires européens :

– Baisse relative du niveau de vie : puisque les gains de productivité sont plus élevés dans l'industrie manufacturière que dans le reste de l'économie, quand les emplois industriels disparaissent au profit des emplois de services à la personne, moins productifs, un pays s'appauvrit. La divergence des niveaux de croissance économique et de revenus entre les pays qui se désindustrialisent et ceux qui, au contraire, maintiennent une industrie forte va s'accentuer.

– Baisse de la demande intérieure : avec la désindustrialisation, équilibrer la balance commerciale sera plus ardu puisque les produits industriels constituent la majorité des échanges commerciaux. Les pays désindustrialisés devront comprimer fortement leur demande intérieure pour faire face à ces déficits extérieurs non soutenables sur le long terme.

– Difficulté à réduire l'endettement : la perte durable de revenu et l'élimination problématique du déficit extérieur dans les pays désindustrialisés vont compliquer la réduction de l'endettement extérieur et donc déprimer l'épargne.

– Émigration de la main-d'œuvre qualifiée (ingénieurs, chercheurs, techniciens) vers les pays où l'industrie s'est concentrée, comme c'est déjà le cas des pays du sud de l'Europe vers l'Allemagne, fuyant la récession et l'austérité dans leurs pays. En 2011, les entrées en Allemagne en provenance d'Espagne ont ainsi augmenté de 44,7 %, celles de Grèce ont fait un bond de 43,4 % et celles de l'Italie de 39,8 % (Destatis).

Si la désindustrialisation se faisait au profit d'une montée en gamme dans les technologies, les services aux entreprises, l'innovation génératrice de redevances de brevets, il n'y aurait qu'à se louer d'une telle évolution. Mais telle n'est pas la réalité observée en France.

Si elle se poursuivait, la destruction d'emplois industriels au profit d'emplois de services à la personne se traduirait ainsi par une diminution de la croissance, une baisse du taux de croissance potentielle, le recul des emplois qualifiés et bien rémunérés, et une dépendance plus grande à l'égard des dépenses de redistribution (qui solvabilisent bien souvent les services à la personne). L'expérience qu'a vécue la France au cours des dix dernières années est un rappel de cette évidence. Seule la hausse continue de la dépense publique, les subventions aux emplois non qualifiés et la multiplication de niches fiscales favorisant les services à la personne dans un contexte de ralentissement global de la croissance ont permis la substitution de fait d'emplois de services à la personne aux emplois industriels détruits.

Une économie de moins en moins fondée sur l'expansion de sa base productive en produits échangeables sur les marchés et de plus en plus dépendante de la consommation domestique génère un déficit structurel de balance courante et donc, à terme, une contraction de la demande intérieure ou un endettement plus grand.

La consolidation et le renforcement de son industrie sont donc un impératif absolu pour la France, et le *statu quo* ou la continuation des politiques actuelles est source d'appauvrissement et de dépendance économique.

2. Le scénario de la réindustrialisation

Dans le scénario réindustrialisation, la politique de soutien à l'industrie vise à accroître le poids de celle-ci dans le PIB en reconstituant un écosystème industriel, en saisissant les opportunités de la nouvelle révolution industrielle, mais aussi en partant à la reconquête des activités perdues du fait des délocalisations. L'objectif est alors de limiter les fermetures d'usines et de favoriser le développement des entreprises actuelles en améliorant leur environnement compétitif et en mettant en place les bonnes incitations en matière de formation, de relations donneurs d'ordre/sous-traitants, en bénéficiant de l'empreinte mondiale des grands groupes.

Pourquoi la réindustrialisation peut-elle être envisagée alors que nous avons expliqué, après nombre d'économistes, que la désindustrialisation était une phase classique dans le cycle de développement, un moment de la réallocation des capacités productives, en fonction des avantages comparatifs, au profit des émergents, une conséquence de l'évolution des structures de consommation des pays développés ? Faudrait-il revenir sur les acquis de la spécialisation, sur les bénéfices mutuels de l'échange, sur une division des tâches de plus en plus fine, sur la libre localisation des activités en fonction de l'attractivité comparée des territoires ?

Ce qui rend la réindustrialisation possible est un quadruple processus de convergence salariale des émergents, de redistribution des avantages comparatifs, de rupture technologique et de correction des excès des délocalisations.

La réouverture récente de lignes de production en informatique aux États-Unis alors que les dernières usines américaines ont été fermées en 2008 par Dell (au profit de la Chine) et par Lenovo (chinois ex-IBM) s'explique par la hausse des coûts salariaux chinois (de 15 % par an en moyenne au cours des dix dernières années), alors que dans le même temps les coûts américains stagnaient. Si l'on ajoute que la robotisation améliore la productivité et contribue à la baisse des coûts salariaux unitaires, on comprend que de moindres coûts de production aux États-Unis rendent possibles des relocalisations[1].

De même, le rapatriement de segments de la chaîne de valeur aux États-Unis à partir des émergents par des firmes américaines comme Google, GE (électroménager), Cat (excavatrices), Ford (automobiles) ou Apple corrige les excès des délocalisations en matière de coûts logistiques, de pro-

1. *The Economist*, 19 janvier 2013.

blèmes de qualité, de propriété intellectuelle, de risques liés aux guerres et aux désastres naturels. Lorsque l'essentiel de la capacité mondiale de production en fonderies de silicium se trouve concentré dans un territoire à l'activité sismique importante (Taïwan et son environnement immédiat), le risque de rupture d'approvisionnement est sérieux et n'est pas correctement évalué dans la balance coût/avantage de la délocalisation.

Enfin, la disponibilité en abondance d'une énergie bon marché, trois fois moins chère aux États-Unis qu'en Asie, rebat les cartes de la localisation pour toute une série d'activités. Si l'on ajoute les vertus de la proximité et d'un grand marché domestique en matière de mode textile, d'automobiles ou de services informatiques, on comprend que la balance délocalisation/relocalisation puisse varier.

La France a connu une désindustrialisation accélérée et une délocalisation d'écosystèmes productifs dans un secteur aussi important que l'automobile (ensembliers et équipementiers) ; elle a su, à l'inverse, préserver et développer l'écosystème aéronautique sur le sol national. Alors qu'elle jouissait d'une énergie électrique bon marché, elle a laissé son industrie des biens intermédiaires s'étioler. Alors qu'elle disposait d'une industrie du luxe et de marques prestigieuses, elle n'a pas su monter en gamme dans les biens de consommation.

Faut-il garder la même spécialisation industrielle en relançant la production industrielle en France ? Les politiques publiques visant à limiter les fermetures, à diminuer les licenciements économiques dans les usines existantes sur le territoire français et à relancer la production sur les sites français actuels vont dans ce sens, mais elles peuvent prendre plusieurs formes.

Dans un premier cas, on introduit des contraintes fortes sur les licenciements, ce qui devrait déboucher sur un arrêt ou un ralentissement dans les investissements visant à améliorer l'efficacité et la productivité des entreprises actuelles. Ces contraintes pourraient conduire, par exemple, à limiter les investissements dans l'utilisation de robots (ce qui est en partie le cas aujourd'hui en France). On diminuerait alors le processus de substitution capital/travail et le remplacement des ouvriers par des machines, quand c'est nécessaire. Le résultat le plus probable serait une industrie française encore moins compétitive : cette politique est donc totalement improductive.

Dans un second cas, on améliore les conditions de la production industrielle en France par une baisse des coûts. Cela peut se faire au niveau de mesures économiques générales prises par le gouvernement (comme le CICE, qui devrait être pérennisé et même renforcé) ou à un niveau décentralisé. L'accord compétitivité emploi chez Renault prévoit le gel des salaires, une refonte des comptes épargne-temps, l'augmentation du temps de travail à trente-cinq heures hebdomadaires (soit 6 % de hausse) et 7 500 suppressions de postes d'ici à 2016. C'est un exemple qui devrait être généralisé à grande échelle avec un soutien appuyé du gouvernement à ces initiatives. « En contrepartie, nous nous sommes engagés à ne fermer aucun site industriel et la production française passera de 550 000 véhicules par an à 710 000 en 2017, explique le DRH de Renault. Cet accord a créé un cercle vertueux. Grâce à l'amélioration de notre compétitivité, notre partenaire Nissan a décidé de faire fabriquer l'équivalent de 80 000 Micra par l'usine de Flins d'ici à 2016[1]. » Cet accord devrait accroître le taux d'utilisation des sites (de 60 % actuellement à 80 %), mais il impliquera aussi une mobilité renforcée entre sites afin d'équilibrer entre ceux en suractivité et ceux qui tournent au ralenti. Autre engagement : l'essentiel de la R&D restera en France, grâce en partie au crédit d'impôt recherche, qui abaisserait de 11 % le coût horaire d'un ingénieur.

Une telle politique de relance de la production industrielle française à partir de l'acquis industriel existant devrait s'appuyer sur les grandes entreprises françaises actuelles, les PME françaises étant trop petites et le nombre d'entreprises de taille intermédiaire étant notoirement insuffisant. Ces

1. *Les Échos*, novembre 2013.

grands groupes, qui constituent le cœur de l'économie française, représenteraient 33 % de la valeur ajoutée (ensemble des secteurs hors secteurs financiers, agricoles et administrations publiques), 3,4 millions de salariés (un salarié sur sept) et plus de 40 % du financement privé de la R&D. Depuis le début des années 1990, ils ont fortement privilégié l'investissement à l'étranger.

Dans ce scénario, il faut donc repenser la politique industrielle française pour que ces grands groupes réinvestissent en France, à l'image de leurs homologues allemands. Malgré leur forte internationalisation, VW, BMW et Mercedes ont prévu des investissements massifs en Allemagne dans les cinq années à venir.

Comment faire en sorte que la France redevienne attractive pour les investissements industriels ?

Dans certains secteurs, la France dispose d'une expertise reconnue au niveau mondial et de grands groupes dominent l'activité industrielle, qui est très concentrée : dans l'aéronautique et l'armement (EADS, Safran, Thales, Dassault), dans la pharmacie et les cosmétiques (Sanofi-Aventis, L'Oréal), dans l'énergie (Total, GDF-Suez, EDF-Areva), dans le luxe, la maroquinerie, les champagnes (LVMH). Ce sont des secteurs où les excédents commerciaux se sont maintenus ou améliorés, malgré une dégradation générale du commerce extérieur en biens industriels.

Il faudrait remédier à une faiblesse majeure et reconnue de l'industrie française : les mauvaises relations entre les grands groupes et leurs sous-traitants. Vu les coûts élevés de la production en France à niveau de qualité donné, les grands groupes français exercent une forte pression à la baisse des prix de production. Leurs sous-traitants sont constamment mis en concurrence avec des entreprises étrangères moins chères. Or il faudrait rétablir la confiance et des relations de long terme dans les filières industrielles. Dans ce scénario, quel est le modèle à suivre ? Celui des grands groupes allemands, qui contribuent à la bonne santé de leurs sous-traitants. Cette politique industrielle, qui privilégie l'existant afin de reconstruire et de dynamiser l'industrie française, suppose que les pouvoirs publics maintiennent des engagements forts vis-à-vis des grands groupes (CIR, etc.) et consolident les filières pour mieux intégrer les PME sous-traitantes, par exemple autour des pôles de compétitivité.

Les trente-quatre plans industriels d'Arnaud Montebourg, qui visaient à reconquérir les parts de marché perdues par notre industrie, ont eu un double mérite : réapprendre au pouvoir politique et à l'administration ce que sont l'industrie moderne, ses contraintes et ses dynamiques, rendre aux industriels la pleine maîtrise de leurs projets individuels ou coopératifs.

Réindustrialiser dans ce scénario suppose de réarticuler ce qui existe, de faire coopérer ceux qui s'ignorent, d'abaisser le coût de la coordination pour des acteurs éclatés, d'éviter le saupoudrage et la superposition des structures – bref, de mettre en cohérence sur la durée des outils qui pour la plupart existent déjà.

3. Le scénario de l'économie créative

Pour se rapprocher de la frontière technologique, la France devrait faire le choix d'une économie créative, d'une politique fondée sur des activités nouvelles, sur la connaissance, sur l'innovation. L'investissement dans le capital humain, l'incitation à entreprendre, la fluidité des marchés deviennent alors les ingrédients décisifs. L'objectif est ici d'instaurer un environnement entrepreneurial dynamique favorisant la naissance et l'implantation de start-up très innovantes en France, tout en développant les acquis dans le luxe, les services environnementaux, l'énergie, l'aéronautique, l'agroalimentaire, les cosmétiques, le tourisme culturel et patrimonial.

La révolution technologique en cours dans le numérique fait disparaître des entreprises majeures et pourtant récentes de l'industrie (Nokia ou BlackBerry), elle fragilise les fabricants de PC traditionnels avec l'émergence des tablettes.

Elle rebat les cartes dans le secteur des télécoms (montée en puissance de Huawei et crise larvée d'Alcatel-Lucent). Le progrès technique actuel change le paradigme industriel et révolutionne de nouveaux secteurs. L'explosion de la puissance informatique et la mise en place de réseaux à très haut débit fixes et mobiles permettent de collecter et d'analyser des informations personnelles sur des milliards de clients potentiels (« big data »). Ce changement va affecter toutes les industries.

Les vrais moteurs de cette révolution numérique sont les start-up, les PME innovantes qui sont généralement les plus efficaces face à cette nouvelle vague technologique. Dans de nombreux secteurs, avec le progrès technologique, les barrières à l'entrée sont bien plus basses, permettant aux PME d'entrer sur de nouveaux marchés et de se mondialiser bien plus rapidement que dans le passé.

McKinsey[1] considère que, dans les années à venir, des ruptures technologiques vont transformer profondément les modes de production industrielle. Il deviendrait alors possible pour des pays comme la France de revenir dans la course si elle est en mesure de prendre des positions de leadership sur quatre technologies qui vont modifier l'équilibre productif. 1) La robotique de pointe et l'internet des objets, qui auront un impact fort sur la productivité dans le travail. 2) Le big data, qui va permettre l'optimisation de l'accès à l'information et son traitement, et qui sera à l'origine d'une révolution du marketing stratégique (contrairement au passé, les données étant générées par les clients, l'utilisateur est à la source du processus, les entreprises peuvent connaître ce que les gens recherchent, leurs besoins, ce qu'ils font). 3) Avec les énergies renouvelables, les hydrocarbures non conventionnels et le stockage de l'énergie, la question de l'approvisionnement en ressources naturelles est bouleversée, de même que l'économie des réseaux. 4) Avec l'impression 3D, les véhicules autonomes et les matériaux

1. McKinsey, « Industrie 2.0 : jouer la rupture pour une renaissance de l'industrie française », novembre 2013.

avancés, de nouveaux besoins d'investissement vont susciter une nouvelle vague de croissance.

Dans ce scénario, la France articule ses points forts traditionnels avec les nouvelles opportunités de la révolution numérique, des biotechs et des nano-matériaux.

Cela peut modifier sensiblement la structure de la spécialisation industrielle de la France, avec des entreprises innovantes à la frontière technologique.

La politique industrielle n'est pas définie dans ce scénario par les pouvoirs publics, qui décideraient des priorités technologiques futures. L'objectif est ici de mettre en place un environnement entrepreneurial dynamique qui incite à la créativité, aux start-up, aux PME innovantes, au développement de nouveaux produits et services. Ces activités nouvelles doivent être génératrices d'une valeur ajoutée (par travailleur) plus forte que les activités industrielles existantes. Une telle politique ne garantit aucunement un emploi industriel plus important, car les nouvelles activités immatérielles auront un contenu en emplois supérieur aux activités qui disparaissent.

Les mesures à prendre prioritairement dans cette hypothèse consistent à libéraliser et fluidifier le marché du travail, à alléger la pression fiscale exercée sur les PME, à accélérer les transferts de technologie des laboratoires aux marchés, et à mettre en place une politique publique d'accompagnement de développement des PME innovantes.

Si la France s'engage dans ce scénario, cela suppose que le pays se donne les moyens de surmonter ses faiblesses actuelles :

– Des incitations à l'entrepreneuriat médiocres, à cause en particulier d'une fiscalité sur les dividendes et les plus-values de cession très pénalisante par rapport à la moyenne européenne. Cela implique une modification structurelle profonde de la fiscalité en faveur des nouvelles entreprises.

– Une faible productivité de la R&D : si le montant dépensé en R&D est relativement élevé, il existe un retard des entreprises françaises en termes d'innovations mises sur le marché par rapport à la plupart de leurs concurrents européens et une incapacité à transformer en innovations les dépenses publiques en R&D. Entre 2006 et 2008, 47 % des entreprises françaises n'ont lancé aucune innovation contre seulement 15 % des entreprises allemandes. La transition digitale passe par une forte progression dans l'adoption des nouvelles technologies, en particulier celles liées à l'internet, par les PME industrielles françaises. Les entreprises innovantes sont principalement de grandes entreprises en France, des entreprises moyennes en Allemagne et de petites entreprises en Italie.

– Une faible collaboration entre entreprises et universités : selon le World Economic Forum (rapport sur la compétitivité qui classe les pays selon le niveau de collaboration entre universités et entreprises), la France est onzième, derrière la Finlande, la Suède, le Danemark, le Royaume-Uni, la Belgique, l'Allemagne, les Pays-Bas, l'Irlande, l'Autriche et le Portugal. De plus, les filières scientifiques et ingénierie ne représentent qu'environ un quart des étudiants diplômés du premier cycle, alors qu'elles sont absolument essentielles.

– Dans les pôles de compétitivité à la française, trop nombreux, les PME ne sont pas au centre du processus, les grands groupes y jouent un rôle éminent, contrairement aux expériences étrangères en la matière. De plus, la gouvernance, du fait des interventions publiques, est un facteur de complexité plus que de facilitation.

Cela suppose aussi de profonds changements dans les politiques publiques :

– Au lieu de soutenir le travail non qualifié par la baisse des charges, il faut baisser en priorité le coût du travail qualifié et soutenir les PME innovantes par une fiscalité adaptée. En France, la progressivité des prélèvements sociaux, due notamment aux allégements Fillon, au CICE et à certains dispositifs d'emploi aidé, pénalise le travail qualifié. Ces dispositifs doivent être revus.

– Pour trouver les ressources budgétaires, il faut diminuer les aides publiques aux grands groupes français quand leur rentabilité est comparable à celle de leurs concurrents internationaux non aidés et qu'ils bénéficient, à travers les financements publics, d'effets d'aubaine.

– Il faut créer un environnement réglementaire et administratif favorable aux start-up et PME technologiques : simplification drastique des obligations légales, développement massif de l'apprentissage dans les PME avec exonérations de charges.

Dans ce scénario, les entreprises doivent déployer une nouvelle offre à travers un processus d'innovation repensé et se concentrer sur le développement des produits ayant le plus de valeur ajoutée en ciblant les attentes des clients. Ce scénario aurait aussi l'avantage de renforcer le potentiel d'exportation. Pour les PME de haute technologie, les exportations représentent en moyenne 19 % de leur chiffre d'affaires, contre 12 % pour l'ensemble des PME et 23 % pour les grandes entreprises[1].

La priorité des pouvoirs publics serait le soutien aux PME et aux technologies nouvelles. La politique industrielle doit renforcer nos universités, la qualification de la main-d'œuvre, une meilleure rentabilité de la R&D et un passage réussi des innovations aux PME. Or, les PME françaises sont fragilisées par la crise et en bien moins bonne situation financière que leurs homologues allemandes. Elles doivent donc être les destinataires privilégiés du soutien public.

La Banque de France a publié en janvier 2009 une étude sur la situation financière des PME de l'industrie manufacturière qui permet une comparaison entre certains pays européens[2]. Ce travail s'appuie sur une base de données harmonisée, mais les comparaisons entre pays restent toutefois délicates en raison de pratiques comptables difficiles à complètement réconcilier. Cependant, la base de données permet de comparer dans chaque pays les performances relatives des PME avec celles des grands groupes[3].

---

1. Observatoire des PME européennes.
2. Jean-Luc Cayssials, « Situation financière des PME », Banque de France, janvier 2009.
3. Cette banque de données harmonisées, BACH, utilise une définition des entreprises de taille petite et moyenne à partir du chiffre d'affaires. Celles-ci sont

L'Allemagne est le seul pays analysé dans cette étude[1] où le taux de marge (résultat brut d'exploitation sur la valeur ajoutée) des PMI est à peu près comparable à celui des grandes entreprises. En France, au contraire, le taux de marge des PMI est inférieur de près de 10 % à celui des grands groupes. Les PMI italiennes sont dans une situation moins défavorable par rapport aux grands groupes.

L'Allemagne est aussi le seul pays où la rentabilité financière nette après impôts des PMI est supérieure à celle des grands groupes. Finalement, l'écart entre les PMI et les grands groupes, en ce qui concerne le coût apparent de l'endettement financier (intérêts versés sur l'endettement financier brut), est sensiblement inférieur en Allemagne à celui qui prévaut en France.

Conclusion

Après la crise de 2008, le plan de relance de l'Allemagne vers le développement des produits verts est un exemple de politique industrielle offensive pour le développement de nouvelles technologies. Après 2008, le montant des financements des mesures vertes a atteint 13,8 milliards de dollars, soit plus que le montant de la France, du Royaume-Uni et de l'Italie réunis. La Commission recense les montants d'aides d'État par objectif. L'environnement et les économies d'énergie représentent 27 % du total en moyenne en Europe, mais il y a de fortes différences entre pays. Cet objectif est prioritaire en Allemagne (40 % du total des aides), aux Pays-Bas (65 %), en Autriche (42 %), en Suède (86 %), en Finlande (38 %) et au Royaume-Uni (41 %). En revanche, les aides à l'environnement et aux économies

désignées par le terme de PMI, correspondant à un chiffre d'affaires inférieur à 50 millions d'euros.

1. Qui couvre aussi la Belgique, l'Espagne, la France, l'Italie et le Portugal.

d'énergie restent marginales en France et en Italie (2 % du total des aides)[1].

Une étude du cabinet de conseil Roland Berger[2] confirmait le poids de toute la branche verte dans l'économie allemande. On considère, d'après les chiffres officiels, qu'un quart des investissements réalisés actuellement outre-Rhin concernerait directement ou indirectement la protection de l'environnement. Avec près de 2 millions de salariés, l'économie verte représenterait 8 % du PIB allemand en 2010 et pourrait atteindre 14 % d'ici à 2020. Elle figure aujourd'hui parmi les leaders mondiaux en termes de parts de marché et de technologies.

L'étude de Roland Berger divise le marché des produits verts en six segments : la génération d'énergie et le stockage, l'efficacité énergétique, l'efficacité des matériaux, la gestion des déchets et leur recyclage, la gestion durable de l'eau et la mobilité soutenable. Sur tous ces segments, les entreprises allemandes ont des parts de marché globales comprises entre 6 et 30 %. L'Allemagne est aussi le pays qui a développé le plus les maisons passives, c'est-à-dire des habitations qui couvrent leurs propres besoins en chauffage. Bien avant la crise, elle a joué la carte des énergies renouvelables et s'est engagée dans une dynamique qui en fait aujourd'hui le leader mondial du secteur.

L'exemple allemand est une illustration de ce qu'un pays peut faire quand il décide d'une profonde transformation de son mix énergétique et qu'il saisit cette opportunité pour modifier sa spécialisation, maîtriser de nouvelles technologies, monter en gamme et étendre la variété des produits exportés. Cette stratégie a bien sûr un coût : les ménages allemands paient leur électricité deux fois plus cher que les français, leurs réseaux de transport sont fragilisés et leurs exploitants sont en difficulté.

---

1. Pierre Buigues et Khalid Sekkat, « Public Subsidies to Business : An International Comparison », *Journal of Industry, Competition and Trade*, vol. 11, 2011.

2. GreenTech Atlas, 7 mai 2009.

Mais la vertu des scénarios est d'offrir des modèles cohérents d'évolution. Notre objet n'est pas de trancher entre réindustrialisation et économie créative, mais d'illustrer les conditions et les conséquences de chacune de ces options. Nous allons à présent nous attacher à vérifier la compatibilité de ces options avec le cadre européen et à approfondir la réforme des politiques publiques que ces scénarios impliquent.

Chapitre 14

Réformes structurelles et politiques de compétitivité

Réformes structurelles, politiques de compétitivité : on ne compte plus les rapports de l'OCDE, du FMI, de l'Union européenne et de tant d'experts[1] sur les obstacles à la croissance et sur les stratégies pour les éliminer. On ne compte plus les rapports sur les réformes structurelles suédoises, canadiennes... sur leurs modalités, leur phasage et leurs succès. L'une des vertus de l'alternance politique de 2012 fut de rendre commun le diagnostic sur les faiblesses du modèle français et les remèdes à y apporter.

1. Cf. les rapports CAE de Philippe Aghion, Élie Cohen *et al.* Dans un ouvrage récent de Philippe Aghion, Gilbert Cette et Élie Cohen, *Changer de modèle*, Odile Jacob, 2014, les réformes structurelles en matière éducative, économique, fiscale, sociale et territoriale sont longuement évoquées et leurs impacts en termes de croissance, d'emploi et d'équilibre de finances publiques évalués. Dans ce chapitre, il s'agit de rappeler dans une perspective comparative les réformes structurelles les plus saillantes pour la compétitivité de notre industrie.

Les scénarios décrits plus haut rendent encore plus urgent le choix d'un modèle industriel, d'une claire orientation en matière de politiques publiques et d'une stratégie de mise en œuvre.

Après les rapports Attali pour Nicolas Sarkozy et Gallois pour François Hollande, l'accord s'est fait pour considérer qu'il fallait à la fois un choc de compétitivité passant par une action sur les coûts des entreprises et une stratégie de compétitivité pour élever la gamme des produits fabriqués et exportés.

La mise en œuvre de cette stratégie passe en premier lieu par un choc fiscal en faveur des entreprises, une redéfinition des missions et de l'organisation de l'État comme condition à la maîtrise de la dépense publique, des politiques de libéralisation des marchés de biens et de services, une évolution négociée vers la flexisécurité pour corriger les dysfonctionnements du marché du travail, un investissement de longue haleine dans le capital humain, des dispositifs performants d'incitation à l'innovation et à la croissance des PME...

En deuxième lieu, la France doit mettre en place une réforme radicale de l'État, là aussi à l'image de ce que les pays nordiques ont fait : définition des missions, distinction entre activités de souveraineté et de gestion, décentralisation et contrôle strict des dépenses. Il faut un choc de simplification, car le système français est à la fois complexe, illisible et très coûteux pour l'État (contrôle du respect des règles) comme pour les entreprises (coût administratif). Les PME sont soumises à un environnement réglementaire (fiscalité, droit du travail) qui est lourd, instable et paperassier.

La France doit, en troisième lieu, apprendre à imposer la concurrence comme mode d'organisation des marchés alors qu'une bonne partie des entreprises pousse historiquement au protectionnisme ou à la cartellisation, et que les professions réglementées protègent leurs acquis.

En quatrième lieu, la France doit mettre en place une véritable politique de l'apprentissage, comme l'Allemagne a su le faire, afin de diminuer le chômage des jeunes et de s'assurer que les PME disposent d'une main-d'œuvre bien formée.

Enfin, la France doit mettre en œuvre une politique de soutien aux entreprises qui tienne compte des faiblesses et des forces structurelles de son tissu industriel. Quand la France ne dispose plus d'avantages comparatifs clairs dans certains secteurs, continuer à les aider ne conduit qu'à dissiper des fonds publics alors que l'industrie française a des atouts sous-exploités dans d'autres secteurs.

1. LE CHOC FISCAL

Il faut, en premier lieu, un choc fiscal en faveur des entreprises. Le précédent suédois est utile ici, car il a fait la preuve qu'on pouvait articuler fiscalité favorable aux entreprises, équité sociale et nouvelles politiques environnementales. La politique appliquée avec constance par les Suédois depuis la crise des années 1990 a consisté à libérer les entreprises des charges finançant la protection sociale et qui pesaient sur le travail, à réduire la taxation des entreprises et du capital pour favoriser l'investissement, à transférer les charges de la solidarité sur les impôts sur le revenu, la consommation et le carbone, à maintenir une forte progressivité de l'impôt sur le revenu, mais en évitant tout caractère confiscatoire. En un mot, les Suédois ont en pratique choisi une fiscalité conciliant mondialisation et société solidaire. La France, à l'inverse, a accumulé les mesures niant la concurrence fiscale et a multiplié les désincitations à l'investissement.

La charge fiscale globale, c'est-à-dire le montant total des impôts et des cotisations sociales obligatoires, exprimée en pourcentage du PIB, s'est établie en 2012 dans la zone euro à 40,4 %, mais elle varie beaucoup selon les États membres. La France se situait déjà dans le peloton de tête en 2012 avec 45 % du PIB, soit 4,6 points au-dessus de la moyenne de la zone euro et 5,9 points au-dessus de l'Allemagne. Quand les pays de la zone euro allégeaient la pression fiscale entre 2000 et 2012, la France l'augmentait de 0,8 point de

PIB, contrairement à l'Allemagne et à la Suède qui la diminuaient fortement (respectivement -2,2 et -7,3 points).

Tableau 1 : Fiscalité en France, Allemagne et Suède, 2012, et évolution 2000-2012

	Recettes fiscales en % PIB 2012	Recettes fiscales en % PIB 2000	Différence 2011/2000
France	**45**	**44,2**	**+0,8**
Allemagne	39,1	41,3	-2,2
Suède	44,2	51,5	-7,3
Zone euro	40,4	40,9	-0,5

Source : Eurostat, Taxation Trends in the European Union, 2014.

Le niveau de la charge fiscale globale est à peu près le même en France et en Suède, mais les réformes successives ont conduit la Suède à baisser la taxation des entreprises et à augmenter celle de la consommation : la bonne situation financière des entreprises suédoises et le faible taux du chômage ont largement bénéficié aux ménages et, *in fine*, à la consommation.

Tableau 2 : Structure de la fiscalité par fonction économique (en % PIB) en France, Allemagne et Suède en 2012 (et évolution 2000-2012 entre parenthèses)

	Taxe sur la consommation	Taxe sur le travail	Taxe sur le travail financée par les entreprises	Taxe sur le capital
France	**11,1 (-0,5)**	**23,5 (+1,1)**	**13,1 (+1,0)**	**10,6 (+0,2)**
Allemagne	10,8 (+0,2)	22,1 (-1,9)	6,8 (-0,7)	6,2 (-0,4)
Suède	12,6 (+0,2)	25,9 (-4,8)	12,0 (-0,8)	5,7 (-2,6)

Source : Eurostat, Taxation in the European Union, 2014.

En France, les pouvoirs publics ont fait le choix d'une taxation particulièrement lourde sur les revenus des sociétés, sur le capital et sur la part de la taxation du travail financée par les entreprises, qui sont donc les premières victimes du niveau élevé général de la taxation !

a. *La France, championne d'Europe de la taxation du capital*

Les mesures fiscales prises ces dernières années par Nicolas Sarkozy comme par François Hollande concernent surtout la taxation des revenus du capital, qui n'a pas cessé d'augmenter. Les gouvernements successifs ont pris toute une série de mesures qui taxent lourdement le capital, l'investissement et l'épargne. L'intégration des revenus du capital aux barèmes de l'impôt sur le revenu a entraîné une nouvelle et forte augmentation de la taxation, aux taux marginaux déjà élevés.

Alors que les pays nordiques ont choisi des taux d'imposition du capital inférieurs à ceux des revenus du travail, la France a choisi la voie inverse. En 2012, la taxation du capital représentait déjà 10,6 % du PIB français, contre seulement 6,2 % du PIB allemand et 5,7 % du PIB suédois. Le capital désigne, d'une part, le patrimoine des ménages (qui représentait en France 10 500 milliards en 2011, dont environ 70 % dans l'immobilier) et, d'autre part, des actifs physiques ou financiers (qui conduisent à la production de biens et de services nécessaires à la croissance économique). Les comparaisons internationales permettent difficilement d'isoler l'impôt sur le capital payé par les ménages et par les entreprises.

Le taux d'imposition implicite sur le capital (qui comprend les impôts prélevés sur les revenus de l'épargne et des investissements par les ménages et les sociétés, ainsi que les prélèvements relatifs au capital résultant de l'épargne passée) est bien plus élevé en France que dans les autres pays européens.

La France est la championne européenne de la taxation du capital avec 46,9 % en 2012, bien au-dessus de la moyenne de la zone euro (28,9 %) et plus du double de la taxation allemande. C'est dans ce domaine que la France s'écarte le plus de ses partenaires de la zone euro.

Tableau 3 : Taux de taxation implicite sur le travail, la consommation et le capital (2012)

	Taux d'imposition implicite travail	Taux d'imposition implicite consommation	Taux d'imposition implicite capital
France	**39,5**	**19,8**	**46,9**
Allemagne	37,8	19,8	22,2
Suède	38,6	26,7	30,6

Source : Eurostat 2014. Les taux implicites mesurent la charge fiscale moyenne réelle sur les différents types d'activités économiques.

Comme le souligne la note du Conseil d'analyse économique sur la fiscalité des revenus du capital de septembre 2013, la France se singularise par un taux d'imposition élevé et surtout très hétérogène des revenus du capital. Or, il y a un consensus chez les économistes sur la nécessité d'éviter des différences de traitement fiscal selon le type de revenu du capital[1]. En effet, ces différences introduisent des distorsions dans le choix des investissements. La France se caractérise par une nette incitation fiscale en faveur de l'investissement immobilier et de l'assurance-vie. La note du CAE considère par exemple que l'investissement immobilier est privilégié : « Les revenus locatifs peuvent bénéficier de multiples dispositifs de réductions fiscales (Scellier, Duflot...). » En offrant une fiscalité avantageuse pour l'immobilier, la France désincite à investir dans des activités productives et innovantes. C'est la raison pour laquelle ce rapport propose d'augmenter la fiscalité sur les revenus de

1. Conseil d'analyse économique, « Fiscalité des revenus du capital », septembre 2013.

l'immobilier et de diminuer les autres formes de taxation du capital afin de favoriser l'accumulation du capital productif et donc la croissance à long terme.

En choisissant de taxer faiblement le capital, les Suédois incitent ainsi les ménages à épargner et donc à augmenter l'investissement et le stock de capital productif à long terme.

b. *Des charges sociales très lourdes largement financées par les entreprises*

Fruit des choix faits à la Libération, le système social français reste majoritairement financé par des prélèvements assis sur le travail (en 2010 à 77,3 %), et donc par les entreprises. Les cotisations sociales payées par les employeurs et les salariés jouent en France un rôle prépondérant. Depuis 1978, les comptes sociaux français sont déficitaires une année sur deux, alors que la règle devrait être l'équilibre. Ce système n'est ni juste ni efficace, et il contribue à dégrader notre compétitivité coût. Les charges sociales payées par les employeurs, c'est-à-dire le montant de la taxation sur le travail payé par les entreprises, représentent 13,1 % du PIB français en 2012 (6,8 % en Allemagne). Les cotisations des employeurs constituent en France 68 % du total des cotisations sociales dans le PIB, contre 43 % en Allemagne.

c. *Un taux d'imposition sur les bénéfices des entreprises particulièrement élevé*

Depuis l'an 2000, le taux maximal moyen d'imposition sur les sociétés a été fortement réduit en Allemagne, dans les pays nordiques et en Italie, contrairement à la France qui a maintenu les taux les plus élevés (36,1 % contre 25,4 % dans la zone euro en 2012).

Un effort considérable a été fait en Europe pour baisser l'impôt sur les revenus des sociétés, qui est passé de 51,6 % en Allemagne à 29,8 % en 2012, quand les entreprises françaises ont vu leur taux diminuer de seulement 1,7 point. Cette tendance à la baisse n'est pas propre à l'Allemagne : en Italie, ce taux a lui aussi diminué de 9,9 points et, au Royaume-Uni, qui a le taux le plus faible en 2012 (24 %), l'impôt sur les sociétés a également baissé de 6 points. Seule la France ferait exception à cette évolution et fait peser un lourd fardeau fiscal sur ses entreprises.

Les pays du nord de l'Europe, qui maintiennent un État-providence fort, ont tous réduit fortement la pression fiscale sur les entreprises. Le taux de l'impôt sur les sociétés est passé en Suède de 52 % à la fin des années 1980 à 28 % en 2000, puis à 22 % en 2013, bien en dessous des taux français et allemand. Le gouvernement suédois a même indiqué souhaiter ramener ce taux à 15 % « à terme ». Comme en Finlande et au Danemark, l'impôt sur les sociétés est faible et en diminution (de 24 à 20 % en Finlande et de 25 à 22 % au Danemark).

Certaines études économiques, citées dans le rapport du Conseil d'analyse économique déjà cité de septembre 2013, montrent qu'« abaisser le taux d'imposition sur les sociétés de 1 % permettrait d'attirer environ 3 % des investissements directs étrangers supplémentaires ». L'existence d'un marché unique des capitaux en Europe introduit une concurrence fiscale qui explique la baisse prononcée des taux d'imposition sur les bénéfices des sociétés. Avec ses taux élevés d'imposition sur les sociétés, la France prend le risque d'être moins attractive pour les investissements privés étrangers, et donc de limiter sa capacité à financer sa croissance.

Dans les pays ayant diminué le taux d'imposition des sociétés, cette réduction s'est accompagnée de la suppression de la plupart des niches fiscales (ce qui limite les montages favorisant l'évasion fiscale) et d'une simplification de la fiscalité des entreprises. Il n'y a pas de taxe professionnelle en Suède, et pourtant les recettes fiscales liées aux entreprises y sont un peu plus élevées qu'en France. Ce résultat paradoxal s'explique, d'une part, par la suppression des niches fiscales et, d'autre part, par une rentabilité bien supérieure des entreprises suédoises.

La France se caractérise par une fiscalité où le taux nominal de l'impôt sur les sociétés est particulièrement élevé, mais où existent de nombreux dispositifs qui permettent de réduire l'assiette imposable. Au contraire, en Allemagne, on a assisté à une baisse du taux maximal moyen d'imposition, qui s'est accompagnée d'un élargissement de l'assiette de l'impôt sur les sociétés.

Le développement de multiples niches fiscales françaises sur l'IS est sans équivalent en Europe. La direction générale du Trésor[1] a montré que les règles d'assiette fiscale, par exemple la déductibilité des intérêts d'emprunt ou le taux réduit de 15 % pour une partie des bénéfices des PME, réduisaient le taux de taxation implicite des bénéfices en France à 27,5 % en 2007.

Mais, même en prenant en compte les différences d'assiette et notamment les différences de traitement des entrepreneurs individuels en France et en Allemagne, il est clair que la tendance est à la baisse dans la plupart des pays européens, contrairement à la France.

Avec un des taux d'impôt sur les sociétés (IS) les plus élevés d'Europe, et un trop grand nombre de taxes pesant sur le cycle productif, la France ne parvient ni à faire émerger des PME innovantes et exportatrices, ni à les faire grandir. Trois méthodes doivent être combinées pour redéployer la fiscalité qui pèse sur les entreprises : moduler les dispositifs qui permettent aux grandes entreprises de minorer leur impôt, élaguer les taxes sur le cycle productif, élargir l'assiette et baisser le taux d'IS.

D'autres études confirment le taux élevé des prélèvements sur les entreprises en France avec des approches méthodologiques différentes. En 2014, une étude publiée par la Banque mondiale et le cabinet PWC évalue la charge fiscale globale pour une entreprise de taille moyenne avec 60 salariés[2]. En tenant compte de tous les prélèvements

1. Trésor-Éco, « Le taux de taxation implicite des bénéfices en France », juin 2011.

2. Banque mondiale, PWC, « Paying Taxes, 2014 ».

fiscaux, sociaux, locaux et de toutes les taxes diverses, le taux d'imposition français de 64,7 % place notre pays devant le Royaume-Uni (34 %), les Pays-Bas (39,3 %), l'Allemagne (49,4 %), la Suède (52 %) et même l'Espagne (58,6 %). Seule l'Italie fait moins bien (65,8 %), mais l'évasion fiscale est en Italie un sport national et le fisc français a une très bonne réputation...

d. *Une taxation de la consommation relativement faible*

La France, par ailleurs, taxe plus faiblement la consommation que les pays nordiques, pourtant bien plus égalitaires, eux aussi adeptes de l'État-providence. En 2012, le taux moyen implicite d'imposition de la consommation est très élevé au Danemark (30,9 %), en Suède (26,5 %) ou en Finlande (26,4 %), bien plus qu'en France (19,8 %), notre pays comme l'Italie (17,7 %) ayant toujours protégé le consommateur aux dépens du producteur. Le taux standard de la TVA en Suède est à 25 %, l'assiette fiscale a été élargie et le taux réduit à 12 % de la TVA est fortement limité. Comme en Suède, au Danemark et en Finlande, la TVA standard est élevée (25 % au Danemark et 24 % en Finlande). Dans tous ces pays du Nord, les taux réduits de la TVA sont bien plus hauts qu'en France et les champs d'application des taux réduits sont bien plus restreints.

En France, le taux réduit de TVA favorise des produits ou des secteurs comme la restauration ou le bâtiment, ce qui est difficilement compréhensible du point de vue économique pour des activités non délocalisables et donc non soumises à la concurrence internationale.

Certes, l'augmentation de la TVA pourrait présenter des risques d'inflation si les entreprises répercutaient la totalité de la hausse de la TVA sur les prix. Mais l'expérience allemande d'augmentation de 3 points du taux de TVA a eu un effet limité sur la hausse des prix (environ 0,3 % au premier semestre 2007) et l'on peut donc penser que le risque d'inflation ne doit pas être exagéré. De plus, pour les populations les plus pauvres, l'augmentation des taux de TVA réduits serait fortement limitée puisque la plupart des minima sociaux sont indexés sur l'inflation.

e. *Une fiscalité verte relativement légère*

Enfin, la France est à l'avant-dernière place dans l'Union européenne en ce qui concerne la part de la fiscalité verte dans ses recettes fiscales. En 2012, elle représente 1,8 % de son PIB contre 2,2 % en Allemagne et 2,5 % en Suède. Le secteur de l'agriculture française bénéficie de nombreuses dérogations au principe du pollueur payeur et la France a aussi un traitement fiscal favorable du diesel. En Suède, des écotaxes ont été introduites, non seulement sur le carbone, mais aussi sur le soufre et les oxydes d'azote. La Suède a mis en place une fiscalité environnementale à deux niveaux de taxation : l'un, élevé, porte sur les ménages et les services ; l'autre, beaucoup plus faible, sur les entreprises engagées dans la compétition internationale.

À titre d'exemple, la taxe carbone est de 114 euros en 2011 pour les ménages alors que les industries électro-intensives sont dispensées de payer la taxe sur l'énergie. La prise en compte de la compétitivité des entreprises est prioritaire en Suède comme en Allemagne, qui pratique néanmoins une fiscalité environnementale ambitieuse.

Alors que la France bénéficie d'une électricité d'origine nucléaire, dont les coûts de production sont bas, les secteurs industriels électro-intensifs allemands paient leur électricité de 20 à 25 % moins cher que leurs homologues français. À l'opposé, les consommateurs français paient leur électricité à un niveau bien moindre que dans les autres pays européens. Toujours le biais français en faveur des consommateurs et aux dépens des entreprises, vue à court terme qui satisfait au principe égalitaire et solidariste, mais vide la France de son industrie.

f. *La réforme fiscale nécessaire en France est-elle possible ?*

La fiscalité française est une des plus complexes et changeantes au sein de l'Union européenne ; or les acteurs économiques ont besoin d'un système fiscal stable pour éviter les répercussions très négatives de l'incertitude sur leur décision d'épargne ou d'investissement. Cela a plusieurs conséquences : des coûts élevés pour l'administration chargée du recouvrement de l'impôt et un impact plus important pour les PME que pour les grandes entreprises qui ont les ressources internes pour optimiser leur fiscalité.

Les exemples des pays qui réussissent leur ré-industrialisation, comme la Suède, enseignent tous que le remplacement de prélèvements sociaux assis sur le travail par des impôts assis sur la consommation et le revenu joue un rôle décisif et que le taux d'imposition sur le capital doit être limité.

L'exemple du redressement suédois du début des années 1990 montre qu'une réforme fiscale conçue pour résorber les déficits et stimuler la croissance est possible si elle s'accompagne de mesures d'équité sociale et du souci des générations futures. Pourquoi la Suède, un des pays les plus avancés de la planète, a-t-elle décidé de moins taxer les revenus du capital ? Parce qu'une économie ouverte doit encourager l'entrée sur son sol d'entrepreneurs innovants, attirer le capital humain et matériel, la venue des meilleurs esprits et des plus entreprenants.

Il n'appartient pas à l'économiste de dire quel est le niveau souhaitable de prélèvement fiscal. Cette préoccupation relève de la décision politique. Les dépenses sociales, les retraites, l'assurance-maladie, les allocations familiales, les indemnités chômage, les aides au logement, les minima sociaux, tous ces éléments définissent la nature de l'État-providence, le degré de protection sociale d'un pays, et dépendent du choix politique. En revanche, l'économiste peut se prononcer sur le dosage entre les différents types de prélèvements. Or on peut concilier forte redistribution et incitation à la croissance, comme l'enseigne le cas suédois, qui peut nous fournir des pistes pour une vaste réforme fiscale.

2. Le choc social

Il n'est pas un rapport sur l'économie française qui ne dénonce les rigidités du marché du travail, le dualisme du marché de l'emploi, la lourdeur du code du travail, la juridiciarisation des relations du travail... et, en même temps, un sentiment d'insécurité permanente des salariés. Traiter la rigidité et l'insécurité est le double objectif poursuivi par les pays ayant mis en œuvre des systèmes de flexisécurité, qui consistent à fluidifier le marché du travail tout en protégeant les travailleurs et en les équipant pour l'emploi.

L'institution d'une flexisécurité à la française par la négociation sociale est l'un des grands objectifs du gouvernement actuel. Elle doit permettre de faire évoluer l'organisation du marché du travail et, au-delà, la société de défiance qui paralyse la France.

Arrêtons-nous sur l'acte premier de la réforme du marché du travail, avec l'accord national interprofessionnel (ANI) du 11 janvier 2013, qui réalise une percée. Il n'était pas acquis que les partenaires sociaux auraient la maturité nécessaire pour accepter de troquer des protections juridiques contre des accords contractuels.

Plus substantiellement, l'accord signé propose d'élever à la fois protection des travailleurs et efficacité économique : il généralise la couverture complémentaire des frais de santé et ouvre aux partenaires sociaux la possibilité de conclure, au niveau des entreprises connaissant de graves difficultés conjoncturelles, des accords de maintien dans l'emploi en contrepartie de réductions transitoires de la durée du travail et des salaires. D'autres pays, comme l'Allemagne, ont montré que de tels accords permettent d'éviter des licenciements.

L'accord développe aussi les moyens de décliner la flexisécurité, par exemple en rendant rechargeables les droits à l'assurance chômage (une prise d'emploi ne fera pas disparaître les droits à indemnisation déjà acquis et non « consommés »), en améliorant la portabilité des droits à la formation (par la création d'un compte individuel de formation attaché à la personne du salarié) et des droits en matière de prévoyance. Il réduit la dualité du marché du travail : le taux de cotisation chômage employeurs sur les CDD de moins de trois mois est majoré et, simultanément, ce taux est porté à zéro durant trois mois sur les jeunes embauchés en CDI. Il prévoit la mise en place d'une durée minimale de vingt-quatre heures hebdomadaires pour le travail à temps partiel, assortie de dérogations notamment pour les emplois à domicile. L'accord sécurise et allège les lourdeurs procédurales des licenciements collectifs, et favorise le règlement des contentieux individuels dès l'étape de conciliation.

Si la possibilité de conclure des accords de maintien dans l'emploi est bienvenue dans la période actuelle de forts licenciements, on peut regretter que de nombreuses rigidités du droit social, qui à la fois affaiblissent son rôle protecteur et sont contraires à l'efficacité économique, ne soient pas abordées (qu'il s'agisse de la formation professionnelle, des seuils sociaux, des freins à la mobilité des travailleurs...). Par ailleurs, de multiples dispositions de cet accord répondent davantage aux besoins des grandes firmes qu'à ceux des PME. Il est donc davantage un accord de méthode qu'une réforme accomplie du marché du travail. Le droit social, par ajouts spécifiques, est devenu un édifice complexe ; l'alléger ne le rendrait pas moins protecteur.

La formation professionnelle, et plus globalement la question du maintien et du renforcement de l'employabilité des salariés, en particulier de ceux qui en ont le plus besoin, aurait pu faire partie du premier train de mesures, mais trop d'intérêts acquis se sont coalisés pour différer cette réforme attendue.

L'assouplissement des seuils sociaux et du millefeuille de la représentation des salariés contribuerait très positivement à l'élimination de freins artificiels à la croissance des entreprises, sans pour autant affaiblir la protection des salariés. Un traitement plus efficace (en termes de rapidité et de sécurité juridique) des litiges pourrait être obtenu par l'instauration d'une étape de médiation, de conciliation, puis d'arbitrage.

La vertu réelle de l'accord signé réside donc moins dans sa substance et sa portée que dans sa valeur de promesse. C'est pourquoi la célébration de l'ANI comme du CICE, des emplois d'avenir et du contrat de génération est trompeuse. La réforme du marché du travail n'a pas été faite jusqu'ici, même si la direction a été donnée et si les partenaires sociaux ont accepté de jouer le jeu.

3. La libéralisation du marché des biens et services

La France doit ouvrir bien plus à la concurrence son économie, car les prix y sont plus élevés que dans la plupart des pays européens et freinent la création d'emplois. Le cas des professions fermées est le plus emblématique.

Une vague de libéralisation a touché de très nombreux secteurs de l'économie en Suède, comme les grandes industries de réseaux, mais aussi les professions protégées comme le marché des taxis (libéralisé en 1990), des agences pour l'emploi (1992), des pharmacies (2009). Ce processus de libéralisation a concerné la plupart des pays européens.

Pourquoi accroître le degré de concurrence entre les acteurs économiques ? L'absence de concurrence et l'existence de professions réglementées qui bénéficient de rentes particulières contribuent à des prix élevés pour le consommateur. On dispose en Europe d'une enquête sur les prix pour les consommateurs (les prix étant mesurés pour plusieurs catégories de produits avec un indice 100 pour la moyenne européenne[1]). En 2013, au niveau agrégé, les prix à la consommation pour les ménages sont en France de 9 % supérieurs à la moyenne européenne (indice 109 en France), et ils sont plus élevés qu'en Allemagne (indice 102) et en Italie (indice 103). Comment expliquer, dans des domaines aussi différents que les automobiles (104 en France, 98 en Allemagne), l'électronique grand public (104 en France, 94 en Allemagne), les articles d'habillement (104 en France, 102 en Allemagne), et même dans l'hôtellerie et la restauration (111 en France, 97 en Allemagne), que les prix soient sensiblement supérieurs en France ? Les coûts des services plus bas et une plus grande ouverture des marchés à la concurrence en Allemagne expliquent aussi cette situation.

Dans un seul domaine, les prix de l'énergie aux ménages (qui sont réglementés par les pouvoirs publics français), ils sont sensiblement inférieurs en France, ce qui est dû au fait que l'Allemagne poursuive une politique déterminée en faveur des énergies renouvelables et des économies d'énergie.

Comme l'a souligné le FMI, la concurrence permet au consommateur d'augmenter son pouvoir d'achat. Au sujet de l'arrivée de Free en France, le FMI estime que « la suppression des obstacles réglementaires et administratifs à la concurrence dans le secteur des services (professions réglementées, transports et commerce de détail) et la redistribution (par une baisse des prix) des rentes existant dans les secteurs protégés constituent le principal levier par lequel des gains de productivité et de nouvelles possibilités d'emploi peuvent être créés dans l'économie. L'entrée d'un quatrième opérateur dans le secteur des télécommunications mobiles illustre les avantages de la concurrence en termes de baisse des prix, qui améliore le pouvoir d'achat des ménages

1. Eurostat, « Niveaux de prix à la consommation », juin 2014. Le niveau global des prix présentés dans l'enquête correspond aux dépenses de consommation finale des ménages, indice 100 pour la moyenne européenne (à vingt-huit). L'enquête couvre plus de 2 400 biens et services à travers l'Europe.

tout en baissant les coûts des intrants pour d'autres secteurs[1] ». De même, la Commission européenne a relevé dans ses recommandations adressées à la France en mai 2013 l'importance de l'ouverture à la concurrence, en dénonçant « les restrictions excessives dans les secteurs et les professions réglementées [qui] pèsent sur la concurrence et font grimper les prix ».

Beaucoup de professions sont ainsi réglementées en France (notaires, taxis, vétérinaires, pharmaciens, coiffeurs), et ces règles freinent les embauches et limitent la croissance. De nombreux rapports successifs, comme celui de Jacques Attali, ont mis en avant l'existence de barrières à l'entrée pour ces professions protégées.

Un rapport de l'Inspection générale des finances[2] a passé au crible trente-sept professions réglementées, qui bénéficient en France soit de barrières à l'entrée, par exemple des *numerus clausus*, soit de prix régulés, soit de privilèges pour certains actes. Préservées de la concurrence, ces professions (notaires, huissiers, greffiers des tribunaux de commerce, taxis, pharmaciens, ambulanciers, opticiens, etc.) représentent un chiffre d'affaires cumulé de 235 milliards d'euros en 2010, 42 milliards de bénéfices et plus d'un million de salariés. Leur valeur ajoutée atteint 6,4 % du PIB. Le rapport montre que, pour ces professions, le bénéfice net avant impôt est en moyenne de 19 % du chiffre d'affaires, soit 2,4 fois la rentabilité constatée dans le reste de l'économie. Entre 2000 et 2010, le bénéfice de ces professions a même augmenté de 46 % et leur valeur ajoutée de 53,7 % quand, sur la même période, le PIB de la France n'augmentait que de 34,6 %. L'IGF formule plusieurs recommandations, des mesures adaptées à chaque profession qui pourraient aboutir à une baisse des tarifs de 10 à 20 %, soit un surcroît d'activité pouvant représenter jusqu'à 0,3 point de PIB.

1. FMI, « France : Conclusions de la Mission de la consultation de 2013 au titre de l'article IV du FMI », Paris, 3 juin 2013.

2. « Professions réglementées : le rapport choc de Bercy », *Les Échos*, 14 juillet 2014. Le rapport lui-même n'est toujours pas public, mais *les Échos* en ont obtenu une copie.

L'OCDE estime à 2 points de croissance de PIB sur dix ans les gains de l'ouverture des services réglementés français à la concurrence au niveau de concurrence des pays les moins régulés de l'OCDE, soit 0,2 point de PIB en moyenne sur dix ans.

En France, la concurrence a mauvaise presse et il a fallu le soutien de l'ARCEP pour que Free soit choisi comme quatrième opérateur, contre l'avis de Nicolas Sarkozy. Les pouvoirs publics reculent souvent devant les lobbies et aucune avancée sérieuse n'a eu lieu, ni sous un gouvernement de droite ni sous un gouvernement de gauche, pour ouvrir à la concurrence les professions protégées. Des autorités indépendantes sont mieux placées que le pouvoir politique pour jouer le rôle d'aiguillon de la concurrence, et il faut accroître leurs champs d'intervention et leurs compétences.

Ainsi, l'Autorité de la concurrence s'interroge sur la possibilité d'une vente de médicaments sans ordonnance en grandes surfaces[1], rappelant qu'il existe « une disparité très forte des prix des médicaments non remboursables » en France et que l'ouverture partielle du monopole des pharmacies « permettrait aux consommateurs de bénéficier de tarifs plus attractifs pour leurs achats de médicaments d'automédication ». D'après l'Autorité, cette libéralisation partielle a permis à l'Italie de bénéficier de médicaments en moyenne 25 % moins chers.

Plus généralement, l'ouverture à la concurrence permettrait non seulement aux consommateurs, mais aussi aux entreprises de profiter de prix plus bas, par exemple pour les services de communication ou de transport. Les consommateurs, qui seraient négativement affectés par les hausses de TVA, pourraient en contrepartie bénéficier de baisses de prix liées à une ouverture plus large à la concurrence du marché des biens et services et des professions protégées.

---

1. Autorité de la concurrence, « Enquête sectorielle dans le domaine de la distribution du médicament délivré en ville », 10 juillet 2013.

4. L'ENJEU ÉDUCATIF

Enquête après enquête, le mal éducatif français s'aggrave : que l'on considère les performances des enfants à 15 ans ou des adultes à 50 ans, la France se classe très mal pour les aptitudes à la lecture, l'écriture et la maîtrise du calcul et des mathématiques. Par ailleurs, elle court depuis plus d'un siècle derrière l'Allemagne en matière d'apprentissage et de formation technique. Au moment où l'Allemagne inventait l'université moderne (réforme de Humboldt), la coopération entre l'université, la science et l'industrie, la France décidait la fin de l'université. Depuis, elle essaie de créer des universités de recherche grâce au programme « Investissements d'avenir » dans un climat de grande hostilité. La dernière enquête PISA (2012) livre un diagnostic accablant : la maîtrise des fondamentaux en mathématiques baisse drastiquement et la part des « décrocheurs » dans une classe d'âge augmente sensiblement. Pis encore, loin de corriger les inégalités liées à l'origine sociale, l'école républicaine les consacre en transformant les hasards de la naissance en destin professionnel. Cet échec social est aussi un échec de l'intégration et un échec éducatif.

Mais tenons-nous-en ici à la question de l'apprentissage, très souvent évoquée en France et guère concrétisée. On sait qu'il donne l'assurance aux jeunes Allemands d'obtenir un emploi et à l'industrie allemande d'avoir une main-d'œuvre bien formée. L'apprentissage n'y est pas réservé à la population des jeunes sortis sans formation du système scolaire. L'apprentissage forme une grande partie de la jeunesse allemande. L'enseignement professionnel y est beaucoup plus populaire. Il y aurait en Allemagne 1,5 million d'apprentis contre 430 000 en France, soit 3,5 fois moins. L'apprentissage débouche généralement sur une embauche, le chômage des 15-24 ans était en 2011 de 8,6 % en Allemagne et de 22,9 % en France, soit 2,7 fois plus.

Le lycée Airbus à Toulouse est un des rares exemples français de réussite « à l'allemande », un exemple à étendre à d'autres filières. Ce lycée professionnel privé sous contrat avec l'Éducation nationale est destiné aux métiers de l'aéronautique. Il forme 400 élèves par an et les deux tiers des professeurs sont des salariés d'Airbus. Les élèves vont passer huit semaines en immersion dans les usines anglaises ou allemandes du groupe Airbus. La scolarité est gratuite et financée par la taxe d'apprentissage, des aides de la région, et l'Éducation nationale verse les salaires des professeurs. Le coût du lycée est élevé du fait des équipements mis à disposition des élèves, mais ces derniers s'insèrent facilement dans la filière aéronautique.

Le système d'éducation professionnel français, qui a souvent paru totalement inadapté pour préparer les jeunes au monde de l'industrie, pourrait trouver là un exemple. Le surcoût de la formation dans des lycées « de type Airbus » pourrait être largement couvert par les montants considérables de la taxe d'apprentissage.

Conclusion

Les réformes évoquées ici ne prétendent ni à l'originalité ni à la nouveauté. Elles constituent le volet compétitivité de la nouvelle politique industrielle. Les réformes menées à bien en Suède et ailleurs montrent qu'il est possible et justifié de réformer la fiscalité à l'ère des économies ouvertes. L'aggravation des dysfonctionnements du système éducatif français ne pose pas seulement des problèmes d'égalité d'accès au savoir ou d'hérédité sociale, elle est devenue un problème de compétitivité.

Enfin, les questions du millefeuille territorial, qui ne sont pas évoquées ici, participent de cet alourdissement général de la tutelle administrative.

Chapitre 15

Politique industrielle et intégration européenne

Airbus de l'énergie, « Airbus de tout[1] »... Il y a une passion française de la politique industrielle européenne, toujours déçue, et plus particulièrement du partenariat franco-allemand. « Airbus », c'est le rêve d'un modèle coopératif paritaire et non pas concurrentiel, c'est l'atteinte de la taille critique sans les inconvénients de la consolidation, c'est enfin le rêve réalisé d'une industrie obéissant au pouvoir politique.

Dans le monde réel, et même pour Airbus, les choses sont différentes. Les gains d'efficacité de la stratégie coopérative butent souvent sur les exigences nationales de « juste retour ». L'intervention politique peut faire dérailler les ambitions stratégiques au nom de la défense d'intérêts locaux (cf. la fusion avortée EADS-BAE). Et les exigences de respect de la parité

1. L'expression est de Philippe François.

dans la gouvernance, les sites et les effectifs peuvent retarder les décisions, sanctuariser des positions, différer les adaptations.

Le dernier avatar de cette passion française est l'affaire Alstom et le projet avorté de formation d'un Airbus de l'énergie. Sur le papier, tout concourt pour réaliser cet objectif : la volonté politique comme la présence en Europe d'acteurs de poids. L'Europe affiche en ce domaine de grandes ambitions puisqu'elle entend concilier compétitivité, sécurité d'approvisionnement et préservation de l'environnement, qui peuvent être servies par la mise en œuvre de politiques communes. Par ailleurs, la France et l'Allemagne disposent de puissants champions nationaux mondialisés dans l'équipement et l'exploitation. Mais les expériences récentes ou plus anciennes témoignent de la difficulté à passer des ambitions stratégiques aux réalisations pratiques, des mariages de papier aux Airbus tangibles.

Trois raisons, que nous allons développer dans ce chapitre, expliquent ces dépits amoureux et aident à comprendre pourquoi la logique concurrentielle finit par l'emporter sur les stratégies industrielles coopératives.

La première tient à la cohérence d'une politique sectorielle européenne, énergétique, numérique ou pharmaceutique, où les choix centraux restent nationaux et où la politique la plus consistante au niveau européen demeure la politique de la concurrence. Si le mix énergétique et la politique fiscale relèvent de la compétence exclusive des nations, peut-on définir une politique sectorielle efficace ?

La deuxième tient précisément à la politique de la concurrence européenne, qui conduit à privilégier l'intérêt du consommateur européen sur celui d'un producteur européen indéfinissable. Si des objectifs ambitieux sont définis au niveau communautaire, mais que la seule politique qui relève de la compétence de la Commission est la politique de la concurrence, peut-on éviter qu'elle ne joue un rôle disproportionné ?

La troisième, enfin, tient aux stratégies des groupes industriels publics ou privés engagés dans leur expansion mondiale et qui ont des agendas différents de ceux de leurs gouvernants. Si des « Airbus de tout » sont souhaités, mais que certains gouvernements nationaux répugnent à interférer avec les stratégies des groupes industriels nationaux, et que ces groupes se pensent comme globaux et non européens, l'échec est alors programmé.

Dans ce chapitre, nous entendons vérifier la compatibilité des orientations pour un renouveau du modèle industriel français avec les opportunités et les contraintes du cadre institutionnel européen et des politiques publiques communautaires.

Nous ne reviendrons pas ici sur les politiques positives d'intégration comme les politiques de recherche, l'agenda de Lisbonne ou les régulations environnementales, déjà évoquées. Pour illustrer et approfondir cette question de la compatibilité entre politiques communautaires, prérogatives nationales et stratégie des firmes, nous traiterons plus particulièrement du cas de l'énergie. Enfin, nous essaierons de nous projeter dans l'avenir pour nous interroger sur la compatibilité des orientations françaises avec le contexte des politiques européennes post-crise.

1. Des politiques de la concurrence fondées en théorie… et en pratique

La politique européenne de la concurrence apparaît comme un frein à toute politique industrielle nationale ou européenne, particulièrement en France. Deux questions reviennent de façon récurrente dans ce débat : est-ce que le contrôle des aides empêche toute action en faveur de l'industrie ? Est-ce que le contrôle des concentrations empêche la constitution de champions européens ?

Comme nombre d'hommes politiques et de patrons, Jean-Louis Beffa ou Louis Gallois incriminent souvent Bruxelles, quand ils ne fustigent pas les ayatollahs de la concurrence. Beffa soulignait récemment dans *Les Échos* que, en matière d'aides d'État, « l'Europe gagnerait à ne plus être aussi tatillonne », et il poursuivait en demandant l'alignement des politiques européennes d'autorisation des aides sur celles de la Chine ou du Japon.

En fait, les colbertistes français font une triple critique à la Commission européenne. Elle ferait primer le point de vue du consommateur sur celui du producteur et, ce faisant, elle contribuerait à affaiblir l'industrie européenne, voire à accélérer le mouvement de désindustrialisation. Elle empêcherait la formation de champions européens à vocation mondiale en interdisant les concentrations, au motif que de tels champions pourraient avoir un pouvoir de marché excessif sur tel ou tel marché national, alors que l'enjeu est d'emblée mondial. Elle traquerait les aides publiques reçues par des acteurs européens de leurs États nationaux, alors qu'en Chine et ailleurs les firmes locales bénéficient sans restriction de telles aides dans leur stratégie de conquête des marchés internationaux. Cette triple orientation rendrait impossible toute politique industrielle volontariste au niveau communautaire comme au niveau national.

Confrontés à ces arguments, les responsables européens répondent rituellement que les politiques communautaires, loin d'entraver l'expansion des firmes à base européenne, la favorisent de trois manières. Le marché unique est un formidable espace d'expansion pour des entreprises dont les marchés nationaux étaient de quelques millions de consommateurs. Programmer son développement, concevoir ses outils de production, valoriser sa R&D pour un marché de 500 millions de consommateurs est un véritable avantage. L'euro est le deuxième atout dont bénéficient les firmes européennes : finies les dévaluations compétitives, finies les variations de taux de change, finies les coûteuses opérations de couverture – bref, l'euro élimine un facteur majeur d'incertitude et concourt à l'optimisation des chaînes de valeur industrielles. Enfin, les politiques de concurrence favorisent la formation d'un terrain de jeu homogène, avec des joueurs égaux et un arbitre impartial.

Qu'en est-il à présent de cet antagonisme entre politiques de la concurrence et stratégies nationales de développement ?

Affirmer le principe de la concurrence libre non faussée ne devrait guère choquer. Qui peut vouloir la rente de monopole qui baisse le pouvoir d'achat du consommateur, l'érection de barrières à l'entrée qui fige le marché et l'inhibition de l'innovation ? La triple action des autorités de la concurrence est dès lors la bienvenue, contre les abus de position dominante (au besoin en démantelant les monopoles et, en tout cas, en faisant la chasse aux ententes), pour la prévention de la formation des monopoles par les contrôles de concentration, et contre les distorsions de concurrence induites par les aides publiques.

Les politiques de la concurrence n'ont pas seulement cette évidence pratique : elles sont largement étayées par diverses écoles de la croissance. Qu'il s'agisse des théories classiques, qui mettent au cœur de leur modèle l'existence de marchés ouverts, fluides et contestables – car c'est ainsi qu'est combattue l'inflation, développé l'emploi et protégé le pouvoir d'achat des ménages –, ou des théories schumpétériennes, dont le concept central de destruction créatrice met en valeur l'importance de l'accès aux marchés, au même titre qu'une législation incitative de la propriété industrielle et des marchés concurrentiels, seuls capables de favoriser la dynamique de destruction créatrice.

a. *La question des aides d'État*

Le premier point à clarifier est de savoir pourquoi l'Union européenne a mis en place un contrôle communautaire des aides d'État. Trois arguments sont généralement avancés pour le justifier[1] :

– Un contrôle des aides supranational permet de limiter les externalités transfrontalières négatives entre les pays de l'Union européenne. Des aides publiques à une entreprise dans un pays – prenons l'exemple d'une entreprise française comme Alstom –

1. Lars Hendrik Roeller (avec Hans W. Friederiszick et Vincent Verouden), « European State Aid Control : An Economic Framework », in *Advances in the Economics of Competition Law*, Cambridge, Mass., MIT Press, 2006.

introduisent des distorsions de concurrence avec d'autres entreprises du même secteur dans d'autres pays, comme Siemens en Allemagne. Les premiers acteurs économiques à protester auprès de la Commission quand une aide est accordée à une entreprise sont bien entendu ses concurrents.

– Le deuxième argument est celui du marché intérieur européen où il y a libre circulation des biens et des services. Pour lutter contre les distorsions de concurrence introduites par des aides d'un État à ses entreprises, les autres pays pourraient mettre en danger le marché intérieur en instaurant des barrières aux échanges.

– Le dernier argument est qu'un contrôle supranational des aides d'État peut aider les gouvernements à mieux respecter des règles communes de dépenses publiques et à limiter les dépenses inefficaces.

Ces arguments ont emporté la conviction des pères de la construction européenne, qui lui ont aussi donné une définition juridique précise dans les articles du Traité. Pour être qualifiées d'aides d'État, les mesures publiques de soutien aux entreprises doivent répondre à certains critères :

L'aide doit être sélective, et donc accordée à certaines entreprises ou à certains secteurs. Accorder la même aide à toutes les entreprises est une mesure économique générale et ne constitue pas une aide pour la Commission.

L'aide doit fausser la concurrence et le commerce entre les États membres. Cependant, compte tenu du fort degré d'intégration économique dans l'Union européenne, la plupart des aides nationales sont réputées affecter les échanges.

La forme de l'aide n'a aucune importance dans la mesure où elle affecte les finances publiques (subventions, garanties sur les prêts, injection au capital d'une entreprise, taux d'intérêt réduit).

Ainsi, les mesures économiques générales, qui représentent la majorité du montant des aides publiques aux entreprises, ne sont pas des aides d'État pour la Commission européenne. C'est le cas en France pour les aides visant à réduire le coût de la main-d'œuvre non qualifiée (diminution des charges sociales). Ces aides constituaient 34 % du total des aides en 2007.

Il y a donc des différences considérables dans l'évaluation des aides publiques aux entreprises lorsque l'on prend en compte les sources nationales (qui comprennent les mesures économiques générales) ou les sources communautaires. Le « Rapport sur les aides publiques aux entreprises » de l'Inspection générale des finances de janvier 2007 estimait à près de 65 milliards d'euros l'ensemble des aides publiques aux entreprises quand, la même année, le montant des aides d'État établi par la Commission (« State Aid Scoreboard », 2008) était d'environ 10 milliards ! Le contrôle communautaire sur les aides d'État s'exerce donc sur un montant très limité par rapport au total des aides publiques aux entreprises, qui sont majoritairement des mesures économiques générales.

Dans le cas des aides d'État, au sens de la Commission, le pays doit notifier l'aide à la Commission et celle-ci, si elle le juge nécessaire, va ouvrir une investigation détaillée pour décider si l'aide doit être interdite. Comme le montre le tableau suivant, seulement 10 % des aides notifiées à la Commission font l'objet d'une investigation détaillée et, entre 2004 et 2010, seulement 5 % des aides ont été interdites et, depuis 2004, le pourcentage de décisions négatives a même diminué.

Tableau 1 : Des décisions négatives rares en matière d'aides (Commission Prodi-Barroso)

	1/11/1999- 1/11/2004	1/11/2004- 1/03/2010	Évolution
Nombre de notifications	2 851	3 106	+9 %
Ouverture d'une investigation détaillée	352 (12 %)	286 (9 %)	-25 %
Décisions négatives[1] ou retrait	235 (8 %)	160 (5 %)	-38 %

Source : Commission européenne, DG Concurrence.

1. Une décision négative peut conduire la Commission à récupérer une aide qui aurait déjà été attribuée.

Le faible nombre des aides finalement interdites s'explique aussi par le fait que la Commission européenne, *via* sa Direction générale de la concurrence, reconnaît que « les aides d'État peuvent corriger certaines défaillances du marché, ce qui permet d'améliorer le fonctionnement de ce dernier et d'accroître la compétitivité de l'Europe [...]. Il s'agit des domaines de la R&D et de l'innovation, de la protection de l'environnement [...] des PME, de l'emploi et de la formation[1] ».

La littérature économique actuelle donne d'ailleurs une place grandissante aux défaillances du marché justifiant l'intervention des pouvoirs publics. À l'opposé, certains économistes mettent en avant les défaillances de l'intervention publique (capture des pouvoirs publics par des groupes d'intérêt, information imparfaite des pouvoirs publics, corruption passive, etc.) et soulignent que, même en cas de défaillance du marché, l'intervention des pouvoirs publics ne garantit pas le succès.

Dans quels cas le marché seul, sans intervention publique, peut-il produire des résultats efficaces et dans quels cas, au contraire, une intervention publique se révèle-t-elle nécessaire et l'existence de défaillances du marché est-elle alors retenue par la Commission ? En théorie, si tous les marchés étaient parfaitement concurrentiels, si l'information était complète et s'il n'y avait pas d'externalités, les mécanismes du marché permettraient une allocation optimale des ressources et, sans défaillance prouvée du marché, le nombre d'interdictions serait bien plus élevé.

Les imperfections de marché propres aux PME sont bien connues : asymétries d'information entre les banques et les PME, d'où leurs réticences à leur fournir des crédits ; capacité limitée des PME à disposer d'une information suffisante sur les innovations, d'où une grande ouverture de la Commission pour accepter les aides aux PME. De nouvelles règles pour le contrôle des aides d'État aux PME ont

1. Commission européenne, « Rapport sur la contribution des aides d'État à la stratégie Europe 2020 », COM (2011)356.

été adoptées par la Commission européenne en 2013[1] afin de faciliter l'accès au capital des PME en phase de post-création, notamment lorsque les autres moyens de financement en provenance des marchés des capitaux font défaut.

En dehors des PME, les défaillances du marché le plus souvent citées sont liées à l'existence d'externalités positives dans le domaine de la R&D et de l'innovation notamment. Elles sont aussi bien documentées dans la littérature : information imparfaite et asymétrique, problèmes de coordination et de réseaux, externalités positives et biens publics.

Un autre domaine où les défaillances du marché justifient pour la Commission une intervention publique est celui de l'environnement et des économies d'énergie. Quand il n'y a pas d'application du principe pollueur-payeur parce que les coûts administratifs d'une taxation sont importants ou quand l'augmentation des prix du fait d'une taxation de la pollution est trop élevée, en particulier dans un contexte de concurrence mondialisée où les entreprises ne sont pas toutes soumises aux mêmes contraintes environnementales, les aides à l'environnement ou aux économies d'énergie peuvent être préférables, surtout si elles favorisent des secteurs porteurs et en croissance.

En revanche, la Commission est beaucoup plus réticente dans le cas des aides au sauvetage des entreprises en difficulté, qui ne sont autorisées qu'« exceptionnellement, par l'intérêt qu'il y a à maintenir une structure de marché concurrentielle lorsque la disparition d'entreprises pourrait aboutir à une situation de monopole ou d'"oligopole" étroit[2] ». Pour la Commission, la disparition d'entreprises non compétitives qui sont en difficulté fait partie de la concurrence normale sur les marchés et, si elle accepte les aides au sauvetage, elle exige des contreparties, des mesures de réduction des

1. Commission européenne, « Encourager la création, le développement et l'internationalisation des PME doit donc être au cœur de la nouvelle politique industrielle intégrée de l'Union européenne », COM (2010) 614.

2. JOCE, « Lignes directrices communautaires concernant les aides d'État au sauvetage et à la restructuration d'entreprises en difficulté » 2004.

coûts ou de revente de certains actifs. Une étude sur ce type d'aides au sauvetage montre que ces cas sont peu nombreux puisque, entre 1995 et 2003, seules 86 décisions « aides au sauvetage et restructuration » auraient été prises par la Commission. La moitié des cas concerneraient des entreprises dans le secteur manufacturier et, dans une majorité d'entre elles, l'État était actionnaire. Finalement, un tiers des entreprises ayant reçu une aide sont tombées en faillite malgré l'aide accordée[1].

Dans le cas des aides à Alstom, on a reproché à la Commission de sous-estimer les conséquences de sa disparition (perte d'emplois et structure de concurrence altérée). Sans sauvetage d'Alstom, Siemens aurait racheté plusieurs activités du groupe et aurait bénéficié d'une rente de quasi-monopole sur ces activités communes. Finalement, la Commission a donné son feu vert en 2004. Le commissaire Monti, en charge du dossier à l'époque, avait souligné la nécessité de « conditions imposées de cessions, d'ouverture du marché pour rétablir des conditions de concurrence saines », ce qui correspond à la philosophie de la Commission dans ces cas[2]. Plusieurs conditions avaient été fixées : 1) des cessions qui ont réduit la taille d'Alstom de 10 %, en plus des 20 % déjà entamées lors de restructurations en cours ; 2) dans des secteurs où les distorsions de concurrence dues aux aides étaient importantes (transport et énergie), la recherche de partenariats a été imposée avec des entreprises non contrôlées par la France ; 3) pour contrôler que l'aide n'était pas utilisée pour une expansion d'Alstom, la Commission a interdit toute acquisition dans le secteur du transport pendant quatre ans.

Quelques conclusions émergent sur la nature du soutien aux entreprises en Europe[3]. En premier lieu, on constate

1. Pierre Buigues, « Le rôle du contrôle des aides et des concentrations », *Revue Lamy CONCURRENCE*, juillet-septembre 2013.

2. Commission européenne, « Déclaration de M. Monti sur Alstom », SPEECH/03/425, Bruxelles, le 22 septembre 2003.

3. Pierre Buigues et Khalid Sekkat, « Public Subsidies to Business : An International Comparison », art. cité.

une orientation de plus en plus marquée vers des aides horizontales aux dépens des aides sectorielles. Les approches reposant sur un modèle centralisé où l'État détermine les technologies, les secteurs et souvent les entreprises stratégiques où il doit intervenir (« *picking the winners* ») sont plutôt dépassées.

En deuxième lieu, les objectifs prioritaires sont globalement convergents (R&D, PME, environnement, économie d'énergie), mais les approches (importance des mesures générales et ordre des priorités) sont très différentes selon les pays. Les leaders dans le soutien à l'environnement et aux économies d'énergie sont les mêmes (Allemagne et pays nordiques) et sont aussi leaders en matière de dépenses en R&D, sans pourtant que le soutien public soit dans ce cas décisif.

Finalement, le montant des aides n'est pas forcément le critère déterminant, et un environnement favorable aux entreprises joue aussi un rôle fondamental. Certains pays ont une approche très centralisée de la politique industrielle et le soutien aux champions nationaux est au cœur de leur logique (France), alors que d'autres pays ont une approche décentralisée plus favorable aux PME (Allemagne) et, semble-t-il, plus efficace.

b. *Contrôle de concentration et action industrielle*

Comme dans le cas du contrôle des aides d'État, le contrôle des concentrations, un autre volet de la politique de concurrence bruxelloise, fait l'objet de nombreuses critiques, car il empêcherait l'émergence de champions européens. Nous aurions en Europe un « contrôle étriqué et fort peu économique de la concurrence et des concentrations qui protège avant tout les leaders américains et japonais de l'émergence de challengers européens crédibles » (Nicolas Baverez). Ces critiques ont notamment été entendues en France car, pendant toute une période, la politique industrielle colbertiste a été incarnée par des champions nationaux, à travers de grands programmes industriels et d'équipement public.

Les deux derniers commissaires en charge de la politique de concurrence se sont ainsi opposés aux critiques françaises. Neelie Kroes a déclaré : « Ce n'est pas utile de parler de "champion national", c'est une notion dépassée. Ce dont nous avons besoin, c'est d'un climat favorable aux affaires pour tous ceux qui veulent investir », et Joaquin Almunia : « La France est le seul pays où la question d'une politique de la concurrence trop restrictive est évoquée. »

Le contrôle des concentrations européennes empêche-t-il vraiment la création de champions nationaux ? À cette question, la Commission oppose généralement quatre arguments. Le premier consiste à contester l'idée qu'il y aurait un manque de champions européens par rapport aux Américains. Dans le classement de Fortune, il y a autant de grandes entreprises mondiales en Europe qu'aux États-Unis. Le vrai problème de l'Europe serait que les grands groupes mondiaux américains ont moins de vingt ans, ce qui n'est pas le cas en Europe, où en Allemagne comme en France les plus grands groupes mondiaux sont les mêmes depuis vingt ans.

Le deuxième argument est que, malgré le succès du concept de champion national, la taille ne garantit en rien la réussite. Les start-up nées autour de la Silicon Valley en sont l'illustration. Comme le souligne McKinsey, plus de 60 % des concentrations débouchent d'ailleurs sur un échec, soit que les synergies aient été surestimées, soit que les vraies raisons de la concentration aient été davantage liées à l'ego des dirigeants qu'à un véritable raisonnement économique, soit que la mise en œuvre de la concentration se soit heurtée à des problèmes de différence de culture d'entreprise.

Le troisième argument est que le nombre d'interdictions résultant de l'application du contrôle des concentrations reste très faible. Sur la période 1990-2012, parmi les cas réglés en phase I, seuls 210 ont été soumis à des engagements contre 4 295 déclarés compatibles sans engagements. Parmi les cas examinés en phase II, c'est-à-dire les plus complexes, 51 ont été compatibles sans engagements, 94 avec engagements et seulement 22 ont été interdits. Au total, seuls 7 % des cas ont abouti à des mesures d'engagement pour les entreprises contrôlées. On retrouve à peu près la même proportion que pour les aides d'État. Pourtant, la Cour de justice européenne a rejeté certaines des interdictions prononcées par la Commission, comme dans le cas de Schneider-Legrand, ce qui montre bien que les décisions communautaires font aussi l'objet de contestations de la part de la Cour.

Le quatrième argument est que ce contrôle des concentrations n'a pas empêché l'apparition de champions nationaux ou européens (comme Total-Fina-Elf ou Air France-KLM), en contrepartie d'engagements relativement faibles. En outre, la Commission se plaint régulièrement du manque de fusions et acquisitions transfrontalières dans certains secteurs, comme le secteur bancaire, qui permettraient de stimuler la concurrence. Il n'y aurait donc pas d'hostilité de principe vis-à-vis des champions nationaux ou européens, mais simplement l'évaluation des effets des concentrations sur la structure de la concurrence. Il faut cependant là aussi reconnaître que dans d'autres secteurs, comme celui des télécoms, la Commission a été plus réticente à des fusions transnationales.

Finalement, la Commission prendrait aussi en compte les gains d'efficacité dans le contrôle des concentrations à certaines conditions. Les gains d'efficacité doivent se faire au bénéfice des consommateurs, ils doivent être spécifiques à la concentration et vérifiables. Plus les gains d'efficacité sont quantifiés, précis et convaincants, plus la Commission les prend en compte.

Que conclure de cette revue détaillée ? Tous les arguments rationnels opposés aux contempteurs de Bruxelles n'effaceront pas le véritable traumatisme qu'ont pu représenter les disparitions de Pechiney, l'affaiblissement d'ATR, l'interdiction de la fusion Schneider-Legrand. Lorsque la référence est l'intérêt du consommateur local et qu'au même moment se construisent à toute vitesse les nouveaux géants issus du monde émergent, la vision bruxelloise paraît en effet étriquée. Rappelons néanmoins quelques enseignements majeurs : 1) la Commission fait son travail, qui est de réaliser le marché unique ; 2) les aides publiques sont le plus souvent générales et sociales, et concernent peu la Commission ; 3) la Commission peut faire des erreurs, et elle est dans ce cas censurée (qui peut dire que les administrations nationales n'en font pas ?) ; 4) au total, la Commission empêche peu et ce n'est pas d'elle que viennent les obstacles à une stratégie offensive de promotion de l'économie créative (comme l'illustre le cas suédois) ou à une stratégie de consolidation industrielle (comme l'illustre le cas allemand) ; 5) la Commission évolue et reconnaît à présent que toutes les spécialisations ne se valent pas et qu'il y a un intérêt fondamental à préserver et à développer l'industrie.

2. Politiques sectorielles en échec et enjeu de la concurrence

Nous avons pu montrer dans le chapitre 12 comment le modèle industriel français d'après-guerre, fondé sur le protectionnisme offensif, la commande publique, le compromis social inflationniste, la régulation par la dévaluation, s'était fracassé avec le passage à une économie d'innovation, les arbitrages macroéconomiques défavorables à la production et l'adoption du marché unique et de l'euro. Nous avons pu montrer également comment le projet d'une stratégie colbertiste européenne caressé par les Français n'avait jamais pu connaître le moindre début de réalisation.

Mais il est des domaines décisifs pour l'économie globale, comme l'énergie ou le numérique, où des politiques européennes articulées ont été pensées et mises en œuvre avec de médiocres résultats. Essayons d'en comprendre les raisons.

a. *Électricité : échec politique et échec du* market design

La situation actuelle du marché européen de la génération électrique se résume simplement : prix de gros en berne, envol des prix de détail (+17 % pour les ménages, +21 % pour les industries sur les quatre dernières années), retour en force du charbon, hausse des émissions de CO_2, centrales au gaz à l'arrêt, marché du carbone moribond (moins de 5 euros la tonne de CO_2), sécurité d'approvisionnement en péril (51 000 mégawatts de centrales au gaz fermées, soit l'équivalent de 50 réacteurs nucléaires), coût invraisemblable des renouvelables (et perturbation des réseaux...). Le coût en subventions est de 24 milliards d'euros pour l'Allemagne en 2014[1]. La Commission européenne poursuivait trois politiques en matière électrique : une politique de compétitivité, qui justifiait la libéralisation et les politiques de concurrence ; une politique de sécurité énergétique pour rendre le continent moins dépendant du gaz russe ; et une politique climatique de réduction des émissions de CO_2 pour protéger la planète. Sur ces trois objectifs, force est de constater le triple échec. Le plus grave est que l'échec était programmé à partir du moment où les mix énergétiques nationaux étaient laissés à la discrétion des nations et où les politiques de concurrence dominaient les politiques de compétitivité. L'*unbundling* (ou désintégration d'une entreprise intégrée verticalement) comptable, puis juridique, puis patrimonial, a été l'axe majeur des politiques de libéralisation ; il a de plus guidé le *market design* (structuration du marché) avec le résultat que l'on sait. Comment expliquer cet échec ?

Le plus simple est de partir de la facture d'électricité que paie un ménage allemand ou français. Un tiers de la facture est prélevé sous forme de taxes, un tiers pour rémunérer les réseaux de transport et distribution, un tiers enfin représente la part énergie. La concurrence ne porte

---

1. Pour un bilan lumineux de cette politique, voir CGSP, *The Crisis of the European Electricity System, Diagnosis and Possible Ways Forward*, janvier 2014.

donc que sur le tiers du prix final déterminé par les choix historiques du mix énergétique. Les immobilisations et autres coûts fixes (*sunk costs*) représentent entre les deux tiers et 80 % de cette part énergie. La concurrence ne peut donc porter au mieux que sur 10 % du prix final, l'opérateur le plus efficient pouvant consentir une baisse de quelques pourcents. En France, l'écart maximal est de 4 % dans une facture d'électricité, et encore sommes-nous dans une phase de conquête de parts de marché pour les nouveaux entrants, qui bénéficient de plus, avec l'accès régulé à l'électricité nucléaire historique (ARENH), d'un prix du nucléaire artificiellement abaissé !

Avec une telle politique de libéralisation, les vrais problèmes n'ont pas été posés, les investissements dans les interconnexions aux frontières ont été différés et l'intégration des réseaux pour en optimiser le fonctionnement n'a même pas été évoquée, les autoroutes de transport électrique pour gérer la montée du renouvelable sont retardées, la soutenabilité des objectifs communautaires en matière de renouvelables n'a jamais été sérieusement questionnée, etc. Le rêve d'un marché fluide s'ajustant en temps réel avec des prix *spot* (instantanés fixés par le marché) s'éloigne avec les investissements anglais dans le nucléaire et la passation de contrats de fourniture à très long terme.

Le résultat est à ce point négatif qu'il combine hausse des prix, échec des nouveaux entrants et alourdissement des coûts de transaction !

b. *Télécoms et numérique : intérêt du consommateur et désincitation à l'investissement*

Dans une déclaration récente, Bruno Lasserre, président de l'Autorité de la concurrence, affirmait qu'il « s'opposerait à la formation d'un duopole » en France ; il saluait par ailleurs l'avance européenne dans la 2G et déplorait l'échec dans la 4G. Ce qui frappe, c'est qu'aucun lien n'est établi entre ces deux éléments de discours.

Il y a trente ans, comme on l'a vu dans le chapitre 11, l'Europe inventait le GSM dans le cadre d'une organisation de marché caractérisée par les monopoles nationaux verticalement intégrés (FT et DT), la commande publique, la recherche publique et les normes publiques, avec des résultats marquants comme le plan de rattrapage, la 2G et la montée en puissance d'Alcatel, Ericsson, Siemens GEC Plessey. Au même moment, le monopole paresseux américain éclatait (*divestiture* de 1984 du juge Green) et les États-Unis rataient la révolution de la 2G.

Trente ans après, les politiques de la concurrence connaissent un formidable succès en Europe, et notamment en France avec l'arrivée de Free, qui affiche des prix parmi les plus bas pour les mobiles et l'internet... mais les Européens sont moins équipés en 4G que certaines villes africaines, tous nos industriels à part Ericsson sont à l'agonie et notre effort de recherche publique baisse. Pendant ce temps, on assiste à la montée de la Chine, au renouveau américain et à l'échec européen... « En quelques années, l'Europe est passée du statut de leader à celui de retardataire en matière de réseaux digitaux. Nombre de marchés en Asie et aux États-Unis bénéficient d'un taux de pénétration de la fibre optique 20 fois supérieur, et parfois 35 fois supérieur dans la 4G mobile, à celui de l'Europe[1]. » Il n'y a bien sûr pas de lien de cause à effet entre l'intensité des politiques de la concurrence, la panne d'innovation, le ratage de la 4G, le sous-investissement des opérateurs. Bien d'autres erreurs ont été commises dont la responsabilité principale échoit aux gouvernements nationaux et aux stratégies mal avisées des champions nationaux, notamment à l'occasion des enchères UMTS. Mais on ne peut pas ne pas s'interroger sur le déclin européen, l'échec de la stratégie de Lisbonne, l'absence de réactivité en Europe et, à l'inverse, la capacité de rebond aux

1. Tel est le bilan que tirent de l'expérience européenne économique et régulatoire Wolfgang D. Book, Maikel Wilms, Peter Soós et Bjoern Roeber, « Reforming Europe's Telecoms Regulation to Enable the Digital Single Market », *Communications & Strategies*, 2014, n° 93.

États-Unis, l'efficacité de stratégies colbertistes en Chine ou en Corée, et l'échec d'une politique publique sectorielle incohérente et abandonnée aux seules impulsions des autorités de la concurrence.

Pendant qu'en Europe on veillait à la baisse continue de la facture du consommateur même au prix de l'écroulement de l'investissement, un écosystème de l'internet se développait aux États-Unis, en mêlant le meilleur de la Silicon Valley et de Hollywood, en s'appuyant sur le principe de la *net neutrality* et en favorisant au nom de l'innovation l'expansion des Apple, Google et autres Amazon[1]. L'Europe, qui poursuivait de grandes ambitions dans le numérique et qui s'était donné un plan avec l'agenda de Lisbonne, a non seulement échoué, mais elle a de plus réussi à faire du marché européen un espace d'expansion pour les « rentiers » de l'internet américain. Google est, de ce point de vue, exemplaire. D'une part, il innove à jet continu en matière technologique, soit par des développements propres, soit par acquisition. L'objectif est l'expansion continue des services à partir d'une prédominance dans le marché du *search* (90 % du marché européen). Mais, la meilleure défense étant la conquête de territoires adjacents, Google n'a cessé d'avancer ses pions dans la vidéo, le mobile, les photos, les réseaux sociaux, la bureautique. D'autre part, l'innovateur technologique est également innovateur financier : ses techniques de localisation d'activités et d'optimisation fiscale lui permettent d'accumuler un trésor de guerre non seulement pour financer son expansion illimitée, mais aussi pour affaiblir tous les concurrents domestiques. C'est ainsi que sa facture fiscale en France est dix fois inférieure à celle de son principal concurrent, à chiffres d'affaires réels comparables. Ainsi, « Solocal Group s'acquittait en 2011 de 126 millions d'euros d'impôt sur les sociétés, soit trois fois le montant cumulé d'IS versé au Trésor public par Google, Apple, Facebook, Amazon et Microsoft, et alors que le chiffre d'af-

1. L'accès à la bande passante est non hiérarchisé et non modulé en matière de prix.

faires cumulé de ces groupes en France est huit fois supérieur à celui de Solocal Group[1] ».

Dans l'affaire Google, il y a donc au moins trois raisons pour trouver contestable la décision du commissaire européen Almunia : 1) la mesure est contestable sur le marché du *search* puisqu'elle avalise les pratiques de Google qui consistent à distordre les réponses du moteur en fonction des recettes publicitaires et à traiter de manière discriminatoire tous ceux qui ne paient pas le prix ; 2) fort de ses positions dans le *search*, Google étend son emprise sur les secteurs annexes, et c'est ainsi qu'il élimine certains de ses concurrents dans le *metasearch* grâce aux propriétés de son nouvel algorithme, Panda ; 3) en pratiquant l'optimisation fiscale et la délocalisation de ses centres de production, il mène une concurrence déloyale à ses concurrents locaux. Dans le cas d'espèce, ce n'est pas la rente de monopole liée à l'innovation que le régulateur européen protège, mais les inconséquences des règlements européens.

Il n'y a pas de contradiction *a priori* entre une politique active de la concurrence et une politique ambitieuse d'investissement, d'innovation et d'équipement du territoire en matière de télécoms, par exemple. Mais si tout est fait pour éliminer la rente de l'opérateur dominant, et au-delà, en livrant le marché à une concurrence destructrice de valeur, et que les opérateurs nouveaux n'investissent pas, alors la politique de la concurrence aura pris le pas sur toutes les autres politiques et, en pratique, la politique sectorielle sera mise en échec. Le fait que les politiques publiques soient gérées en silos aggrave la logique de spécialisation et la contradiction potentielle entre objectifs.

1. Voir *Les Échos*, 21 mars 2014, Jean-Pierre Remy et Jean-Paul Betbèze : « Baisser l'IS à 30 % : l'effet signal qu'il faut ! »

3. Retour de la question industrielle et politique de la concurrence européenne

Le monde a changé de base avec la grande crise de 2007-2014 et l'Union européenne a commencé à en tenir compte. La crise de l'euro et la grande stagnation européenne ont remis en cause les évidences les mieux établies : la spécialisation d'un pays ne peut être abandonnée aux forces du marché, sauf à prendre le risque de mettre en péril l'union monétaire ; la désindustrialisation ne peut être acceptée dans l'indifférence, car elle a des incidences négatives durables sur l'emploi qualifié, l'innovation et le commerce extérieur ; l'absence de réciprocité en matière d'ouverture des marchés publics nourrit les pulsions protectionnistes et fait fleurir le *buy national act*.

Trois évolutions marquantes sont à souligner : 1) dans l'appréciation de la situation macroéconomique d'un pays, la Commission tient compte de la compétitivité et de l'évolution de la balance courante, et non pas seulement du respect des critères de déficit et de dette publique ; 2) la politique industrielle cesse d'être taboue et la réindustrialisation est évoquée ; un poids souhaitable de l'industrie dans le PIB communautaire est même fixé ; 3) une stratégie de croissance est esquissée qui passe par d'ambitieux projets d'investissement dans le cadre de la stratégie Europe 2020. La question qui se pose dès lors est de savoir si nous sortons d'un modèle communautaire dominé par l'intégration négative pour entrer dans une phase plus active de développement intégré.

La reconnaissance de la légitimité de la question industrielle est l'un des acquis de cette crise. La question de la spécialisation est traitée avec sérieux. Comme nous l'enseigne l'histoire du décollage économique de tous les pays, l'avantage comparatif est créé par la main visible des États et des institutions, et non par une dynamique spontanée de marché. Comme le rappelle souvent Joseph Stiglitz, en 1955, le

Ghana et la Corée du Sud étaient des pays agricoles : l'un l'est resté, car il a laissé faire ; l'autre est à la frontière technologique, c'est le leader mondial du multimédia mobile, car il a impulsé des politiques volontaristes de spécialisation.

Comme vient de nous l'enseigner la crise, on ne peut laisser faire le marché pour déterminer la spécialisation d'une économie : il y va des équilibres macroéconomiques de moyen et long terme. Un excès de spécialisation dans la finance ou dans les services à la personne et, à l'inverse, un déclin accéléré de l'industrie sont problématiques non seulement en cas de crise, mais de manière permanente par les déséquilibres de balance courante induits par ce type de spécialisation, surtout dans une zone monétaire intégrée.

Sans vouloir trancher la question des origines des déséquilibres globaux constatés entre le nord et le sud de l'Europe, il apparaît clairement que la réindustrialisation des pays à la balance courante négative est un impératif, faute de quoi il faut envisager des transferts financiers du Nord vers le Sud et des transferts de population du Sud vers le Nord.

Jusqu'ici, les stratégies de dévaluation fiscale ont été privilégiées dans les pays du Sud par rapport aux politiques volontaristes d'investissement des pays du Nord. Ces politiques commencent à produire des résultats en Espagne, avec le spectaculaire redressement de la balance courante, tout en créant de nouveaux problèmes à la France. L'appel du commissaire Tajani pour une réindustrialisation vigoureuse, s'il est audacieux en paroles, n'a guère connu de débouchés. Il en est de même du projet Europe 2020 et de tous les dispositifs imaginés pour financer les investissements dans les réseaux européens dont on évoque la nécessité depuis le plan Delors.

La stratégie de croissance Europe 2020 a été conçue pour tracer un avenir européen post-crise et préparer l'économie de l'Union européenne pour la décennie à venir. La Commission distingue trois grands moteurs de croissance, à mettre en œuvre aux niveaux européen et national au moyen d'actions concrètes : une croissance intelligente (promouvoir la connaissance, l'innovation, l'éducation et la société numérique), une croissance durable (rendre notre production plus économe en ressources tout en dopant notre compétitivité) et une croissance inclusive (renforcer la participation au marché du travail, l'acquisition de compétences et la lutte contre la pauvreté).

De grands espoirs sont nés quand cet objectif de croissance a été formulé. Après l'échec de la stratégie de Lisbonne qui devait faire de l'Europe l'économie de la connaissance la plus avancée de la planète, mais aussi la plus inclusive socialement et la plus écologiquement responsable, on est troublé de constater que ce sont les mêmes concepts, mais aussi les mêmes inconsistances qu'on reproduit, tant en termes de moyens mobilisés que de méthodes de gouvernance.

Conclusion

Pour la France, qui doit réinventer son modèle d'action publique, qui doit peser sur sa spécialisation pour l'infléchir, qui doit considérer comme des données les politiques monétaire, de change et de retour à l'équilibre des finances publiques, la conclusion qui s'impose à ce stade est que cette stratégie n'est ni particulièrement contrainte ni particulièrement favorisée par le processus actuel d'intégration européenne.

Il faudra donc composer avec les institutions communautaires, telles qu'elles sont, et avec des politiques publiques qui souffrent d'une triple faiblesse : elles combinent des objectifs européens et des prérogatives nationales exclusives ; elles sont le produit de compromis instables ; elles dépendent du degré d'appropriation nationale des objectifs communautaires.

La Commission européenne fait excellemment ce qu'elle sait faire (la politique de la concurrence) ; elle déplore ce qu'elle ne peut faire, et en appelle alors à l'extension de ses compétences ; et, pour le reste, elle constate les difficultés de la réforme des traités.

La Commission européenne vit sous l'empire de la règle, qui ne peut être changée que dans le cadre d'un processus lourd et qui requiert souvent une quasi-unanimité. En matière d'énergie, le problème dont on commence à mesurer la difficulté est qu'une politique de la concurrence et un *market design* définis quand il n'y avait pas de gaz de schiste, pas de Fukushima et pas de risques de « grande panne », et maintenus contre vents et marées, peuvent mettre en péril l'ensemble du secteur.

Le problème de cette faible réactivité est aggravé quand un organe agit comme une autorité administrative indépendante et que l'autre entend faire prévaloir des politiques discrétionnaires, fondées sur des choix politiques. Si l'on doit regarder comme une donnée l'incapacité de l'Union européenne à intégrer des objectifs divers comme la compétitivité, le climat et la sécurité (dans le cas de l'énergie), et à se réformer pour tenir compte des bouleversements technologiques et de marché, alors peut-être faut-il reconsidérer la politique de la concurrence en lui faisant prendre des responsabilités qui embrassent l'ensemble des enjeux sectoriels.

La pression grandissante pour le rapatriement de certaines compétences communautaires et la volonté de certains d'opérer le « saut fédéral » pour sortir de la crise sont deux expressions de l'incomplétude et des dysfonctionnements de l'organisation communautaire. La brève évocation du rôle de la politique de concurrence dans le cadre des politiques sectorielles en fournit une bonne illustration.

Chapitre 16

La nouvelle politique industrielle

L'État peut-il encore avoir une politique industrielle dans une économie de la connaissance mondialisée, complexe, régionalement intégrée (l'Union européenne) ? On sait décrire les politiques horizontales d'environnement compétitif quand il s'agit de promouvoir l'attractivité d'un territoire et de corriger les défaillances des marchés. On maîtrise les politiques industrielles de développement lorsque l'enjeu est le rattrapage, l'outil l'imitation, l'État étant alors le grand architecte. Mais la question de la politique industrielle reste ouverte quand les économies se rapprochent de la frontière technologique et que l'enjeu est l'innovation.

Que peut l'État français quand la désindustrialisation s'accélère, que la compétitivité coût s'érode notamment par rapport à l'Allemagne, que la spécialisation se banalise, que les petites entreprises ne grossissent pas, que l'investissement recule et que la rentabilité des entreprises stagne ?

Que peut l'État, surtout, dans une société vieillissante quand les finances publiques sont exsangues, les marges de manœuvre fiscales faibles, et que les grands problèmes de soutenabilité du modèle social restent irrésolus (retraite et santé) ?

Des réponses ont été apportées dans les chapitres précédents, l'articulation entre politiques macro, réformes structurelles pour améliorer la compétitivité et compatibilité avec les règles européennes a été évoquée, de même que les opportunités des nouvelles vagues technologiques et de la nouvelle phase de la mondialisation, mais que peut faire concrètement l'État pour peser sur la spécialisation et s'orienter vers un modèle de réindustrialisation ou d'économie créative ? Quels traits prendrait cette nouvelle politique industrielle ?

1. Un statut théorique fragile

La politique industrielle a toujours eu un statut théorique controversé. Comme réponse à des « défaillances du marché », elle a été longtemps justifiée, mais son domaine d'application a toujours été soigneusement limité. L'État, en effet, ne devait promouvoir que des politiques horizontales, toute politique verticale réveillant le soupçon d'un retour de la politique des champions nationaux. Or un constat a longtemps fait l'unanimité des analystes : en économie ouverte, l'État n'est ni équipé, ni qualifié, ni en situation de « choisir » les entreprises, les technologies, les secteurs les plus porteurs.

L'expérience sans cesse renouvelée des décollages économiques réussis au Japon, en Asie de l'Est et, au XIXe siècle, en Allemagne ou aux États-Unis aurait dû valider l'argument de la protection des « industries naissantes » : c'est bien la protection des industries nationales émergentes, le soutien ouvert des gouvernements apporté à certains secteurs qui ont favorisé les appareils industriels nationaux en formation. Mais, là aussi, toute une littérature a promu l'idée que le décollage japonais, pour ne prendre que cet exemple, s'était fait davantage grâce aux choix macro, de change et d'éducation que grâce à des choix discrétionnaires du fameux MITI.

Plus près de nous, les nouvelles théories du développement ou de la croissance endogène mettent en exergue le rôle de l'État dans la fourniture des infrastructures physiques, intellectuelles et institutionnelles pour le développement économique. Prétendre avec les tenants du consensus de Washington qu'il suffit qu'une économie soit ouverte pour décoller, c'est méconnaître les leçons de l'histoire. Encore une fois, si la Corée avait suivi les préceptes de la théorie de l'avantage comparatif, de la libéralisation des échanges et du refus de promouvoir l'émergence de champions nationaux, elle serait aujourd'hui une nation de cultivateurs de riz, et non le leader mondial de l'internet haut débit.

Quel contenu donner à la politique industrielle dans les économies développées ? Pour répondre à cette question, il faut avoir réglé deux questions préalables.

La première est celle de la cohérence. Il n'y a pas de sens à développer une politique sectorielle – car la politique industrielle est une politique sectorielle – sans mener en même temps une politique macroéconomique alignée sur les objectifs industriels et une politique de réformes structurelles visant à créer un environnement favorable. En d'autres termes, on ne peut pas avoir une politique industrielle si en même temps l'on ne mène pas une politique de compétitivité et si l'on ne dispose pas de structures économiques institutionnelles et sociales adaptées. Le premier élément est donc l'alignement des politiques macroéconomiques, structurelles et microéconomiques. Si la politique fiscale dégrade l'attractivité, désincite l'investissement et pénalise la prise de risque, alors tous les catalogues d'engagement en faveur de la high-tech n'auront guère de résultats. L'histoire industrielle de la France illustre abondamment les effets de la rupture du modèle de rattrapage et les conséquences des errements stratégiques poursuivant des objectifs de libéralisation dans le cadre européen tout en s'affranchissant des impératifs de concurrence fiscale et sociale imposés par ce même cadre européen.

La deuxième question à régler est celle du point d'application de l'action publique. Les conditions historiques et institutionnelles du colbertisme high-tech n'étant plus réunies, il faut que l'État facilitateur apprenne à combiner plusieurs approches. La nouvelle politique industrielle a ceci d'intéressant qu'elle combine trois approches : sectorielle, territoriale et écologie d'entreprise. Il n'est pas illégitime de cibler certains secteurs parce qu'ils sont porteurs de développements majeurs et qu'ils peuvent irriguer l'ensemble de l'économie, mais ce n'est pas l'État qui peut choisir une technologie, un procédé ou une entreprise. Encourager la R&D sur les technologies génériques (dans le numérique, les sciences du vivant, les matériaux, l'énergie), promouvoir leur développement et leur diffusion est donc un objectif légitime pour autant que l'État se limite à créer les conditions de ces développements et à inciter les acteurs à s'y investir.

À cette première approche, il faut ajouter l'approche territoriale. Longtemps, l'État central a considéré qu'il était de son devoir d'aménager le territoire : la localisation discrétionnaire d'usines, de plates-formes logistiques ou de laboratoires de recherche permettait de changer la vocation d'un territoire. Avec la politique des *clusters*, c'est-à-dire d'un ancrage territorial d'écosystèmes d'innovation où coopèrent des chercheurs, des innovateurs, des universitaires et des entreprises autour de la promotion et du développement d'un projet, la perspective change. La politique territoriale cesse d'être une politique de remédiation des effets du développement industriel inégal pour devenir une politique industrielle à part entière.

Enfin, à ces deux approches, il faut encore ajouter une approche d'écologie d'entreprise, consistant à aider les petites et moyennes entreprises à croître et à se développer par des aides et des politiques spécifiques.

Prôner la cohérence et la combinaison des approches est nécessaire pour bâtir la nouvelle politique industrielle, mais les modalités de l'intervention publique et la gouvernance des aides sont également décisives. Trop longtemps, la politique industrielle a pu être assimilée à un régime d'aides publiques dispensées à quelques champions nationaux abonnés aux divers guichets du Trésor ou de l'Industrie. Les outils d'intervention peuvent être des subventions, des aides remboursables, des participations. La nouvelle politique, telle qu'elle a été mise en œuvre à la suite de la mission Rocard-Juppé, installe au cœur du dispositif des procédures rigoureuses de choix des projets, de suivi et d'évaluation, et de dosage de l'action publique. L'État, selon les cas, peut agir en investisseur avisé, en preneur de risque informé, en agent de l'intérêt général. Dans chacun des cas sont prévues tant les conditions d'abondement de l'aide publique que celles du retrait. Au total, il n'y a aucune fatalité à ce que la politique industrielle soit assimilée à une politique de canards boiteux, de protection de champions nationaux ou de capture de la rente publique par des intérêts organisés. Les vieilles oppositions industrie-services ne tiennent pas davantage : la nouvelle politique industrielle entend promouvoir des chaînes de valeur comportant à chaque maillon du service, ou de l'intelligence, ou de la fabrication de biens. L'essentiel, pour une économie insérée dans l'économie mondiale, étant de développer la production de biens et services échangeables.

2. Le retour de la politique industrielle en France

La France, après avoir renoncé au colbertisme high-tech, fait le pari de la libéralisation et des politiques d'environnement compétitif, a adopté depuis dix ans, non sans hésitations et contradictions, une nouvelle politique industrielle à laquelle les gouvernements Chirac, Sarkozy et Hollande ont apporté leur contribution. Par touches successives et dans un certain désordre est mise en place une politique industrielle dont la double caractéristique essentielle est la prolifération d'outils d'intervention sectorielle et l'absence d'alignement des politiques macroéconomique, structurelle et microéconomique. Pôles de compétitivité, Agence d'innovation industrielle (AII), Agence nationale de la recherche (ANR), Oséo-Anvar-BDPME, RTRA[1]... depuis 2004, la France inverse le cours de son action et met un terme au désengagement politique en matière industrielle. Au démantèlement de l'appareil d'intervention bâti après guerre, commencé en 1983, succède une tentative de réinvention de la politique industrielle. Après avoir méconnu pendant près d'une décennie le problème du décrochage industriel français, de l'affaiblissement de sa capacité d'innovation et de la baisse du rayonnement de la science, les élites politiques deviennent actives et, de peur de mal faire, adoptent des propositions partiellement contradictoires. En quelques mois, Jacques Chirac et son gouvernement inventent les nouveaux outils de la politique industrielle. Ils restent captifs de la vulgate keynésienne en matière macroéconomique et paralysés face aux réformes structurelles nécessaires.

Le pôle de compétitivité renvoie à une logique *territoriale* : il s'agit d'organiser la coopération de chercheurs, d'industriels et de formateurs déjà là, pour mettre en valeur des compétences déjà là. Cette idée de systèmes productifs locaux qu'il s'agit de mettre en synergie a été portée par la DATAR et par Christian Blanc.

La logique des grands projets innovateurs est *sectorielle* : il s'agit de remettre l'ouvrage sur le métier, de repenser la spécialisation en lançant quelques grands chantiers d'innovation technologique. Cette idée, promue par Jean-Louis Beffa, relève de ce qu'on a nommé en son temps le « colbertisme high-tech », et a abouti à la mise en place de l'AII.

La création d'une Agence nationale de la recherche obéit à une logique *institutionnelle* : susciter de nouveaux développements scientifiques, décloisonner les structures, privilégier

1. Réseaux thématiques de recherche avancée.

l'excellence grâce à une politique d'incitations, d'évaluation par les pairs et de financements sur projets.

L'initiative Oséo répond à une quatrième logique d'*écologie* des entreprises : comment remédier à la mortalité et à l'absence de croissance des entreprises émergentes ? D'où les idées avancées dans nombre de rapports sur la transposition du modèle de la « Small Business Administration » américaine et mises en œuvre avec Oséo.

Enfin, l'initiative des PRES et des RTRA obéit à une dernière logique d'*économie de la connaissance*. Les piètres performances des universités françaises selon le classement réalisé par l'université de Shanghai, les impasses du modèle français de stricte séparation des universités de masse et des écoles d'excellence ont conduit à une prise de conscience tardive, mais réelle : la compétitivité se joue aussi sur les bancs des écoles.

Alors qu'il convenait de travailler à la cohérence des politiques, de choisir quelques pistes d'action et de s'y tenir afin d'éviter le saupoudrage et le gaspillage, le gouvernement français a décidé de tout faire, avec des moyens financiers modiques et un appareil d'intervention faible. Cette politique va rapidement buter sur un triple obstacle. 1) L'UE va questionner les choix et les méthodes d'attribution des aides par l'AII. L'aide publique visant à favoriser l'éclosion de champions européens est contraire à la doxa bruxelloise, on l'a vu. Ni le mode de sélection des heureux élus, ni les enveloppes d'aides publiques, ni la gouvernance de l'AII ne trouvent grâce aux yeux de Bruxelles. Le gouvernement français finira par abolir l'AII. 2) Les compétences naguère concentrées au ministère de l'Industrie ont fondu avec le temps et l'abandon des politiques industrielles. Les architectures institutionnelles, baroques et redondantes, masquent mal la perte de compétence de l'État. 3) La modicité des moyens consacrés aux pôles de compétitivité (1,5 milliard d'euros sur trois ans sous forme de subventions publiques, d'exonérations fiscales et sociales, dont la moitié à la charge d'établissements publics) rend réel le risque de saupoudrage.

Cinq ans plus tard, Nicolas Sarkozy décide à son tour de réinventer la politique industrielle avec une initiative transpartisane, la mission Rocard-Juppé, chargée d'inventer l'avenir, c'est-à-dire l'insertion de la France dans une économie mondialisée de la connaissance.

La mission Rocard-Juppé prend acte du nouveau monde où l'on ne planifie pas l'innovation, mais on peut investir dans le capital humain, veiller à favoriser l'éclosion et la croissance d'écosystèmes d'innovation, investir dans les plates-formes technologiques et encourager l'accélération des transferts de technologies vers les entreprises. Cela passe par une politique de gros équipements et de financement de prototypes ou de pré-séries, par des politiques de la recherche, de l'enseignement supérieur et de l'innovation.

La mission Rocard-Juppé constate aussi l'échec de l'agenda de Lisbonne, mais confirme la nécessité de favoriser la multiplication d'écosystèmes de l'innovation sur le sol national. Un écosystème se développe à partir des interactions et de la circulation des connaissances et des hommes entre les trois pôles de production, de diffusion et de transfert de la connaissance ; la disponibilité dans la durée de moyens financiers et organisationnels cohérents avec l'objectif est cruciale. Des pôles de compétitivité à la taille critique, des universités autonomes à même de contracter sur la durée, des entreprises innovantes mieux assurées de leur financement constituent les briques élémentaires de ces écosystèmes.

La mission entend ensuite promouvoir une approche renouvelée de l'industrie. Si l'on ne peut reconquérir les industries manufacturières perdues, des activités naissent et se développent dans les domaines de la communication, de l'environnement, de la santé, de la sécurité, de la ville, dont le point commun est qu'elles nécessitent l'intégration de biens, de services, de systèmes informationnels, et qu'elles requièrent souvent la contribution d'entreprises, de collectivités publiques et de prestataires de services publics ou privés. Lorsque l'État lance Ecomouv (collecte de taxes sur les routes) ou l'ONP (Office national de paie), ou, comme en Allemagne, des projets d'autoroutes intelligentes, lorsque des collectivités publiques veulent réduire globalement leur consommation d'énergie et leurs émissions de carbone en construisant des éco-quartiers ou lorsqu'elles veulent promouvoir l'auto-partage, de véritables systèmes produits-services sont à inventer dont les enjeux en termes d'emploi et de valeur ajoutée sont considérables. Le vieillissement et les pénuries de personnel qualifié conduisent, par exemple, le Japon à développer une politique de robots domestiques et à accélérer les recherches et les investissements sur la médecine à distance. On retrouve dans tous ces domaines la commande publique et son caractère structurant.

La mission Rocard-Juppé entend surtout promouvoir une nouvelle gouvernance des aides fondée sur le triptyque : appel à projets, choix par des jurys internationaux, évaluation continue. Cette nouvelle gouvernance des aides reposant sur la séparation de la stratégie et de la gestion, sur la réversibilité des aides et sur le cantonnement des dépenses d'avenir constitue une innovation institutionnelle réelle. En combinant participations au capital, aides remboursables et subventions, le commissariat général à l'Investissement parvient à doser le degré d'implication de la puissance publique tout en restant dans les clous de la politique européenne d'aides publiques.

Mais le gouvernement Sarkozy ne va pas s'en tenir au seul programme Rocard-Juppé : avec les réformes de la taxe professionnelle et le crédit impôt recherche, il entend infléchir la fiscalité en faveur de l'investissement industriel de la recherche et des PME.

De ce point de vue, la création du crédit impôt recherche (CIR) aurait dû changer la donne en contribuant à faire émerger des ETI innovantes et exportatrices. Le CIR consiste à rembourser aux entreprises une partie de leurs dépenses de R&D. En 2012, il a coûté près de 6 milliards d'euros à l'État, mais il profite surtout aux grandes entreprises, même si des dispositifs récents visent plus spécifiquement les PME, qui bénéficieront d'une déduction fiscale de 20 % pour leurs frais d'innovation. Cette réforme place la

France en tête des pays membres de l'OCDE pour l'avantage fiscal accordé aux dépenses de R&D des entreprises. Cependant, comme le souligne la Cour des comptes, malgré cet effort de l'État, l'activité en R&D est restée stable en pourcentage du PIB et s'établit en 2010 à 2,2 % du PIB, taux comparable à celui de 2000 et inférieur à celui de 1993 (2,36 %). Les grands groupes allemands n'ont pas besoin d'un CIR pour financer leur R&D. En France, même si les PME constituent la grande majorité des nouveaux déclarants pour le CIR, l'avantage fiscal du CIR reste néanmoins très concentré. On considère en effet que les 50 plus gros bénéficiaires du CIR représentaient environ un tiers du coût du dispositif. Pour l'OCDE, la suppression du CIR et son remplacement par une baisse d'impôt sur le revenu aurait un effet positif sur l'ensemble des entreprises, sans impact négatif sur la R&D[1].

C'est le même gouvernement qui lance le programme Investissements d'avenir, réforme les universités et introduit le CIR, et qui en même temps dilapide des marges de manœuvre budgétaires absentes en niches fiscales pour les cafés-hôtels, en baisse des impôts sur les successions et en exonérations fiscales sur les heures supplémentaires, aggravant ainsi le déficit structurel et contribuant à la querelle budgétaire européenne.

Avec l'arrivée de la gauche au pouvoir, sur fond de dégradation continue de la situation industrielle, de hausse du chômage, et toujours sans marges de manœuvre budgétaires, la question productive va réémerger. La nomination d'un ministre démondialisateur, qui entend sa mission comme celle d'un résistant aux forces libérales coalisées de l'Europe, des multinationales et de l'OMC, a compliqué la mise en œuvre d'une politique par ailleurs incohérente. Cette politique se déploie en trois phases. Dans un premier temps, c'est l'invective qui prévaut, avec la mise en cause de Mittal, des Peugeot, et la volonté de promouvoir les nationalisations provisoires comme moyen de stop-

1. OCDE, Examen des politiques d'innovation, France, 2014.

per l'hémorragie sociale et industrielle, sur fond de choc fiscal sur l'épargne, le capital, l'entreprise. Dans un deuxième temps, c'est la volonté de rassemblement autour de l'impératif de compétitivité qui domine. Avec le CICE et la BPI, nul ne peut plus douter de l'engagement du gouvernement dans l'œuvre du redressement productif. Sauf que les entreprises sont dissuadées par la complexité du CICE, que le choc fiscal se poursuit et que la crise dure. Dans un troisième temps, la France industrielle du XXIe siècle est mise à l'honneur avec le projet 2025, le deuxième programme Investissements d'avenir, les initiatives Lauvergeon et les trente-quatre plans de Montebourg. Mais ces efforts de communication n'emportent guère la conviction, tant l'espace public est saturé d'annonces dans un contexte institutionnel de plus en plus instable et dans un contexte macroéconomique objectivement défavorable à la croissance et à l'investissement.

3. La cohérence des politiques pour l'industrie

Au total, il y a aujourd'hui pléthore d'objectifs, de visions, d'instruments. Les gouvernements passent et s'appliquent à défaire l'œuvre de leurs prédécesseurs en feignant d'inventer des dispositifs nouveaux. La mission Rocard-Juppé avait réussi à accoucher d'une nouvelle doctrine, elle avait contribué à mobiliser des acteurs publics existants, à établir une gouvernance moderne des aides. La nouvelle politique industrielle que nous défendons ici ne nécessite aucun instrument nouveau : elle est fondée sur la cohérence, l'alignement des politiques, la continuité dans le temps, la stabilité des règles, la prévisibilité des comportements des acteurs publics. Est-ce à dire que nous renonçons à des objectifs spécifiquement industriels ? Évidemment non.

Dans une économie mondialisée et régionalement intégrée, la politique industrielle change nécessairement de perspective et de référent territorial. Elle cesse d'être une politique de spécialisation sectorielle nationale définie par le haut pour devenir une politique d'équipement des acteurs et d'attractivité territoriale. Faudrait-il renoncer à toute action sur la spécialisation ? Non, car des politiques d'environnement compétitif visant à améliorer l'attractivité d'un site (infrastructures de recherche, incitations fiscales et réglementaires à l'innovation) peuvent favoriser tel type d'activités plutôt que tel autre. La politique des pôles de compétitivité, fondée sur les effets d'agglomération, aurait toutes les chances de réussir si elle ne procédait pas de la volonté redistributive de l'État central et si elle ne soulevait pas d'insolubles problèmes de gouvernance. La politique des instituts de recherche technologique (IRT) ou des instituts hospitalo-universitaires (IHU) a des effets sur les spécialisations et peut induire des développements significatifs dans la santé, les nouveaux moyens de transport, les nouvelles énergies, l'efficacité dans l'usage de ressources rares, etc.

Par ailleurs, les politiques de concurrence peuvent avoir des effets structurants sur le tissu industriel : selon que la Commission européenne autorise ou non les regroupements qui s'esquissent dans les services en réseau européens (transport ferroviaire et aérien, télécoms, énergie, eau), on pourra disposer ou non d'acteurs industriels globaux. De même, des politiques de standardisation et de normalisation ou des politiques de promotion d'usages innovants, comme avec le GSM ou la monétique, peuvent avoir un effet industriel structurant. Enfin, comme l'illustre le cas Airbus, des politiques commerciales stratégiques peuvent émerger, même dans le contexte de l'OMC, dès lors que le risque d'un monopole mondial se profile. En d'autres termes, des politiques horizontales peuvent avoir des effets industriels structurants aussi décisifs que des politiques verticales ; encore faut-il qu'elles soient inspirées par des objectifs de compétitivité.

Les politiques sectorielles ciblées sont envisageables pour autant qu'on prenne acte de la nouvelle donne. La promotion de sous-systèmes industriels dans la santé, l'énergie, la communication peuvent permettre la naissance ou l'expansion d'industries nouvelles. Les technologies propres, l'efficacité énergétique ou dans l'usage de matières premières devenues plus rares, la productivité dans les services à la personne pour pallier le déficit de capital humain sont autant de domaines cruciaux pour la croissance à venir où les rôles d'orientation, de catalyse, de commande publique de l'État seront décisifs.

Mais toutes ces initiatives sont vaines si les décisions quotidiennes prises en matière budgétaire, fiscale, réglementaire, sociale et environnementale contredisent la priorité industrielle.

La France, on l'a vu au cours des précédents chapitres, doit changer de modèle. L'économie de consommation solidaire partiellement financée à crédit a produit une France duale, partagée entre une économie productive en attrition continue et une économie résidentielle de consommation de plus en plus dépendante de la dépense publique. Les impératifs de reconquête industrielle et de compétitivité sont largement reconnus. Leur réalisation passe par l'alignement des politiques macroéconomiques et sectorielles dans le cadre du projet européen. Ces dix dernières années ont vu fleurir les initiatives industrielles privilégiant une approche tantôt territoriale, tantôt sectorielle ou par taille d'entreprise. Tous les outils sont en place : on peut certes les rationaliser, les laisser produire des résultats, mais le succès dépend d'abord et avant tout d'une politique cohérente de spécialisation qui passe par des choix macroéconomiques également cohérents.

Conclusion

L'industrie française s'est effondrée plus rapidement que celle des autres pays européens, comme le montrent la débâcle de l'industrie automobile française ou le recul spectaculaire des parts de marché de son agroalimentaire, alors que rien dans l'histoire de l'après-guerre, dans les dotations en capital humain, en facteurs matériels et immatériels, ne rendait cette évolution inéluctable.

Elle n'a pas été abandonnée par des politiques convertis à l'économie des services, par des Français séduits par les activités propres ou par des industriels conquis par la perspective d'une industrie sans usines.

Les élites administratives françaises n'ont pas davantage conspiré à l'affaiblissement du pays : elles ont au contraire longtemps cherché à accroître son rayonnement en essayant de faire vivre le patriotisme industriel.

Alors, que s'est-il passé ? L'industrie française, comme ce livre l'a établi, a été la victime collatérale d'une politique économique qui a perdu sa cohérence depuis que la France a fait le grand saut de l'ouverture commerciale et de l'intégration européenne, sans en tirer les conséquences nécessaires en termes de spécialisation et de compétitivité. En un mot, si la France a fait le choix de l'Europe et adapté sa législation économique à l'ordre marchand européen, elle n'a tiré aucune conséquence en matière de compétitivité, de finances publiques et de concurrence fiscale de son appartenance à la zone euro et à l'Union européenne.

L'industrie française a été victime d'une classe politique prisonnière d'un keynésianisme primaire et qui avait pour seule réponse aux déséquilibres constatés la relance par la consommation, alors que le plus souvent les crises révélaient des problèmes d'offre en voie d'aggravation.

L'industrie française a crû hors de France, car les multinationales à base française ont progressivement désinvesti le territoire national tout en affaiblissant les PME locales.

L'industrie française n'a pas souffert d'un modèle social conflictuel et de syndicats peu coopératifs, car les Trente Glorieuses ont été aussi les années de puissance de la CGT et du PC ; mais, avec la convergence monétaire, puis l'avènement de l'euro, elle a perdu son mode de régulation premier : l'inflation, puis la dévaluation.

L'industrie française n'a pas vu se dresser contre elle une administration tatillonne, hostile, acquise à la concurrence, au principe de précaution et à la protection sourcilleuse des salariés, car c'est cette même administration qui dans les Trente Glorieuses a aidé à l'émergence des champions nationaux par la commande publique, a favorisé l'investissement et le développement d'un capitalisme sans capitaux. Simplement, lorsque la priorité de l'action publique n'est plus le développement, mais la conformité aux engagements pris, l'administration se mue en instance de contrôle.

L'industrie française n'a pas été soudain privée de cadres, techniciens et ouvriers compétents pour son expansion industrielle, mais elle a dû composer avec un système de formation conçu pour une économie en rattrapage, avec ses généraux issus des grandes écoles, ses cadres intermédiaires issus d'universités de masse, et ses ouvriers déqualifiés issus de l'exode rural ou de l'immigration. Elle n'a donc pas pu négocier sa transition vers une économie de l'innovation et de la création.

S'il fallait résumer d'une phrase, chacun des éléments du modèle vertueux qui a permis les Trente Glorieuses s'est retourné terme à terme sans que les gouvernements qui se sont succédé au pouvoir depuis 1974 aient été capables d'inventer un modèle économique adapté aux nouveaux enjeux de la mondialisation et de l'économie de la connaissance ainsi que les institutions appropriées.

La France, n'ayant connu qu'une brève éclipse libérale dans les années 1880-1914, était peu préparée à gérer le grand tournant européen de 1984.

Elle a abandonné le colbertisme high-tech qui était au cœur de sa stratégie industrielle sans le remplacer par rien. La commande publique au service de la formation de champions nationaux, le protectionnisme offensif, les transferts des résultats de la recherche publique, les grands plans nationaux d'équipement, la connivence entre élites politiques, administratives, industrielles et de gestion, tout cet appareillage institutionnel au service du développement national est devenu soudain sans objet. La France n'a pas accepté pour autant la dynamique de l'innovation et de la destruction créatrice, elle n'a pas davantage accepté la concurrence et la promotion des ETI, pas plus qu'elle n'a renoncé aux mirages des « grands contrats » pour inciter les PME à l'exportation.

Elle a abandonné l'économie de financements administrés au profit de la banque universelle et de la finance de marché. Le Trésor et ses guichets spécialisés, qui avaient été la réponse à la faiblesse du capitalisme industriel, à la frilosité du système bancaire et, au total, à un capitalisme sans capitaux, ont été abandonnés. Mais la France n'a pas accepté pour autant les nouvelles règles du jeu du capitalisme actionnarial : présence de fonds de pension, taxation du capital en fonction de la concurrence fiscale, amélioration des taux de marge des entreprises.

Elle a abandonné le compromis social inflationniste à l'ombre de l'État qui permettait l'extension de l'État-providence et le soutien continu à la demande, mais qui s'ajustait par la dévaluation périodique, le blocage des prix et la politique des revenus, pour lui substituer une politique à éclipses de désinflation compétitive, le maintien de l'autonomie de la politique salariale par rapport aux évolutions du marché et la dégradation continue des marges des entreprises. La dévaluation interdite n'a pas été remplacée par une maîtrise interne des coûts.

Quant à l'État qui était au cœur du modèle productif, redistributif et de régulation globale, et qui donc était l'architecte à la fois du développement, du compromis social et des grands équilibres, il a dû revoir ses ambitions à la baisse et a régressé sur chacune de ces dimensions.

Le stratège des grands projets colbertistes s'est mué en gardien frileux des normes, en antenne locale des politiques de concurrence et en défenseur sans moyens du patriotisme industriel. L'intermédiaire obligé de la scène sociale s'est retiré sur la pointe des pieds des grandes messes conventionnelles, car il n'avait rien à offrir et répugnait à soutenir les demandes patronales de révision des avantages acquis. Enfin, l'État, gardien des grands équilibres, s'est trouvé progressivement dépourvu de l'arme monétaire et de change par la BCE, et de l'arme budgétaire par ses engagements européens et l'autonomisation progressive des collectivités territoriales.

Le résultat de ces politiques a été l'accélération de la dualisation de l'économie française : d'un côté, un monde de grandes entreprises qui a cherché sa croissance et sa rentabilité hors de France, et qui a pratiqué sur le sol national une politique de pur rapport de forces avec les PME sous-traitantes ; de l'autre, un monde de PME sous-financées, écrasées par les tutelles publiques et qui a décliné en silence, les crises périodiques accélérant les fermetures et faillites.

La découverte progressive des contraintes et opportunités de la nouvelle économie mondialisée de la connaissance a conduit à un chapelet d'initiatives contradictoires, insuffisantes, et victimes de surcroît des alternances politiques. Ainsi, la libéralisation des marchés des biens et services esquissée par l'un est remise en cause par l'autre, la conversion à l'excellence universitaire et scientifique décidée par l'un est remise en question par l'autre, l'effort de financement consenti pour les PME innovantes est redéfini par le gouvernement suivant. Toutes ces actions étant par ailleurs accompagnées de mesures fiscales globales, elles-mêmes justifiées par la croissance des dépenses publiques et la nécessité périodique de limiter les déficits, qui aboutissent en pratique à l'affaiblissement des acteurs industriels et aggravent le mal que l'on prétendait traiter.

La question industrielle a ainsi cessé d'être l'objet d'un traitement sectoriel pour devenir l'expression des impasses du modèle économique et institutionnel français.

D'autres pays, confrontés aux mêmes difficultés, sont pourtant parvenus à consolider ou à réorienter leur spécialisation, à réformer leurs institutions et à aligner les politiques macroéconomiques et sectorielles. La France y a échoué. L'impératif industriel allemand a été réaffirmé après la réunification et l'effort d'adaptation à l'accélération de la mondialisation a été réalisé. La mue vers une économie de la connaissance et de l'innovation a été réussie en Suède et le financement traditionnel de l'État-providence, qui commençait à peser sur la compétitivité, a été réformé. Le dynamisme de l'appareil exportateur industriel italien, fondé sur une stratégie de niches, n'a été que partiellement entamé par les palinodies du pouvoir politique. Quant aux pays du sud de l'Europe, sous programme d'ajustement structurel, ils apprennent dans la douleur l'adaptation forcée dictée par les créanciers.

La France, curieusement, a été victime de son État fort. Elle a cru qu'elle libérait le potentiel de croissance de l'économie en déréglementant les marchés et en démantelant l'appareil d'intervention, en privatisant ses champions nationaux et en se désengageant des politiques industrielles structurantes. Mais, dans le même temps, elle laissait croître les appareils administratifs nationaux, sociaux et territoriaux, elle multipliait les législations protectrices, elle conférait des pouvoirs étendus aux autorités administratives indépendantes. Si bien qu'on a vu progressivement se substituer à l'État développeur, centralisé et propulsif un État administratif, fragmenté, redondant et sans orientation. Quand l'État abandonne l'ambition de développement, on assiste à la conversion des élites colbertistes en ingénieurs financiers, à la mue des gardiens du service public en autorités de la régulation et de la concurrence, et à la transformation de l'appareil administratif en gardien vétilleux des normes et des règlements.

À nouveau, la France est à la croisée des chemins. Son modèle de croissance actuel, fondé sur la désindustrialisation, le déséquilibre de balance courante, l'érosion continue de sa spécialisation, la montée des emplois de services à la personne, la conduit irrésistiblement à l'appauvrissement relatif. Elle continue toutefois à avoir toutes les ressources pour un rebond, qu'il s'agisse d'une relance industrielle ou du choix d'une stratégie d'innovation dans tous les segments de son portefeuille d'activités.

Deux conditions sont à remplir, quel que soit le choix fait. D'une part, il faut aligner les politiques : on ne peut à la fois se défier des disciplines communautaires et prétendre prospérer dans le cadre de la zone euro et du marché unique. D'autre part, la réforme de la fiscalité et de l'État administratif s'impose, ne serait-ce que pour que les institutions héritées de l'ère du rattrapage ne constituent pas un handicap pour l'entrée dans la nouvelle économie.

Si la France retrouve le sens de l'action publique en faveur du développement, si elle fait converger ses politiques au service d'un nouveau modèle de croissance, si elle cesse de ruser avec ses engagements européens, alors rien ne peut interdire le rebond industriel.

Une économie d'innovation mondialisée rebat en permanence les cartes. La France a raté la dernière vague technologique du numérique, mais une nouvelle est en train de se former qui lui offre l'opportunité d'une stratégie de rattrapage et d'avancée vers la frontière technologique.

La France, à cause de son héritage nucléaire, a sous-investi dans les énergies renouvelables, à la différence de l'Allemagne qui a englouti des sommes faramineuses dans des solutions technologiques et économiques sous-optimales. La transition énergétique et, au-delà, l'écologisation de nos économies ouvrent des perspectives de rebond.

La France a su se doter d'un puissant secteur de la construction et de la gestion des équipements collectifs. La numérisation des infrastructures ouvre la voie vers la route intelligente, la ville intelligente et, plus généralement, les réseaux intelligents. Là encore, des opportunités se font jour sur le territoire national et à l'export, compte tenu de la croissance urbaine.

Enfin, la nouvelle phase de la mondialisation, qui voit une immense classe moyenne se former en Asie, en Afrique et en Amérique latine, est riche en débouchés pour des économies exportatrices de biens de consommation différenciants. L'excellence de la France dans les industries du luxe, les cosmétiques, l'agroalimentaire, le tourisme, en témoigne déjà.

Le rebond n'est pas acquis, tant les adhérences au vieux modèle interventionniste, brouillon, tatillon, sont fortes et tant l'action publique est timide, hésitante et contradictoire. Mais la débâcle industrielle des quinze dernières années et la crise profonde du modèle économique national qu'elle a révélée ont ce mérite de rendre le diagnostic peu contestable et de resserrer l'ère des possibles.

Table des matières

Troisième partie
Le diagnostic sectoriel

Quatrième partie
Le diagnostic historique

Cinquième partie
Réindustrialisation : que faire ?

Composition et mise en pages
Nord Compo à Villeneuve-d'Ascq

Impression réalisée par
CPI BRODARD ET TAUPIN
La Flèche

pour le compte des Éditions Fayard
en octobre 2014

PAPIER À BASE DE
FIBRES CERTIFIÉES

Fayard s'engage pour
l'environnement en réduisant
l'empreinte carbone de ses livres.
Celle de cet exemplaire est de :
2,150 kg éq. CO_2
Rendez-vous sur
www.fayard-durable.fr

Imprimé en France
Dépôt légal : octobre 2014
N° d'impression : 3007984
28-10-8889-7/02